A STUDY ON
WORK ENGAGEMENT
OF SECONDARY SCHOOL TEACHERS

中学教师
工作投入感研究

李 敏 著

社会科学文献出版社
SOCIAL SCIENCES ACADEMIC PRESS (CHINA)

导　言

"教师工作投入感"指的是教师热爱并享受本职工作，在工作中专注融入、积极探索和乐于奉献的精神状态。

在当前的背景下，对中学教师工作投入感的探讨，既回应了国家教育发展的需要和宏观政策的要求，也是当前心理学和管理学研究的焦点，更体现了对处于社会转型期的教师职业生存困境的人文关怀。在当前的形势下，建设一支高素质的教师队伍，培养和造就一批教育家，加强教师队伍的师德建设，不仅是国家政策的导向，更是我国教育事业发展的保障。然而，当前我国教师职业生存状况堪忧却是无法回避的客观事实：教师的生理和心理健康状况都不容乐观，大部分教师对工作的满意度很低，职业压力很大，直接影响了教师的工作和生活状态。因此，思考如何让教师快乐健康地开展工作，是探讨教师专业化发展和高素质队伍建设的重要策略之一。近年来，随着积极心理学运动的兴起，出现了很多从提高职业幸福感和培养积极情绪角度出发的心理学和管理学理论，与职业倦怠感研究视角不同的工作投入感理论引起了研究者的关注。因此，在积极心理学思潮和工作投入感理论的影响下，对教师工作状态和职业感受的研究也逐渐从教师的消极情绪体验向积极情绪体验转变，旨在不仅识别教师的积极情绪，还要培养教师的积极心理品质，从而消除工作带来的负面影响，促进教师的心理健康，增强教师的工作满意度和生活幸福感，提高工作绩效，改善组织和社会氛围。因此，对教师工作投入感的研究，将不断挖掘教师工作中的积极情绪体验、改善工作对教师的负面影响、提高教师对工作的积极感受，不仅有利于提高教师的生活、工作质量，帮助其专业成长，而且对学生的学业成就和身心成长都会产生积极影响，进而提高学校的教育质量和国家的整体教育水平，具有重要的现实意义。

本研究在充分梳理工作投入感研究脉络的基础上，构建了中学教师工作投入感的研究框架，在此基础上开发了适用于我国国情的《中学教师工作投入感调查问卷》，对我国东、中、西部地区，共45所学校的2185名教师进行了问卷调查，调查结果显示：当前我国中学教师工作投入感的总体状况处于中等偏上水平，并呈现地域、学校类型、教龄、职称、婚姻状况、学历、任教科目等教师个体特征的差异；对教育事业和学生的热爱、对教育理想和人生价值的追求、对社会的责任感和使命感、对自我的要求和获得积极的情感体验是教师工作投入感产生的来源；工作投入感水平越高的教师，其工作绩效水平越高，教师工作投入感与工作绩效之间存在显著的正相关关系；影响教师工作投入感的因素有个人资源因素、工作资源因素和社会资源因素，具体说来，教师个人的内在动机、教学效能感、基于组织的自尊感和乐观主义，教师在工作中获得的领导、同事、学生、家人和家长的人际支持，工作自主性、绩效反馈、职业发展机会、组织公平感和工作环境，以及收入水平和社会尊师重教的氛围，等等，都会显著影响教师的工作投入感水平。

在问卷调查的基础上，结合深度访谈，本研究进一步分析了导致当前我国中学教师工作投入感现状的原因及存在的问题，认为目前教师工作投入感的提高存在着教师职业吸引力、校长人事权和财政权、教师工资待遇和教师发展平台等障碍性因素。因此，本研究从核心价值观、国家政策保障、学校管理效能和教师自我完善四个方面，提出：在践行社会主义核心价值观的基础上，从教育经费筹措机制、校长负责制、教师绩效工资制和教师职称制的完善入手进行政策保障体系的构建；从校长领导力的提升和学校人才选拔制度、培训制度、工作量制度、绩效考核制度和激励制度的健全入手实现学校管理效能的提高；从培养职业热情、提高专业素养、培养乐观心态、寻求帮助和支持入手进行教师职业胜任力的自我升华等提高我国中学教师工作投入感的对策建议，以期为中学教师队伍建设和教育质量的提高提供参考。

目 录

第一章 导论 ………………………………………………………… 1
    第一节 研究缘起 ……………………………………………………… 1
    第二节 文献综述 ……………………………………………………… 5
    第三节 核心概念界定 ………………………………………………… 38

第二章 中学教师工作投入感研究框架的设计 ………………… 44
    第一节 中学教师工作投入感研究的基本框架 …………………… 44
    第二节 中学教师工作投入感研究工具的建立 …………………… 54
    第三节 中学教师工作投入感问卷的形成和量表的验证 ………… 65

第三章 中学教师工作投入感的现状调查 ……………………… 83
    第一节 调查准备与调查对象 ………………………………………… 83
    第二节 中学教师工作投入感的现状 ………………………………… 97
    第三节 中学教师工作投入感的产生来源和作用结果 …………… 136

第四章 中学教师工作投入感的影响因素分析 ………………… 144
    第一节 中学教师工作投入感的影响因素 ………………………… 144
    第二节 中学教师工作投入感影响因素与工作投入感的关系 …… 167

第五章 中学教师工作投入感的研究结果讨论 ………………… 183
    第一节 中学教师工作投入感研究的主要结论 …………………… 183

第二节　中学教师工作投入感研究的结果讨论……………… 190

第六章　提升中学教师工作投入感的对策建议……………… 221
　　第一节　核心价值观的确立……………………………………… 221
　　第二节　政策保障体系的完善…………………………………… 223
　　第三节　学校管理效能的提高…………………………………… 235
　　第四节　教师职业胜任力的自我升华…………………………… 263

第七章　结语……………………………………………………… 269

附　录……………………………………………………………… 272
　　附录一　量表初步验证的独立样本 T 检验表…………………… 272
　　附录二　量表初步验证的皮尔逊积差相关系数表……………… 288
　　附录三　量表再次验证的独立样本 T 检验表…………………… 292
　　附录四　量表再次验证的皮尔逊积差相关系数表……………… 306
　　附录五　量表再次验证的因子分析表…………………………… 310
　　附录六　工作资源量表各分量表在工作投入感分组上的差异…… 315
　　附录七　中学教师工作投入感后期访谈录音文字稿（节选）…… 317
　　附录八　中学教师工作投入感调查问卷………………………… 328

参考文献…………………………………………………………… 337

后　记……………………………………………………………… 352

第一章 导论

第一节 研究缘起

有关工作投入感的研究历史较短,在西方发达国家不过进行了二十多年,而我国对于工作投入感的研究尚处于起步阶段,在理论上主要是跟踪借鉴西方的研究成果。从国内研究的成果来看,研究对象主要集中在企业,对于教师工作投入感的研究较少;同时,多考量相关因素对教师工作投入感的关系与影响作用,很少系统探讨教师工作投入感的来源、影响因素和作用结果;更缺乏对一线教师的深入调查与研究,较少听到教师自身对工作投入感的看法和建议,对教师工作投入感缺乏整体把握和系统认知。因此,本研究拟从国外工作投入感研究的发展与最新进展着手,厘清工作投入感研究的关键点,梳理研究脉络,为深入研究教师工作投入感打下坚实的理论基础。同时,尝试对中学教师的工作投入感进行一个系统的研究,开发适用于我国国情的中学教师工作投入感调查问卷,并结合对一线校长和教师的访谈,深入探讨当前我国中学教师工作投入感的总体状况和个体差异、工作投入感产生的原因或者根本来源、哪些因素能够对教师工作投入感产生显著影响,以及教师工作投入感对工作绩效产生的影响等,在此基础上,深入分析导致当前我国中学教师工作投入感现状的深层次原因和困境,系统探讨提高我国中学教师工作投入感的可行性策略,为学校管理和教师队伍的建设提供参考。

一 国家教育发展和政策的呼唤

在当前社会经济高速发展的时代背景下,国际竞争日趋激烈,国家间的竞争,说到底是人才的竞争,谁拥有最优秀的人力资本,谁就有国际竞争优势。因此,人力资本是国家重要的战略资源,人力资本的获得和质量的保证,只能通过教育而实现,世界各国都将教育事业放在优先发展的战略地位。为此,就我国的教育改革和发展问题,中国共产党第十四次全国代表大会明确提出,"必须把教育摆在优先发展的战略地位,努力提高全民族的思想道德和科学文化水平,这是实现我国现代化的根本大计"。在随后制订的《中国教育改革和发展纲要》中进一步指出,"振兴民族的希望在教育,振兴教育的希望在教师,建设一支具有良好的政治业务素质,结构合理,相对稳定的教师队伍,是教育改革和发展的根本大计"。在2010年颁布的《国家中长期教育改革和发展规划纲要(2010—2020年)》中更制订了详细的规划和目标:"建设高素质教师队伍。……严格教师资质,提升教师素质,努力造就一支师德高尚、业务精湛、结构合理、充满活力的高素质专业化教师队伍。""倡导教育家办学。创造有利条件,鼓励教师和校长在实践中大胆探索,创新教育思想、教育模式和教育方法,形成教学特色和办学风格,造就一批教育家。""加强师德建设。加强教师职业理想和职业道德教育,增强广大教师教书育人的责任感和使命感。"因此,在当前的新形势下,建设一支高素质的教师队伍,对教育的发展至关重要。教师作为教育教学的主体,作为国家教育事业的核心力量,是学校生存和发展最主要的人力资源和最根本的动力源泉。为此,通过对政策文本的分析可知,教师队伍的建设,应从以下三点展开:一是提高教师的专业素质,形成一支专业化队伍;二是造就一批教育家,提倡教育家办学;三是加强师德建设,提升教师的职业理想和职业道德水平。教师队伍的建设,归根结底,立足于教师工作热情和工作积极性的提高,如果教师不具备在教学工作中积极探索、努力拼搏、勇于奉献的精神,不具备对教师工作的高度热情和专注,教师队伍的建设和教师素质的提高将无从谈起。为此,对教师工作投入感的研究有着顺应教育发展的需要和国家政策呼唤的战略性意义。

二 管理学研究焦点变化的启示

20世纪末,以美国心理学学会主席Seligman和Csikzentmihalyi为代表的几位著名心理学家发起了心理学研究领域著名的积极心理学运动(Positive Psychological Movement,PPM)。积极心理学以人的积极心理体验、人格特征和力量为心理学研究的价值标的,探究发展潜力和美德等人类积极的心理品质。积极心理学强调个体与群体的积极心理力量,研究内容主要包括:个体的积极主观体验,如成就感、满意度、幸福感、希望、乐观等;个体的积极人格特征和良好品德,如自尊、友好、智慧、勇气、仁爱等的形成机制、测量方法和培养方式;如何建立有利于个体积极力量和品质发展的社会制度。积极心理学运动发展的十多年来,其影响已波及全世界,其理论和观点已渗透到社会学、经济学、教育学和管理学等多个领域。对管理学领域而言,积极心理学运动促成了积极组织行为学(Positive Organizational Behavior,POB)的出现和发展。2002年,美国内布拉斯加大学(Nebraska University)的Luthans教授首次将积极心理学的观点运用到组织行为学中,并提出了积极组织行为学的概念。Luthans认为,在组织行为学研究中,引入有关个体积极情绪状态的研究成果,利用个体当中具有积极导向的、可测量和可开发的,并能进行有效管理的人力资源特质和心理能量,实现组织领导效能和工作绩效的提升。因此,在管理学中,不少研究者转变了原有的研究方式,将研究视角由关注管理控制和克服员工的弱点向关注开发和培养员工积极的心理品质以及用积极的方式去引导员工关注组织利益的方向转变,使员工将提高工作效率视为一种满足内在积极心理需求的方式[①]。研究员工职业倦怠等负面工作情绪的很多研究者,开始从职业幸福的角度,研究如何用积极的方法开发员工的积极心理品质,使得员工在工作中感受到幸福与快乐,能够享受工作带来的乐趣,从而防止职业倦怠的产生,并取得了令人惊喜的研究成果。因此,作为受到积极心理学影响而成为职业健康心理学研究新视角的工作满意度、职业成就感、工作投入感、职业幸福感等对个体工作中积极情感体验的研究逐渐被管理学界所采用,运用到提高员工幸福感和工作绩效的研究与实践当中。

在此背景下,对教师工作状态和职业感受的研究也逐渐从教师的消极情绪体验向积极情绪体验转变,旨在不仅识别教师的积极情绪,还要培养教师的积极心理品质,从而消除工作带来的负面影响,促进教师的心理健康,增强教师的工作满意度和生活幸福感,提高工作绩效,改善组织和社会氛围。为此,教师工作投入感的概念便应运而生。有学者认为,教师工

---

① 田喜洲、谢晋宇:《积极心理学运动对组织行为学及人力资源管理的影响》,《管理评论》2011年第7期,第95~100页。

作投入感特指"教师群体对其本职工作的积极主动的态度和热爱迷恋程度"[①]。它不仅影响教师自身的生活质量及其专业成长,还会影响学生的学业成就及身心成长,乃至学校的教育质量、国家的教育整体水平。因此,对教师工作投入感进行研究、挖掘教师工作中的积极情绪体验、改善工作对教师的负面影响、提高教师对工作的积极感受,不仅是本研究的出发点,也是教育管理学研究领域需要不断探索的课题。

三 教师职业生存状况的现实需要

2005年中国教师职业压力和心理健康调查结果显示,目前教师的生存状况堪忧:超过80%的被调查教师反映压力较大;近30%的被调查教师存在严重的职业倦怠,近90%的被调查教师存在一定的职业倦怠;近40%的被调查教师心理健康状况不佳;20%的被调查教师生理健康状况不佳;超过60%的被调查教师对工作不满意,部分甚至有跳槽的意向。如果以"任意一项指标存在问题"作为标准,有96.40%的被调查教师的生存状况出现了问题;如果以"任意两项指标存在问题"作为标准,则有85.90%的被调查教师的生存状况出现了问题;如果以"任意三项指标存在问题"作为标准,则有71.10%的被调查教师的生存状况出现了问题;即使以"任意五项指标存在问题"作为标准,还有39.20%的被调查教师的生存状况出现了问题[②]。对1994~2011年中国教师心理健康状况的横断历史研究也显示,在世纪之交的18年间,中国教师整体的心理健康状况呈现逐年下降的发展趋势,且下降幅度较大,主要表现在抑郁、恐怖、偏执和精神病性四个心理变量上,中国教师所表现出来的日益严峻的问题主要体现在教师的心理负担、职业倦怠、工作压力和人际关系等层面[③]。相类似的是,另一项对2000~2013年中学教师心理健康状况的调查表明,普通中学教师心理健康水平低下,躯体化、恐怖、焦虑与精神病性严重,且呈现逐年加剧现象[④]。同时,在对

[①] 郭雯:《教师信念对教师工作投入感的影响研究》,河北师范大学硕士学位论文,2011,第7页。
[②] 张俊:《中学教师职业幸福感形成与发展规律的研究》,辽宁师范大学博士学位论文,2012,第12页。
[③] 衣新发、赵倩、胡卫平、李骏:《中国教师心理健康状况的横断历史研究:1994~2011》,《北京师范大学学报》(社会科学版) 2014年第3期,第12~21页。
[④] 吴洪艳:《近十四年来普通中学教师SCL-90测量结果分析》,《中国临床心理学杂志》2014年第4期,第702~706页。

一线教师的访谈中，倾听到的最多的声音就是教师对工作现状的不满和工作压力所带来的苦闷，甚至许多教师直接表示从教是无奈的选择。可见，当前我国中学教师的职业生存状况，包括工作压力、工作满意度、职业倦怠和心理健康状况不容乐观。在这样严峻的形势下，就要求学校管理者从关注教师的职业压力和心理健康状况入手，在教师管理过程中，着力帮助教师克服不健康的、消极的工作状态与情绪，减少教师由于职业压力而造成的对身心的负面影响；开发教师工作中积极的、正面的、健康的状态和情绪，增强教师积极心理品质的培养，利用教师积极的心理能量抵消消极心理能量对教师身心造成的伤害。这不仅是对教师职业健康状态的观照，更是维护教师队伍稳定、提高教师队伍素质的必要手段。因此，对与职业倦怠的负性能量呈相反状态的工作投入感的研究，作为积极心理学研究领域的一面旗帜，其研究成果无疑会对教师职业生存状态的改善产生不可估量的影响作用，对当前我国中学教师工作投入感状况进行研究也成为建设教师队伍时应该考虑的议题。

第二节 文献综述

一 工作投入感研究综述

近年来，心理学研究者对传统心理学提出了质疑，他们认为传统心理学过度偏重于研究人们的心理疾病，而不是心理健康。就目前发表的心理学论文数量而言，研究消极心理的论文远远多于研究积极心理的论文，且这一比例高达14∶1[1]，这一数据有力地印证了当前人们对传统心理学的质疑。因此，对积极心理学的研究逐渐兴起。积极心理学旨在"改变目前心理学只关注如何治愈心理疾病的现状，促使心理学向致力于引导人们构建积极的心理品质的方向发展"[2]。心理学研究视域向积极心理学的转变，同样影响了人们对职业健康心理学的认知。对职业健康心理学而言，如果不能正

---

[1] Myers, D. G., "The Funds, Friends and Faith of Happy People," *American Psychologist*, 2000, 55: 56-67.

[2] Seligman, M. E. P. & Csikszentmihalyi, M., "Positive Psychology: An Introduction," *American Psychologist*, 2000, 55: 5-14.

确认识到工作所带给人们的积极影响是不恰当的,就如 Turner、Barling 和 Za-charatos 所指出的:"现在是拓宽我们的研究焦点并探索工作给人们带来的更多的积极影响的时候了,以便我们能够更充分地认识工作的意义和作用。"[1]在这样的学术背景下,对工作投入感的研究进入了研究者的关注范围。工作投入感是一种积极向上、知足常乐、以情感为驱动的,并对工作感到幸福的心理状态,可以被看作职业倦怠的相反状态。能够全身心投入工作的组织成员具有很强的工作能力,对工作充满热情,完全醉心于工作而感觉不到时间的流逝[2]。在现代的组织当中,管理者往往希望组织成员能够积极主动地工作并具有创造性,能够对他们个人的职业生涯发展负责,并能有高质量的绩效表现。因此,他们需要的组织成员是能够在工作中充满活力、具有奉献精神和专注于工作的人,也就是能够投入工作中的人。因此,工作投入感被认为可以真正改变组织成员并使得组织具有卓越的竞争优势[3]。

(一) 工作投入感的定义

"投入"(engagement)这一名词首先出现于工商业界,由美国盖洛普公司率先使用,并开发了盖洛普工作场所调查量表(Gallup Workplace Audit)[4]以测量公司员工的工作状态。之后,"投入"这一概念才被学术界关注。在日常生活中,"投入"意味着参与、承诺、激情、热情、专注、努力和精力充沛。例如,韦氏词典将"投入"定义为:"情感卷入或承诺"而且就像"齿轮的运转一样环环相扣、生生不息"[5]。

对于工作投入感的概念而言,虽然目前已有很多相关的研究,但是对具有可操作性的工作投入感的定义却没有形成统一的观点。下面介绍三种

---

[1] Turner, N., Barling, J. & Zacharatos, A., "Positive Psychology at Work," C. Snyder & S. Lopez (eds.), *The Handbook of Positive Psychology*, Oxford: Oxford University Press, 2002, pp. 715 – 730.

[2] Macey, W. H. & Schneider, B., "The Meaning of Employee Engagement," *Industrial and Organizational Psychology*, 2008 (1): 3 – 30.

[3] Bakker, A. B., Schaufeli, W. B., Leiterc, M. P. & Taris, T. W., "Work Engagement: An Emerging Concept in Occupational Health Psychology," *Work & Stress*, 2008, 22 (22): 187 – 200.

[4] Harter, J., Schmidt, F., Hayes, T., "Business – unit – level Relationship Between Employee Satisfaction, Employee Engagement, and Business Outcomes: A Meta – analysis," *Journal of Applied Psychology*, 2002 (87): 268 – 279.

[5] Christian, M. S., Garza, A. S., Slaughter, J. E., "Work Engagement: A Quantitive Review and Test of its Relations with Task and Contextual Performance," *Personnel Psychology*, 2011 (64): 89 – 136.

较有代表性的观点。

1. 以工作角色为参照系的观点

对工作投入感的大部分研究,都是基于美国波士顿大学的 Kahn 所提出的理念加以深化的。Kahn 首先提出个人投入(personal engagement)的概念,他认为个人投入是指将自我与组织内的工作角色相结合,投入自我力量并体验到与工作有关的情感经历的状态。在这个观点中,工作角色为人们将具有执行力、充满活力和善于表达的自我全身心投入工作创造了条件。因此,工作投入感从根本上而言是一个动机概念,指将个人资源分配到与工作角色有关的任务当中的行为。Kahn 将工作投入感描述为"个体的自我控制,使自己积极扮演所从事的工作角色:在工作投入感中,人们将生理、认知、情感和精神方面的能量不同程度地投入工作中,达到自我与工作角色的融合"[1]。换句话说,工作投入感很高的组织成员会很努力地工作,因为他们认可自己的工作。Kahn 认为,一方面,人们将自己的能量(体力的、认知的、情绪的和精神的)投入工作角色中;另一方面,工作角色同样为人们在工作中展现自我提供了机会,这两个方面存在一个动态的、辩证的关系。Kahn 将投入感的概念区别于心理存在或"充足"的经验,认为投入感是"人们会对自己扮演的角色留心、牵挂,进行协调,并十分专注,而事实上也的确如此"[2]。不同的是,这里的投入感作为一种行为,即将能量投入工作中,被认为是心理存在的表现,即一种特殊的精神状态。反过来,根据 Kahn 的观点,投入感不论对个人(个人成长和发展)还是组织(绩效质量)都会产生积极的影响。总之,对 Kahn 而言,投入感的关键参照系是工作角色,自我与工作角色处于一个动态和相互平衡的过程中。当个体将全部的精力投入工作角色中,并在工作角色中展现自我时,个体处于拥有高度工作投入感的状态;当个体将自我抽离于工作角色,并抑制自己在角色中的表现时,个体处于没有工作投入感的状态[3]。

受到 Kahn 的启发,Rothbard 选取了一个略微不同的视角,将投入定义

---

[1] Kahn, W. A., "Psychological Conditions of Personal Engagement and Disengagement at Work," *Academy of Management Journal*, 1990, 33 (4): 692-724.

[2] Kahn, W. A., "To be Fully There: Psychological Presence at Work," *Human Relations*, 1992, 45: 321-349.

[3] 张琳琳:《国有企业组织成员工作倦怠与工作投入感研究》,吉林大学博士学位论文,2008,第38页。

为一个包括注意力("……认知有效性和思考一个角色所花费的时间")和专注("……高度聚焦于一个角色")的二维动机结构[1]。

需要指出的是,Kahn 提出的投入感概念是以"工作角色"这一概念为参照系,而无关工作活动或工作本身的特性。虽然 Kahn 的观点充分肯定了投入感这一积极的心理状态对个人和组织的积极影响,但由于该定义仅是一个综合理论模型,无法为工作投入感的研究提供一个可操作的测量工具,因此在当时并没有得到学术界的热烈响应。

2. 个体特质和状态相结合的观点

M. S. Christian 等受到 Khan 的启发,认为在 Kahn 定义的工作投入感概念中,有两个要点值得注意。首先,工作投入感应该指个体在应对工作任务时的一系列心理活动,而不是个体对组织或职业的态度。因此,与盖洛普工作场所调查量表相似的测量工具就不适用于这一概念,因为这些测量工具主要关注工作状况而不是工作任务。其次,工作投入感关注的是将个人资源投入工作中的个人投资(self-investment)。因此,工作投入感应该指个体将身体、情感和认知的能量投入工作角色所呈现出的共性。在这个意义上,工作投入感不是指个体某一方面能量的投入,而是代表了一种综合性的投入(身体、情感和认知),从而这种投入的体验是全面和同步的,个体可以在多层次上感受到与工作之间的联系。因此,可以将工作投入感概念化为一个高阶结构,应该包含多层次的测量维度。

他们指出,目前大部分研究将工作投入感当作一种特质加以定义,如认为工作投入感是一种因人而异的相对稳定的个体差异变量。但是,工作投入感到底是一种相对稳定的特质,还是一种随时波动的状态,或者是二者的综合体,目前还存在争议。他们认为,最新的研究已经发现工作投入感的高低有可能在一天当中围绕一个平均值进行适度波动。这个观点与 Kahn 的看法一致,Kahn 认为工作投入感降低和提高的情况不仅因人而异,就算对个人而言也是多变的。同时,工作投入感状况在个体间和个体中是不断变化的,这是组织行为学中许多概念的共同特点,例如幸福感和工作满意度。因此,他们赞同 Dalal 等人的立场,即"Ma-

---

[1] Rothbard, N. P., "Enriching or Depleting? The Dynamics of Engagement in Work and Family Roles," *Administrative Science Quarterly*, 2001, 46: 655-684.

cey 和 Schneider 所谓的状态投入感，其实可以简称为投入感，从这个角度出发，投入感应该包含特质性和状态性的构成要素"①。因此，可以将投入感视为一种相对持久却可能随时间流逝而波动的精神状态。因此，他们将工作投入感定义为："一种将个体全身能量同时运用于工作活动的相对持久的精神状态。"②

Macey 和 Schneider 认为，在不断增加的各种对投入感的定义中，许多不过是换汤不换药，并没有太多的价值和新意。大部分学者试图通过将工作投入感规整为一个包括所有涉及面的涵盖性术语来解决概念混乱的问题，他们认为这一涵盖性术语应该包括投入感的不同类型（例如，特质投入、状态投入和行为投入等），每一种类型都应蕴含不同的概念，例如，主动性人格（特质投入）、卷入（状态投入）、组织公民行为（行为投入）等。因此，Macey 和 Schneider 试图对投入感的观点进行一个整合，他们对投入感进行了一个很宽泛的界定："……是一种有一个组织性目的的理想状态，包含卷入、承诺、激情、热情、专注的努力和活力等特征。"③ 为了方便理解投入感的含义，他们构建了一个全面的解释框架，包括：（1）对生活和工作的积极态度，或者叫作"特质投入"［例如，自觉性、特质积极影响（Trait Positive Affect）、积极主动的个性］；（2）精力充沛和专注的感觉，或者叫作"状态投入"（例如，满意度、卷入度、授权度）；（3）角色外行为，或者叫作"行为投入"（例如，组织公民行为、个人主观能动性、角色延展）。

3. 与职业倦怠相关的观点

随着职业倦怠研究的深入和积极心理学的兴起，一些职业倦怠研究者开始探索职业倦怠的相反状态，即从积极的角度探讨如何改善职业倦怠现象，因此，他们开始了对工作投入感这一积极职业心理的研究，并认为工作投入感是职业倦怠感的积极对立面。可以说，对职业倦怠感的研究引发

---

① Dalal, R. S., Brummel, B. J., Wee, S., Thomas, L. L., "Defining Employee Engagement for Productive Research and Practice," *Industrial and Organizational Psychology*, 2008 (1): 52–55.
② Christian, M. S., Garza, A. S., Slaughter, J. E., "Work Engagement: A Quantitive Review and Test of its Relations with Task and Contextual Performance," *Personnel Psychology*, 2011 (64): 89–136.
③ Macey, W., Schneider, B., "The Meaning of Employee Engagement," *Industrial and Organizational Psychology*, 2008 (1): 3–30.

了对工作投入感研究的热潮。Maslach 和 Leiter 认为,与职业倦怠者相反,具有工作投入感的个体建立了自身与工作的良好联结,认为工作是令人精力充沛和高效的,而不是充满压力和巨大挑战的,愿意投入工作中是一种对工作感到幸福或知足的积极状态。相应的,投入感以精力充沛(energy)、卷入(involvement)和效能(efficacy)为特征,与职业倦怠的三个维度——精疲力竭(exhaustion)、愤世嫉俗(cynicism)和低成就感(reduced accomplishment)直接对立①。在这个观点中,投入感和倦怠感具有内在关联性,因此,能够用同一工具进行测量。他们指出,就倦怠感而言,精力充沛变为精疲力竭,卷入变为愤世嫉俗,效能变为无效。即投入感可用职业倦怠量表②三个维度的反向分值进行测量,即职业倦怠的精疲力竭、愤世嫉俗和低成就感维度得分越低,意味着工作投入感的精力充沛、卷入和效能维度得分越高。

然而,以 Schaufeli 和 Bakker 为首的学者却认为,不能简单地将工作投入感视为职业倦怠的相反状态,工作投入感具有自身的特性,不能用同一工具加以测量。他们认为工作投入感是一个独立而明晰的概念,与职业倦怠感呈负相关关系。与职业倦怠者相反,高工作投入感的个体充满活力,能与工作活动有效联结在一起,并相信自己能够很好地完成工作要求。根据工作投入感本身的特性,他们将其定义为:"一种与工作有关的积极、完满的情绪与认知状态,以活力(vigor)、奉献(dedication)和专注(absorption)为特征。"③ 活力,指在工作中具有旺盛的精力与良好的心理韧性(mental resilience),愿意努力工作,在面对工作困难时仍能坚持不懈;奉献,指能够全身心参与工作,并在工作中体会到意义、热情、灵感、自豪和挑战等积极情绪;专注,指怀着愉快的心情全神贯注地工作,完全沉醉于工作当中而感觉不到时间的流逝。因此,工作投入感带给人们的满足感与职业倦怠感所带来的空虚感形成鲜明对比。投入感不是一种短暂的、特

---

① Maslach, C. & Leiter, M. P., *The Truth about Burnout*, San Francisco, C. A.: Jossey - Bass, 1997.
② Maslach, C., Jackson, S. E. & Leiter, M., *Maslach Burnout Inventory Manual*, 3rd ed., Palo Alto, C. A.: Consulting Psychologists Press, 1996.
③ Schaufeli, W. B., Salanova, M., Gonza'lez - Roma', V. & Bakker, A. B., "The Measurement of Engagement and Burnout: A Two Sample Confirmatory Factor Analytic Approach," *Journal of Happiness Studies*, 2002 (3): 71 - 92.

殊的状态,而是一种稳定的情绪和心境:一种更持久稳固和普遍存在的情感—认知状态,这种状态并非仅仅关注特殊的目标、事件、个人或行为。进一步而言,投入感反映的是个体当前的心理状态,这种心理状态是瞬间呈现出来的。因此,投入感能够明显区别于个体的个性特质,它是一种持久的性格倾向,反映出一个人特有的应对机制。为此,活力与专注分别被认为与职业倦怠的两个核心特征——精疲力竭与愤世嫉俗完全对立,这种对立表现为一种情绪或认知状态的两个极端方向。活力与精疲力竭所喻指的状态被称为"能量",而奉献与愤世嫉俗所对应的状态则被称为"认同"。因此,工作投入感以工作中充满能量和对工作的高度认同为特征,而职业倦怠则以低能量和低认同为特征[1]。另外,根据深度访谈的结果,专注被认为是工作投入感的第三个组成部分,并在进一步的研究中得到验证。实际上,这三个维度分别代表了工作投入感情感、行为和认知三个层面的状态,活力反映的是情感层面,奉献反映的是行为层面,而专注反映的是认知层面[2]。

从上述对工作投入感概念的不同界定,可以发现绝大多数学者认同工作投入感包括能量和认同两个维度,即工作投入感以在工作中具有的高能量和对工作的高度认同为特征。虽然在过去的十几年里对工作投入感这一概念进行了大量的研究,但是学术界至今对它的内涵还没有达成共识。目前,W. B. Schaufeli 等人对工作投入感的定义相对全面,且具有可操作性,他们的观点也成为当前工作投入感研究领域的主流观点。虽然有学者提出质疑,认为他们对工作投入感概念的界定仅是对职业倦怠各维度相反面的推导,缺乏坚实的理论基础,并认为工作投入感的三个维度同其他心理学概念有所重合[3]。但不可否认的是,虽然 Kahn 等人较早就提出了工作投入感的概念,可是从工作投入感的研究历史来看,其系统性的研究确实是在

---

[1] Demerouti, E. & Bakker, A. B., "The Oldenburg Burnout Inventory: A Good Alternative to Measure Burnout and Engagement," J. R. B. Halbesleben (ed.), *Handbook of Stress and Burnout in Health Care*, Hauppauge, N. Y.: Nova Science, 2008.

[2] Schaufeli, W. B., Taris, T. W., Le Blanc, P., Peeters, M., Bakker, A. B. & De Jonge, J., Maakt Arbeid Gezond? Op Zoek Naar de Bevlogen Werknemer [Does Work Make Happy? In Search of The Engaged Worker]. *De Psycholoog*, 2001, 36: 422 – 428.

[3] Shirom, A., "Feeling Vigorous at Work? The Construct of Vigor and the Study of Positive Affect in Orgnizations," Ganster, D., Perrewé, P. L. (eds), *Research in Organizational Stress and Well-being*. Greenwich, C. N.: JAI Press, 2003 (3): 135 – 165.

积极心理学思潮的影响下，由对职业倦怠感的研究而引发的。因此，从职业倦怠感的相反面对工作投入感概念进行界定，是具有合理性的。因此，本书的研究就以 Schaufeli 等人的观点为基础而展开。

（二）工作投入感的理论基础

1. 工作投入感理论模型

学术界普遍认可工作投入感由工作的能力（精力、活力）和工作的意愿（参与、奉献）两要素构成。Maslach[①]、Schaufeli 和 Salanova[②] 认为工作投入感的理论基础和构成维度来源于职业倦怠感，尤其是职业倦怠感理论中关于不能胜任工作（精疲力竭）和不愿工作（愤世嫉俗、疏离）的理论分析。Parker 和 Griffin 认为，可以运用积极心理学研究范畴中的一个更宽泛的基准系来界定工作投入感的概念[③]。因此，Bakker 和 Schaufeli 等人将工作投入感放入情感幸福感的环形结构模型，阐释职业倦怠感和工作投入感之间的关系，对工作投入感加以研究。

Russell 的环形结构模型认为情感状态由两个基本的神经生理系统所引起，一个与愉悦—不愉悦的连续体（continuum）有关，另一个与唤醒（arousal）、激活（activation）或警觉（alertness）的连续体有关。每一种情绪都可以理解为一个结合了不同愉悦程度和活性程度的线性结构（见图 1 - 1）。特定的情绪或情感状态来自这两个神经生理系统的组合模式，它们一起诠释和表达这些情绪体验[④]。

这个环形结构模型强调情绪不是离散和孤立的存在，相反，它基于愉悦和活性这两个神经生理系统而相互联系在一起。不管体验到积极（愉悦）还是消极（不愉悦）的情绪，活性水平的差异都是很大的。心情平静和充满满

---

① Maslach, C., "Engagement Research: Some Thoughts from a Burnout Perspective," *European Journal of Work and Organizational Psychology*, 2011, 20 (1): 47 - 52.

② Schaufeli, W. B. & Salanova, M., "Work Engagement: On How to Better Catch a Slippery Concept," *European Journal of Work and Organizational Psychology*, 2001, 20 (1): 39 - 46.

③ Parker, S. K. & Griffin, M. A., "Understanding Active Psychological States: Embedding Engagement in a Wider Nomological Net and Closer Attention to Performance," *European Journal of Work and Organizational Psychology*, 2001, 20 (1): 60 - 67.

④ Russell, J. A., "Core Affect and the Psychological Construction of Emotion," *Psychological Review*, 2003, 110: 145 - 172.

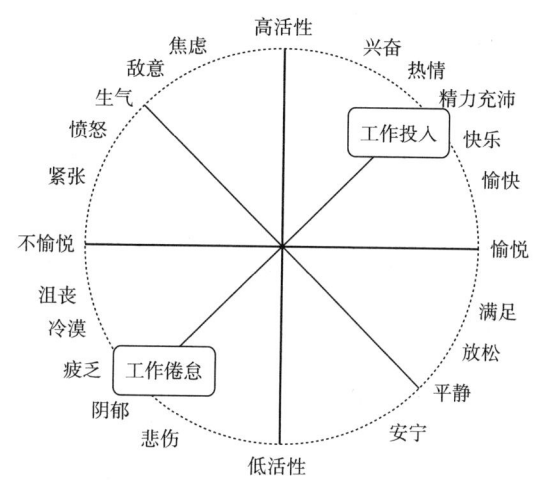

图 1-1 情感幸福感的二维模型

资料来源：Russell, J. A., "Core Affect and the Psychological Construction of Emotion," *Psychological Review*, 2003, 110: 145-172。

足感的活性水平要低于感到快乐、愉悦、兴奋或者热情这些情绪体验。同样的，从"感觉悲伤或沮丧"到"感觉心烦、焦虑或紧张"的消极情绪范围，其各自的活性水平也不同，焦虑和紧张的活性水平要高于沮丧和悲伤。

运用情绪体验的环形结构模型，Bakker 和 Oerlemans 将工作投入感置于环形结构模型的右上象限，因为工作投入感状态与高层次的愉悦和活性状态有相似之处。倦怠感被置于环形结构模型的左下象限，因为倦怠与不愉悦和低活性状态近似。倦怠的个体对于工作充满了精疲力竭和愤世嫉俗感，然而投入的个体对工作却精力充沛，充满了愉悦和热情。对有关工作投入感与职业倦怠感关系的研究而言，这个理论分析模型意味着证实了它们之间存在完全对立的关系。为了促进工作投入感和防止职业倦怠感，组织需要努力创造一个让组织成员感到工作是"积极"和"愉快"的工作环境，并在组织中感到充满热情、激励和动力。当组织成员面临高工作要求，但得到的工作资源水平相对较低时，就存在出现职业倦怠的风险。当这种状况持续较长时间时，职业倦怠（不愉悦和失去活力）是最有可能发生的。同时，Schaufeli 和 Salanova 认为，感觉不到职业倦怠并不意味着工作就是投入的。在图 1-1 中可以看到，研究者需要用正反两个层面的测量工具来准确反映工作投入感和职业倦怠感状况。例如，如果只运用正向测量工具评估人们能够并且愿意做什么（投入），这时，一个低的测量分值意味着没有投入，但是并不一定意味着高倦怠。同理，如果运用负向测量工具评估人们不能够并且不愿意做什么（倦怠），那么一个低的测量分值意味着没有倦怠，但是并不一定意味着高投入。因此，职业倦怠感和工作投入感并不是两个完全不同的概念，而是反映了同一事物的两面性。总之，虽然工作投入感与职业倦怠感是不同的，但是都与工作幸福感紧密相关，这为工作投入感概念的界定提供了有力的理论支撑[①]。

2. 工作投入感的解释理论

从工作投入感概念的发展过程中可以看到，最初的研究是由下至上，是为认识和解释工作过程中从业者工作中的积极体验而提出的一个概念术语。随着研究的深入，工作投入感研究者兼收并蓄，大量援引心理学的相关理论，从不同的心理学视角对工作投入感的形成、发展、变化、调节、调控、管理等问题进行深入描述、解释与预测，进一步揭示工作投入感的本质、特征和影响。

(1) 资源保存理论（COR）。

有很多研究认为工作资源和工作投入感之间存在交互关系。这与资源保存理论认为人们总是努力地获取、保存、积累和保护资源的观点一致。因此，资源保存理论成为解释工作投入感的理论基础之一。

资源保存理论由 Hobfoll 在 1989 年提出，探讨了资源在个体和社会环境之间交互作用的过程。该理论认为人们总是想方设法地获取、保存、积累和保护对其有价值的资源，这些资源可以分为内部资源（个体资源）和外部资源（非个体资源）（Hobfoll，1998）。资源保存理论的两个核心观点为："1. 资源损失比等价的资源获得的影响更显著，防止资源损失比获得资源更难；2. 为了获得资源或防止资源损失，必须不断投入其他资源。"[②]

资源保存理论（COR）认为，人们努力创造资源，是因为资源对他们而言是重要的，或者他们能够获取或保存其他重要的资源。事实上，人们

[①] Bakker, A. B., Albrecht, S. L. & Leiter, M. P., "Work Engagement: Further Reflections on the State of Play," *European Journal of Work and Organizational Psychology*, 2011, 20 (1): 74-88.

[②] 房巧玲、王晓丽：《注册会计师职业倦怠、"工作要求—资源"模型及其应用——基于资源保存理论的视角》，《会计与经济研究》2013 年第 1 期，第 13~22 页。

为了防止未来资源损失、重新获得资源,或得到新的资源的目的,会不断投入其他资源。个体拥有越多的资源,越有能力获取更多的资源;因此,随着获取资源的不断增加,形成一个资源库,随着资源库的形成,将会源源不断地获得越来越多的资源。当资源大量消耗之后,人们的既有资源受到威胁或无法有效获取资源时,压力就会产生。因此,那些拥有较多资源的人(如获得的同事支持较多),较少会感受到压力,然而拥有较少资源的人(如获得的同事支持较少),更容易感受到压力。从这个角度出发,工作资源在个人加强自我的积极意识和产生如工作投入感一样的正向工作结果上起到了关键作用[1]。根据 COR 理论,充足的工作资源(学习和发展机会、上级的社会支持、同事的社会支持)和个人资源(如自我效能)对于获取额外的资源非常有帮助。

(2)社会认知理论(SCT)。

Schaufeli 等的研究认为自我效能是重要的个人资源,对工作投入感有显著的影响作用。自我效能理论来源于班杜拉的社会认知理论,因此,社会认知理论也是解释工作投入感的理论基础之一。

班杜拉(Bandura)在 20 世纪 60~70 年代提出了社会认知理论,该理论关注个体能动性的演绎和变迁。所谓个体能动性,即人们可以通过他们所做的事情而产生某种影响[2]。社会认知理论认为,个体能够参与自我发展过程并影响自己的行为。这个理论视角将人类视为自我组织的、积极主动的、自我反思的和自我调节的自组织,而不是单纯被自身环境所塑造的活性有机体。在不同层面上,人类拥有控制自己思维、情感和行为模式的能力。他们通过自己的思维方式、信念和感觉来指导行为[3]。社会认知理论认为,人类对现实的感知及由此产生的行为,在一生当中都会受到自身控制力和影响力的影响。个体会对自身环境和社会环境进行分析,并思考由此带来的影响。人体机能被视为一个由个人、行为和环境影响相互作用的产

---

[1] Demerouti, E., Bakker, A. B., de Jonge, J., Janssen, P. P., Schaufeli, W. B., "Burnout and Engagement at Work as a Function of Demands and Control," *Scandinavian Journal of Work and Environmental Health*, 2001 (4): 279–286.

[2] Bandura, A., "Self-efficacy-toward a Unifying Theory of Behavioral Change," *Psychological Review*, 1977, 84 (2): 191–215.

[3] Bandura, A., *Social Foundations of Thought and Action: A Social Cognitive Theory. Englewood Cliffs*, N. J.: Prentice-Hall, 1986.

物,这三个因素构成了一个三元的交互作用关系。

自我效能理论是社会认知理论的重要组成部分。班杜拉将自我效能定义为:"人们对自身组织和执行某种行为以达到既定目标的能力的判断。"①自我效能是一种信念,是个体对自己能够取得某种结果的信心,而不仅仅是对自身能力的判断。这个概念是多维且因环境而异的。拥有高自我效能感的个体会对自身能力产生积极的判断并努力寻找问题解决的方法。在很多领域中,自我效能感对人们幸福感的产生有重要作用。拥有高自我效能感的个体会将困难看成挑战,然而那些对自身能力持怀疑态度的个体却会将困难当作威胁。自我效能感促进个体内在动机的产生,并培养个体参与到各种活动中的能力。拥有高自我效能感的个体会为自己设置有挑战的目标并通过努力实现该目标;就算失败了,他们也会归因为努力不够或缺乏相应的知识技能,并努力弥补,最终实现目标。高自我效能感能减轻压力,并减少心理障碍发生的可能性。拥有低自我效能感的个体通常会怀疑自己的能力,并倾向于逃避他们认为具有威胁和挑战的活动。面对困难时,他们往往会认为自己能力不够而无法完成任务,所以他们通常不会持续付出努力,甚至很快放弃②。

自我效能感不仅包括个人的自我效能感,还包括可感知的集体效能感。组织中一起工作的个体,会分享彼此的信念和情感经验,因此会表现出相似的动机和行为模式,并体验到组织共享的情感基调。从这个意义上说,社会认知理论将个体能动性的概念延伸到了集体能动性,因此,人们在集体力量中分享共同的信念以达到预期的结果。虽然集体效能感是就集体而言的,但是班杜拉认为,集体效能感与个人的自我效能感具有相似的功能和作用机制③。另外,可感知的集体效能感能够对组织运作产生影响,集体效能感和组织绩效存在显著的正相关关系。集体效能感越强,对组织绩效而言,组织取得的成就也就越大。

综上所述,自我效能感能够作用于个体的认知、情感和动机机制,从

---

① Bandura, A., *Social Foundations of Thought and Action: a Social Cognitive Theory. Englewood Cliffs*, N. J.: Prentice - Hall, 1986.
② Federici, R. A., Skaalvik, E. M., "Principal Self - efficacy and Work Engagement: Assessing a Norwegian Principal Self - Efficacy Scale," *Social Psycholocal Education*, 2011, 14: 575 - 600.
③ Bandura, A., *Self - efficacy: The Exercise of Control*, New York: Freeman, 1997.

而对个体面临挑战时的态度、付出的努力和面对逆境时的韧性等方面产生影响，以达到自我激励的目的。大部分研究关注的是自我效能感对压力和紧张的调节作用①，较少关注自我效能感与积极的心理状态，如工作投入感之间的关系②。然而，自我效能感作为一种重要的个人资源，对工作投入感会产生关键性的影响作用③。事实上，自我效能是一种自我激励机制：当人们认为自己能力水平很高时，在实现既定目标的过程中，会激励自己为实现目标而不断努力，并坚持不懈地克服困难④。因此，当个体认为自己的工作能力很强，能够克服各种困难，顺利完成工作任务时，他们的工作投入感就会很高，从而实现个人绩效和组织绩效的螺旋式递增。

（3）自我决定理论（SDT）。

Schaufeli 等人的研究认为，当个体在工作中的自主、能力和归属三个基本心理需求得到满足时，其工作投入感就会很高。因此，自我决定理论是解释工作投入感的理论基础之一。

在人本主义心理学的影响下，美国心理学家 Ryan 和 Deci Edward 等人于 20 世纪 80 年代提出了自我决定理论（Self–Determination Theory）。自我决定理论是一种有机辩证的方法，它认为人是积极的有机体，有天生的自我发展、应对环境挑战和将新的经验整合成自我意识的倾向。这种先天的发展趋势虽然是自动产生的，但是仍然需要社会环境提供养分和支持。也就是说，社会背景不仅可以支持或阻挠积极参与和心理成长的自然趋势，也可以催化整合能力的缺失、防卫倾向和实现需求的替代等。因此，自我决定理论研究的是人类这个积极有机体和社会背景之间的辩证关系，它们之间的关系成为自我决定理论预测人类行为、经验和发展的基础。

---

① Salanova, M., Peiro, J. M. & Schaufeli, W. B., "Self–efficacy Specificity and Burnout among Information Technology Workers: An Extension of the Job Demands–Control Model," *European Journal of Work and Organizational Psychology*, 2002 (11): 1–25.

② Salanova, M., Schaufeli, W. B., Xanthopoulou, D. & Bakker, A. B., "The Gain Spiral of Resources and Work Engagement," A. Bakker & M. Leiter (eds.), *Work Engagement: Recent Developments in Theory and Research*, New York: Psychology Press, 2010: 118–131.

③ Llorens, S., Schaufeli, W. B., Bakker, A. B. & Salanova, M., "Does a Positive Gain Spiral of Resources, Efficacy Beliefs and Engagement Exist?" *Computers in Human Behavior*,, 2007, 23: 825–841.

④ Bandura, A., "Social Cognitive Theory: An Agentic Perspective," *Annual Review of Psychology*, 2001 (1): 52.

在自我决定理论中，人类健康发展和机体有效运作的要素被认为是由能力、自主和归属所构成的基本心理需求。能力需求，是指能够运用个人能力及技能，以寻求或克服最大的挑战，并获得预期结果的需求；自主需求，是指个人的行为取决于自我选择，而非外在酬赏或压力的需求；归属需求，是指能与他人建立相互尊重感和相互依赖的需求。如果外在的环境能够满足能力、自主和归属这三个内在需求，将会促进外在价值观的内化和自我统整，从而有利于自我激励和内在动机的引发，促进身心的和谐统一，因为基本需求的满足，是人们的成长和发展所必需的要素。相反，如果这些基本心理需求得不到满足，将会降低人们的动机并导致不良的后果[1]。

这个观点在研究人们的工作行为时同样适用。因此，当个体在工作中，如果其基本心理需求能够得到满足，则会激发个体的内在动机，使个体产生努力投入工作中的欲望，从而提高工作投入感，产生满意的绩效水平。

(4) 拓展—建构理论。

拓展—建构理论目前是积极情绪研究领域影响最大的理论，由 Fredrickson 在综合前人研究的基础上提出。该理论认为，显性积极情感（如愉快、兴趣、热情、爱、自豪）能够拓展人们的即时思维—行动范畴和构建持久的个人资源，包括体力、智力、社会和心理资源[2]。根据这个观点，工作投入感就是一种显性的积极情感—动机状态，可以拓展组织成员的思维—行动范畴，并构建他们的持久的个人资源[3]。因此，该理论也是解释工作投入感的理论基础。

积极情绪能拓展个体的即时思维—行动范畴，包括拓展个体注意力、认知、行动等的范围。当个体在特定环境中体验到积极情绪时，会变得更加专注与开放，激发个体积极探索的认知行动力，不断获取有利于目标实现的知识和经验。通过这个过程，积极情绪拓展了个体的注意力、认知、行动的范围。此为积极情绪的"拓展"功能。同时，积极情绪能给个体带

---

[1] 李敏:《腾冲县第一中学中学教师工作投入感影响因素研究——基于自我决定理论的视角》，云南大学硕士学位论文，2011，第9~12页。

[2] Fredrickson, B. L., "The Role of Positive Emotions in Positive Psychology: The Broaden - and - Build Theory of Positive Emotions," *The American Psychologist*, 2001, 56: 218 - 226.

[3] Salanova, M., Schaufeli, W. B., Xanthopoulou, D. & Bakker, A. B., "The Gain Spiral of Resources and Work Engagement," A. Bakker & M. Leiter (eds.), *Work Engagement: Recent Developments in Theory and Research*, New York: Psychology Press, 2010: 118 - 131.

来间接的、长远的益处,能够帮助个体建构持久的身体、智力、心理和社会等个人资源,这种建构的功能是在"拓展"的基础上实现的。思维—行动范畴的拓展,提供了建设个人可持续的资源的机会①。与此同时,Fredrickson 认为,积极的情绪和个人资源,如自我效能之间存在交互关系。通过这种积极情绪与个人资源之间的积极交互影响作用,这些瞬时的积极情绪体验能够构建持久的心理资源,随着时间的推移,使个人收益呈螺旋状递增,这将使人们体验到更多的幸福感②。

3. 工作投入感的概念模型

Bakker 等人根据已有的研究成果,构建了工作投入感理论的整体概念模型③。在这个模型当中,工作资源——如来自同事和领导的社会支持、绩效反馈、多样性技能和工作自主性等——是工作投入感的动力机制,在工作资源的作用下,可以提高工作投入感,从而产生更高的绩效水平。同时,模型假设了当个体面对高强度的工作要求(如工作负担、情绪要求、精神要求等)时,工作资源的激励潜力将更加突显,变得越发重要。另外,Xanthopoulou 等人的研究表明,工作资源和个人资源是相互关联的,而且个人资源可以单独影响工作投入感程度④。因此,个体如果在乐观、自我效能、心理弹性和自尊感等个人资源方面表现出较高的水平,则能够更好地调动他们的工作资源,在一般情况下能更好地投入工作当中。

工作投入感模型如图 1-2 所示。Bakker 等认为工作资源和个人资源是相互独立,但又互相协作对工作投入感加以影响的。另外,当面临的工作要求较高时,工作资源和个人资源对工作投入感的积极影响将更为显著。

---

① 高正亮、童辉杰:《积极情绪的作用:拓展—建构理论》,《中国健康心理学杂志》2010 年第 2 期,第 246~249 页。
② Simbula, S., Guglielmi, D. & Schaufeli, W. B. A., "Three - wave Study of Job Resources, Self - efficacy, and Work Engagement among Italian Schoolteachers," *European Journal of Work and Organizational Psychology*, 2011, 20 (3): 285 - 304.
③ Bakker, A. B. & Demerouti, E., "Towards a Model of Work Engagement," *Career Development International*, 2008, 13: 209 - 223.
④ Xanthopoulou, D., Bakker, A. B., Demerouti, E. & Schaufeli, W. B., "Reciprocal Relationships Between Job Resources, Personal Resources, and Work Engagement," *Journal of Vocational Behavior*, 2009, 74: 235 - 244; Xanthopoulou, D., Bakker, A. B., Demerouti, E. & Schaufeli, W. B., "Work Engagement and Financial Returns: A Diary Study on the Role of Job and Personal Resources," *Journal of Occupational and Organizational Psychology*, 2009, 82: 183 - 200.

因而,工作投入感对工作绩效也有积极的影响作用。重要的是,模型中的反馈环节显示投入感高和绩效表现良好的个体是如何创造他们自己的资源的,即不断通过工作形塑(Job-crafting)实现资源的螺旋式累加,从而进一步提高工作投入感,实现工作绩效的进一步增长,再进行资源的累加和绩效的增长,如此循环往复。

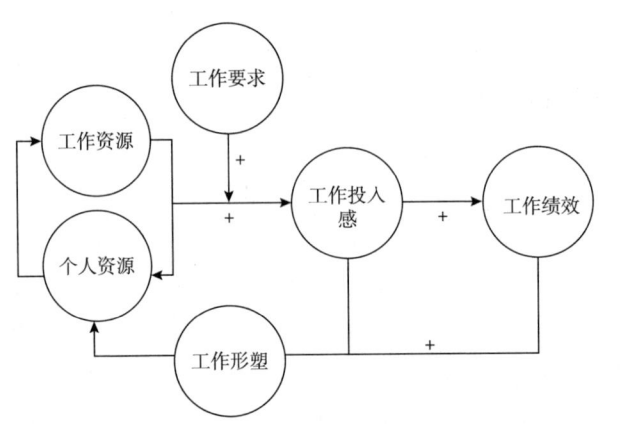

图1-2 工作投入感模型

资料来源:Bakker, A. B. & Demerouti, E., "Towards a Model of Work Engagement," *Career Development International*, 2008:13。

工作资源和个人资源独立或共同地影响着工作投入感,尤其当工作要求较高时,二者对工作投入感的影响更为积极;另外,工作投入感对工作绩效产生积极影响。重要的是,模型中的反馈回路显示,工作投入感较高及工作表现较好的组织成员如何创造属于自己的资源,即不断通过工作形塑(Job-crafting)实现资源的螺旋式累加,从而进一步提高工作投入感,实现工作绩效的进一步增长。

需要指出的是,图1-2所示的关系谱并不仅仅反映个体间的差异,这种差异随着时间的推移,在个体自身中也会存在,即个体的工作投入感状况有可能随着时间的变化而波动。也就是说,根据一天当中发生的状况,组织成员的工作投入感会表现出较高或较低的程度。在一天当中,如果组织成员获得了较多的工作资源,如同事的支持、工作自主性体验、领导的积极反馈和与顾客的愉快接洽等,他将会获得较高的工作投入感,工作表现将会更好。这时候,组织成员可能还会表现出更多的有效行为,如工作形塑,由此,工作形塑将会带来更多的工作资源和个人资源。

工作投入感高的组织成员在工作中表现得更为积极主动。事实上，他们在工作中不会表现得消极被动，相反，在必要的时候，他们会主动改造自身的工作环境以适应工作的需要。工作投入感高的组织成员会通过选择任务、在不同的工作内容间进行协调或为他们的工作与任务赋予意义等方式，主动更改工作内容或进行职业规划。个体对自身职业进行规划与设计的过程就称为工作形塑[①]。工作形塑所带来的好处就是，个体更容易加强自身与工作的契合度，并体验到更多的工作意义。Tims、Bakker 和 Derks 指出，工作形塑是积极行为的一种特殊形式，是组织成员根据自身的工作要求和工作资源水平对工作状况进行的调整。工作形塑，一方面可以使组织成员根据自身的学识、技能和能力调整工作，使工作适应于自身的能力；另一方面也可以使组织成员根据自己的兴趣和需求进行工作设计。根据这一观点，Tims 和她的同事发现工作投入感高的组织成员与同事的关系是积极的，并可以根据工作形塑能力对这种关系的积极程度进行评价。工作投入感高的组织成员更加擅于增加自己的工作资源，例如，主动向领导寻求工作反馈和动用自己的人际关系网以达成工作目标等。另外，工作投入感高的组织成员更倾向于提高自己的工作要求以创造一个更具挑战的工作环境[②]。

（三）工作投入感的影响因素

工作要求 - 资源模型（JD - R）（Bakker & Demerouti）为工作投入感的影响因素提供了一个强有力的解释框架。尤其是当高工作要求（High Job Demands）（"活性"）和高工作资源（High Job Resources）（"愉悦"）结合在一起时，可以产生高工作投入感。该模型认为个体的工作条件（Work Condition）可以分为要求和资源两种类型，资源又分为工作资源和个人资源。它们分别对应于消极和积极的工作成果，并且不同的职业各有其典型的特征[③]。

[①] Wrzesniewski, A. & Dutton, J. E., "Crafting a Job: Revisioning Employees as Active Crafters of Their Work," *Academy of Management Review*, 2001, 26: 179 - 201.

[②] Bakker, A. B., "An Evidence - based Model of Work Engagement," *Current Directions in Psychological Science*, 2011, 20 (4): 265 - 269.

[③] Bakker, A. B. & Demerouti, E., "Towards a Model of Work Engagement," *Career Development International*, 2008, 13: 209 - 223.

1. 工作资源（Job Resources）

研究者发现工作资源，例如来自同事与上级的社会支持、绩效评价反馈、多样性技能、自主性，以及学习机会等对工作投入感有积极的影响。工作资源指的是工作中的物质、社会和组织方面的资源，这些资源能够：①降低工作要求所带来的生理和心理成本；②有助于实现工作目标；③促进个人成长、学习和发展。工作资源在不同的组织中对工作投入感的影响不同。重要的工作资源包括发展机会、绩效反馈、自主性、多样性技能、变革型领导风格、公正、来自同事和领导的社会支持等。

工作资源既是内部激励因素，因为它能促进组织成员的成长、学习和发展，也是外部激励因素，因为它有助于工作目标的达成。作为内部激励，工作资源能够满足人们的基本心理需求，如对自主性的需求、人际关系的需求和能力的需求。例如，恰当的反馈能够促进学习，从而提高工作绩效；工作的自主度与社会支持又分别满足人们对自主和归属的需求。工作资源同样可以作为外部激励因素，因为工作环境可以为人们提供很多的资源和条件，有助于提升他们投身于工作的意愿和能力。在这样的工作环境中，工作任务将会圆满完成，从而实现工作目标，如支持性的同事关系和绩效反馈将增加组织成员成功实现工作目标的可能性。不管是通过满足组织成员基本心理需求还是通过帮助组织成员实现工作目标的方式，所产生的结果都是积极的，组织成员的工作投入感也就随之产生了。

根据工作资源能够成为激励因素的观点，很多研究证实了工作资源和工作投入感之间存在正相关关系。例如，Schaufeli 和 Bakker 通过对荷兰的四组样本分析发现，三种工作资源——绩效反馈、社会支持和监督指导，与工作投入感（活力、奉献和专注）存在正相关关系。这项研究在2006年再次展开，通过对2000名芬兰教师的研究显示，工作控制、工作信息、上级支持、创新气氛以及社会氛围与工作投入感存在正相关关系。另外，Koyuncu、Burke 和 Fiksenbaum 对一家土耳其大型银行的女性管理者和专业雇员的工作投入感进行了研究，发现工作中的工作控制、报酬、认知和价值匹配能够显著影响工作投入感。Mauno、Kinnunen 和 Ruokolainen 对芬兰的护士进行了长达两年的跟踪研究，以调查他们的工作投入感状况及其影响因素。研究显示，工作资源比工作要求（Job Demands）更能影响工作投入感。工作控制（Job Control）和组织自尊（Organization - based Self - esteem）是工作投入感三个维度的有效滞后影响要素。

在面对高强度的工作要求时，工作资源变得非常重要。Hobfoll曾指出，当资源减少时，资源的获取将会得到重视。这也意味着当工作者在面临高强度的工作要求时，工作资源会更加受到重视并突显其激励潜力。Hakanen、Bakker和Demerouti对芬兰公立医院的牙医进行的研究验证了这一交互假说。研究结果显示，在工作量很大且对工作质量要求很高的情况下，多元性的专业技能（Variability in Professional Skills）有助于提高工作投入感，而且可以减轻高强度的工作负荷对工作投入感的影响。Bakker、Hakanen、Demerouti和Xanthopoulou对芬兰教师的研究显示，工作资源能起到缓冲和减少学生不当行为和教师工作投入感之间消极关系的作用。另外，他们发现，当教师面临的学生不端行为越多时，工作资源对教师工作投入感的影响越大。具体而言，上级支持、创新能力、赞赏和组织氛围是教师重要的工作资源，可以帮助他们应对与学生互动过程中出现的难题。综上所述，这些研究结果清晰地显示了当工作者面临更高的工作要求时，工作资源将可能变得更加重要并突显出激励潜力[①]。

2. 个人资源（Personal Resources）

除了工作资源因素，个人资源也会对工作投入感产生影响。个人资源是一种与心理弹性（Resiliency）有关的积极的自我评价，指个体对自己是否具有成功控制和影响自身环境的能力的认知。这表明，这种积极的自我评价可以预测目标设置、绩效、工作和生活满意度，以及其他期望出现的结果。这是因为个体的个人资源越多，他们的自尊感越高，预期的目标—自我一致性（Goal Self-concordance）也越高。具有目标—自我一致性的个体，有很强的追逐自我目标的内在动机，并会获得较高的绩效水平和满意度。重要的个人资源包括自我效能、希望、乐观精神、基于组织的自尊、感知和调节情绪的能力等。

很多研究者证实了个人资源与工作投入感之间存在正相关关系。例如，研究显示，自尊感、自我效能感、内外控倾向（Locus of Control），以及感知和控制情绪的能力都有可能影响工作投入感。Rothmann和Storm对1910

[①] Bakker, A. B., Schaufeli, W. B., Leiterc, M. P. & Taris, T. W., "Work Engagement: An Emerging Concept in Occupational Health Psychology," *Work & Stress*, 2008, 22: 187-200.

名南非警官进行的横断研究发现，投入感高的警官对工作有积极的应对方式。他们能聚焦于问题本身，分步采取措施以清除或排解压力源。另外，Bakker、Xanthopoulou、Demerouti 和 Schaufeli 对熟练技工的研究，探讨了三种个人资源（自我效能感、组织自尊感和乐观）对工作投入感的影响作用。研究显示，工作投入感高的个体具有较高的自我效能感；他们相信即使面临纷繁复杂的工作环境，他们也有能力应对工作要求。另外，工作投入感高的个体相信，总体而言，他们的生活是幸运的，总能得到好的结果（乐观）；他们也相信，充分参与组织中的既定角色将会满足他们的各种需求（基于组织的自尊感）。

这些研究结论在一个为期两年的后续研究中得到了再次印证和扩展。研究结果表明，自我效能感、组织自尊感和乐观能够解释工作投入感的方差（Variance），甚至超越了工作资源对投入的影响，并能极大地提升工作投入感。Bakker、Gierveld 和 Van Rijswijk 在 2006 年对女性中小学校长的研究发现，拥有越多个人资源的校长，工作投入感水平越高。尤其是心理弹性、自我效能感和乐观精神能够较好地解释工作投入感的方差（优于来自学校教职工和同行校长的社会支持、发展机会和伴侣的支持）。因此，心理弹性也是另一个可以促进工作投入感的个人资源[①]。

3. **工作要求**（Job Demands）

工作要求指工作对组织成员身体、心理、社会或组织方面的要求，这些要求需要组织成员从身体和精神（认知或情绪）上付出相应的努力，并与一定的生理和心理成本相关联。虽然这些要求并不都是消极的，但是当它们要求组织成员付出努力或一定的成本时，它们就会变成压力源，从而对组织成员产生消极的影响，产生沮丧、焦虑或倦怠等情绪。根据已有的研究，主要的工作要求包括超负荷工作量、精神和情绪要求、角色压力（角色模糊和角色冲突）等。

根据工作要求—资源模型，当工作者面临的工作要求很高时，工作资源和个人资源就会变得更加重要，其激励潜力也逐渐凸显出来。这种情况下表现出了所谓的"活跃工作"，在这种工作状态中，组织成员能够积极主

---

① Bakker, A. B., Schaufeli, W. B., Leiterc, M. P. & Taris, T. W., "Work Engagement: An Emerging Concept in Occupational Health Psychology," *Work & Stress*, 2008, 22: 187-200.

动地学习和提高他们的技能。研究表明，在工作要求很高的情形下，工作资源，如多元性的专业技能和同事的赞赏等，最能影响工作投入感。因此，工作投入感与工作要求呈低度正相关关系，工作要求是充满压力的，但同时也能激发组织成员的好奇心，培养他们的能力和认真负责的精神，即带来所谓的工作挑战，例如与之相随的工作责任、工作量、认知要求和时间紧迫感等[1]。

综上所述，工作资源和个人资源都是工作投入感的重要影响因素（Antecedents）。工作资源能够降低工作要求对工作者的负面影响，有利于实现工作目标，促进工作者的个人成长、学习和发展。尤其当面对高标准的工作要求时，这些资源更可能成为组织成员激励的要素。进一步而言，工作投入感高的个体具备的个人资源与其他个体不尽相同，这些个人资源包括乐观精神、自我效能感、自尊感、心理弹性、积极的行为方式等。这些资源能够帮助工作投入感高的个体减轻工作要求所带来的压力感，并成功控制和影响他们的工作环境，最终实现工作目标。

（四）工作投入感的作用结果

1. 对个体状态产生影响

工作投入感高的个体工作表现相对更好。例如，工作投入感高的个体能够向顾客提供高品质的服务。他们在工作中较少犯错，较少出现工伤或事故，在工作中更加富有创新精神等。工作投入感高的个体一般具有积极的工作态度、健康的体魄、对生活充满幸福感、乐于表现出角色外行为等。首先，与那些看起来工作投入感不高的个体相比，投入感高的个体对组织更加忠诚，缺勤率更低，不会产生离开组织的想法；其次，工作投入感高的个体拥有积极的情感体验，同时也拥有非常好的精神和身心健康状况；另外，他们还表现出积极主动的个性及较强的求知欲望。总之，工作投入感高的个体能够并且愿意为工作付出更多的努力[2]。

Bakker认为工作投入感高的个体的工作表现之所以优于工作投入感低

---

[1] Schaufeli, W. B., "Work Engagement: What Do We Know and Where Do We Go?" *Romanian Journal of Applied Psychology*, 2012, 14 (1): 3-10.

[2] Schaufeli, W. B., "Work Engagement: What Do We Know and Where Do We Go?" *Romanian Journal of Applied Psychology*, 2012, 14 (1): 3-10.

的个体,有四个原因。工作投入感高的个体:①常常体验积极的情绪,包括幸福、愉悦和热情;②心理和生理健康状况良好;③善于创造自身的工作和个人资源(如获得来自他人的支持);④能够带动他人投入于工作。首先,积极的情绪能够扩展人们的想法—行动指令库(Thought - action Repertoire),这意味着他们能够充分利用自身的个人资源;其次,良好的健康状况有助于提高绩效水平,因为健康的个体能够充分利用他们的脑力和体力资源(如技术、才能和知识等);再次,能够创造自身资源的个体更有能力应对工作要求和完成工作目标;最后,工作投入感具有"传染性"特质,工作投入感高的个体能在组织中起到"角色典范"的作用,带动组织其他成员投入工作中,从而提高组织的整体工作投入感[①]。

2. 对工作绩效产生影响

在上级和同事眼中,工作投入感高的个体的工作效率和工作绩效都优于工作投入感不高的组织成员。同时,无数的研究证明工作投入感和工作绩效呈正相关关系。例如,在一项对36个公司近8000个业务部门的研究显示,工作投入感水平与业务部门的绩效正相关(即顾客满意度及忠诚度、利润率、生产率、营业额、安全性等),这表明工作投入感高的组织成员确实能够为组织带来竞争优势。Bakker、Demerouti 和 Verbeke 的研究显示,工作投入感高的个体不管是在工作角色中还是工作角色之外,其绩效表现都能得到同事较高的评价。这意味着工作投入感高的个体工作表现突出,并愿意为工作付出加倍的努力。在对荷兰从事不同职业的个体的研究中,Schaufeli、Taris 和 Bakker 发现工作投入感与角色绩效正相关。之后,对商务秘书这一职业群体的研究进一步扩展了该研究结论。Gierveld 和 Bakker 发现工作投入感高的秘书在工作角色中和工作角色之外的绩效水平都很高;另外,研究结果认为工作投入感高的秘书对组织中日常业务的影响更大,因为他们常被要求完成一些额外的任务,包括人员预选、组织贸易展览和商业洽谈,以及网页维护等。Salanova、Agut 和 Peiro 对西班牙的饭店和酒店工作人员的研究显示,组织资源及工作投入感可以预测服务质量,反之,服务质量可以预测组织成员的工作绩效和顾客的忠诚度。Xanthopoulou、

---

① Bakker, A. B. & Demerouti, E., "The Job Demands - Resources Model: State of the Art," *Journal of Managerial Psychology*, 2007, 22: 309 - 328.

Bakker、Demerouti 和 Schaufeli 对希腊快餐店员工的研究发现，日常的工作投入感水平能够很好地预测营业收入。同时，由于组织绩效是组织成员工作绩效的累加，且工作投入感具有"传染性"特质，因此组织成员工作投入感水平越高，组织的工作投入感水平也越高，从而组织的工作绩效水平也越高[1]。

因此，Bakker 等认为，已有研究结果已经证明了工作投入感和工作绩效之间存在正相关关系。在工作中感到充满活力和动力的组织成员，以及对工作充满热情的组织成员，都能够表现出较高的绩效水平。

3. 对家庭产生影响

个体对工作的投入感会影响其对家庭的投入感。Rothbard 的研究发现，工作所带来的消极情绪会显著影响女性对家庭的关注程度，而家庭中的积极情绪则有利于提高女性对工作的专注程度；对男性而言，工作所带来的积极情绪会提高其对家庭的关注。

另外，工作投入感高的个体对家庭成员的工作投入感也会产生积极影响。由于工作投入感具有的"传染性"特质，工作投入感高的个体不仅在组织中对组织成员的工作投入感产生影响，同理，在家庭中也会对家庭成员，尤其是伴侣的工作投入感产生影响。Schaufeli 和 Bakker 的研究表明，在控制了工作和家庭环境的相关因素后，对工作的积极情绪和热情会在伴侣间相互影响。Bakker、Demerouti 和 Schaufeli 研究了 323 对不同职业背景的夫妇，研究显示，在控制了工作要求及工作资源的前提下，丈夫的工作投入感水平与妻子的工作投入感水平呈显著正相关，妻子工作投入感中的活力和奉献状况对丈夫工作投入感中的活力和奉献具有显著的预测作用，反之，丈夫工作投入感中的活力和奉献对妻子工作投入感中的活力和奉献也具有显著的预测作用[2]。

（五）工作投入感的测量

目前有很多用来测量工作投入感的工具，如 Lodahl 和 Kejner 在 1965 年

---

[1] Bakker, A. B., Schaufeli, W. B., Leiterc, M. P. & Taris, T. W., "Work Engagement: An Emerging Concept in Occupational Health Psychology," *Work & Stress*, 2008, 22: 187 – 200.

[2] Bakker, A. B., Demerouti, E., Schaufeli, W. B., "The Crossover of Burnout and Work Engagement among Working Couples," *Human Relations*, 2005, 58: 661 – 689.

开发的量表、Saleh 和 Hosek 在 1976 年开发的量表和 Kanungo 在 1982 年开发的量表等[1]，但这些测量工具都不具有广泛适用性。

支持 Maslach 和 Leiter 观点的人运用 MBI 来测量活力（Energy）（在精疲力竭上低分）、卷入（在愤世嫉俗上低分）和职业效能（在效能上高分）。

另外一个测量工作投入感的工具是奥登伯格倦怠问卷（Oldenburg Burnout Inventory，OLBI）。这个工具最初是用来测量倦怠的，但是由于问卷题项包含积极和消极两种表述方式，因此，它也可以用来测量工作投入感。OLBI 包括两个维度：一个维度是精疲力竭或活力，另一个维度是愤世嫉俗或奉献。在德国、希腊、荷兰、美国和南非等多个国家的研究中，OLBI 量表的信度和效度得到验证，具有较好的可靠性和有效性[2]。这些研究结果清楚地表明了包含活力和奉献两个因素的结构比其他结构更加适用于多个职业群体工作投入感状况的研究。

工作投入感也可以用一个简短的自我报告问卷进行评估。在工商业界被广泛运用的调查问卷是盖洛普 Q12 问卷，这个问卷被设计成一种管理工具。然而，Q12 不是将投入的体验作为一种心理状态进行评估，而是从可感知的工作资源来探究工作投入感的影响因素，例如，明确的角色分配（"你知道你所从事的工作对你的期望是什么吗？"）、社会支持（"在工作当中你有好朋友吗？"），组织反馈（"在近六个月中，有人跟你谈论过你的工作进展吗？"）。基于这些信息，管理者或许可以改善工作资源。

最常用的工作投入感测量工具是乌特列支工作投入感量表（UWES，2002），包含三个分量表：活力、奉献和专注。UWES 被证明在多个国家的研究中是有效的，包括中国、芬兰、希腊、日本、南非、西班牙以及荷兰。所有的研究都运用验证性因素分析方法，分析结果显示该三因素结构的数据拟合度优于其他的因子模型。另外，在每个研究中三个分量表都显示出较高的内部一致性。工作投入感的三个维度呈中等强度的正相关关系，所

---

[1] 转引自李敏《腾冲县第一中学教师工作投入感影响因素研究——基于自我决定理论的视角》，云南大学硕士学位论文，2011，第5页。

[2] Demerouti, E. & Bakker, A. B., "The Oldenburg Burnout Inventory: A Good Alternative to Measure Burnout and Engagement," J. R. B. Halbesleben (ed.), *Handbook of Stress and burnout in Health Care*, Hauppauge, N.Y.: Nova Science, 2008.

以分量表的得分相加所得的总分同样可以用来预测总的工作投入感水平。简单地说，UWES 的测量分值具有相对稳定性，在跨度为三年的研究中，分值都在 0.82~0.86。然而，需要指出的是，仍然存在一些在研究中照搬 UWES 来测量工作投入感而失败的案例。失败的原因可能部分来自翻译问题，如一些含有比喻意味的题项未能正确翻译而导致表述不明确。此外，Schaufeli 和 Bakker 认为，在实证研究中，UWES 量表的总分比各分量表的分数更具有说服力。Schaufeli、Bakker 和 Salanova 还开发出了一个包含 9 个题项的 UWES 小型量表，该小型量表被证明具有跨文化的适用性[1]。

（六）与相关概念的区别与联系

由于目前对工作投入感的概念尚未达成共识，因此，有必要对那些具有相似性和替代性的概念进行讨论并加以区分。这里需要回答的一个关键性问题是：学术界所定义的工作投入感的概念是否有超越相关已知概念的价值？下面就介绍八个有关的概念，并对它们进行区分。这八个概念分别涉及行为（角色外行为、个人主动性）、信念（组织承诺、工作卷入）和情感（工作满意度、正向情感）等被认为是与工作投入感相关的概念，以及具有对比性的、更加复杂的心理状态（涌流、工作沉迷）。

1. 角色外行为（Extra-role Behavior）

由于工作投入感具有自主支配性，因此，很多研究者认为工作投入感具有角色外行为的特点，并据此对其进行定义，如"为工作付出一切"或"做角色外的事情"等，但仅就工作投入感高的组织成员会主动付出工作要求外的努力这一特性，就认定工作投入感是一种角色外行为是具有局限性的。首先，工作投入感高的组织成员和角色外行为的组织成员不同，工作投入感高的组织成员在工作中具有创新性（如具有创造性的解决问题的能力），而不仅仅是和角色外的组织成员一样多做一些工作（如工作更长的时间）。其次，角色内行为（组织为完成组织目标而赋予组织成员的强制性任务）和角色外行为（组织成员角色内行为之外的自发性行为），也称为组织公民行为，这两种行为之间的分界线是非常模糊的，人

---

[1] Bakker, A. B., Schaufeli, W. B., Leiterc, M. P. & Taris, T. W., "Work Engagement: An Emerging Concept in Occupational Health Psychology," *Work & Stress*, 2008, 22: 187-200.

们很难精确判断组织成员的行为是角色内的还是角色外的。因此,工作投入感高的组织成员有可能会也有可能不会表现出角色外行为,即角色外行为并不是工作投入感的典型特征,所以角色外行为无法成为工作投入感的构成要素。

2. 个人主动性(Personal Initiative)

根据 Frese 和 Fay 的观点,个人主动性行为包含自发性(Self-starting Behavior)、积极主动性和持续性的特征。作为一种特殊的行为,个人主动性超越了工作中常规的、常见的和普通的行为。个人主动性指的是组织成员工作行为的质量,而不是组织成员工作行为的数量。因此,工作投入感是一个比个人主动性更为广泛的概念,个人主动性更类似于工作投入感概念中的行为要素——活力(Vigor)。

3. 工作卷入(Job Involvement)

Lodahl 和 Kejner 将工作卷入定义为:"个体对工作的心理认知程度,或工作在其整体观念中的重要程度。"[①] 由此,可以清楚地看到,工作卷入——作为职业倦怠中愤世嫉俗(Cynicism)的反面状态,与工作投入感密切相关,但并不相同。

4. 组织承诺(Organizational Commitment)

与工作卷入相似,组织承诺是一种依附和认同组织的心理状态,但是与工作卷入不同,组织承诺反映的是个人与组织之间的聚合力。或者就如 Mowday、Steers 和 Porter 所说的:"个体对特定组织的认同和卷入的相对强度。"[②] 相反的,工作投入感指的是个体与工作角色或工作本身的卷入。当工作投入感被认为与组织承诺相同时,工作投入感将会失去自身的意义。

5. 工作满意度(Job Satisfaction)

学术界广泛认同 Locke 对工作满意度的定义,他将工作满意度定义为:"个体通过对自身工作的评价而产生的一种愉悦或积极的情绪状态。"[③] 与工作投入感不同,工作投入感关注的是个体在工作中的情绪,而工作满意度

---

① Lodahl, T. M. & Kejner, M., "The de Finition and Measurement of Job Involvement," *Journal of Applied Psychology*, 1965, 49: 24-33.

② Mowday, R. T., Steers, R. M. & Porter, L. W., "The Measurement of Organizational Commitment," *Journal of Vocational Behavior*, 1979, 14: 224-247.

③ Locke, E. A., "The Nature and Causes of Job Satisfaction," M. Dunette (ed.), *Handbook of Industrial and Organizational Psychology*, Chicago: Rand-McNally, 1976: 1297-1349.

关注的是个体对工作的喜爱，比工作投入感更具认知性。另外，工作投入感意味着活力（热情、敏锐、兴奋、兴高采烈），然而满意度却意味着满足感（满足、安宁、平静、放松）。且研究证明，工作投入感高的组织成员在工作表现方面优于工作满意度高的组织成员。

6. **正向情感（Positive Affectivity）**

工作投入感可以被视为一种与正向情感相一致的特殊的心理状态，是一种不受环境影响的性格特征。例如，在PANAS的正向情感量表中，对积极情绪的测量包括：细心、警觉，这与工作投入感中的专注维度相对应；热情、鼓舞、自豪，这与工作投入感中的奉献维度相对应；决断、精力充沛、坚强，这与工作投入感的活力维度相对应。因此，可以推断，具备以上积极情绪的组织成员，工作投入感比一般组织成员高。

7. **涌流（Flow）**

根据Csikszentmihalyi的观点，涌流是一种乐观体验的状态，以集中的注意力、清晰的思路、和谐的身心状态、愉悦的专注、完全的控制、忘记自我、忘记时间和自我陶醉为特征。由此可知，当人们完全被工作所吸引时，就会体验到上述的涌流状态。涌流与工作投入感的专注维度十分相像，然而，涌流是一种相当特殊和短暂的高峰体验，同样可能出现在工作之外的生活活动中；工作投入感中的专注则指的是一种更为普遍和持久的精神状态，且只出现在工作领域当中。另外，涌流是一个更为复杂的概念，同样会有一些特殊的影响因素，如即时绩效反馈等。

8. **工作沉迷（Workaholism）**

虽然乍看之下，工作沉迷者或称工作狂，与工作投入感高的个体具有很多相似之处，但是工作投入感高的组织成员没有工作狂所特有的强迫性倾向。工作投入感高的个体努力工作，是因为工作具有挑战性和乐趣，而不是受到无法抗拒的强烈的强迫性所驱使。沉迷于工作的工作狂会花费大量的时间在工作上，而这些工作是可以自主选择的，并非非做不可，他们是过分努力工作的人。另外，让工作狂放弃工作会让他们感到很不情愿，并且，即使他们没有在工作，所思所想也往往与工作有关。这意味着工作狂非常痴迷于他们的工作，他们是患有强迫症的工作者。而工作投入感高的个体是努力（充满活力）、全心投入（乐于奉献）和全神贯注于工作（专注）的，并感到愉悦与快乐。从这个角度而言，他们与沉迷于工作的工作狂是相似的。然而，与工作狂相比，工作投入感高的个体并没有明显的强迫症倾向。对他们而言，工作是一种乐趣，而不是一种嗜好。工作投入感高的个体之所以努力工作，是因为他们喜欢工作，而不是被内在不可遏制的对工作的强烈欲望所驱动。对工作狂来说，他们对工作的渴求是如此离谱夸张，以致危及自身的健康，降低幸福感，甚而使他们的人际关系恶化，影响他们适应社会的能力[1]。

二 教师工作投入感研究现状

（一）国外教师工作投入感研究现状

从目前掌握的资料来看，国外对工作投入感的研究大多集中于心理学界和工商业界，对教师工作投入感的研究并不多，还没有形成具有代表性的研究成果，下面仅就目前已知的研究成果进行简单介绍。

Simbula 等通过前后三轮的纵向研究设计，运用工作要求—资源模型对意大利教师的工作投入感进行研究，以探讨教师工作投入感的动力机制。具体说来，该研究主要探讨了教师工作资源、自我效能感和工作投入感之间的相互关系，及三者是如何随着时间的推移而联系在一起的。结构方程模型分析结果显示，工作资源和工作投入感之间相关系数数据拟合度较高。工作资源和自我效能对工作投入感具有短期（4个月）和较长期（8个月）的滞后影响作用，反之，工作投入感对工作资源和自我效能也有相同的滞后影响作用。研究结果表明，工作资源和自我效能感与工作投入感呈正相关关系，工作资源丰富和自我效能感较高的教师，工作投入感水平较高，反之亦然。工作资源和个人资源对教师工作投入感都能起到关键性影响作用。这意味着，若教师在工作中能够获得提高教学技能技巧的机会，能够感受到来自校长和同事的支持，同时自身具备良好的自我效能感，则他们在整个教学过程中将会表现出较高的工作投入感水平[2]。他们同时指出，来

---

[1] Schaufeli, W. B., Bakker, A. B., "Defining and Measuring Work Engagement: Bringing Clarity to the Concept, Work Engagement: A Handbook of Essential Theory and Research," *Taylor & Francis*, 2010 (1): 10-24.

[2] Simbula, S., Guglielmi, D., Schaufeli, W. B. & Depolo, M., "An Italian Validation of the Utrecht Work Engagement Scale: Characterization of Profiles in a Sample of School Teachers," Manuscript Submitted for Publication, 2008.

自上级的社会支持、来自同事的社会支持、学习和发展的机会为提高教师工作投入感的三大关键性工作资源。

Hakanen 等运用工作要求—资源模型探讨教师的工作环境与身体健康状况和组织承诺感之间的关系。具体说来，他们认为教师的工作要求（学生的行为问题、工作负担和物理工作环境）对职业倦怠感的影响作用可以预测教师的身体亚健康状况，教师的工作资源（工作控制、上级支持、信息获取、社会氛围、创新精神）对工作投入感的影响可以预测组织承诺。另外，工作资源与职业倦怠感成反比，反过来，职业倦怠感与工作投入感和组织承诺感也成反比。教师工作活动中有两个同时作用的潜在机制。第一个机制称为"能量"机制，在这个机制中，工作要求通过职业倦怠对教师的身体健康状况进行影响；第二个机制称为"动力"机制，工作资源通过对工作投入感产生作用，从而成为组织认同感的重要影响因素。另外，他们的研究结果强调了工作资源的双重角色。能够有效利用工作资源的教师，如有效利用工作控制、上级支持和创新精神等，更具有活力及奉献精神，更加投入于教学工作、具有更强的组织承诺等。缺乏完成工作要求所必需的工作资源的教师，将会出现职业倦怠感，这在未来会有可能降低工作投入感及导致较低的组织承诺。因此，他们认为能量机制和动力机制是相辅相成的，因为工作资源和工作要求并不是相互独立存在的。总的说来，他们认为教师工作要求与工作资源之间、职业倦怠与工作资源之间、职业倦怠与组织承诺之间呈负相关[1]。

Salanova、Bakker 和 Llorens 在中学教师中进行了两轮纵向研究，以探讨个人资源（如自我效能）和工作资源（社会支持氛围和清晰的目标）的关系，发现工作涌流状态与工作投入感状态十分相似。运用结构方程模型加以分析发现，教师在学年伊始所具备的个人资源和工作资源，可以预测他们 8 个月之后，即学年末的工作投入感状态。同时，教师在学年初的工作投入感状态可以预测学年末的工作资源和个人资源。因此，可知教师工作投入感和资源之间存在交互关系[2]。

---

[1] Hakanen, J. J., Bakker, A. B. & Schaufeli, W. B., "Burnout and Work Engagement among Teachers," *Journal of School Psychology*, 2006, 43: 495 – 513.

[2] Salanova, M., Bakker, A. B. & Llorens, S., "Flow at Work: Evidence for a Gain Spiral of Personal and Organizational Resources," *Journal of Happiness Studies*, 2006 (7): 1 – 22.

(二) 国内教师工作投入感研究现状

我国对工作投入感的研究尚处于起步阶段,对教师工作投入感的研究也不多,主要集中在以下几个方面。

第一,对教师工作投入感的定义。国内学者对教师工作投入感的含义有着不同的见解,具有代表性的是台湾学者对教师工作投入感的定义:谢天德认为教师工作投入感是指教师乐意、专注于教育工作,并且为做好工作,在从事教育工作时会进行相关的准备活动,以免届时张皇失措的一种心态或工作态度[①]。李新乡认为教师工作投入感是教师对教学专业工作的认同与主动参与,并视其在教学工作上的表现对其自我价值具有重要意义的心理状态或工作态度,即教师对教学工作的一种专注的情感,及相对应的认知和行为表现[②]。周惠民认为教师运用自身的职能对教学工作认同、乐于专注于教学工作,兼具心理状态及工作状态两种特质[③]。钟佩蓁认为教师对工作上的认知,进而产生认同感,愿意主动参与、用心投入、乐在其中,也会因为重视从工作表现中所得到的肯定或需求,而产生的一种努力程度与工作态度[④]。

第二,对教师工作投入感现状进行的调查。周英对南昌市教师的研究显示,教师的工作投入感总体水平一般[⑤]。郭雯对河北省某县教师的研究显示,教师的工作投入感水平总体状况较好,尤其专注程度最好[⑥]。张丽芳对山西省中学教师的研究显示,教师的工作投入感水平略高于中等水平[⑦]。高可清认为浙江省普通高校体育教师工作投入感总体处于中等

[①] 谢天德:《国小教师工作投入感、团体凝聚力与社会闲散关系之研究》,"国立"屏东师范学院国民教育研究所硕士学位论文,1988。
[②] 李新乡:《国民中小学教师教学工作投入感及其相关变项之研究》,心理出版社,1996。
[③] 周惠民:《原住民地区国小教师自我效能感与工作投入感之研究》,"国立"新竹师范学院国民教育研究所硕士学位论文,1999。
[④] 钟佩蓁:《云嘉地区国小教师工作价值观与工作投入感之相关研究》,"国立"嘉义大学国民教育研究所硕士学位论文,2004。
[⑤] 周英:《教师工作价值观、成就动机与工作投入感的关系研究》,江西师范大学硕士学位论文,2009。
[⑥] 郭雯:《教师信念对教师工作投入感的影响研究》,河北师范大学硕士学位论文,2011。
[⑦] 张丽芳:《山西省中学教师工作满意度、激励偏好与工作投入感的关系研究》,河北师范大学硕士学位论文,2009。

水平，其中活力最高，专注最低；在性别和职业生涯发展阶段上存在显著性差异①。

第三，教师工作投入感的影响因素研究。周英认为教师的目的价值观和成就动机水平与工作投入感及其各个维度之间存在显著正相关关系，自我成长、尊严与自我实现、社会互动和追求成功的动机这四个维度对工作投入感的预测作用最为显著②。边江焕认为教师角色知觉、工作满意度与工作投入感显著正相关③。高可清认为教师职业认同对工作投入感具有正向的预测作用④。汪晗的研究结果表明外倾性人格特征显著地影响教师的工作投入感；工作特征、组织承诺、人格特征是工作投入感的有效预测变量⑤。周丽丽提出，组织氛围与工作投入感呈显著正相关关系，其中组织氛围中的人际氛围维度可以很好地预测教师工作投入感的情况⑥。张丽芳认为中学教师的工作满意度、内外激励偏好与工作投入感存在显著正相关⑦。郭雯探讨了教师信念对工作投入感的影响，发现教师信念，包括教师的课程与教学信念、学生管理信念、学生学习信念，对教师工作投入感的各个维度（活力、奉献、专注）都具有重要影响。因此，要提高教师的工作投入感，需从教师信念的几个方面进行改革。⑧ 李敏从自我决定论出发，认为中学教师工作投入感与基本心理需求满足和自主支持感知呈正相关关系，且自主支持感知在基本心理需求满足和工作投入感之间起中介作用。⑨ 周端玲认为传统价值观中的智契约对工作投入感有正向预测作用；工作价值观中的"物

---

① 高可清：《浙江省普通高校体育教师职业认同与工作投入感的关系研究》，杭州师范大学硕士学位论文，2011。
② 周英：《教师工作价值观、成就动机与工作投入感的关系研究》，江西师范大学硕士学位论文，2009。
③ 边江焕：《小学教师角色知觉、工作满意度及工作投入感的关系研究》，哈尔滨师范大学硕士学位论文，2011。
④ 高可清：《浙江省普通高校体育教师职业认同与工作投入感的关系研究》，杭州师范大学硕士学位论文，2011。
⑤ 汪晗：《中学教师工作投入感及其相关因素的关系》，河南大学硕士学位论文，2004。
⑥ 周丽丽：《小学组织气氛与教师工作投入感及其关系研究》，《教育学术月刊》2009年第2期，第51~53页。
⑦ 张丽芳：《山西省中学教师工作满意度、激励偏好与工作投入感的关系研究》，河北师范大学硕士学位论文，2009。
⑧ 郭雯：《教师信念对教师工作投入感的影响研究》，河北师范大学硕士学位论文，2011。
⑨ 李敏：《腾冲县第一中学教师工作投入感影响因素研究——基于自我决定理论的视角》，云南大学硕士学位论文，2011。

质报酬"和"利他奉献"在智契约和工作投入感的关系中有中介作用①。

第四，教师工作投入感的测量。台湾学者周惠民在总结别人经验的基础上编制了包括家长联系、课程与教学、研究进修、工作专注、学校认同、工作乐趣、关怀、社区认同、生涯规划等九个因素共39题的工作投入感量表②。盛建森查阅了Kanungo编制的《工作投入感量表》、Saleh等编制的《工作投入感量表》及其他有关资料，对教师工作投入感做专门研究，编制了包括工作重要性、工作乐趣和工作专注等三个因素共17题的工作投入感量表③。另外，还有国内各高校硕士学位论文中的教师工作投入感自编量表等。

三 对已有研究的评析

根据文献综述可知，目前对教师工作投入感的研究，存在以下几个方面的问题。

第一，对教师工作投入感定义尚未取得共识。由于国外对工作投入感本身的定义并未形成共识，虽然Bakker和Schaufeli等人的研究是目前工作投入感研究领域的代表，但是仍然存在不少问题与争议，且在国外的语言和背景下，又存在不同于中国现实的差异性，导致翻译和借鉴存在语言和文化差异所带来的不准确性。而国内对工作投入感的研究基本上是介绍和借鉴国外的研究成果，因此，先天不足使得国内学者对教师工作投入感的认识存在不同的理解，教师工作投入感定义同样没有形成统一的观点，研究者无法对教师工作投入感的研究内容进行准确的把握，教师工作投入感的含义无法在更广泛的范围内引起共鸣，研究也无法取得本质上的突破，更无法对教师管理工作产生应有的影响作用。

第二，对教师工作投入感的前因后果缺乏清楚认知。目前国外对工作投入感的前因后果并没有形成清楚的认知，即对工作投入感的产生原因及导致的结果并没有完整的认识。因为工作投入感是一种积极的心理状态，

---

① 周瑞玲：《教师传统价值观、工作价值观和工作投入感的关系研究》，哈尔滨师范大学硕士学位论文，2012。
② 周惠民：《原住民地区国小教师自我效能感与工作投入感之研究》，"国立"新竹师范学院硕士学位论文，1999。
③ 盛建森：《小学教师工作投入感与教学效能感关系的研究》，浙江师范大学硕士学位论文，2003。

并不是一种单纯的行为和举动,而是一种对工作的积极认知,是个体乐于在工作中花费时间和精力并享受其中的状态。因此,研究者并不清楚是什么原因导致了个体对工作的这种积极认知及个体为什么愿意投入工作当中,虽然个体有可能出于生存需要和对工作的喜爱的目的,但是其内在的心理联系并没有得到科学的验证及理论的升华。同理,虽然目前有不少研究认为工作投入感对工作绩效有积极的预测作用,能够提高个体的工作绩效水平,但是工作投入感如何作用于工作过程,并最终导致工作绩效的增长,研究者对其影响机制并不清楚。因此,对教师工作投入感同样存在这个问题,即目前的研究仅仅流于表面,通过对国外研究成果的借鉴,大多着力于探讨工作投入感与其他心理概念的区别与联系,以及相互间的影响作用。对教师工作投入感产生的原因及教师工作投入感带来的影响,即教学质量是否提升、学生对教师满意度是否提高等深层次问题缺乏探讨与系统研究。

第三,对教师工作投入感的影响因素缺乏系统探讨。目前国外对工作投入感影响因素的研究主要从工作资源与个人资源入手展开,并在研究过程中不断发现新的资源,但对教师工作投入感的影响因素同样没有进行专门的系统研究。而国内不仅教师工作投入感领域没有形成这样的研究趋势,即使在工商业界和心理学界,也难得见到系统的对工作投入感影响因素的论述。对教师工作投入感而言,还是仅限于验证教师工作投入感与已知的工作资源、个人资源之间的影响作用,以及与相关心理学概念的区别与联系,并没有根据深入分析教师工作所面临的特殊环境与状况,以及教师在教学工作中的特殊心理状态及面对的与其他工作不同的困难与挑战,设计科学的研究框架,系统探讨在教师工作背景下可能存在的影响教师工作投入感的关键性因素。使得教师工作投入感影响因素的研究既缺乏系统把握,更缺乏现实可信度与实际可操作的借鉴意义,无法直接对教师工作投入感的提高提供有益的参考价值。

第四,对教师工作投入感现状缺乏系统把握。从目前掌握的资料来看,尚未发现在一个国家和地区范围内对教师工作投入感现状的系统研究,大部分研究是在一个小范围的样本背景中展开,并主要关注教师工作投入感的影响因素。因此,难以获知国家或者地区范围内教师工作投入感的现状及面临的问题,更缺乏不同背景下,如地区差异、群体差异、学校差异、年龄差异等对教师工作投入感研究而言的关键性问题的探讨,使得目前对教师工作投入感的研究如盲人摸象一般欠缺系统的认知，无法透过现实差异的表象深入研究差异存在的客观原因，使得教师工作投入感难以形成有深度的研究成果。

第五，缺乏提升教师工作投入感的有效策略。由于缺乏对教师工作投入感现状的系统把握，因此，对教师工作投入感研究而言，如果目前教师工作投入感状况良好，则缺乏对有益经验的总结与提炼，无法为后续的研究提供参考。如目前教师投入状况不容乐观，则缺乏对提升教师工作投入感的策略的研究，无法解决当前面临的困境。

因此，已有的研究为本研究留有很大的研究空间尺度，可以从以下几个方面进行补充与拓展。

第一，根据教师工作性质，对教师工作投入感进行严格定义，形成具有普遍适用性的系统概念。

第二，深入分析教师工作投入感产生的原因和带来的结果，把握教师工作投入感的前因后果。

第三，系统探讨教师工作投入感的影响因素，把握对教师工作投入感产生显著影响的关键因素。

第四，在可行范围内，系统掌握当前中学教师工作投入感现状，为教师管理工作提供现实依据。

第五，可根据研究结果，提炼提升教师工作投入感的有效策略。

为此，本研究将在已有研究成果的基础上，开发适用于本土环境的中学教师工作投入感调查问卷，从中学教师工作投入感产生的原因、现状、个体差异、影响因素、作用结果等方面入手，运用问卷法、访谈法等方法系统探讨我国中学教师工作投入感状况，并提出相应的教师管理策略。

第三节 核心概念界定

由于目前教师工作投入感并没有形成统一的概念，因此，在本研究开展之前，需要对教师工作投入感概念进行界定。教师职业有其自身的特点，教师工作投入感不能简单照搬目前已有的工作投入感定义，必须结合我国教师职业特点与状态对教师工作投入感概念进行可操作化的界定。

一 我国教师职业的特点

对于教师职业的特点，国内不少学者进行过分析与论述，例如，李红的《教育心理学》一书指出，教师职业具有对象的复杂性、角色的多样性、效果的延期性、劳动的创造性以及个体性与群体性相结合五个特点①；顾明远通过分析教师职业与其他职业的区别，将教师职业特点概括为，具有复杂的脑力劳动的特点，具有极大的创造性和灵活性，具有鲜明的示范性，教育效果具有长期性和长效性②；袁振国主编的《当代教育学》认为教师职业具有职业角色多样化、职业训练多样化的特点③；周瑛、李晓萍主编的《教育学》认为教师职业具有艰巨性、复杂性、创造性和示范性的特点④。

本研究认为，我国教师职业具有如下特点。

（一）教师职业活动的外部制约性

每一个职业都会受到其所处的外部环境的影响，如科技发展水平、社会文化背景、该职业与其他职业和社会团体的相互关系等。但在当今的时代背景下，教育质量的优劣，从宏观来说会直接影响一个国家和民族的兴衰，从微观而言则会影响个体的生存和发展。因此，教育是国家之本、民族之根，必然会受到政府、社会组织和千万家庭的高度关注，受到社会、政治、经济和文化等多方面因素的影响和制约。在我国的社会背景下，国家具有对教育的绝对控制权，学校作为基本的教育团体必将听从国家的指导和规划。如政府会根据社会经济的发展和国家需求调整教育目标、进行教育改革规划、制订教学大纲、编写教材、对教师的素养提出相应要求并进行筛选考核等。为此，教师职业与其他职业相比，受到外部环境因素影响的程度更大，自主发展的空间更小。

（二）教师职业目标的全面性和无限性

与其他专业性职业不同，教师职业目标的全面性和无限性与医生等职

---

① 李红著《教育心理学》，武汉大学出版社，2007，第 427~428 页。
② 顾明远：《野花集·教育：未来社会的希望》，福建出版社，2008，第 193~194 页。
③ 袁振国主编《当代教育学》，教育科学出版社，2004，第 84~86 页。
④ 周瑛、李晓萍主编《教育学》，辽宁大学出版社，2008，第 91~94 页。

业目标的单一性和有限性形成鲜明对比。医生只要把病人的病治好，工作就算完成了，最多在后期对病人进行复查，以确保疾病完全根治，因此，他的工作目标是单一且有限的。而教师不仅要传授好知识，还要培养学生的学习习惯和能力、关注学生的身心健康、培养学生的道德情操；同时，社会对个体的要求并不是当个体发展到一定程度就可以停滞不前的，而是要求他们不断完善、不断进步，因此教师对学生的培养在某种意义上是永无止境的，只要教师有能力并愿意付出心血，就一定有对学生进行教育的空间；而且，教师对学生的言传身教，本身就具有全面性和无限性。

（三）教师职业对象的多样性、复杂性、依赖性及不可选择性

教师的职业对象是学生，作为活生生的个体，学生具有多样性、复杂性和不可选择性的特点。学生来自不同的家庭，有不同的个性和认知能力；而且，人是很复杂的物种，同一行为背后的动机千差万别，这与人的心理和精神有关，而教师恰恰就需要通过对学生心理及精神进行作用，以实现教育目标。所以，由于职业对象具有多样性和复杂性的特征，而这种多样性与复杂性又与教师工作直接相关，决定了教师职业是一个高度复杂的职业。同时，对于自己所教的学生，教师是无法自主选择的，教师既不能选择要教什么样的学生，也不能因为学生不好好学习而放弃他；教师的工作是要依赖学生主观和客观因素配合的，如果学生不想学或者智力水平使其不能学，则再高明的教师也只能对其进行诱导，而无法保证教学一定有效[①]。

（四）教师职业工作时间的无边界性

国家对各行各业的正常工作时间是有规定的，大部分职业的工作时间在八小时左右，但是教师的工作时间却无法用普通的工作时间加以衡量。虽然大部分学校并不要求教师在学校待满八个小时，任课教师可以在授课结束后自由安排时间，但是并不意味着教师的工作时间止于学校教学。相反，大部分与教学有关的工作，如进行教学大纲和教材研究、教案编写、教学素材搜集、教学方法改进、批改作业等，都是教师在课外耗费大量时

---

① 张奎明：《教师职业特性研究》，《教师教育研究》2008年第9期，第69~73页。

间完成的。工作时间的无边界性，使得教师长期处于工作压力之中，常常容易导致紧张和焦虑，且与主流的生活和工作理念产生极大的反差。

（五）教师职业工作效果的延迟性

教师教育的成果和效果不是马上就能显现出来的。教师对学生的教育不仅包括知识教育，还包括品德教育。对于知识教育，虽然考试成绩能够部分反映某个教学过程的效果，但是学生在学习过程中培养出来的学习习惯、学习心理、学习兴趣等，需要经过更长的时间才能表现出来；同理，品德教育也需要在学生成长过程中逐渐发挥作用，而学生成长是一个长期的过程，无法在短时间内看出成效。而且，教师的教育方式往往会对学生产生深远的影响，在若干年后，学生都有可能记得当初某位老师对自己说过的话，为自己做过的事，并因此影响其人生发展与走向。

（六）教师职业操守的奉献性

教师职业的本质要求是育人，因此，教师职业比起其他职业具有更多的人格化特征，即教师职业对教师的人格道德有很高的要求，这不仅反映了社会对教育的期待，也说明了教师的人格对塑造学生人格的重要性。因此，教师职业必然是一份良心职业。虽然学生成绩是衡量教师教学水平的直观指标，但是对于教师职业目标的全面性而言，教师并不能以提高学生学习成绩作为最高的职业要求，而应该以人格教育为终极目标。但是学生的道德人格无法用客观指标衡量，在短期内无法成为教师职业生涯发展的助力。因此，这就使得教师必须具有奉献精神，能够从学生的全面发展着眼，看淡眼前的得失，在教学活动中奉献时间、精力、脑力去完成比传授学生知识更为复杂的"塑造人类灵魂"的工程。

二 教师工作投入感概念界定

（一）教师工作投入感的概念

由于教师职业活动具有外部制约性，职业目标具有全面性和无限性，职业对象具有多样性、复杂性、依赖性和不可选择性，工作时间具有无边界性，工作效果具有延迟性，职业操守具有奉献性等职业特征，那么教师工作投入感概念就不能简单照搬目前已有的定义,而应该结合教师职业的特点进行深入分析与定义。

根据Schaufeli等人的工作投入感概念,即"一种与工作有关的积极、完满的情绪与认知状态,以活力、奉献和专注为特征"可以看出,工作投入感(Work Engagement)是指一种积极与愉悦的状态。但由于受到翻译的限制和中英文表达的差异,"工作投入感"这一中文词组很容易被当作动词来理解,即容易被人理解为一种行为或动作。事实上,在英文中,"Engagement"一词强调的是专注与全身心的融入。因此,工作投入感实际上就是全身心融入工作中的愉悦的精神状态。在这个状态当中,更强调的是专注和愉悦。因此,通过对工作投入感概念的这一深度解读,再结合教师职业特征,可以对教师工作投入感进行如下理解。

(1) 教师是喜欢自己的工作的。即,教师首先必须喜欢自己的教学工作,或者在工作过程中逐渐喜欢上自己的职业,喜欢自己的职业是工作投入感产生的基础。

(2) 教师在工作中是愉快的。即,教师必须很享受自己的工作。这就要求教师首先是热爱自己的工作和学生的,其次才能谈得上沉醉于工作,也才会有工作投入感。

(3) 教师在工作中是充满热情与活力的。即,教师必须对自己的工作充满激情,哪怕遇到困难,也能锲而不舍,在克服困难实现教学目标的同时,还勇于创新,积极探索自我创造性发挥的空间。

(4) 教师在工作中是全神贯注、心无旁骛的。即,在工作的时候,教师是全身心融入的,是沉浸在自己的劳动所创造的精神世界当中的,不会为其他私心杂念所干扰。

(5) 教师在工作中是乐于奉献的。即,教师对自己的所学所知,有强烈的传授欲,深切地希望自己的教育能够使学生获益,认为自己存在的价值即是使学生获得成长,并为此不遗余力地努力。

(6) 教师喜欢自己工作时的状态。即,教师对自己在工作中表现出来的状态是满意的、喜欢的,越工作就越快乐,也就越想工作。

符合以上六点,则可认为教师是处于工作投入状态的,且随着程度的不同,教师工作投入感也会有高有低。因此,本研究将"教师工作投入感"概括为:教师热爱并享受本职工作,在工作中专注融入、积极探索和乐于奉献的精神状态，以专注、活力和奉献为特征。

（二）教师工作投入感的特点

教师工作投入感具有以下特点。

1. 动态平衡性

教师工作投入感是一种心理状态，会随着个体内外部环境的变化而产生波动。如当教师身心状态较好时，可能工作投入感水平较高；教师身体不适或情绪不佳时，有可能会降低工作投入感水平；当外部环境与资源有利时，工作投入感水平较高；外部环境与资源不利时，工作投入感水平较低；等等。但是在一个较长的时间段中，工作投入感是一种相对稳定的情绪和认知状态。工作投入感高的教师，由于对工作的积极认知，即使出现工作投入感很低或者没有的状态，也会很快进行自我调整，使工作投入感恢复到正常水平。因此，教师工作投入感状态既具有动态性，也具有平衡性。

2. 个体差异性

教师工作投入感在个体之间存在差异性。首先，教师工作投入感产生的原因是不同的。如有的教师在工作中投入是因为喜欢和学生待在一起，而有的教师则是因为喜欢传道授业的感觉；同样，有些教师在课堂上神采飞扬，旁征博引，沉浸在课堂所特有的氛围当中，而有的教师则钟情于自己的学科，非常享受备课所带来的愉悦感。其次，教师间的工作投入感水平也存在差异。有些教师可能更喜欢自己的工作，则工作投入感水平可能会更高。再次，影响教师工作投入感的因素是不同的。如有的教师擅长人际交往，则同事支持等工作资源就能够对其工作投入感产生积极影响；而有的教师不擅长与同事交往，同事支持对其工作投入感的影响就没有那么显著，反而其他因素，如工作自主性，对其工作投入感影响较大。

3. 可塑性

教师工作投入感具有可塑性，即教师工作投入感能够受到影响，当影响因素有利，如校长比较支持教师的工作，则教师工作投入感水平就有可能提高；反之，则可能降低；同时，教师工作投入感也与教师自身的心理状态有关，当教师变得越来越乐观向上，其工作投入感水平也会相应地产生变化。因此，理论上而言，是可以通过对教师工作资源和个人资源的改善来提高教师工作投入感水平的。

第二章　中学教师工作投入感研究框架的设计

第一节　中学教师工作投入感研究的基本框架

在对我国中学教师工作投入感状况进行调查研究之前，必须建立科学的研究框架，对研究思路与脉络进行整体把握，这就涉及对工作投入感相关理论的分析与借鉴，以及在文献研究的基础上对研究内容的整合与构想。

通过第一章对工作投入感理论基础、概念框架和影响因素的分析可知，工作投入感与职业倦怠感并不是两个不同的概念，而是反映了同一事物的两面性。因此可以认为，倦怠的教师对工作充满了精疲力竭（exhaustion）感和愤世嫉俗（cynicism）感，而投入的教师对工作却充满了热情和愉悦感，但是感觉不到倦怠并不意味着工作就是投入的，而感觉不到投入也并不意味着工作中存在高倦怠。教师的工作资源和个人资源是教师工作投入感的重要影响因素，资源的获得对于教师工作投入感的提高至关重要，当教师面临的工作要求较高时，工作资源和个人资源对工作投入感的积极影响将更为显著，工作投入感对工作绩效也有积极的影响作用。

同时，资源保存理论、社会认知理论、自我决定理论、拓展—建构理论是工作投入感的解释理论，从不同的心理学视角对工作投入感的形成、发展、变化、调节、调控、管理等问题进行深入描述、解释与预测，进一步揭示了工作投入感的本质、特征和影响。资源保存理论认为充足的工作资源和个人资源对于获取额外的资源非常有帮助，为教师工作资源和个人资源的重要性提供了理论支撑。自我效能是一种自我激励机制，对教师而言，当他们认为自己教学水平很高时，在实现教学目标的过程中，会激励自己为实现目标而不断努力,并坚持不懈地克服教学中遇到的困难,因此,当教师认为自己的工作能力很强,能够克服各种困难,顺利完成教学任务时,他们的工作投入感水平就会很高,从而实现个人教学绩效和学校组织绩效的螺旋式递增。Schaufeli等人的研究认为,当个体在工作中的自主、能力和归属三个基本心理需求得到满足时,其工作投入感水平就会很高[1]。也就是说,当教师在工作中,如果其基本心理需求能够得到满足,则会激发教师的内在动机,使教师产生努力投入教学工作中的欲望,从而提高工作投入感,产生满意的绩效水平。与此同时,积极情绪与个人资源之间存在积极的交互影响作用,积极情绪能够帮助个体体验到更为持久的幸福感,因此,对教师而言,积极拓展自身的积极情绪,对于工作投入感的提高及职业生涯发展都有重要的意义。

基于以上的理论分析,可对中学教师工作投入感的研究框架进行构建。

一 中学教师工作投入感的研究构想

本研究的研究重点为教师工作投入感的现状、产生原因、影响因素及作用结果,因此,在对这几方面进行研究的时候,应根据已有的研究成果和理论,对本研究的研究思路进行构想,这也是研究框架构建的前提。

(一) 教师工作投入感现状

对于教师工作投入感现状,拟采用教师个人主观体验和量表测量的方式进行调查,以进行互反印证。

对于大部分奋战于教学第一线的教师而言,"教师工作投入感"这一名词会显得学术性、概念性太强而不易理解,因此,在对教师工作投入感现状进行调查的过程中,就有必要将教师工作投入感状态融入教师的日常工作中,使教师在易于接受和理解的语境下,真实反映自己的工作投入感状态。

首先,对教师工作投入感主观体验的调查可以通过教师对个人工作投入感状态的主观判断来展开。通过对教师工作投入感概念的细化分解,以

---

[1] Schaufeli, W. B. & Bakker, A. B., "Job Demands, Job Resources, and Their Relationship with Burnout and Engagement: A Multi - sample Study," *Journal of Organizational Behavior*, 2004, 25: 293 - 315.

教师易于理解的叙述对工作投入感状态加以描述,并以选择题的形式呈现,请教师选择相应的答案。通过主观判断的调查,可以初步把握教师工作投入感的基本状态。

其次,通过科学严谨的量表对教师工作投入感进行测量,并与教师个人主观体验的判断结果进行对比验证,则当前我国中学教师工作投入感的现状基本上就能得到较为可信的调查结果了。对于测量量表,本研究以Schaufeli等人编制的量表为蓝本进行进一步翻译和完善,形成符合教师工作语境的测试量表,对教师进行测试。

最后,根据中学教师特征因子,对中学教师工作投入感现状的差异性进行描画。中学教师特征因子主要包括:第一,地域,不同地区学校教师工作投入感的差异;第二,人口特征变量,不同性别、年龄、教龄、婚姻状况、学历等的教师工作投入感的差异;第三、学校类别,重点中学和普通中学的教师工作投入感的差异;第四,学科,不同学科教师工作投入感的差异;第五,职称,不同职称的教师工作投入感的差异;第六,收入,不同收入水平的教师工作投入感的差异;第七,工作时间,不同工作时间的教师工作投入感的差异;第八,荣誉,获得荣誉和没有获得荣誉的教师工作投入感的差异。

(二) 教师工作投入感产生的来源

工作投入感以个体在工作中充满能量和对工作的高度认同为特征,因此,教师之所以体验到高度的工作投入感,无外乎就是受到内在动机和外在动机的驱使,在工作中体验到高能量状态,并对工作产生高度认同,从而产生专注融入工作当中的强烈动机。内在动机规范态度,外在动机规范行为。对教师工作投入感产生的来源的研究,可以按"事前—事中—事后"的逻辑展开,即教师职业选择的初衷、在工作中的表现和对工作的评价与认同。首先,可以从教师选择从教的原因着手,分析受到哪些从教原因驱使的教师,工作投入感水平是高的。其次,从教师在工作中的表现着手,分析教师努力工作的原因,即教师努力工作是被什么样的内在动机和外在动机驱使的。教师努力工作并不代表其在工作中的投入感水平就是高的,有可能是迫于生计或职业道德不得不努力工作,因此,在探讨了教师努力工作的原因的基础上,可以深入分析哪些原因驱使下的教师,工作投入感水平较高。最后，从教师再次进行职业选择的意愿着手，调查当教师有再次进行职业选择的机会时，成为教师的意愿的强烈程度与工作投入感之间的关系，以调查教师对工作的热爱与认同对工作投入感的影响。由此，可以真正探知教师工作投入感产生的来源。如上所述，对此部分的研究，需将研究命题融入教师的日常工作和易于理解的语境中。因此，这部分题项将通过访谈和开放式问卷调查加以采集而编入正式问卷之中。

（三）教师工作投入感影响因素

根据文献研究结果，教师工作投入感影响因素的研究可以从微观、中观和宏观三个层面展开。

1. 微观层面

教师工作投入感影响因素的微观层面，即教师个人因素层面。通过文献及理论分析可知，教师的个人资源是影响其工作投入感的重要资源，个人资源与工作投入感之间存在正相关关系。因此，在本研究中，将着重探讨教师职业动机、教学效能感、基于组织的自尊和乐观主义四种个人资源对教师工作投入感的影响作用。

（1）职业动机。

职业动机的研究主要基于 London 的职业动机理论，兴起于 20 世纪 80 年代。London 认为，职业动机是指引起个体职业决策和行为的力量，由职业认同、职业洞察力和职业弹性三个维度构成[①]。教师的职业动机可以理解为教师由对教学工作的认同和理解所产生的参与教学活动的动力或力量。动机是行为产生的基础和前提，不仅是教师，从事任何一个行业的个体如果没有职业动机或职业动机较低，他们都不可能很好地参与到工作活动当中，更不会产生工作投入感。理论上而言，职业动机较强的教师，对教师职业的认同感较高，对教师职业的责任和挑战也有清醒的认知，在面临工作中的困难时，具有更强的适应能力和主动性。这样的教师由于自身具有明确的职业目标和较强的自我管理能力，行动力、执行力和创造力都较强，他们更容易享受工作过程并取得较好的教学成果。

---

① 转引自李霞、傅红梅、谢晋宇《London 的职业动机理论及其对人力资源管理与开发的启示》，《科学学与科学技术管理》2008 年第 9 期，第 192~195 页。

(2) 教学效能感。

教学效能感是自我效能感理论在职业领域的延伸和运用。教师教学效能感指教师在教学活动中对其能有效地完成教学工作、实现教学目标的一种能力的知觉和信念①。教学效能感直接影响教师对自我能力的认知。如果教师认为自己没有能力教育好学生或完成教学任务，则这一想法就会阻碍教师投入工作当中，对自己教学能力的质疑，会使教师在工作中畏首畏尾，更加无法发挥出自身应有的教学水平。相反，如果教师对自己的教学能力很有信心，相信并知道自己有能力帮助学生获得学业上的成就或进行生活上的指导，则这份信念将会激励教师不断进行自我探索，不断挖掘自身的内在潜力，充分发挥智慧与才干，为教学工作尽职尽责。

(3) 基于组织的自尊。

基于组织的自尊（Organization – based Self – esteem，OBSE）是 Pierce 等人于 20 世纪 80 年代末在自尊（Self – esteem）概念的基础上提出来的，指个体认为自己作为组织成员是有能力的、重要的和有价值的程度②。教师基于组织的自尊感，是教师在学校当中感受到的来自组织的认同、尊重和被需要的感觉。教师在组织中的自尊感，直接影响教师对组织的归属感和认同感。在组织中感受到自尊感的教师，认为自己是被组织所认可和接纳的，就会将自己视为组织的一员，思想和行为就会以组织利益和目标为重，有主人翁的责任意识和身份认同，因此，其工作状态也会更好。

(4) 乐观主义。

乐观主义（Optimism）是一种积极的人格特征，是积极心理学重要的研究内容，对它的研究兴起于 20 世纪 70 年代末。最早对乐观主义进行界定的是 Tiger，他认为，乐观主义是个体期望外境给自己带来利益或愉悦感时所伴随的心境和态度③。Scheier 和 Carver 认为，乐观主义是人们对将来能够发生积极事件的一般期望④。现在一般认为，乐观主义是一种对未来发生事件

---

① 俞国良、罗晓路：《教师教学效能感及其相关因素研究》，《北京师范大学学报》（社会科学版）2000 年第 1 期，第 72～78 页。
② 转引自段陆生《工作资源、个人资源与工作投入感的关系研究》，河南大学硕士学位论文，2008。
③ Tiger, L., "Optimism: The Biology of Hope, Peterson C. The Future of Optimism," *American Psychologist*, 2000, 55: 44–55.
④ Scheier, M. E., Carver, C. S., "Optimsim, Coping and Health: Assessment and Implications of Generalized Outcome Expectancy on Health," *Health Psychology*, 1985 (4): 219–247.

的正向预期,也是一种对人对事的态度,即个体相信自己在生活中会经历好的结果,实现好的愿望。如果个体持有乐观主义态度,相信未来会有好结果发生,则表明个体对未来发生的事件做积极和正向的预测,这会对个体的认知和行为产生影响[①]。拥有乐观主义的教师,对工作和生活都会做正向的预期,即使遇到困难也能保持积极的态度和饱满的热情,能够迅速从压力和低谷中恢复过来。这种积极的个人特征,将会对教师的工作状态产生正向的影响。

2. 中观层面

教师工作投入感影响因素的中观层面,即教师的工作和生活环境层面,教师作为家庭和学校组织的一员,其一言一行都会受到身处其中的环境氛围的影响,这个环境作为一个个完整的社会单元而独立存在,其中就会有很多对教师工作投入感产生影响的微元素。从理论分析可知,对教师工作投入感产生影响的中观层面的因素大致可以分为工作要求因素和工作资源因素。教师作为社会工作者中的一员,必然会面临工作本身所具特性的约束和规范,这会使教师产生相应的压力,从而使教师努力调动自身资源以应对工作要求,因此,工作要求与工作投入感呈低度正相关;同时,为了实现组织目标,教师所处的学校组织必然会提供相应的工作资源以帮助教师应对工作要求,这会为教师提供相应的动力和能量,因此,工作资源与工作投入感呈正相关。

(1)工作要求。

根据教师的工作特性,工作要求又可分为工作强度要求、工作技能要求和工作—家庭冲突。

①工作强度要求。工作强度要求着重强调教师的工作负荷,即教师的工作量和工作压力对教师工作投入感的影响。教师的工作不仅有量上的要求,还有质上的要求。这就要求教师不仅要投入精力,更要投入时间去应对工作挑战。这不仅考验教师的智力,更考验教师的体力,会对教师的身体健康和心理健康状况产生影响。

②工作技能要求。工作技能要求着重强调教师专业技能和素养的要求对工作投入感的影响作用。教师是一种专业性很强的职业,工作内容就是

---

① 陈瑞、陈红:《乐观主义研究简介》,《社会心理科学》2006年第4期,第16~19页。

日新月异的科学文化知识，这就要求教师善于学习、乐于学习、勤于学习，这就涉及教师学历的提升和教育教学水平的提高，这是一个长期且没有止境的过程。在这个过程中，教师会面临多种多样的压力与挑战，身心都会受到影响。

③工作—家庭冲突。工作—家庭冲突着重强调教师工作与家庭生活的相互影响对工作投入感产生的影响。教师也是社会人，是普通大众的一员，有自己的家庭和家人需要照顾和陪伴。但从教师的工作性质而言，教师的工作时间和工作内容是没有严格的边界性的，也就是说教师只要愿意工作，他们就可以随时随地工作。如此，在钻研业务与照顾家庭之间，不论是在时间上还是在精力上都会出现此消彼长的状态。同时，工作和家庭都会对教师的个人精神状态产生影响。工作顺利，则教师心情愉快，对待家人也会更细心周到；家庭和睦，家人支持，也会使教师心情舒畅，从而将更多的时间和精力投入工作当中。

（2）工作资源。

教师的工作资源可以分为人际支持维度、组织管理维度和工作环境三个方面。教师是社会人，必然离不开人际交往对其的影响；教师也是组织人，组织管理也会对其产生影响；同时，工作是需要消耗资源的，其所处的工作环境与拥有的教学设施，也会对教师工作产生影响。

①人际支持维度。教师的人际关系网可分为工作内和工作外两部分。工作内的人际关系包括与学校领导的关系、与同事的关系、与学生的关系，以及与家长的关系。自从 Schaufeli 等的研究发现了社会支持与工作投入感之间存在正相关之后，作为重要社会支持关系的领导支持与同事支持就成为工作投入感研究者关注的重点，因为来自领导和同事的支持是良好组织氛围和组织环境的保障，对教师等工作者的工作心理和行为都会产生重要影响。同时，来自学生与家长的支持与反馈，也是教师群体重要的工作资源，可想而知，如果作为工作对象的学生对教师的工作毫不支持，在课堂上调皮捣蛋，不尊重教师的劳动，则教师的工作是无法开展的，更谈不上有工作投入感了；同理，家长对教师工作的支持、对学校和教师的信任尊敬，是教育好学生的前提和基础，也是保证教学质量的助力。工作外的人际关系主要包括与家人的关系和与朋友的关系。但相较于与朝夕相处的家人的关系而言，与朋友的关系显得相对疏离和分散，其对教师或其他工作

者的影响作用难以在可控范围内进行估量,因此,大部分研究者主要探讨的是家人对工作投入感的影响。Monthomery 等的研究就认为家庭氛围积极融洽的工作者,在工作中更为投入;同理,工作投入感高的工作者,其家庭氛围也相对更为融洽。对于双职工家庭而言,妻子的活力和专注对丈夫的活力和专注度产生影响,妻子的工作投入感能够影响丈夫的工作投入感,反之亦然。由此可见,工作投入感在家庭成员或组织成员间是具有"传染性"的[1]。因此,教师工作资源的人际支持维度就暂定为以领导支持、同事支持、学生支持、家长支持和家人支持五个部分组成。

②组织管理维度。组织管理维度的设计主要根据文献研究,参照研究者们筛选出的主要工作资源加以修改补充而成。由工作自主性、领导管理水平、绩效反馈、职业发展机会和组织公平五个部分构成。

工作自主性是指教师在工作中能够自主决定与工作有关的事情,在教学工作中享有充分的自由。自我决定理论认为,对自主性的需求是人类的三大基本心理需求之一,如果个体在组织中不能感受到自主性,则会降低个体的内在动机水平,从而影响工作积极性。[2] 教师的工作自主性不仅包括教师能够不受他人影响而独立工作,还包括教师能够按照自己的想法自主安排教学活动,自主性也是教师能够真正投入工作当中的必要前提。

领导管理水平是一个组织有效运转的前提和保证,善于领导、精于管理的学校领导者对于教师工作积极性的提高、教学质量的保证有至关重要的作用。领导管理水平包括:学校领导者知道如何协调各方面的关系,使教职工能够齐心协力工作;懂得如何处理各种组织矛盾与纠纷;能够认真听取教职工的意见建议,并落实到学校管理中;等等。

绩效反馈是指学校对于教师的教学工作能够给予及时的指导和反馈,以帮助教师把握教学进度、调整教学计划、改进教学安排。相当于学校能够为教师提供强有力的技术支持,当教师的教学工作出现问题时,学校能够帮助教师找到问题出现的原因,和教师一起解决问题,帮助教师获得成

---

[1] Hatfield, E., Cacioppo, J. T., Rapson, R. L., *Emotional Contagion*, New York: Cambridge University Press, 1994.

[2] Baard, P. P., Deci, E. L., Ryan, R. M., "Intrinsic Need Satisfaction: A Motivational Basis of Performance and Well-being in Two Work Settings," *Journal of Applied Social Psychology*, 2004 (34).

长与提高。

职业发展机会是每个教师都会关注的问题,是教师职业生涯发展的前景和平台,也是激励教师努力工作的关键因素。包括教师接受继续教育的机会、提高教学技能的机会、获得荣誉的机会,以及才能得到发挥的机会等。

组织公平是组织有序运作的保证,包括薪酬公平、考评公平及工作分配公平。只有保证同工同酬、多劳多得,为教师提供必要的物质基础和尊重教师的劳动,并为教师的劳动合理"付费",才能使教师对学校产生安全感和归属感;薪酬公平又建立在考评公平之上,只有科学客观地评价教师的工作成果,才能为后续一系列的管理激励措施提供依据;工作分配公平也是组织公平感的重要组成部分,如果教师认为在学校中的劳动分工不合理,势必会降低教师的工作积极性。

③工作环境。工作环境指学校提供给教师的教学资源与环境。不可否认,学校能够为教师提供充足的教学设施和资源、优美的校园环境、良好的办公休息区,是教师能够全心工作的必要基础;同时,学校的教学氛围和社会声誉也是教师产生荣誉感、归属感的重要影响因素,是教师最重要的工作环境,毕竟每个教师都希望在一个教学氛围浓厚、培养了大批人才、享有很高社会声誉的学校中贡献自己的智慧和力量。

3. 宏观层面

对于教师工作投入感影响因素的宏观层面而言,影响因素显得非常宽泛而难以把握,因此,本研究仅选取社会收入水平和社会对教师和教育的支持两方面进行讨论。教师虽然被誉为"蜡烛"或"灵魂的工程师",被赋予了高洁的形象并代表了最高的道德要求,但是教师毕竟是普通人,也需要相应的经济基础保障生存需要并满足一定的物质需求,如果教师的收入水平低于其可以承受的最低限度,不仅会影响教师的工作状态,还会使大量优秀的人才不愿从事教师职业,最终严重危及教师队伍的建设和人才的培养。而所谓的教师可以承受的最低限度,最直接的衡量标准即是与其他行业的收入水平进行对比、与其他学校的教师收入进行对比。而社会对教师和教育事业的态度,直接影响教师的社会地位与职业认同感,从而对优秀人才的职业选择和教师的职业激情产生影响;同时,政府对教育事业的支持与政策倾斜,如免费师范生政策等,会鼓励部分优秀寒门学子投身教育；而政府对教师职业的优待，又直接关系到教师的收入水平及职业发展。因此，探讨社会因素对教师工作投入感的影响作用，同样很有必要。

（四）教师工作成果

对教师工作成果的研究，主要是为了验证教师工作投入感带来的作用结果，即探讨教师工作投入感水平是否直接影响到教师的工作绩效，对于这一命题，学术界尚存有争议，因此，这也是本研究将要重点探讨的问题之一。工作绩效是一个很大的研究范畴，本研究仅将视角放在教师工作的直接成果（即学生的成长与发展）上，作为衡量教师工作绩效的标准。对于教师工作成果的研究，同样需要结合访谈收集题项，再进行大规模的问卷发放，从而运用技术手段获知工作投入感与工作成果之间的关系。

二　中学教师工作投入感的研究框架

根据研究构想，可以构建出本研究的研究框架，如图2-1所示。

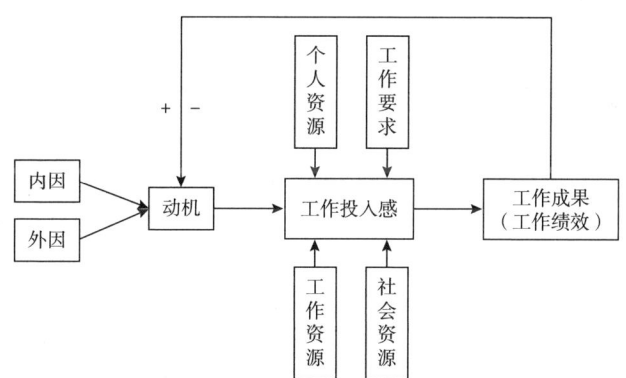

图2-1　教师工作投入感研究框架

该研究框架拟解决以下几个方面的问题。

（1）从研究教师工作投入感产生的内外因入手，了解教师工作投入感的来源及对工作投入感的影响作用，探讨何种原因将会导致工作投入感的产生。对教师工作投入感产生来源的调查，可从教师努力工作原因、职业选择原因和再次进行职业选择的意愿三个方面进行调查，以探讨何种动机对教师工作投入感产生的影响最为显著。

（2）对被调查中学教师的工作投入感现状进行描画，了解教师工作投入感总体状态及不同特征因子下的差异。

(3) 研究教师工作投入感的影响因素，以及不同影响因素对工作投入感的影响作用，本研究假设的影响因素为个人资源因素、工作要求因素、工作资源因素和社会资源因素。

(4) 对被调查教师的工作成果进行调查，探讨教师工作投入感与工作绩效之间的关系。

三　中学教师工作投入感的研究假设

根据以上的研究构想和研究框架，拟定本研究的基本假设如下：

(1) 中学教师工作投入感在各特征因子上存在显著差异；

(2) 不同努力工作原因、不同职业选择原因和不同再次进行职业选择意愿的教师，其工作投入感不同；

(3) 中学教师工作投入感与工作绩效存在显著正相关；

(4) 中学教师个人资源与工作投入感存在显著正相关；

(5) 中学教师工作要求与工作投入感存在低度正相关；

(6) 中学教师工作资源与工作投入感存在显著正相关；

(7) 中学教师社会资源与工作投入感存在显著正相关。

第二节　中学教师工作投入感研究工具的建立

本书将通过调查问卷来了解并分析我国中学教师工作投入感的现状、工作投入感的原因、工作投入感的影响因素，以及工作绩效与工作投入感的关系等方面的内容。因此，编制一份符合研究目的并充分反映中学教师工作性质和特点的调查问卷是本研究的基础和前提。根据研究框架和本研究的研究目的及研究内容，所要编制的调查问卷拟由三个部分组成。

第一部分为教师基本情况调查，分为背景信息和个人体验两部分。背景信息由16道题组成：包括教师性别、年龄、教龄、任教科目、学校所处区位、年收入情况和工作时间等，用于调查教师的个人基本情况和学校基本情况，并作为特征因子以备后续研究的比较分析之用。个人体验由5道题目构成：第1~4题为单选题，调查教师工作投入感的主观体验，即将教师工作投入感的概念细化，以主观感受的形式询问教师对工作的看法与感受，与下一部分教师工作投入感量表的测量进行相互比较印证；第 5 题为教师再次选择职业的意愿调查，旨在调查教师对本职工作的热爱和认同程度，作为教师工作投入感来源的调查依据之一。

第二部分为中学教师工作投入感现状和影响因素调查，由工作投入感量表、个人资源量表、工作要求量表、工作资源量表和社会资源量表五部分构成。其中，工作投入感量表用于调查当前我国中学教师的工作投入感现状；个人资源量表、工作要求量表、工作资源量表、社会资源量表这四个量表，用于调查中学教师工作投入感的影响因素及相互间的关系。

第三部分为中学教师努力工作的原因、职业选择原因和工作成果调查问卷。其中，努力工作原因与职业选择原因为多选题，同样用于调查教师工作投入感产生的来源；为了提高区分度，教师工作成果调查问卷以五分量表的形式呈现，用于调查教师工作投入感与工作绩效之间是否存在正相关关系，即工作投入感产生的作用效果。

因此，中学教师工作投入感现状和影响因素调查所涉及的一系列量表的设计和验证是本章的重点和核心。本节将重点探讨问卷第一、三部分的设计思路及第二部分量表题库的建立问题；第三节将着重探讨第二部分所涉及量表的开发与验证问题。

结合本研究目的与对教师工作投入感的定义，中学教师工作投入感问卷应按照与教师实际工作情境和工作活动相符的原则加以设计，从涉及教师具体工作内容和工作感受的各个方面抽取题项。因此，本研究将在研究框架的基础上，通过访谈、开放式问卷和文献搜集三种途径收集相关资料与题项，最终形成正式问卷。

这一过程的思路为：首先，选取部分校长和教师进行访谈，同时，为了得到更多、更详细的反馈信息，在一个更大的范围内对教师发放开放式问卷，收集第一手资料；其次，整理访谈和开放式问卷所涉及的问题，并进行分析和归类，从中抽取题项；再次，根据研究框架，进行有针对性的文献搜集，找出相对应或相关的量表和问卷，对其进行改编或筛选，选取量表题项；最后，将访谈所得题项和文献搜集所得题项，根据研究框架进行组合调整，最后形成适用于本研究的调查问卷。

一　访谈

目前，国内外学者对教师工作投入感的研究相对而言都比较少，无法为本研究提供可以直接借鉴的文献资料或参考问卷。因此，为了全方位了解中学教师工作投入感的情况，有必要对教师和校长进行有针对性的访谈，运用质性研究的手段，从访谈内容中得出有效信息，运用到问卷的编制当中。

（一）访谈设计

本访谈分为校长访谈和教师访谈。对于校长访谈而言，主要目的是了解：校长对教师工作投入感的关注度和认识程度；校长眼中工作投入感高的教师的特征；教师工作投入感与工作绩效的关系；影响教师工作投入感的可能性因素；在学校管理过程中提高教师工作投入感水平的有效举措；等等。对于教师访谈而言，主要目的是了解：教师对自己工作投入感水平的评价；教师眼中工作投入感高的教师的特征；教师认为的影响自己工作投入感的原因；工作投入感与教师工作绩效的关系；教师认为的提升自身工作投入感水平的有效举措；等等。

实施访谈的时候，一般先联系校长或教师，征得他们的同意后，约定时间进行现场访谈或电话访谈。访谈时间一般控制在一小时以内，在被访者同意的前提下，以录音或笔记的形式记录访谈内容。

（二）访谈提纲

本研究分别设计了8道题目用于校长和教师访谈，如下所示。

校长访谈提纲：

1. 作为校长，您是否关注学校教师的工作投入感状态？如果关注，您觉得您所在学校教师的工作投入感总体水平如何？

2. 在您眼中工作投入感高和低的教师分别有什么表现和特征？（可举例说明）

3. 您觉得工作投入感高的教师工作绩效如何？工作投入感低的教师工作绩效又如何？

4. 就教师个体来说，您觉得是什么样的原因使得有些教师能够高度投入于工作，而有些教师的工作投入感水平却不尽如人意？

5. 您觉得哪些因素影响了教师的工作投入感？

6. 您觉得从管理者的角度看，该如何提升教师的工作投入感水平？贵校有哪些做法？这些做法的成效如何？

7. 您认为学校教师的工作投入感对学校的发展有怎样的影响？

8. 您认为学校教师的工作投入感对学生的发展有怎样的影响？

教师访谈提纲：

1. 总的来说，从教以来您对自己的工作投入感水平评价如何？

2. 您觉得您身边的同事整体工作投入感水平如何？

3. 请您谈一谈您眼中的工作投入感高的教师的表现和特征，以及工作投入感低的教师的表现和特征，并分析工作投入感高或低的原因。

4. 您认为是什么原因促使您积极/不积极投入教学工作当中？

5. 您认为影响您工作投入感水平高低的因素有哪些？

6. 您觉得您的工作投入感对您个人的发展和工作有怎样的影响？

7. 您觉得您的工作投入感水平对您的学生有什么影响？

8. 您认为哪些措施有助于您提升工作投入感水平？（每一条措施请用一句话加以描述）

（三）访谈样本

本次访谈的样本主要由以下两个部分组成：（1）2013年上半年在本校培训的部分校长，这些校长分别来自上海、河南、北京、山东、湖南、重庆、云南、江苏、新疆等地；（2）研究者自行联系的中学校长和教师，主要来自上海、云南、湖南、河南、广东和四川等地。在这一过程中，个别访谈了15位校长，个别和小组访谈了37位教师。

（四）访谈结果

通过对访谈记录的整理，大致有以下几点收获。

第一，校长们普遍认为大部分教师工作投入感水平比较高，但是工作投入感水平也随教师年龄段的不同而出现变化。一般而言，年轻教师或者尚未评上职称的教师，其工作投入感水平比较高。教师们普遍认为自己的工作投入感水平较高，同事的工作投入感水平也较高。

第二，热爱教师这一职业、积极乐观、情商较高、有教学悟性的教师，其工作投入感水平较高。

第三，社会对中学教育的期望、学生和家长对教育的期待、个人价值的体现、成就感和满足感的获得等是教师积极投入工作的原因。

第四，大部分校长和教师认为工作投入感不一定与工作绩效（即学生成绩）成正比，工作绩效还与学生素质有关。

第五，工资待遇、领导对教师的关心、人性化管理、家庭影响和学生素质等，是影响教师工作投入感的主要因素。

二 开放式问卷调查

为了在有限的时间内更为充分地收集教师对工作投入感的看法，并在问卷设计中将符合教师工作情境的表述融入问卷题项，使问卷更加贴合教师工作实际，在访谈的基础上，本研究还设计了开放式调查问卷，用于在更大的范围内收集有益信息。开放式问卷包括三个题目。

第一，请列举您从教以来花费时间和精力最多的三项工作。

第二，您认为是什么原因促使您努力工作，积极投入教学工作当中？（可从个人、家庭、学校、社会等多方面进行阐述，每一条原因请用一句话加以描述）

第三，您认为影响您全身心投入教学工作的因素有哪些？（可从个人、家庭、学校、社会等多方面进行阐述，每一条因素请用一句话加以描述）

通过这三个题目的调查，收集了哪些工作为教师最常做的工作、教师努力工作的原因和工作投入感的影响因素等方面的信息。本研究共发放开放式问卷200份，回收187份，有效问卷165份。通过对开放式调查问卷进行文本分析和归纳总结，可以得出如下信息。

1. 中学教师最主要的日常工作

（1）备课。具体包括：认真研究教材、熟悉教材；写教案；教学资料查阅收集；课前准备，制作教学课件；做习题，精选习题、试题；课堂教学的设计和讲练；钻研教辅资料；研究教学大纲；备课本的撰写；等等。

（2）教师素质提升学习。具体包括：认真学习专业知识，提高和加深专业素养；研究教学方法，如何将知识更好地传授给学生；怎样做好班主任的工作；继续教育，教师学历的提高和平时的看书研修；校内校外的各种交流；学习使用多媒体教学；查找相关资料、阅读相应的课外书；向其他优秀教师请教教学方面的问题；撰写教师学术考核要求的读书笔记；等等。

（3）了解学生。具体包括：了解学生学习情况；学生心理及行为研究；与学生的协调沟通，争取和学生相处融洽；研究学生思想动向，与学生进行思想交流；处理学生问题，包括学生的生活问题、学生的安全问题、提高学生的身体素质等；与学生开展课外交流；等等。

（4）批改作业。具体包括：批改学生作业、试卷，批阅作文和周记（限语文和英语教师），学生作业检查，对学生作业进行面批；等等。

（5）课后的反馈与辅导。具体包括：课后学业辅导；学困生学习方法的指导；后进生转化工作；学生的思想工作；指导学生如何利用课余时间、如何保证作业完成质量、如何培养动手能力及如何养成良好的行为习惯等；学生良好心理素质的培养，包括培养学生的感恩心及抗挫能力；分析学生状况并指导他们，对学生提出的疑问和不足的解答；与学生交流以便找到更好的教学方法；培养尖子生；等等。

（6）授课。包括教材讲解和习题讲解等所有课堂活动。

（7）课后总结与反思。包括：授完课后，在教学反思的过程中不断总结，寻求好的教学手段、纠正教学过程中的错误；思考如何才能提高学生成绩、改进教学；等等。

（8）班主任工作和班级日常管理。包括：如何培养一个具有发展空间的班级；班级管理，班纪、班风的构建工作；维持学生秩序（午睡、晚睡、三餐等）；学生课余时间的管理；纪律检查；班会；等等。

（9）其他杂事。后勤事务；学校临时性工作；坐办公室；应对学校安排及上级布置的无关教育教学的繁杂性事务；各种会议；应付上级部门安排的各种检查；检查卫生；教育主管部门安排的各种笔记；每个月上交给学校的备课本；等等。

以上九个方面是教师开放式调查问卷里集中反映的问题，除此之外，还有毕业班备考工作、教学论文、教育教学学习、义务加班、讲公开课、出试卷、争取和班主任及其他教师做好沟通工作、课堂管理、学生家访工作和参加课外活动等方面的内容。

2. 中学教师努力工作的原因

（1）个人原因。归纳起来主要包括：喜欢教师这一职业、喜欢学生、热爱教学工作；实现个人价值；职业要求和道德规范；个人良心，对学生负责；工作来之不易，珍惜工作机会；个人成就感、荣誉感和幸福感；受自己老师的影响，当老师是从小的志向；获得荣誉；等等。

(2) 家庭原因。归纳起来主要包括：受家庭环境的熏陶；家人的期望和鼓励；积极工作有益于自己孩子的教育；家庭被尊重；获得收入以维持家庭生活；等等。

(3) 学校原因。归纳起来主要包括：学校提供了良好的教研环境；学校良好教风的感染；学校的规范化管理；福利待遇；得到学生和领导的认可；聘任制度的督促；对学校的归属感；教学竞争；教师考评制度；学校对教师的照顾与支持；等等。

(4) 社会原因。归纳起来主要包括：社会各方面对教育事业的支持；获得社会、家长和学生的认可；学生学习的积极态度；家长和学校的肯定及鼓励；政策的倾斜；社会对教师的要求和期望，督促教师不敢懈怠；免费师范生政策；激烈的竞争；对生活的热爱；当地社会文化氛围；教师的福利得到保证；社会就业难的冲击；教师受人尊重；尊师重教的社会氛围；家长对教师的尊重；等等。

3. 中学教师工作投入感的影响因素

(1) 个人因素。归纳起来主要包括：对教学的热爱；身体健康状况；专业技能强弱；自身性格；个人职业发展状况；个人婚姻和感情问题；个人的教育理想和追求；个人的懒惰心理；个人精力的不足；情绪问题；个人满足感；责任感；道德感；人生价值观；工作量；工作压力；荣誉感；对学生的喜爱；事业心；教学经验；等等。

(2) 家庭因素。归纳起来主要包括：亲人支持；家庭和工作的冲突；家庭的和睦与幸福；家庭责任；等等。

(3) 学校因素。归纳起来主要包括：工作环境；收入水平；教学氛围；领导的关心和支持；同事关系；教师评价机制；职业发展机会；竞争压力；不符合教育规律的教学；学校制度不健全；学生的表现；上级部门的考核；奖励制度；不合理的教学安排；等等。

(4) 社会因素。归纳起来主要包括：社会负面的评价；收入较低；和其他行业相比收入的差距；社会对教育的期望非常高；社会对青少年的不良影响；生活压力；分数第一的唯分数观；社会对教师是否尊重和理解；

上级行政部门对学校干预太多；校长负责制落不到实处；家长对学生的过分溺爱；等等。

通过对开放式问卷的整理，教师所反映的努力工作的原因与工作投入感影响因素，同样可以归纳为微观、中观和宏观三个部分，涵盖了个人、家庭、学校和社会等方方面面的内容，印证了本研究的研究构想与框架。根据对访谈和开放式问卷调查结果的进一步提炼，剔除意义重复或接近的题项，直接生成了调查问卷中教师个人体验、职业选择原因、努力工作原因三部分调查内容的52个题项。

三 文献搜集

在本次问卷开发过程中，教师工作投入感的影响因素是研究的重点，所以，对中学教师工作投入感影响因素量表的编制，既要有科学性，又要符合教师工作实际。因此，有必要在已有研究的基础上，根据访谈和开放式问卷的调查结果，进行补充、改编和删减。

根据研究框架可知，影响教师工作投入感的因素为：个人资源因素、工作要求因素、工作资源因素和社会资源因素。其中，个人资源为微观层面的影响因素；工作要求和工作资源为中观层面的影响因素；社会资源为宏观层面的影响因素。因此，初步形成了本调查问卷的框架结构，如表2-1所示。

表2-1 中学教师工作投入感调查问卷框架

第一部分：基本情况调查	背景信息 个人体验
第二部分：中学教师工作投入感现状调查	工具：工作投入感量表
第三部分：中学教师工作投入感影响因素调查	工具：个人资源量表、工作要求量表、工作资源量表、社会资源量表
第四部分：中学教师工作投入感来源调查	工具：职业选择原因问卷、努力工作原因问卷
第五部分：中学教师工作绩效调查	工具：教学成果问卷

由于在以上的两个步骤中，已经得出了第一、四部分的题项，因此，第二、三、五部分的题项就有必要结合访谈和开放式调查问卷内容，进行有针对性的文献检索，编制相应的量表和问卷。

因此，在这一阶段，文献检索的主要目的是搜集有关的量表和问卷，抽取或改编相关题项，组成适用于本研究的新的研究量表和问卷。在这一过程中，主要做了两项工作：一是根据研究框架进一步进行文献检索，获取相关量表和问卷，检索的内容包括工作投入感和教师工作投入感、个人资源和教师个人资源、工作要求和教师工作要求、工作资源和教师工作资源、社会资源和教师社会资源、工作绩效和教师工作绩效的相关量表和问卷；二是根据获得的相关量表和问卷，结合访谈与开放式问卷内容，进行筛选、改编以及行为化处理，形成符合中学教师工作特性的调查问卷。

（一）工作投入感量表

工作投入感量表主要包括 May 等根据 Kahn 的角色理论所编制的《工作投入感问卷》[1]；Rich 等同样在 Kahn 的理论基础上编制的《工作投入感量表》（Job Engagement Scale，JES）[2]；Britt 等编制的《工作投入感量表》[3]；Schaufeli 等人编制的《Utrecht 工作投入感量表》（Utrecht Work Engagement Scale，UWES）[4]。另外，国内学者也编制了一些与工作投入感研究相关的问卷与量表，包括盛建森编制的《工作投入感量表》[5]；陈卫旗编制的《教师工作积极性问卷》[6]；姜树民等编制的《吉林省高等学校青年教师工作状况的调查表》[7]；等等。

由于《Utrecht 工作投入感量表》是目前公认的测量工作投入感最为有

---

[1] May, D. R., Gilson, R. L., Harter, L. M., "The Psychological Conditions of Meaningfulness, Safety and Availability and the Engagement of the Human Spirit at Work," *Journal of Occupational & Organizational Psychology*, 2004, 77 (1): 11 - 37.

[2] Rich, B. L., Lepine, J. A. & Crawford, E. R., "Job Engagement: Antecedents and Effects on Job Performance," *Academy of Management Journal*, 2010, 53: 617 - 635.

[3] Britt, T. W., Bartone, P. T., Adler, A. B., "Deriving Benefits from Stressful Events: The Role of Engagement in Meaningful Work and Hardiness," *Journal of Occupational Health Psychology*, 2011, 6 (1): 53 - 63.

[4] Schaufeli, W. B., Salanova, M., González - Romá, V., et al., "The measurement of Engagement and Burnout: A Confirmative Analytic Approach," *Journal of Happiness Studies*, 2002 (3): 71 - 92.

[5] 盛建森：《小学教师工作投入感与教学效能感关系的研究》，浙江师范大学硕士学位论文，2003。

[6] 陈卫旗：《中学教师工作满意感的结构及其与离职倾向、工作积极性的关系》，《心理发展与教育》1998 年第 1 期，第 38~44 页。

[7] 姜树民、刘纯龙、吕文静：《关于吉林省高等学校青年教师工作状况的调查分析》，《现代教育科学》2004 年第 2 期，第 26~28、100 页。

效的工具,且具有跨文化、跨情境的适用性,因此本研究选取该量表共计 17 个题目作为测量中学教师工作投入感状态的工具,包括活力维度(6 题)、奉献维度(5 题)和专注维度(6 题)。

(二) 个人资源量表

个人资源量表包括 Schwarzer 和 Jerusalem 编制的《一般自我效能感量表》(GSES)[1];Pierce、Gardner、Cummings 和 Dunham 开发的《基于组织的自尊量表》(OBSE)[2];Deci 和 Ryan 编制的《内在动机问卷》[3];Scheier、Carver 和 Bridges 开发的《生活取向量表——修订版》(Life Orientation Test – Revised)[4];袁立新、林娜、江晓娜编制的《乐观主义—悲观主义量表》中的乐观主义分量表[5]。

根据以上量表和问卷,结合前期调查结果,形成本研究的《个人资源量表》,包括内在动机(5 题)、教学效能感(7 题)、基于组织的自尊(5 题)和乐观主义(5 题)四个维度,共计 22 个题目。

(三) 工作要求量表

主要包括 Karasek 制定的《工作要求和决策自主量表》[6];Karasek 编制的《工作内容问卷》(Job Content Questionnaire)[7];Van Veldhoven 和 Mei-

---

[1] Schwarzer, R. & Jerusalem, M., "Generalized Self – efficacy Scale," J. Weinman, S. Wright, & M. Johnston (eds.), *Measures in Health Psychology*: *A User's Portfolio*, *Causal and Control Beliefs*, Windsor, UK: Nfer – Nelson, 2011.

[2] Pierce, J. L., Gardner, D. G., Cummings, L. L. & Dunham, R. B., "Organizational – based Self – esteem: Construct Definition, Measurement, and Validation," *Academy of Management Journal*, 1989, 32: 622 – 648.

[3] Self – determination theory, http://www.selfdeterminationtheory.org/intrinsic – motivation – inventory/.

[4] Scheier, M. F., Carver, C. S. & Bridges, M. W., "Distinguishing optimism from neuroticism (and trait anxiety, self – mastery, and self – esteem): A reevaluation of the Life Orientation Test," *Journal of Personality and Social Psychology*, 1994, 67: 1063 – 1078.

[5] 袁立新、林娜、江晓娜:《乐观主义—悲观主义量表的编制及信效度研究》,《广东教育学院学报》2007 年第 27 卷第 1 期,第 55~59 页。

[6] Karasek, R. A., "Job Demands, Job Decision Latitude, and Mental Strain: Implications for Job Redesign," *Administrative Sciecne Qrarterly*, 1979, 24: 285 – 308.

[7] Karasek, R. A., *Job Content Instrument*: *Questionnaire and User's Guide* (Rev. 1.1), Los Angeles: University of Southern California, 1985.

jiman 编制的《工作体验和评估问卷》(Questionnaire on the Experience and Assessment of Work)[1]；Netemeyer 等编制的《工作—家庭冲突量表》；Spector 和 Jex 开发的《工作负担量表》[2]。

从以上量表和问卷中，选取符合本研究目的的 13 个题项，根据访谈和开放式问卷调查进行改编，形成了本研究的《工作要求量表》，包括工作强度要求维度（5 题）、工作技能要求维度（3 题）、工作—家庭冲突维度（5 题）。

（四）工作资源量表

Marchese 和 Ryan 开发《工作自主性量表》[3]；Grandey 开发的《社会支持量表》[4]；Eisenberger 等人编制的《组织支持感问卷》[5]；Hackman 和 Oldman 编制的《绩效反馈量表》[6]；Bakker、Demerouti 和 Verbeke 编制的《自主性量表》和《社会支持量表》[7]；Bakker、Demerouti、Taris、Schaufeli 和 Schreurs 编制的《绩效反馈量表》[8]。

通过参考以上量表和问卷，进行必要的改编，形成了本研究的《工作资源量表》，由三个分量表共 51 个题目组成。这三个分量表分别为：人际支持分量表（23 题），包括领导支持、同事支持、学生支持、家长支持和家人支持五个维度；组织管理分量表（24 题），包括工作自主性、领导管理水平、绩效

---

[1] Van Veldhoven, M. & Meijman, T., "Measurement of Psyehosocial Job Demands with a Questionnaire: The Questionnaire Experience and Evaluation of Work (VBBA)," Amsterdarn: NIA., 1985.

[2] Spector, P. E., Jex, S. M., "Development of Four Self-report Measures of Job Stressors and Strain: Interpersonal Conflict at Work Scale, Organizational Constraints Scale, Quantitative Workload Inventory, and Physical Symptoms Inventory," *Journal of Occupational Health Psychology*, 1998 (3): 356-367.

[3] Marchese, C. M., Ryan, J., "Capitalizing on the Benefits of Utilizing Part-time Employees through Job Autonomy," *Journal of Business and Psychology*, 2001, 15 (4): 549-560

[4] Grandey, A., *The Effects of Emotional Labor: Employee Attitudes, Stress and Performance*, Doctorial Dissertation: Colorado State University, 1999.

[5] 〔美〕菲尔德著《工作评价—组织诊断与研究实用量表》，阳志平等译，中国轻工业出版社，2004。

[6] Hackman, J. R. & Oldham, G. R., *Work Redesign*. Reading, M. A.: Addison-Wesley, 1980.

[7] Bakker, A. B., Demerouti, E. & Verbeke, W., "Using the Job Demands—resources Model to Predict Burnout and Performance," *Human Resource Management*, 2004, 43: 83-104.

[8] Bakker, A. B., Demerouti, E., Taris, T., Schaufeli, W. B. & Schreurs, P., "A Multi-group Analysis of the Job Demands-Resources Model in Four Home—care Organizations," *International Journal of Stress Management*, 2003, 10: 16-38.

反馈、职业发展机会和组织公平五个维度；工作环境分量表（4题）。

（五）社会资源量表

该量表在参考了谌学英[①]、李晓[②]等编制的各种版本的《教师工作满意度量表》的基础上，结合教师访谈和开放式问卷调查结果，最终形成了包括6个题目的《社会资源量表》，由收入水平和社会氛围两个维度组成。

（六）工作绩效问卷

需要特别说明的是，本研究所涉及的教师工作绩效，以学生的学业水平与综合素质为直接评价标准。因此，在参考了安晓镜[③]、钟燕[④]等人编制的教师工作绩效问卷的基础上，自编了本研究的中学教师教学成果问卷，以作为本研究中调查教师工作绩效的工具，包括12个题目。

以上三个方面的工作及其中获得的信息，初步形成了《中学教师工作投入感问卷》的基础题库，该问卷以量表和问卷两种形式呈现。

第三节 中学教师工作投入感问卷的形成和量表的验证

在访谈、开放式问卷调查和文献搜集的基础上，初步形成了中学教师工作投入感问卷的原始题库，因此，本节的重点就是对题库进行筛选，形成初步问卷，并对问卷进行验证与修改。

一 专家评议

根据量表编制的一般原则，在题库建立之后，需对量表的内容效度进行评价，同时对问卷的行为化和可操作化程度进行考量。因此，本研究主要采用量表开发中最常用的"专家评议法"来进行这一步骤的工作。

[①] 谌学英：《谈中学教师激励机制的建构——从中学教师工作满意度视角》，湖南师范大学硕士学位论文，2006。

[②] 李晓：《学校领导行为、教师工作满意度及教师工作投入的关系研究》，哈尔滨师范大学硕士学位论文，2012。

[③] 安晓镜：《中小学教师工作特征、工作倦怠与工作绩效之间的关系》，天津师范大学硕士学位论文，2007。

[④] 钟燕：《中学教师目标设置与工作绩效的关系研究》，华中师范大学硕士学位论文，2007。

本研究先后邀请教育评价学、教育管理学、心理学和教育统计学等领域的6位专家以及4位中学校长、15位中学教师组成专家团对初始问卷进行评议。评议从题目是否有歧义、是否难以作答、是否符合教师工作特性、题目与维度是否适切等方面展开。根据专家评议结果，删除意义重复和难以作答的题目，对意义模糊和有歧义的题目进行修改，最终形成了本研究的预测问卷。预测问卷题库结构如表2-2所示。

表2-2　中学教师工作投入感调查问卷题库

问卷	一级指标	二级指标	三级指标	数量（题）
一、基本情况调查	背景信息			17
	个人体验			5
二、中学教师工作投入感现状	活力			6
	奉献			5
	专注			6
三、中学教师工作投入感影响因素	个人资源	内在动机		5
		教学效能感		7
		基于组织的自尊		5
		乐观主义		5
	工作要求	工作强度要求		5
		工作技能要求		3
		工作—家庭冲突		5
	工作资源	人际支持	领导支持	5
			同事支持	5
			学生支持	5
			家长支持	3
			家人支持	5
		组织管理	工作自主性	4
			领导管理水平	3
			绩效反馈	3
			职业发展机会	5
			组织公平	9
		工作环境		4
	社会资源	收入水平		3
		社会氛围		3

续表

问卷	一级指标	二级指标	三级指标	数量（题）
四、中学教师工作投入感来源	职业选择原因			13
	努力工作原因			23
五、中学教师工作绩效	教学成果			12

考虑到教师工作投入感研究领域可参考的成熟问卷不多，本研究所开发的问卷原创性较大，在量表开发初期需要保留一定数量的题目，以便在后期的量表验证及改进中留有余地，因此，经过专家评议删改之后的问卷题目容量依然比较大。

二 量表的初步验证

初编的中学教师工作投入感问卷由量表和问卷两种形式组成，因此，在专家对问卷整体情况进行把关之后，必须对其中的量表部分进行信效度检验，以保证该量表具有有效性和可靠性。

在本次问卷编制过程中，中学教师工作投入感影响因素问卷的编制是研究重点，所编量表的原创性比较大，必须对其进行严格的信效度检验；另外，虽然《Utrecht 工作投入感量表》在很多研究中表现出适用于中国本土的较高的信效度，但是为了进一步保证研究结果的有效性，本研究也要对其进行必要的信度及效度检验。对于问卷部分的内容，在此次试测中采用回访参与试测教师的方法，验证其内容效度，对问卷题目进行修改。

（一）试测工具

试测工具为上文介绍的本研究自行开发的《中学教师工作投入感调查问卷》，问卷第一、四部分，即基本情况调查和工作投入感来源问卷，由单选题、多选题和填空题组成；第二、三部分，即工作投入感现状和工作投入感影响因素为量表，采用 Likert 5 点计分的方式。工作投入感量表设定了"几乎没有—很少—有时—经常—总是"五个级别，"几乎没有"对应 1 分，逐渐递增，"总是"对应 5 分，总分越高，表明工作投入感水平越高；工作投入感影响因素量表设定了"完全不符合—比较不符合—部分符合—比较符合—完全符合"五个级别，"完全不符合"对应 1 分，逐渐递增，"完全符合"对应 5 分，其中有少量反向计分题，其计分方式与正向题目相反，同理，总分越高，表明该影响因素作用越大。为了增加区分度，第五部分，即中学教师工作绩效问卷也采用 5 点计分的方式，从"完全不符合"到"完全符合"依次计分。

（二）试测对象

在试测阶段，本研究分别选取上海、河南、云南、江苏各地共计六所中学，共发放问卷 500 份，回收 462 份，有效问卷 428 份。回收率 92.4%，有效率 85.6%。试测对象基本信息如表 2-3 所示。

表 2-3　试测对象基本信息（N=428）

变量	样本分布百分比
性别	男：49%；女：51%
年龄	30 岁及以下：32.4%；31~40 岁：40.7%；41~50 岁：26.2%；51 岁及以上：0.7%
教龄	0~5 年：22.8%；6~15 年：42.8%；16~25 年：32.4%；25 年以上：2.1%
婚姻状况	未婚：22.1%；已婚：77.9%
学历	大专（及以下）：0.7%；本科：94.5%；硕士及以上：4.8%
班主任	是：29.7%；否：70.3%
任教年级	初中：26.2%；高中：73.8%
任教科目	语文：16.6%；数学：17.2%；英语：11.7%；政史地：26.2%；理化生：21.4%；音体美：2.8%；信息技术：3.4%；其他：0.7%
职称	还没有职称：7.6%；初级职称：42.1%；中级职称：35.2%；高级职称：15.2%

（三）分析工具与方法

本研究采用 SPSS19.0 对试测问卷进行统计分析。

由于本问卷处于试测阶段，量表开发还不成熟，因此本阶段仅采用一些基本的心理计量学指标进行分析。在对量表进行信度和效度分析之前，首先要对量表进行项目分析，根据项目分析结果删除不良题项；其次，用探索性因子分析方法对量表的结构效度进行检验，根据因子载荷值继续删除不良题项；最后，对删减题项后的量表进行内部一致性信度分析。

1. **量表的项目分析**

项目分析是编制标准化测验工具的一个重要步骤,目的在于初步筛选出合适的题项组成测验工具,以提高测验的信度与效度[①]。本研究运用项目的区分度分析来鉴别题项的有效性。在进行项目区分度分析时,一般使用T检验法和相关系数法鉴别不良题项,这两种方法都是以单个题目为单位进行分析的。

T检验法就是通过独立样本T检验对题目进行两两比较,对没有显著差异的题项,根据实际情况予以删除或修改后予以保留。具体方法如下:计算出每个被试的总分,然后对总分进行排序,分别取前后各27%的被试分数组成高分组和低分组,进行独立样本T检验,若检验结果未达到0.05的显著性水平,则说明该题目不能鉴别不同被试的反应,应予以删除。

相关系数法检验的是题总相关,即以题项分数与测验总分的关联程度作为该项目区分度的指标,使用皮尔逊(Pearson)积差相关系数表示,相关系数越大,题目区分度越高。对于题目的鉴别,根据埃贝尔(I. Ebel)提出的标准,系数在0.40以上,优良;0.30~0.39,良好,如能修改更好;0.20~0.29,尚可,仍需修改;0.19以下,劣,必须淘汰。

根据项目分析结果,工作投入感量表题项T检验均达到显著性水平,且相关系数均大于0.30,故全部题项予以保留;个人资源量表第3题T检验未达显著性水平,且相关系数为0.141,故予以删除;工作要求量表题项T检验都达到显著性水平,但第6、7、8题相关系数分别为0.286、0.213、0.244,故题项全部保留,但要对第6、7、8题进行修改;工作资源量表第14、15和19题T检验未达到显著性水平,予以删除,第12、20、23和24题相关系数分别为0.244、0.218、0.206和0.285,可以保留,但需修改;社会资源量表全部题项T检验达到显著性水平,且相关系数均大于0.7,故全部保留。

2. **量表的效度分析**

通过项目分析删除量表中的不良题项后,剩下的题目进入因子分析。因子分析的目的有两个:一是根据因子载荷,进一步删除不良题项;二是探索性验证量表的因子结构,即结构效度。结构效度就是研究者所构想的

[①] 解亚宁:《心理统计学》,人民卫生出版社,2007。

量表结构与测试结果的吻合程度[①]。

在做因子分析之前,需要确定待分析的数据变量是否适合做因子分析,因此通常要进行 KMO(Kaiser – Meyer – Olkin)检验和 Bartlett's 球形检验(Bartlett Test of Sphericity)。KMO 统计量适合做因子分析的标准为:KMO > 0.9 时,非常适合;0.8 < KMO < 0.9 时,适合;0.7 < KMO < 0.8 时,一般;0.6 < KMO < 0.7 时,不太适合;KMO < 0.5 时,不适合。一般来说,如果 Bartlett's 球形检验的统计量数值较大,且其对应的概率值小于给定的显著性水平(通常为 0.05),即认为变量间不是彼此独立,而是相互关联,适宜做因子分析[②]。本研究设定 KMO 值大于 0.6 和 Bartlett's 球形检验达到 0.05 的显著性水平是可以接受的标准,适合进行因子分析。检验结果如表 2 – 4 所示。

表 2 – 4　教师工作投入感调查问卷各量表的 KMO 值和 Bartlett's 球形检验

量表名称		KMO 值	Bartlett's 球形检验		
			近似卡方分布	自由度	显著性
工作投入感		0.924	1410.495	136	0.000
个人资源		0.837	1553.693	210	0.000
工作要求		0.852	1242.575	78	0.000
工作资源	人际支持	0.841	1635.184	171	0.000
	组织管理	0.931	2658.345	276	0.000
	工作环境	0.748	252.752	6	0.000
社会资源		0.851	510.179	15	0.000

表 2 – 4 所显示的检验结果表明,工作投入感量表、个人资源量表、工作要求量表、工作资源量表和社会资源量表均适合做因子分析。

在因子分析方法方面,采用了主成分分析法(Principal Component Analysis)抽取因子,采取方差极大正交旋转(Varimax)进行转轴,结合概念界定的维度,限定各量表的因子个数,根据分析结果进一步筛选题项。本研究题项删除的标准有以下两点。第一,因子载荷小于 0.3。因子载荷通常要求大于 0.5,但是对于一个发展中的量表而言,因子载荷在 0.3 及以上也

[①]　解亚宁:《心理统计学》,人民卫生出版社,2007。
[②]　解亚宁:《心理统计学》,人民卫生出版社,2007。

是可以接受的。第二，题项的非单级化。每个项目在所有因子上的负荷值如果有两个及以上高于0.40，说明该项目的归类不明显，则应该删除[①]。同时，如果提取的因子累计方差贡献率为70%以上，则认为该测量工具具有良好的结构效度，但是在先导性研究中，因子累计方差贡献率大于50%也是可以接受的。在本阶段，采用因子载荷0.3以上、累计方差贡献率50%以上为效度评价标准。

（1）工作投入感量表因子分析结果（见表2-5）。

表2-5 工作投入感量表因子载荷矩阵

	因子		
	1	2	3
工作投入感11	0.764		
工作投入感09	0.730		
工作投入感02	0.701		
工作投入感17	0.698		
工作投入感16	0.824		
工作投入感04		0.672	0.324
工作投入感05		0.592	
工作投入感13		0.573	
工作投入感08		0.762	
工作投入感01		0.523	
工作投入感14		0.464	
工作投入感07			0.767
工作投入感12			0.701
工作投入感15			0.576
工作投入感03		0.363	0.578
工作投入感06			0.568
工作投入感10			0.636
特征值	8.386	1.172	1.036
累计方差贡献率（%）	62.316		

---

① 魏淑华：《教师职业认同研究》，西南大学博士学位论文，2008，第30页。

根据因子分析结果,三个因子共解释了总方差的 62.316%,且特征值均大于 1,说明该量表符合三个维度的构想;且题项的因子载荷值在 0.324~0.824,均大于 0.3,说明该量表具有较好的结构效度。但是第 03 和 04 题出现了非单极化,考虑到量表处于预开发阶段,且受样本量限制,所以对其进行修改后保留,以便在进一步的验证中决定是否删除。

(2) 个人资源量表因子分析结果(见表 2-6)。

表 2-6 个人资源量表因子载荷矩阵

	因子			
	1	2	3	4
个人资源 09	0.834			
个人资源 11	0.790			
个人资源 08	0.774			
个人资源 10	0.687			
个人资源 12	0.654			
个人资源 07	0.626			
个人资源 06	0.496			
个人资源 19		0.850		
个人资源 21		0.828		
个人资源 18		0.799		
个人资源 22		0.744		
个人资源 20		0.708		
个人资源 14	0.383	0.398	0.341	
个人资源 01			0.818	
个人资源 05			0.808	
个人资源 02			0.792	
个人资源 04			0.779	
个人资源 16				0.809
个人资源 13				0.778
个人资源 17				0.546
个人资源 15	0.428	0.336		0.438
特征值	6.985	2.671	2.067	1.448
累计方差贡献率(%)	62.717			

根据因子分析结果,四个因子共解释了总方差的62.717%,且特征值均大于1,说明该量表符合四个维度的构想;且题项的因子载荷值在0.336~0.850,均大于0.3,说明该量表具有较好的结构效度。但是第14、15题出现了非单极化,考虑到量表处于预开发阶段,且受样本量限制,所以对其进行修改后保留,以便在进一步的验证中决定是否删除。

(3) 工作要求量表因子分析结果(见表2-7)。

表2-7 工作要求量表因子载荷矩阵

	因子		
	1	2	3
工作要求12	0.881		
工作要求10	0.867		
工作要求11	0.860		
工作要求09	0.804		
工作要求13	0.608		
工作要求01		0.869	
工作要求02		0.845	
工作要求03		0.732	
工作要求05		0.691	
工作要求04		0.523	
工作要求07			0.919
工作要求06			0.865
工作要求08			0.829
特征值	5.602	2.417	1.315
累计方差贡献率(%)	71.800		

根据因子分析结果,三个因子共解释了总方差的71.800%,且特征值均大于1,说明该量表符合三个维度的构想;且题项的因子载荷值在0.523~0.919,均大于0.3,说明该量表具有较好的结构效度。同时,题项未出现非单级化现象,因此,全部题项予以保留。

(4) 工作资源量表因子分析结果。

①人际支持分量表,如表2-8所示。

表2-8 人际支持分量表因子载荷矩阵

	因子				
	1	2	3	4	5
工作资源07	0.859				
工作资源08	0.837				
工作资源09	0.804				
工作资源06	0.797				
工作资源10	0.760				
工作资源04		0.880			
工作资源01		0.854			
工作资源02		0.834			
工作资源05		0.830			
工作资源03		0.824			
工作资源18			0.785		
工作资源16			0.785		
工作资源17			0.709	0.388	
工作资源20				0.837	
工作资源22				0.800	
工作资源21				0.722	
工作资源12					0.820
工作资源11					0.802
工作资源13					0.700
特征值	6.372	3.050	2.278	1.272	1.069
累计方差贡献率(%)	73.899				

根据因子分析结果,五个因子共解释了总方差的73.899%,且特征值均大于1,说明该量表符合三个维度的构想;且题项的因子载荷值在0.388~0.880,均大于0.3,说明该量表具有较好的结构效度。同时,题项未出现非单级化现象,因此,全部题项予以保留。

②组织管理分量表,如表2-9所示。

表 2-9 组织管理分量表因子载荷矩阵

	因子				
	1	2	3	4	5
工作资源 45	0.848				
工作资源 46	0.829				
工作资源 43	0.814				
工作资源 44	0.805				
工作资源 47	0.733				
工作资源 42	0.704				
工作资源 41	0.691				
工作资源 39	0.662				
工作资源 40	0.650				
工作资源 30		0.725			
工作资源 29		0.693			
工作资源 28		0.660			
工作资源 31		0.617	0.363		
工作资源 34		0.467		0.429	0.421
工作资源 24			0.803		
工作资源 26			0.802		
工作资源 25			0.728		
工作资源 27			0.714		
工作资源 32			0.501		0.492
工作资源 37				0.827	
工作资源 38				0.682	
工作资源 35				0.612	
工作资源 36				0.602	
工作资源 33		0.459			0.649
特征值	11.303	2.688	1.306	1.212	1.026
累计方差贡献率（%）	73.060				

根据因子分析结果，五个因子共解释了总方差的 73.060%，且特征值均大于 1，说明该量表符合五个维度的构想；且题项的因子载荷值在 0.345~0.848，均大于 0.3，说明该量表具有较好的结构效度。但第 34 题在三个因素上都有负荷，负荷值之间相差不大且都大于 0.4，故予以删除。第 31、

32、33 题共属一个维度,所以暂时不予删除,留待修改后再次验证。

③工作环境分量表,如表 2-10 所示。

表 2-10 工作环境分量表因子载荷矩阵

	因子
	1
工作资源 50	0.865
工作资源 49	0.846
工作资源 48	0.826
工作资源 51	0.754
特征值	2.715
累计方差贡献率(%)	67.872

根据因子分析结果可知,工作环境分量表抽取了一个因子,特征值大于 1,累计方差贡献率为 67.872%,且每项因子载荷均大于 0.3,故该分量表具有较好的结构效度,全部题项予以保留。

(5)社会资源量表因子分析结果。

表 2-11 社会资源量表因子载荷矩阵

	因子	
	1	2
社会资源 01	0.892	
社会资源 02	0.846	
社会资源 03	0.760	
社会资源 04		0.850
社会资源 05		0.816
社会资源 06		0.781
特征值	2.866	1.878
累计方差贡献率(%)	79.063	

根据因子分析结果,两个因子共解释了总方差的 79.063%,且特征值均大于 1,说明该量表符合两个维度的构想;且每项因子载荷均大于 0.3,故该分量表具有较好的结构效度,全部题项予以保留。

3. 量表的信度分析

对于量表信度,一般采用 Cronbach's α 系数来验证题项的内部一致性。

Cronbach's α 值越大表示量表的内部相关系数越高。本研究以 Peterson 所建议的 0.7 为标准，但在先导性研究中，Cronbach's α 系数在 0.6 以上则视为可以接受。本问卷使用修正后题总相关系数（Corrected Item – Total Correction, CITC）来净化测量题目，删除题目来纠正题目信度检验的标准有两个，必须同时成立才可删除此项目：（1）修正后题总相关系数小于 0.3；（2）删除此项目可以增加 α 值，即可提升整体信度[①]。根据这个原则来看，经过效度检验的量表 Cronbach's α 系数均在 0.7 以上，且题项 CITC 均大于 0.3，故无须进一步删除题项。表 2-12 呈现了量表及各维度的 Cronbach's α 系数。

表 2-12　教师工作投入感调查问卷各量表的 Cronbach's α 系数

量表及维度	Cronbach's α 系数
工作投入感量表	0.932
活力	0.867
奉献	0.833
专注	0.773
个人资源量表	0.887
内在动机	0.856
教学效能感	0.843
基于组织的自尊	0.718
乐观主义	0.882
工作要求量表	0.864
工作强度要求	0.844
工作技能要求	0.848
工作—家庭冲突	0.910
工作资源量表	0.954
人际支持	0.883
组织管理	0.948
工作环境	0.841
社会资源量表	0.885
收入水平	0.867
社会氛围	0.845

---

① 卢纹岱：《SPSS for Windows 统计分析》，电子工业出版社，2002。

4. 问卷的内容效度分析

问卷部分主要包括教师个人体验、职业选择原因、工作投入感原因和工作成果调查四个部分的题项。对这部分的检验，主要采用内容效度的检验方法，对其进行逻辑分析，目的是评估测试问卷是否充分反映了所要测试的内容范围，多采用专家评议的方式进行。由于在试测问卷生成之前，已请有关专家对问卷进行过评议，并根据专家意见进行了进一步的修改。因此，在试测阶段，主要是对部分被测教师进行回访，听取被测教师对所填问卷的看法，根据教师的建议，进行修改。

通过对13位参与试测教师的回访，得到的反馈为：问卷部分题项基本反映了所要测试的内容，且题项表述易于理解，符合教师的工作语境。因此，这部分题项无须再进行删改。

三 量表的再次验证

在随机选取部分被试教师进行回访并再次请教专家组意见的基础上，结合数据分析结果对量表进行删改，并增加部分题项，改进了试测问卷。改进后的试测问卷的结构如表2-13所示。

表2-13 改进后的问卷结构

问卷	问卷和量表	删改题项	删改后数量
基本情况调查	背景信息	增加1题	17题
	个人体验		5题
中学教师工作投入感现状	工作投入感量表		17题
中学教师工作投入感影响因素	个人资源	删除1题 修改2题	21题
	工作要求	修改3题 增加1题	14题
	工作资源	删除4题 修改4题 增加1题	48题
	社会资源		6题

续表

问卷	问卷和量表	删改题项	删改后数量
中学教师工作投入感来源	职业选择原因		13 题
	工作投入感原因		23 题
中学教师工作绩效	教学成果		11 题

在本阶段，着重对量表进行再次验证，必要时进行进一步删改，以保证测量工具的有效性，形成最终的正式问卷。在量表的再次验证中，同样使用项目分析、因子分析和内部一致性分析的方法，以删除题项及进行信度和效度检验。

（一）再次试测对象

本次试测选取了上海、江苏、山东和云南的 8 所学校进行试测问卷的发放，共发放问卷 800 份，回收 763 份，有效问卷 697 份。回收率 95.4%，有效率 87.1%。再次试测对象基本信息如表 2-14 所示。

表 2-14 再次试测对象基本信息（N = 697）

变量	样本分布百分比
性别	男：40.2%；女：59.8%
年龄	30 岁及以下：16.2%；31~40 岁：48%；41~50 岁：32.4%；51 岁及以上：3.5%
教龄	0~5 年：13.3%；6~15 年：43.9%；16~25 年：37%；25 年以上：5.8%
婚姻状况	未婚：20.1%；已婚：79.9%
学历	大专（及以下）：2.3%；本科：84.4%；硕士及以上：13.3%
班主任	是：23.7%；否：76.3%
任教年级	初中：36.2%；高中：63.8%
任教科目	语文：15%；数学：12.7%；英语：15.6%；政史地：17.9%；理化生：22.5%；音体美：10.4%；信息技术：3.5%；其他：2.4%
职称	还没有职称：2.3%；初级职称：11.6%；中级职称：43.9%；高级职称：42.2%

（二）再次验证

1. 项目分析

本次测试同样采用 T 检验法和相关系数法进行检验，相关系数法采用皮尔逊积差相关。由于是再次试测，题项筛选应该严格按照筛选标准进行，以保证量表的科学性。因此，在本次测试中，皮尔逊相关系数低于 0.30 的题项将全部予以删除。

根据项目分析结果，工作投入感量表全部题项 T 检验均达到显著性水平，且相关系数均大于 0.30，故全部题项予以保留；工作要求量表第 14 题 T 检验未达显著性水平，且相关系数为 0.160，故予以删除；工作资源量表全部题项 T 检验均达到显著性水平，但第 33 题相关系数为 0.254，予以删除；个人资源量表和社会资源量表全部题项 T 检验均达到显著性水平，且相关系数均大于 0.30，故全部予以保留。项目分析结果见附录三、附录四。

2. 效度分析

通过项目分析删除量表中的不良题项后，剩下的题目进入因子分析，以进一步删除题项及验证结构效度。

在做因子分析之前，同样需要通过 KMO 检验和 Bartlett's 球形检验确定待分析的数据变量是否适合做因子分析。本研究设定 KMO 值大于 0.6 和 Bartlett's 球形检验达到 0.05 的显著性水平是可以接受的标准，适合进行因子分析。检验结果如表 2 - 15 所示。

表 2 - 15　教师工作投入感调查问卷各量表再次验证的 KMO 值和 Bartlett's 球形检验

量表名称		KMO 值	Bartlett's 球形检验		
			近似卡方分布	自由度	显著性
工作投入感		0.916	2115.345	136	0.000
个人资源		0.945	4282.716	210	0.000
工作要求		0.884	1619.445	78	0.000
工作资源	人际支持	0.925	2994.204	190	0.000
	组织管理	0.927	4077.248	253	0.000
	工作环境	0.654	418.465	6	0.000
社会资源		0.865	985.470	15	0.000

根据表 2 - 15 所显示的检验结果表明，工作投入感量表、个人资源量表、工作要求量表、工作资源量表和社会资源量表均适合做因子分析。

在此基础上，采用主成分分析法抽取因子，采取方差极大正交旋转进行转轴，结合概念界定的维度，限定各量表的因子个数，进行因子分析。本阶段，为保证量表的有效性，故将因子载荷值提高到 0.5 以上、累计方差贡献率提高到60%以上作为效度评价标准。附录五为各量表的因子载荷矩阵表，数据分析结果显示，改进后的各量表因子载荷值均在0.5以上，累计方差贡献率均达到60%以上。因此，改进后的各量表均具有较好的结构效度。

3. 信度分析

本阶段的信度分析依然采用Cronbach's α系数来验证量表的内部一致性。分析结果表明（见表2-16），改进后的量表及各分量表相关系数均比较高，表明各量表具有较好的信度。

表2-16 教师工作投入感调查问卷各量表再次验证的Cronbach's α系数

量表及维度	Cronbach's α系数
工作投入感量表	0.940
活力	0.862
奉献	0.843
专注	0.829
个人资源量表	0.973
内在动机	0.964
教学效能感	0.920
基于组织的自尊	0.941
乐观主义	0.953
工作要求量表	0.912
工作强度要求	0.903
工作技能要求	0.933
工作—家庭冲突	0.839
工作资源量表	0.969
人际支持	0.955
组织管理	0.941
工作环境	0.837
社会资源量表	0.943
收入水平	0.935
社会氛围	0.909

(三) 正式量表的形成

上述对改进后的量表进行的再次筛选和信效度检验表明,本研究所涉及的各量表的开发是比较成功的,符合测量学的要求,是一份可运用于大规模调查研究的科学有效的测量工具。因此,该调查问卷将直接运用于本研究的正式调查之中。

第三章　中学教师工作投入感的现状调查

根据研究设计，本书的重点内容为运用经检验修订后的自编调查问卷对当前中学教师的工作投入感现状进行实证调查研究。因此，本章的主要任务为介绍调查过程、调查对象基本情况和当前中学教师的工作投入感现状。

第一节　调查准备与调查对象

一　调查准备

（一）调查工具

本书以自编的《中学教师工作投入感调查问卷》为调查工具。本调查问卷由三部分组成。

第一部分为基本情况调查，包括背景信息和个人体验两部分。背景信息用以调查被试教师的个人基本情况和所在学校的基本情况，包括性别、年龄、教龄、婚姻状况、学历、职称、所教科目、收入、学校类型、所在区域、工作时间等内容；个人体验包括五道单选题，其目的为调查教师自认为的工作投入感情况和再次进行职业选择的意愿，是教师对自我工作状况的主观感受。

第二部分为中学教师工作投入感现状和影响因素调查。包括五个量表，分别为工作投入感量表、工作要求量表、工作资源量表、个人资源量表和社会资源量表，采用 Likert 5 点计分的方法，选项分别为"几乎没有""很少""有时""经常"和"总是"，以及"完全不符合""比较不符合""部分符合""比较符合"和"完全符合",对应分值分别为1分、2分、3分、4分和5分。

第三部分为教师努力工作原因、职业选择原因和教学成果调查。其中教师努力工作原因和职业选择原因为多选题,教学成果以量表形式呈现,采用Likert 5点计分的方法,答案为"完全不符合""比较不符合""部分符合""比较符合"和"完全符合",对应分值分别为1分、2分、3分、4分和5分。

(二)调查过程

本研究采用分层抽样、整群抽样和随机抽样的抽样办法。首先,根据我国经济带区域划分,从东部、中部和西部地区中,各选择若干学校进行抽样。参与抽样的省份和地区包括吉林、辽宁、山东、山西、河北、江苏、上海、河南、湖北、海南、云南、贵州和陕西。其次,根据我国行政区划,在每个地区中按城市和乡镇两个层次,分别选取了若干普通高中和普通初中,其中普通高中又分别从重点高中和非重点高中随机抽取若干所学校。根据国家规定,普通初级中学处于义务教育阶段,无重点和普通之分;普通高级中学以及普通完全中学的高中部分,根据当地教育部门的规定,划分为普通和重点两类。由于初级中学没有普通、重点之分,因此,为研究之便,本书中学校类型的划分标准为:将当地教育部门评定的重点中学和在当地社会声誉良好、教学质量较高的学校,划分为重点中学;其余学校划分为普通中学。由于受到研究条件的限制,因此,在本次抽样中,抽取东部地区重点中学6所,普通中学6所,其中,8所为城市中学,4所为乡镇中学;抽取中部地区重点中学10所,普通中学8所,其中,12所为城市中学,6所为乡镇中学;抽取西部地区重点中学9所,普通中学6所,其中10所为城市中学,5所为乡镇中学。

本研究采用纸质问卷的方式,在与各被调查学校校长进行充分沟通的基础上,请各位校长在本校范围内代为发放调查问卷,并采用邮寄的方式回收问卷。在本次调查中,共发放问卷3000份,回收问卷2610份,有效问卷2185份,有效率为83.7%。无效问卷剔除遵循以下标准:(1)整份答卷呈现规律性作答,如通篇选择同一答案或规律的波浪形作答;(2)整份答卷未作答题项大于等于3个;(3)问卷单选题选两个以上答案的题项大于等于 3 个①。满足以上任一标准的问卷,均被视为无效问卷。

二 调查对象

(一) 调查对象来源

1. 调查对象所在区域

本次调查共获得了2185个有效样本,其中东部地区占27.6%,中部地区占45.3%,西部地区占27.1%(见表3-1);其中,74%的样本来自城市,26%的样本来自乡镇(见表3-2)。

表3-1 问卷发放情况统计

		有效样本数(个)	有效率(%)	参与调研省份和地区	参与调研学校数量(所)
区域	东部	603	27.6	上海、山东、海南、河北、江苏、辽宁	12
	中部	989	45.3	山西、吉林、河南、湖北	18
	西部	593	27.1	陕西、云南、贵州	15
	合计	2185	100.0		

表3-2 调查对象的区域分布

			区域		合计
			城市	乡镇	
区域	东部	计数(个)	542	61	603
		区域中占比(%)	89.9	10.1	100.0
	中部	计数(个)	636	353	989
		区域中占比(%)	64.3	35.7	100.0
	西部	计数(个)	438	155	593
		区域中占比(%)	73.9	26.1	100.0
合 计		计数(个)	1616	569	2185
		区域中占比(%)	74.0	26.0	100.0

2. 调查对象所在学校

调查对象所在的学校,38.6%属于普通中学,61.4%属于重点中学。

---

① 李彦花:《中学教师专业认同研究》,西南大学博士学位论文,2009,第70页。

从区域与学校类型的交叉列联表（见表3-3）来看，东部地区样本13.6%来自普通中学，86.4%来自重点中学；中部地区样本40.3%来自普通中学，59.7%来自重点中学；西部地区样本61.2%来自普通中学，38.8%来自重点中学。

表3-3 区域与学校类型交叉列联表

			学校类型		合计
			普通中学	重点中学	
区域	东部	计数（个）	82	521	603
		区域中占比（%）	13.6	86.4	100.0
	中部	计数（个）	399	590	989
		区域中占比（%）	40.3	59.7	100.0
	西部	计数（个）	363	230	593
		区域中占比（%）	61.2	38.8	100.0
合计		计数（个）	844	1341	2185
		区域中占比（%）	38.6	61.4	100.0

从城乡与学校类型的交叉列联表（见表3-4）来看，城市中普通中学样本占20.8%，重点中学样本占79.2%；乡镇中普通中学样本占89.3%，重点中学样本占10.7%。

表3-4 城乡与学校类型交叉列联表

			学校属于		合计
			普通中学	重点中学	
城乡	城市	计数（个）	336	1280	1616
		城乡中占比（%）	20.8	79.2	100.0
	乡镇	计数（个）	508	61	569
		城乡中占比（%）	89.3	10.7	100.0
合计		计数（个）	844	1341	2185
		城乡中占比（%）	38.6	61.4	100.0

（二）调查对象基本信息

1. 教师性别：男女教师比例大致为4∶6

男教师比例占样本总数的41.28%，女教师比例占样本总数的58.72%，男女教师比例大致为 4∶6（见图 3-1）。

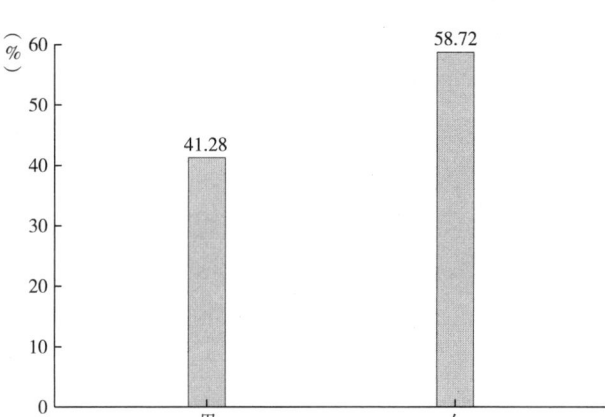

图 3-1　被调查教师性别比例

2. 教师年龄和教龄：以中青年教师为主

年龄为 30 岁及以下的教师所占比例为 17.7%，31~40 岁占 44.9%，41~50 岁占 31.4%，51 岁及以上占 6.0%；教龄为 0~5 年的教师所占比例为 15.4%，6~15 年占 40.9%，16~25 年占 30.7%，25 年以上占 13.1%（见表 3-5）。可知，大部分调查对象年龄在 31~50 岁，且教龄为 6~25 年的教师居多。

表 3-5　被调查教师年龄和教龄

年龄	频率（次）	比例（%）	教龄	频率（次）	比例（%）
30 岁及以下	387	17.7	0~5 年	336	15.4
31~40 岁	980	44.9	6~15 年	893	40.9
41~50 岁	686	31.4	16~25 年	670	30.7
51 岁及以上	132	6.0	25 年以上	286	13.1
合　计	2185	100.0	合计	2185	100.0

3. 教师婚姻状况

被调查教师中 89.29% 为已婚，10.71% 为未婚（见图 3-2）。

4. 教师学历：80% 以上具有本科学历

参与本次调查的教师中，拥有本科学历的人数最多，占总人数的 81.33%，拥有硕士学历的教师占 10.71%，拥有博士学历的教师占 0.28%，拥有大专及以下学历的教师占 7.69%（见图 3-3）。

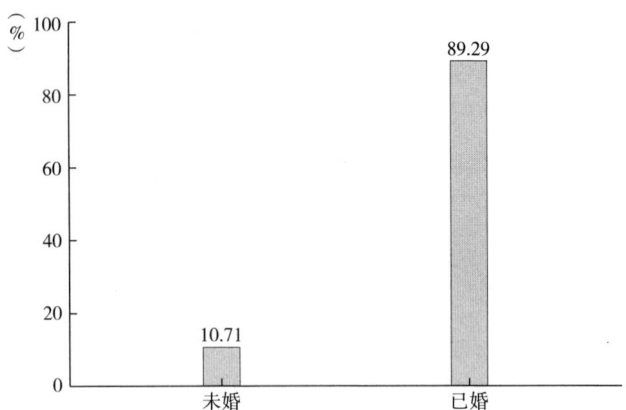

图 3-2 被调查教师婚姻状况

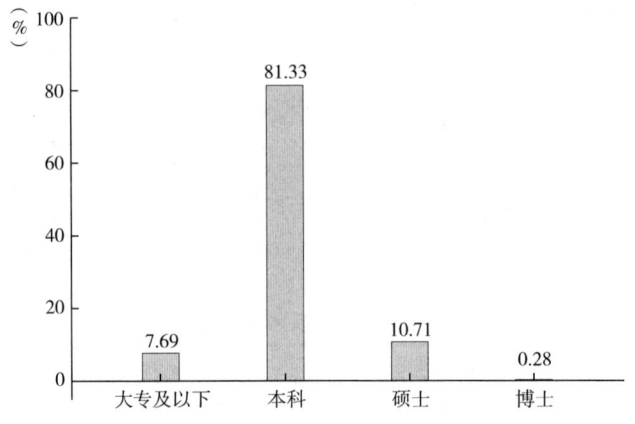

图 3-3 被调查教师学历状况

（1）从区域与教师学历交叉列联表（见表 3-6）来看，在本次调查中，东、中、西部地区拥有本科学历的教师比例基本持平，分别为 81.6%、79.4%、84.3%；中部地区拥有大专及以下学历的教师比例比东部和西部地区高，为 12.4%，东部和西部地区基本持平，分别为 3.3% 和 4.2%；拥有博士学历的教师较少，中部地区和西部地区分别为 0.1% 和 0.8%，东部地区没有。

表 3-6 区域与教师学历交叉列联表

			学历				合计
			大专及以下	本科	硕士	博士	
区域	东部	计数（个）	20	492	91	0	603
		区域中占比（%）	3.3	81.6	15.1	0.0	100.0
	中部	计数（个）	123	785	80	1	989
		区域中占比（%）	12.4	79.4	8.1	0.1	100.0
	西部	计数（个）	25	500	63	5	593
		区域中占比（%）	4.2	84.3	10.6	0.8	100.0
合计		计数（个）	168	1777	234	6	2185
		区域中占比（%）	7.7	81.3	10.7	0.3	100.0

（2）从城乡与教师学历交叉列联表（见表 3-7）来看，在本次调查中，城市教师的学历水平高于乡镇教师，城市教师中拥有本科及以上学历的比例为 95.3%，乡镇教师拥有本科及以上学历的比例为 83.8%。其中，仅城市地区有拥有博士学历的教师。

表 3-7 城乡与教师学历交叉列联表

			学历				合计
			大专及以下	本科	硕士	博士	
城乡	城市	计数（个）	76	1303	231	6	1616
		城乡中占比（%）	4.7	80.6	14.3	0.4	100.0
	乡镇	计数（个）	92	474	3	0	569
		城乡中占比（%）	16.2	83.3	0.5	0	100.0
合计		计数（个）	168	1777	234	6	2185
		城乡中占比（%）	7.7	81.3	10.7	0.3	100.0

（3）由学校类型与教师学历交叉列联表（见表 3-8）来看，重点中学教师学历水平明显高于普通中学教师，重点中学拥有本科及以上学历的教师比例为 95%，普通中学为 88%；且普通中学中大专及以下学历的教师比例为 12%，而重点中学这一比例为 5%；同时，拥有博士学历的教师来自重点中学。

表 3-8 学校类型与教师学历交叉列联表

		学历				合计
		大专及以下	本科	硕士	博士	
类型	普通中学 计数（个）	101	715	28	0	844
	类型中占比（%）	12.0	84.7	3.3	0	100.0
	重点中学 计数（个）	67	1062	206	6	1341
	类型中占比（%）	5.0	79.2	15.4	0.4	100.0
合计	计数（个）	168	1777	234	6	2185
	类型中占比（%）	7.7	81.3	10.7	0.3	100.0

由此可见，当前我国中学教师本科化程度较高，教师普遍拥有较高的文化素质水平；城市教师学历普遍高于乡镇教师；重点中学教师学历普遍高于普通中学。

5. 教师职称：70% 以上具有中级以上职称

被调查教师中拥有中级职称的教师较多，比例为 45.77%；其次是拥有高级职称的教师，比例为 28.38%；初级职称和还没有获得职称的教师比例分别为 18.44% 和 7.41%。这说明被调查教师专业水平普遍较高（见图 3-4）。

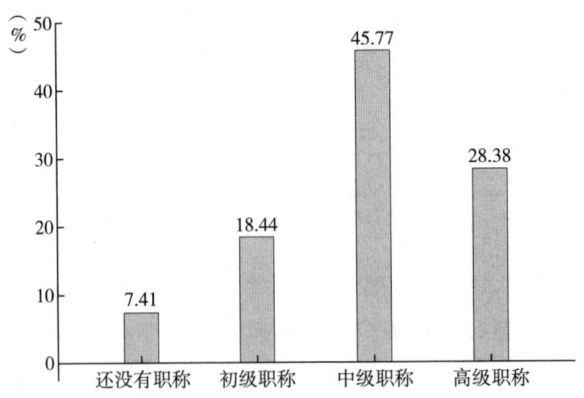

图 3-4 被调查教师职称状况

（三）被调查教师工作基本情况

1. 教师任教科目

在本次调查中，按照当前中考和高考的科目设置，以及传统的中学课程安排,将被调查教师的任教科目大致划分为四类:第一类为中考、高考的主要科目,包括语文、英语和数学;第二类为文科综合科目,包括政治、历史和地理;第三类为理科综合科目,包括物理、化学和生物;第四类为非考试科目及校本课程,包括体育、音乐、美术、信息技术、心理健康等。被调查教师中,任教科目为语文、英语和数学的教师比例为54.05%;任教科目为政治、历史和地理的教师比例为14.46%;任教科目为物理、化学和生物的教师比例为22.56%;任教科目为体育、音乐、美术等的教师比例为8.92%。即教授语文、英语、数学这三门主课的教师占被调查教师数量的一半以上(见图3-5)。

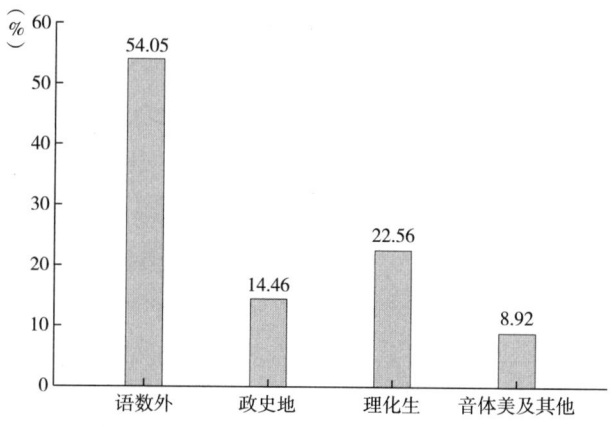

图3-5 被调查教师任教科目

2. 教师任教年级

被调查教师中,有41.92%的教师为初中任课教师,58.08%的教师为高中教师(见图3-6)。

3. 教师获得最高荣誉

在本书中,将教师可获得的荣誉称号简单划分为"县级荣誉称号""地区级荣誉称号""省级及以上荣誉称号"。具体包括县级名师、县级学科带头人、县级教学能手、县级教坛新秀等;地区级名师、地区级特级教师、地区级学科带头人等;特级教师、省级名师、省级学科带头人、省级专家、全国名师等荣誉称号。

49.62%的被调查教师获得过县级及以上荣誉称号(见图3-7)。

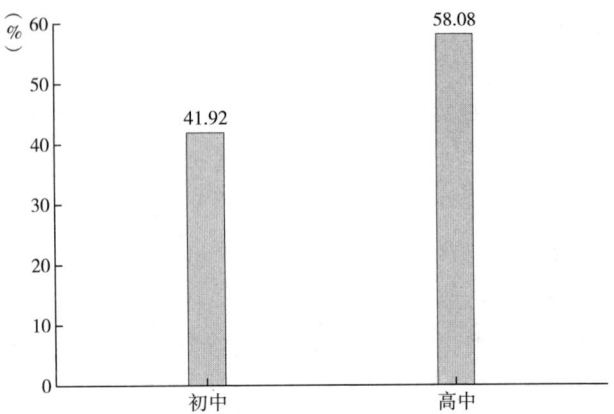

图 3-6　被调查教师任教年级

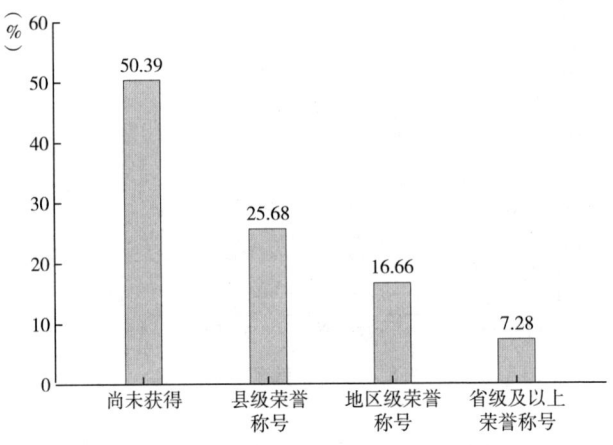

图 3-7　被调查教师获得荣誉情况

4. 教师年收入状况

年收入为 2 万 ~ 4 万元的教师占被调查教师数量的一半以上,为 53.96%;另外,年收入在 2 万元及以下、4 万 ~ 6 万元、6 万 ~ 8 万元、8 万 ~ 10 万元及 10 万元以上的教师比例分别为 12.22%、15.47%、9.20%、7.00% 和 2.15% (见图 3-8)。

(1) 从区域与教师收入交叉列联表 (见表 3-9) 来看,在本次调查中,东部、中部和西部教师年收入在 2 万 ~ 4 万元的人数最多,中部地区的比例明显高于东部和西部地区;中部地区年收入低于 2 万元的教师比例明显高于东部地区,略高于西部地区;东部地区年收入为 4 万 ~ 6 万元的教师比

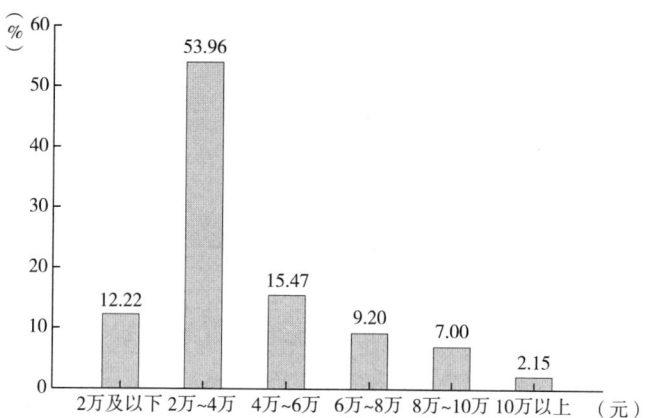

图 3-8 被调查教师年收入情况

例高于中部和西部地区，中部和西部地区之间比例基本持平；东部地区和西部地区年收入为 6 万~8 万元的教师比例基本持平，且明显高于中部地区的比例；东部地区年收入在 8 万元以上的教师比例高于中部和西部地区，中部地区这一比例明显低于东部和西部地区。且卡方检验结果显示，P 值小于 0.01，说明东部、中部和西部地区教师年收入状况存在明显差异。

表 3-9 区域与教师收入交叉列联表

			收入					合计
			2万元及以下	2万~4万元	4万~6万元	6万~8万元	8万~10万元	10万元以上	
区域	东部	计数（个）	33	245	119	93	83	30	603
		区域中占比（%）	5.5	40.6	19.7	15.4	13.8	5.0	100.0
	中部	计数（个）	163	650	131	29	14	2	989
		区域中占比（%）	16.5	65.7	13.2	2.9	1.4	0.2	100.0
	西部	计数（个）	71	284	88	79	56	15	593
		区域中占比（%）	12.0	47.9	14.8	13.3	9.4	2.5	100.0
合计		计数（个）	267	1179	338	201	153	47	2185
		区域中占比（%）	12.2	54.0	15.5	9.2	7.0	2.2	100.0

(2) 从城乡与教师年收入交叉列联表（见表3-10）来看，城市教师年收入明显高于乡镇教师，年收入4万元以上的教师比例达到44.1%，而乡镇教师这一比例仅为4.6%。且卡方检验结果显示，P值小于0.01，说明城市和乡镇地区教师年收入状况存在显著差异。

表3-10 城乡与教师年收入交叉列联表

城乡			收入						合计
			2万元及以下	2万~4万元	4万~6万元	6万~8万元	8万~10万元	10万元以上	
	城市	计数（个）	123	780	314	199	153	47	1616
		城乡中占比（%）	7.6	48.3	19.4	12.3	9.5	2.9	100.0
	乡镇	计数（个）	144	399	24	2	0	0	569
		城乡中占比（%）	25.3	70.1	4.2	0.4	0	0	100.0
合计		计数（个）	267	1179	338	201	153	47	2185
		城乡中占比（%）	12.2	54.0	15.5	9.2	7.0	2.2	100.0

(3) 从学校类型与教师年收入交叉列联表（见表3-11）来看，重点中学教师年收入高于普通中学教师。具体来看，普通中学年收入2万元及以下的教师比例为21.2%，明显高于重点中学的6.6%的比例；普通中学和重点中学年收入在2万~6万元的教师比例基本持平；重点中学6万元以上年收入的教师比例为25.9%，明显高于普通中学6.4%的比例。且卡方检验结果显示，P值小于0.01，说明城市和乡镇地区教师年收入状况存在显著差异。

表3-11 学校类型与教师年收入交叉列联表

类型			收入						合计
			2万元及以下	2万~4万元	4万~6万元	6万~8万元	8万~10万元	10万元以上	
	普通中学	计数（个）	179	547	64	51	3	0	844
		类型中占比（%）	21.2	64.8	7.6	6.0	0.4	0	100.0
	重点中学	计数（个）	88	632	274	150	150	47	1341
		类型中占比（%）	6.6	47.1	20.4	11.2	11.2	3.5	100.0

续表

		收入						合计
		2万元及以下	2万~4万元	4万~6万元	6万~8万元	8万~10万元	10万元以上	
合计	计数（个）	267	1179	338	201	153	47	2185
	类型中占比（%）	12.2	54.0	15.5	9.2	7.0	2.2	100.0

（4）从任教年级与教师年收入交叉列联表（见表3-12）来看，高中教师年收入高于初中教师。初中教师年收入6万元以下的比例高于高中教师，而高中教师6万元以上的比例为25.6%，显著高于初中教师8.3%的比例。且卡方检验结果显示，P值小于0.01，说明初中教师和高中教师年收入状况存在显著差异。

表3-12 任教年级与教师年收入交叉列联表

			收入						合计
			2万元及以下	2万~4万元	4万~6万元	6万~8万元	8万~10万元	10万元以上	
任教年级	初中	计数（个）	140	543	157	66	7	3	916
		年级中占比（%）	15.3	59.3	17.1	7.2	0.8	0.3	100.0
	高中	计数（个）	127	636	181	135	146	44	1269
		年级中占比（%）	10.0	50.1	14.3	10.6	11.5	3.5	100.0
合计		计数（个）	267	1179	338	201	153	47	2185
		年级中占比（%）	12.2	54.0	15.5	9.2	7.0	2.2	100.0

5. 教师日工作时间

在本次调查中，教师日工作时间指的是教师每天用于教育教学工作的时间。由于教师工作性质的无边界性，他们的日工作时间无法用正常的8小时工作制或在校工作时间来衡量，教师的很多工作往往需要课后或带回家去做，如学生思想工作、备课、批改作业等，在访谈中，很多教师也提及教师工作是24小时不间断的工作，责任大，工作量重。考虑到这一点，本研究特将教师工作时间的范围拓宽，以求准确调查教师一天中真正用于教育教学工作的时间。因此，这一教师日工作时间包括在学校的工作时间和回家用于工作的时间。教师的日平均工作时间为9.38小时。为研究之便，将教师工作时间划分为三个时间段，分别为8小时以下、8～12小时和12小时以上。工作8小时以下的教师比例为21.69%，工作8～12个小时的教师比例为64.81%，工作12小时以上的教师比例为13.50%（见图3－9）。

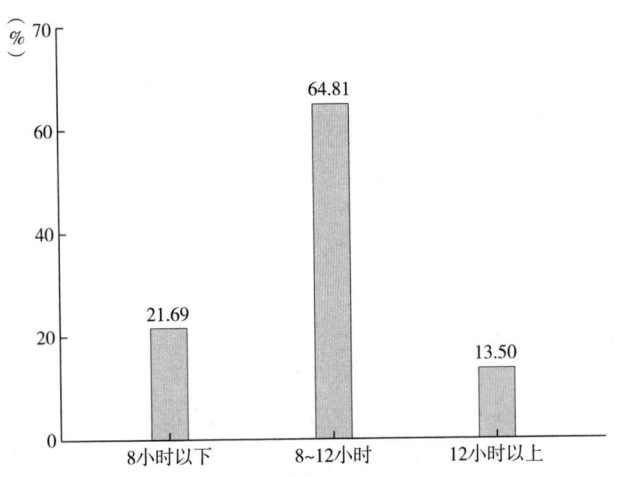

图3－9 被调查教师日工作时间

（1）从学校类型与教师工作时间交叉列联表（见表3－13）来看，普通中学教师日工作时间与重点中学教师日工作时间基本一致。卡方检验结果显示，P值为0.838，大于0.01，说明普通中学与重点中学在教师日工作时间上无显著差异。

表3－13 学校类型与教师工作时间交叉列联表

			工作时间分组			合计
			8小时以下	8～12小时	12小时以上	
类型	普通中学	计数（个）	178	553	113	844
		类型中占比（%）	21.1	65.5	13.4	100.0
	重点中学	计数（个）	296	863	182	1341
		类型中占比（%）	22.1	64.4	13.6	100.0
合计		计数（个）	474	1416	295	2185
		类型中占比（%）	21.7	64.8	13.5	100.0

（2）从任教年级与教师工作时间交叉列联表（见表3－14）来看，高

中教师日平均工作时间普遍比初中教师长。在初中教师和高中教师中，日工作时间为 8~12 小时的比例基本持平，初中教师日工作时间低于 8 小时的比例高于高中教师，而高中教师日工作时间在 12 小时以上的比例高于初中教师。且卡方检验结果显示，P 值小于 0.01，说明初中教师和高中教师在工作时间上存在显著差异。

表 3-14 任教年级与教师日工作时间交叉列联表

			工作时间分组			合计
			8 小时以下	8~12 小时	12 小时以上	
任教年级	初中	计数	224	606	86	916
		任教年级中占比（%）	24.5	66.2	9.4	100.0
	高中	计数	250	810	209	1269
		任教年级中占比（%）	19.7	63.8	16.5	100.0
合计		计数	474	1416	295	2185
		任教年级中占比（%）	21.7	64.8	13.5	100.0

第二节 中学教师工作投入感的现状

在本节中，将对教师工作投入感的主观感受和客观测量结果进行统计分析和相互比较印证。同时，对中学教师工作投入感及其各维度在各特征因子上的差异性进行探讨，以全面把握当前我国中学教师工作投入感的现状。主观感受的试题为问卷第一部分个人体验中的前四道单选题；客观测量的测量工具为《中学教师工作投入感量表》，采用 Likert 5 点计分，答案为"几乎没有""很少""有时""经常""总是"，对应分值分别为 1 分、2 分、3 分、4 分和 5 分。

一 中学教师工作投入感的总体状况

（一）教师工作投入感状态的主观感受

主观感受的题目分别为：

（1）"当您工作的时候，您很享受您的工作并且投入感很高吗？"用以调查教师对自身工作投入感总体状况的主观判断；

（2）"您认为您在工作中充满热情与活力，勇于克服困难吗？"用以调查教师对工作投入感之活力状况的主观判断；

（3）"您认为您在工作中积极奉献，并能从中体验到自己存在的意义吗？"用以调查教师对工作投入感之奉献状况的主观判断；

（4）"您工作的时候全神贯注并感到心情愉悦吗？"用以调查教师对工作投入感之专注状况的主观判断。

四个题目均设置"非常同意""比较同意""说不清""不太同意""很不同意"五个选项。

对教师主观认为的工作投入感状况而言，数据分析结果显示：6.9%的教师选择"非常同意"，即认为自己在工作中的投入感水平非常高；37.7%的教师选择"比较同意"，即认为自己的工作中的投入感水平比较高；31.7%的教师选择"说不清"，可以理解为教师在工作过程中心理体验较为复杂，无法坚决地认定自己的工作投入感水平是高的还是低的，但是可以认为他们在工作的某些时候是能够体验到投入感的；分别有18.3%和5.4%的教师选择"不太同意"和"很不同意"，即分别认为自己的工作投入感水平较低和基本没有。由此可看出：第一，认为自己工作投入感很高和工作投入感很低的教师比例都很低；第二，认为自己工作投入感高的教师比例远高于认为自己工作投入感低的教师比例；第三，仍有相当大的一部分教师对自己的工作投入感状态无法判断。

对教师主观认为的活力状况而言，数据分析结果显示：分别有19.1%和54.1%的教师选择了"非常同意"和"比较同意"，19%的教师选择"说不清"，分别有6.3%和1.5%的教师选择"不太同意"和"很不同意"。由此可看出，超过70%的教师认为自己在工作中是充满活力的。

对教师主观认为的奉献状况而言，数据分析结果显示：分别有20.5%和49%的教师选择了"非常同意"和"比较同意"，20.4%的教师选择"说不清"，8.2%和1.9%的教师分别选择了"不太同意"和"很不同意"。由此可看出，近70%的教师认为自己在工作中是很有奉献精神的。

对教师主观认为的专注状况而言，数据分析结果显示：分别有15.9%和46.9%的教师选择了"非常同意"和"比较同意"，21.9%的教师选择了"说不清"，11.7%和3.7%的教师分别选择了"不太同意"和"很不同意"。由此可看出，超过60%的教师认为自己在工作中是很专注的。

具体数据如表3-15所示。

表3-15 教师工作投入感状态的主观感受总体状况

题 目	选 项	有效百分比（%）
1. 当您工作的时候，您很享受您的工作并且投入感很高吗？	非常同意	6.9
	比较同意	37.7
	说不清	31.7
	不太同意	18.3
	很不同意	5.4
2. 您认为您在工作中充满热情与活力，勇于克服困难吗？	非常同意	19.1
	比较同意	54.1
	说不清	19.0
	不太同意	6.3
	很不同意	1.5
3. 您认为您在工作中积极奉献，并能从中体验到自己存在的意义吗？	非常同意	20.5
	比较同意	49.0
	说不清	20.4
	不太同意	8.2
	很不同意	1.9
4. 您工作的时候全神贯注并感到心情愉悦吗？	非常同意	15.9
	比较同意	46.9
	说不清	21.9
	不太同意	11.7
	很不同意	3.7

（二）教师工作投入感的客观测量

1. 量表总体得分情况

运用修编的《中学教师工作投入感量表》，测量当前我国中学教师工作投入感水平，并对各测量项目计算平均分。量表采用Likert 5点计分，因此涉及工作投入感的每个测量项目理论上的中性值，即理论平均值为3分。即如果测量所得教师工作投入感均分为3分，则可认为教师工作投入感处于中等水平；低于3分，则认为教师工作投入感水平较低；高于3分，则认为教师工作投入感水平较高。教师工作投入感的描述性统计情况如表3-16所示。

表 3-16 工作投入感量表及其各维度描述统计

	N（个）	极小值（分）	极大值（分）	均值（分）	标准差
工作投入感量表	2185	1.00	5.00	3.5180	0.73250
活力维度	2185	1.00	5.00	3.5577	0.73937
奉献维度	2185	1.00	5.00	3.5381	0.80250
专注维度	2185	1.00	5.00	3.4582	0.79531
有效的 N（列表状态）	2185				

从教师工作投入感的描述性统计情况来看，被调查教师在工作投入感量表、活力维度、奉献维度、专注维度上的均值都明显高于理论平均值 3，工作投入感均分为 3.518 分，但并没有超过 4 分的较高水平，因此，可认为测量所得当前被调查教师的总体工作投入感状况处于中等偏上水平。

从检出率来看，工作投入感均分大于等于 3 分的教师占到了 77.5%，其中，均分 3~4 分的教师比例为 49.2%，均分 4~5 分的教师比例为 28.3%；低于 3 分的教师比例为 22.5%。中学教师工作投入感的三个维度：活力、奉献和专注的均分大于等于 3 分的检出率分别为 82.2%、79.4% 和 76.5%。

将被调查教师工作投入感得分的总体情况与正态分布相比：偏度是 -0.225，为负偏，即平均值左端的数据频率较高；峰度是 -0.147，为平顶峰，即总体数据分布与正态分布相比较为平坦。教师工作投入感的总体得分情况如图 3-10 所示。

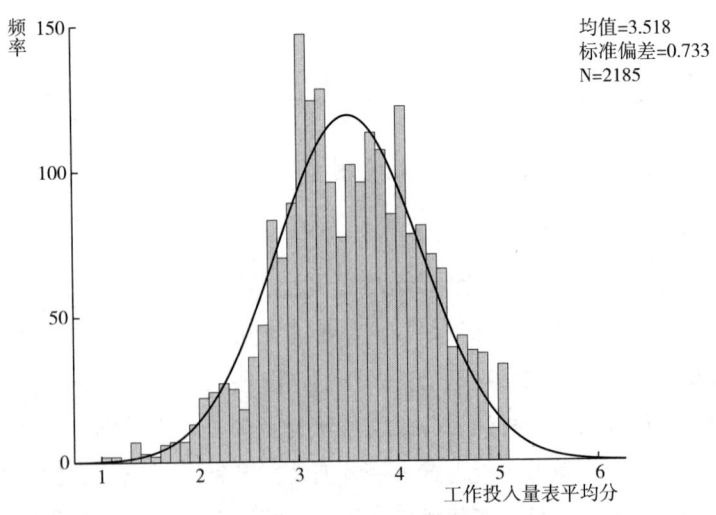

图 3-10 中学教师工作投入感总体得分情况

2. 教师工作投入感分组得分情况

按照 Schaufeli 和 Bakker 提出的划分方法,将被调查教师在工作投入感各个维度上的得分由低至高依次排序。分别取分数分布全距前 33.3% 的值为低分段的临界值,后 33.3% 的值为高分段的临界值。从而区分出活力维度、奉献维度和专注维度的高、中、低三个水平的临界值。具体结果如表 3-17 所示。

表 3-17 工作投入感各维度得分临界值

单位:分

维度	低	中	高
活力	≤3.17	3.18~3.82	≥3.83
奉献	≤3.17	3.18~3.79	≥3.80
专注	≤3.00	2.99~3.82	≥3.83

根据活力、奉献和专注的临界值取值范围,将工作投入感总分划分出高投入组和低投入组。其中,高投入组在三个维度上的得分均高于高水平的临界值,低投入组在三个维度上的得分均低于低水平的临界值。

从表 3-18 可以看出,高投入组的检出人数为 615 人,占被调查教师总人数的 28.1%;低投入组的检出人数为 558 人,占被调查教师总人数的 25.5%。

表 3-18 工作投入感分组情况

		频率(次)	百分比(%)	有效百分比(%)	累计百分比(%)
有效	低投入组	558	25.5	47.6	47.6
	高投入组	615	28.1	52.4	100.0
	合计	1173	53.7	100.0	
缺失	系统	1012	46.3		
合计		2185	100.0		

3. 总量表与各维度的关系

教师工作投入感量表由三个维度组成,分别是活力维度、奉献维度和专注维度。对 2185 个样本的数据分析可知,教师工作投入感的三个维度与量表高度相关,相关系数如表 3-19 所示。

表 3-19 工作投入感各维度和总量表的相关系数

	皮尔逊积差相关系数	显著性（双侧）	样本数（N）
工作投入感量表	1		2185
活力维度	0.948**	0.000	2185
奉献维度	0.939**	0.000	2185
专注维度	0.934**	0.000	2185

注：*表示均差值的显著性水平为0.05，**表示均差值的显著性水平为0.01。

（三）教师工作投入感及各维度的主观判断和客观测量之间的关系

对教师工作投入感的主观判断情况和客观测量数值之间进行对比分析，比较二者之间的研究结果是否一致，以进一步确保研究结论的科学有效性。

1. 教师工作投入感总体情况的主观判断和客观测量之间的关系

对这两个变量进行单因素方差分析的描述性统计发现：主观判断工作投入感越高，量表测量的工作投入感均值也越高；主观判断工作投入感越低，量表测量的工作投入感均值也越低。这说明，教师主观判断的自身工作投入感程度和客观测量的实际工作投入感水平是一致的，量表测量的教师实际工作投入感水平随着主观判断的在工作中投入感"很高"（即"非常同意"）、"比较高"（即"比较同意"）、"说不上高还是低"（即"说不清"）、"较低"（即"不太同意"）和"很低"（即"很不同意"）五个等级工作投入感程度的降低而降低。

方差齐性检验的 P 值为 0.000，小于 0.05 的显著性水平，没有通过方差齐性检验，因此采用 Brown-Forsythe 检验来比较均值。Brown-Forsythe 检验的显著性为 0.000，小于 0.05 的显著性水平，说明两个变量的均值存在显著差异，即不同主观判断工作投入感程度的教师，其以量表测量得出的工作投入感水平存在显著差异。

使用 Tamhane's T2 多重比较分析法，进行组间多重比较发现，P 值均小于 0.05 的显著性水平，即主观判断的在工作中投入感"很高"（即"非常同意"）、"比较高"（即"比较同意"）、"说不上高还是低"（即"说不清"）、"较低"（即"不太同意"）和"很低"（即"很不同意"）的教师，其以量表测量得出的实际工作投入感水平，两两之间均存在显著差异。

具体结果如表 3-20 ~ 表 3-22 所示。

表 3-20 不同主观判断的教师工作投入感水平方差分析的描述性统计

	N（个）	均值（分）	标准差	标准误	均值的 95% 置信区间		极小值（分）	极大值（分）
					下限（分）	上限（分）		
非常同意	150	4.3424	0.51499	0.04205	4.2593	4.4255	2.31	5.00
比较同意	824	3.8185	0.59811	0.02084	3.7776	3.8594	2.00	5.00
说不清	693	3.4240	0.58827	0.02235	3.3801	3.4678	2.00	5.00
不太同意	399	3.0264	0.60374	0.03022	2.9670	3.0858	1.36	4.89
很不同意	119	2.5948	0.78673	0.07212	1.9354	2.7376	1.00	4.70
总　数	2185	3.5180	0.73250	0.01567	3.4873	3.5488	1.00	5.00

表 3-21 不同主观判断的教师工作投入感水平均值相等性的 Brown-Forsythe 检验

	统计量[a]	df1	df2	显著性
Brown-Forsythe	239.303	4	687.120	0.000

注：a 渐近 F 分布。

表 3-22 不同主观判断的教师工作投入感水平的 Tamhane 多重比较结果

（I）主观判断的工作投入感	（J）主观判断的工作投入感	均值差（I-J）	标准误	显著性	95% 置信区间	
					下限	上限
非常同意	比较同意	0.52390*	0.04693	0.000	0.3912	0.6566
	说不清	0.91842*	0.04762	0.000	0.7839	1.0530
	不太同意	1.31600*	0.05178	0.000	1.1700	1.4620
	很不同意	1.74760*	0.08348	0.000	1.5112	1.9840
比较同意	非常同意	-0.52390*	0.04693	0.000	-0.6566	-0.3912
	说不清	0.39452*	0.03055	0.000	0.3089	0.4802
	不太同意	0.79210*	0.03671	0.000	0.6890	0.8952
	很不同意	1.22370*	0.07507	0.000	1.0101	1.4373
说不清	非常同意	-0.91842*	0.04762	0.000	-1.0530	-0.7839
	比较同意	-0.39452*	0.03055	0.000	-0.4802	-0.3089
	不太同意	0.39758*	0.03759	0.000	0.2921	0.5031
	很不同意	0.82918*	0.07550	0.000	0.6145	1.0439

续表

(I) 主观判断的工作投入感	(J) 主观判断的工作投入感	均值差(I-J)	标准误	显著性	95% 置信区间	
					下限	上限
不太同意	非常同意	-1.31600*	0.05178	0.000	-1.4620	-1.1700
	比较同意	-0.79210*	0.03671	0.000	-0.8952	-0.6890
	说不清	-0.39758*	0.03759	0.000	-0.5031	-0.2921
	很不同意	0.43160*	0.07820	0.000	0.2096	0.6536
很不同意	非常同意	-1.74760*	0.08348	0.000	-1.9840	-1.5112
	比较同意	-1.22370*	0.07507	0.000	-1.4373	-1.0101
	说不清	-0.82918*	0.07550	0.000	-1.0439	-0.6145
	不太同意	-0.43160*	0.07820	0.000	-0.6536	-0.2096

注：* 表示均值差的显著性水平为 0.05，** 表示均值差的显著性水平为 0.01。

2. 教师活力状况总体情况的主观判断和客观测量之间的关系

对这两个变量进行单因素方差分析的描述性统计发现：主观判断的活力程度越高，量表测量的活力维度的均值也越高；主观判断的活力程度越低，量表测量的活力维度的均值也越低。这说明，教师主观判断的自身活力状况和客观测量的实际活力水平是一致的，量表测量的教师实际活力水平随着主观判断的在工作中"很有活力"（即"非常同意"）、"比较有活力"（即"比较同意"）、"说不上有活力还是没有活力"（即"说不清"）、"不太有活力"（即"不太同意"）和"很没有活力"（即"很不同意"）五个等级活力程度的降低而降低。

方差齐性检验的 P 值为 0.018，小于 0.05 的显著性水平，没有通过方差齐性检验，因此采用 Brown-Forsythe 检验来比较均值。Brown-Forsythe 检验的显著性为 0.000，小于 0.05 的显著性水平，说明两个变量的均值存在显著差异，即不同主观判断活力程度的教师，其以量表测量得出的活力水平存在显著差异。

使用 Tamhane's T2 多重比较分析法，进行组间多重比较发现，主观判断在工作中"很有活力"（即"非常同意"）、"比较有活力"（即"比较同意"）、"说不上有活力还是没有活力"（即"说不清"）、"不太有活力"（即"不太同意"）和"很没有活力"（即"很不同意"）的五类教师中，除了主观判断"不太有活力"和"很没有活力"两类的实际测量所得的活力水平差异性不显著外,其他几类以量表测量出的活力水平,两两之间均存在显著差异。

具体分析结果如表 3-23 ~ 表 3-25 所示。

表 3-23 不同主观判断的教师活力水平方差分析的描述性统计

	N（个）	均值（分）	标准差	标准误	均值的 95% 置信区间		极小值（分）	极大值（分）
					下限（分）	上限（分）		
非常同意	417	4.1587	0.58052	0.02843	4.1028	4.2146	2.00	5.00
比较同意	1181	3.6219	0.60198	0.01752	3.5876	3.6563	1.67	5.00
说不清	416	3.1919	0.61330	0.03007	3.1328	3.2510	1.00	5.00
不太同意	137	2.6010	0.61847	0.05284	2.4965	2.7055	1.17	4.67
很不同意	34	2.2475	0.88007	0.15320	1.9354	2.5595	1.00	4.33
总　数	2185	3.5577	0.73953	0.01582	3.5267	3.5887	1.00	5.00

表 3-24 不同主观判断的教师活力水平均值相等性的 Brown-Forsythe 检验

	统计量[a]	df1	df2	显著性
Brown-Forsythe	210.839	4	177.853	0.000

注：a 渐近 F 分布。

表 3-25 不同主观判断的教师活力水平的 Tamhane 多重比较结果

(I) 主观判断的活力	(J) 主观判断的活力	均值差(I-J)	标准误	显著性	95% 置信区间	
					下限	上限
非常同意	比较同意	0.53674*	0.03339	0.000	0.4430	0.6305
	说不清	0.96677*	0.04138	0.000	0.8506	1.0829
	不太同意	1.55770*	0.06000	0.000	1.3880	1.7274
	很不同意	1.91120*	0.15582	0.000	1.4451	2.3773
比较同意	非常同意	-0.53674*	0.03339	0.000	-0.6305	-0.4430
	说不清	0.43002*	0.03480	0.000	0.3323	0.5278
	不太同意	1.02096*	0.05567	0.000	0.8630	1.1789
	很不同意	1.37446*	0.15420	0.000	0.9118	1.8371

续表

(I) 主观判断的活力	(J) 主观判断的活力	均值差(I-J)	标准误	显著性	95% 置信区间	
					下限	上限
说不清	非常同意	-0.96677*	0.04138	0.000	-1.0829	-0.8506
	比较同意	-0.43002*	0.03480	0.000	-0.5278	-0.3323
	不太同意	0.59093*	0.06080	0.000	0.4191	0.7628
	很不同意	0.94443*	0.15612	0.000	0.4776	1.4112
不太同意	非常同意	-1.55770*	0.06000	0.000	-1.7274	-1.3880
	比较同意	-1.02096*	0.05567	0.000	-1.1789	-0.8630
	说不清	-0.59093*	0.06080	0.000	-0.7628	-0.4191
	很不同意	0.35350	0.16206	0.300	-0.1266	0.8336
很不同意	非常同意	-1.91120*	0.15582	0.000	-2.3773	-1.4451
	比较同意	-1.37446*	0.15420	0.000	-1.8371	-0.9118
	说不清	-0.94443*	0.15612	0.000	-1.4112	-0.4776
	不太同意	-0.35350	0.16206	0.300	-0.8336	0.1266

注：*表示均值差的显著性水平为 0.05，**表示均值差的显著性水平为 0.01。

3. 教师奉献状况总体情况的主观判断和客观测量之间的关系

对这两个变量进行单因素方差分析的描述性统计发现：主观判断的奉献程度越高，量表测量的奉献维度的均值也越高；主观判断的奉献程度越低，量表测量的奉献维度的均值也越低。这说明，教师主观判断的自身奉献状况和客观测量的实际奉献水平是一致的，量表测量的教师实际奉献水平随着主观判断的在工作中"很奉献"（即"非常同意"）、"比较奉献"（即"比较同意"）、"说不上奉献还是不奉献"（即"说不清"）、"不太奉献"（即"不太同意"）和"很不奉献"（即"很不同意"）五个等级奉献程度的降低而降低。

方差齐性检验的 P 值为 0.002，小于 0.05 的显著性水平，没有通过方差齐性检验，因此采用 Brown-Forsythe 检验来比较均值。Brown-Forsythe 检验的显著性为 0.000，小于 0.05 的显著性水平，说明两个变量的均值存在显著差异，即不同主观判断奉献程度的教师，其以量表测量得出的奉献水平存在显著差异。

使用 Tamhane's T2 多重比较分析法，进行组间多重比较发现，主观判断的在工作中"很奉献"（即"非常同意"）、"比较奉献"（即"比较同意"）、"说不上奉献还是不奉献"（即"说不清"）、"不太奉献"（即"不太同意"）和"很不奉献"（即"很不同意"）的五类教师中，除了主观判断"不太奉献"和"很不奉献"两类的实际测量所得的奉献水平差异性不显著外，其他几类以量表测量出的奉献水平，两两之间均存在显著差异。

具体分析结果如表3-26~表3-28所示。

表3-26　不同主观判断的教师奉献水平方差分析的描述性统计

	N（个）	均值（分）	标准差	标准误	均值的95%置信区间		极小值（分）	极大值（分）
					下限（分）	上限（分）		
非常同意	447	4.1584	0.61562	0.02912	4.1012	4.2156	1.40	5.00
比较同意	1071	3.6409	0.66698	0.02038	3.6009	3.6809	1.40	5.00
说不清	446	3.1422	0.64342	0.03047	3.0823	3.2020	1.00	5.00
不太同意	180	2.6578	0.70195	0.05232	2.5545	2.7610	1.00	4.40
很不同意	41	2.2634	0.86190	0.13461	1.9914	2.5355	1.00	5.00
总　数	2185	3.5381	0.80250	0.01717	3.5045	3.5718	1.00	5.00

表3-27　不同主观判断的教师奉献水平均值相等性的Brown-Forsythe检验

	统计量[a]	df1	df2	显著性
Brown-Forsythe	225.294	4	278.578	0.000

注：a 渐近F分布。

表3-28　不同主观判断的教师奉献水平的Tamhane多重比较结果

（I）主观判断的奉献	（J）主观判断的奉献	均值差（I-J）	标准误	显著性	95%置信区间	
					下限	上限
非常同意	比较同意	0.51749*	0.03554	0.000	0.4177	0.6172
	说不清	1.01624*	0.04214	0.000	0.8980	1.1345
	不太同意	1.50061*	0.05988	0.000	1.3317	1.6695
	很不同意	1.89497*	0.13772	0.000	1.4890	2.3009
比较同意	非常同意	-0.51749*	0.03554	0.000	-0.6172	-0.4177
	说不清	0.49874*	0.03666	0.000	0.3959	0.6016
	不太同意	0.98312*	0.05615	0.000	0.8244	1.1418
	很不同意	1.37748*	0.13614	0.000	0.9752	1.7798

续表

(I) 主观判断的奉献	(J) 主观判断的奉献	均值差 (I-J)	标准误	显著性	95% 置信区间	
					下限	上限
说不清	非常同意	-1.01624*	0.04214	0.000	-1.1345	-0.8980
	比较同意	-0.49874*	0.03666	0.000	-0.6016	-0.3959
	不太同意	0.48437*	0.06054	0.000	0.3136	0.6551
	很不同意	0.87874*	0.13801	0.000	0.4721	1.2854
不太同意	非常同意	-1.50061*	0.05988	0.000	-1.6695	-1.3317
	比较同意	-0.98312*	0.05615	0.000	-1.1418	-0.8244
	说不清	-0.48437*	0.06054	0.000	-0.6551	-0.3136
	很不同意	0.39436	0.14442	0.083	-0.0276	0.8163
很不同意	非常同意	-1.89497*	0.13772	0.000	-2.3009	-1.4890
	比较同意	-1.37748*	0.13614	0.000	-1.7798	-0.9752
	说不清	-0.87874*	0.13801	0.000	-1.2854	-0.4721
	不太同意	-0.39436	0.14442	0.083	-0.8163	0.0276

注：*表示均值差的显著性水平为 0.05，**表示均值差的显著性水平为 0.01。

4. 教师专注状况总体情况的主观判断和客观测量之间的关系

对这两个变量进行单因素方差分析的描述性统计发现：主观判断的专注程度越高，量表测量的专注维度的均值也越高；主观判断专注程度越低的样本，其测量所得的专注维度均值也越低。这说明，教师主观判断的自身专注状况和客观测量的实际专注水平是一致的，量表测量的教师实际专注水平随着主观判断的在工作中"很专注"（即"非常同意"）、"比较专注"（即"比较同意"）、"说不上专注还是不专注"（即"说不清"）、"不太专注"（即"不太同意"）和"很不专注"（即"很不同意"）五个等级专注程度的降低而降低。

方差齐性检验的 P 值为 0.000，小于 0.05 的显著性水平，没有通过方差齐性检验，因此采用 Brown-Forsythe 检验来比较均值。Brown-Forsythe 检验的显著性为 0.000，小于 0.05 的显著性水平，说明两个变量的均值存在显著差异，即不同主观判断专注程度的教师，其以量表测量得出的专注水平存在显著差异。

使用 Tamhane's T2 多重比较分析法，进行组间多重比较发现，主观判断的在工作中"很专注"(即"非常同意")、"比较专注"(即"比较同意")、"说不上专注还是不专注"(即"说不清")、"不太专注"(即"不太同意")和"很不专注"(即"很不同意")的五类教师中,其以量表测量出的专注水平,两两之间均存在显著差异。

具体分析结果如表 3-29 ~ 表 3-31 所示。

表 3-29 不同主观判断的教师专注水平方差分析的描述性统计

	N(个)	均值(分)	标准差	标准误	均值的 95% 置信区间		极小值(分)	极大值(分)
					下限(分)	上限(分)		
非常同意	347	4.0817	0.62878	0.03375	4.0153	4.1480	2.00	5.00
比较同意	1024	3.5801	0.67781	0.02118	3.5385	3.6216	1.50	5.00
说不清	478	3.1729	0.68440	0.03130	3.1114	3.2345	1.33	5.00
不太同意	256	2.9388	0.76721	0.04795	2.8444	3.0332	1.17	4.83
很不同意	80	2.5604	0.99727	0.11150	2.3385	2.7823	1.00	5.00
总 数	2185	3.4582	0.79531	0.01701	3.4248	3.4916	1.00	5.00

表 3-30 不同主观判断的教师专注水平均值相等性的 Brown-Forsythe 检验

	统计量[a]	df1	df2	显著性
Brown-Forsythe	133.253	4	439.221	0.000

注:a 渐近 F 分布。

表 3-31 不同主观判断的教师专注水平的 Tamhane 多重比较结果

(I)主观判断的专注	(J)主观判断的专注	均值差(I-J)	标准误	显著性	95% 置信区间	
					下限	上限
非常同意	比较同意	0.50157*	0.03985	0.000	0.3896	0.6135
	说不清	0.90871*	0.04604	0.000	0.7795	1.0380
	不太同意	1.14285*	0.05864	0.000	0.9779	1.3078
	很不同意	1.52124*	0.11650	0.000	1.1873	1.8552
比较同意	非常同意	-0.50157*	0.03985	0.000	-0.6135	-0.3896
	说不清	0.40714*	0.03780	0.000	0.3011	0.5132
	不太同意	0.64128*	0.05242	0.000	0.4936	0.7889
	很不同意	1.01966*	0.11349	0.000	0.6934	1.3459

续表

(I) 主观判断的专注	(J) 主观判断的专注	均值差(I-J)	标准误	显著性	95% 置信区间	
					下限	上限
说不清	非常同意	-0.90871*	0.04604	0.000	-1.0380	-0.7795
	比较同意	-0.40714*	0.03780	0.000	-0.5132	-0.3011
	不太同意	0.23414*	0.05726	0.001	0.0731	0.3952
	很不同意	0.61253*	0.11581	0.000	0.2803	0.9447
不太同意	非常同意	-1.14285*	0.05864	0.000	-1.3078	-0.9779
	比较同意	-0.64128*	0.05242	0.000	-0.7889	-0.4936
	说不清	-0.23414*	0.05726	0.001	-0.3952	-0.0731
	很不同意	0.37839*	0.12137	0.023	0.0316	0.7252
很不同意	非常同意	-1.52124*	0.11650	0.000	-1.8552	-1.1873
	比较同意	-1.01966*	0.11349	0.000	-1.3459	-0.6934
	说不清	-0.61253*	0.11581	0.000	-0.9447	-0.2803
	不太同意	-0.37839*	0.12137	0.023	-0.7252	-0.0316

注：*表示均值差的显著性水平为0.05，**表示均值差的显著性水平为0.01。

根据以上数据分析结果可知，教师主观判断的工作投入感程度和实际测量的工作投入感水平基本是一致的，且教师主观判断的活力、奉献、专注程度也和实际测量的活力、奉献、专注的水平基本一致。由此可见，修编的教师工作投入感量表的测量结果具有较高的准确性，测量数据具有较高的可信度；同时，可以看出被调查教师在参与研究过程中，反映的是自身最真实的情况，在非实验环境下产生的调查误差基本可以忽略不计。由此可以得出以下结论，即当前我国中学教师工作投入感处于中等偏上水平，大部分教师热爱本职工作，在工作中心情愉悦，充满热情与活力，勇于克服困难，积极奉献，并能专注融入。

二 中学教师工作投入感的差异性分析

本研究将对中学教师工作投入感的状况及其相关问题在各特征因子上的差异性进行分析。各特征因子为教师背景信息所涉及的各研究变量，包括所处区域、学校类型、性别、职称、学历、婚姻状况、任教科目、年收入等。

(一) 中学教师工作投入感的东、中、西部差异

以学校地域为控制变量,教师工作投入感得分为观测变量,进行单因素方差分析,假设地域差异不会对教师工作投入感产生显著影响。

根据描述性统计结果发现,西部地区中学教师工作投入感最高,其次为东部地区,中部地区的中学教师工作投入感最低;且西部地区教师工作投入感的均值明显高于东部地区和中部地区。

根据方差齐性检验结果,P 值为 0.387,大于 0.05 的显著性水平,通过方差齐性检验,即东部、中部和西部的教师工作投入感得分方差差异不显著,满足方差分析的前提。根据单因素方差分析的结果,P 值为 0.000,达到 0.05 的显著性水平,则应该拒绝零假设,认为地域差异会对教师工作投入感产生显著影响,即东部、中部和西部地区的教师,其工作投入感存在显著差异。

利用 LSD 最小显著性差异法,进行多重比较发现,东部和中部地区教师的工作投入感与西部地区教师的工作投入感存在显著差异,而东部地区和中部地区的教师工作投入感无显著差异。

具体结果如表 3-32~表 3-35 所示。

表 3-32 东、中、西部教师工作投入感的描述性统计

	N (个)	均值(分)	标准差	标准误	均值的 95% 置信区间		极小值(分)	极大值(分)
					下限(分)	上限(分)		
东部	603	3.5014	0.70703	0.02879	3.4448	3.5579	1.36	5.00
中部	989	3.4684	0.74680	0.02375	3.4218	3.5150	1.00	5.00
西部	593	3.6176	0.72529	0.02978	3.5591	3.6761	1.00	5.00
总数	2185	3.5180	0.73250	0.01567	3.4873	3.5488	1.00	5.00

表 3-33 东、中、西部教师工作投入感的方差齐性检验

Levene 统计量	df1	df2	显著性
0.949	2	2182	0.387

表 3-34 东、中、西部教师工作投入感的单因素方差分析

	平方和	df	均方	F	显著性
组间	8.482	2	4.241	7.954	0.000
组内	1163.366	2182	0.533		
总数	1171.848	2184			

表 3-35 东、中、西部教师工作投入感的多重比较结果

(I) 学校地处	(J) 学校地处	均值差 (I-J)	标准误	显著性	95% 置信区间 下限	95% 置信区间 上限
东部	中部	0.03294	0.03773	0.383	-0.0410	0.1069
	西部	-0.11625*	0.04223	0.006	-0.1991	-0.0334
中部	东部	-0.03294	0.03773	0.383	-0.1069	0.0410
	西部	-0.14919*	0.03792	0.000	-0.2236	-0.0748
西部	东部	0.11625*	0.04223	0.006	0.0334	0.1991
	中部	0.14919*	0.03792	0.000	0.0748	0.2236

注：*表示均值差的显著性水平为 0.05，**表示均值差的显著性水平为 0.01。

同理可知中学教师工作投入感的各维度在东部、中部和西部地区差异亦显著，即活力、奉献和专注水平由高到低依次为：西部地区教师、东部地区教师、中部地区教师。结果如表 3-36 所示。

表 3-36 教师工作投入感各维度的东、中、西部差异

维度	地域	N（个）	平均分（分）	标准差	F	P
活力	东部	603	3.5307	0.71246	10.697	0.000**
	中部	989	3.5035	0.72928		
	西部	593	3.6757	0.73758		
奉献	东部	603	3.5340	0.76150	8.262	0.000**
	中部	989	3.4764	0.82589		
	西部	593	3.6452	0.79371		
专注	东部	603	3.4395	0.77995	3.575	0.028*
	中部	989	3.4253	0.80764		
	西部	593	3.5320	0.78653		

注：*表示均值差的显著性水平为 0.05，**表示均值差的显著性水平为 0.01。

(二) 中学教师工作投入感的城乡差异

以城乡作为控制变量，教师工作投入感得分为观测变量，进行独立样本 T 检验，假设城乡差异不会对教师工作投入感产生显著影响。

根据描述性统计结果发现，城市教师工作投入感高于乡镇教师。

在方差齐性检验中，P 值为 0.069，大于 0.05 的显著性水平，则认为两个总体的方差无显著差异，即通过了方差齐性检验。观察在假设方差相等的情况下，两个总体的均值是否存在显著差异。由统计数据可知，P 值为 0.000，小于 0.05 的显著性水平，则拒绝零假设，认为城乡差异会对教师工作投入感产生影响，即城市教师和乡镇教师的工作投入感存在显著差异。

具体结果如表 3-37、表 3-38 所示。

表 3-37 城乡教师工作投入感的描述性统计

	学校位于	N（个）	均值（分）	标准差	均值的标准误
工作投入感总分	城市	1616	3.5879	0.70797	0.01761
	乡镇	569	3.3195	0.76458	0.03205

表 3-38 城乡教师工作投入感独立样本 T 检验

		方差方程的 Levene 检验		均值方程的 T 检验						
		F	Sig.	T	df	Sig.（双侧）	均值差值	标准误差值	95% 置信区间	
									下限	上限
工作投入感总分	假设方差相等	3.298	0.069	7.616	2183	0.000	0.2684	0.0352	0.1993	0.3375
	假设方差不相等			7.341	932.82	0.000	0.2684	0.0365	0.1966	0.3402

同理可知，中学教师工作投入感的各维度在城乡差别上均存在显著差异，即城市教师的活力、奉献和专注水平都高于乡镇教师。结果如表 3-39 所示。

表 3-39 教师工作投入感各维度的城乡差异

维度	城乡	N（个）	平均分（分）	标准差	F	P
活力	城市	1616	3.6189	0.71778	2.620	0.000**
	乡镇	569	3.3866	0.77292		

续表

维度	城乡	N	平均分	标准差	F	P
奉献	城市	1616	3.6249	0.77407	3.407	0.000 **
	乡镇	569	3.2917	0.83089		
专注	城市	1616	3.5209	0.77893	0.973	0.000 **
	乡镇	569	3.2800	0.81481		

注：* 表示均值差的显著性水平为 0.05，** 表示均值差的显著性水平为 0.01。

（三）中学教师工作投入感的学校类型差异

以学校类型作为控制变量，教师工作投入感得分为观测变量，进行独立样本 T 检验，假设学校类型差异不会对教师工作投入感产生显著影响。

根据描述性统计结果发现，重点中学教师工作投入感高于普通中学教师。

同时，在方差齐性检验中，P 值为 0.072，大于 0.05 的显著性水平，则认为两个总体的方差无显著差异，即通过了方差齐性检验。观察在假设方差相等的情况下，两个总体的均值是否存在显著差异。由统计数据可知，P 值为 0.000，小于 0.05 的显著性水平，则拒绝零假设，认为学校类型差异会对教师工作投入感产生影响，即重点中学教师和普通中学教师的工作投入感存在显著差异。

具体结果如表 3-40、表 3-41 所示。

表 3-40　不同学校类型教师工作投入感的描述性统计

	学校属于	N（个）	均值（分）	标准差	均值的标准误
工作投入感总分	普通中学	844	3.4013	0.75686	0.02605
	重点中学	1341	3.5915	0.70722	0.01931

表 3-41　不同学校类型教师工作投入感的独立样本 T 检验

		方差方程的 Levene 检验		均值方程的 T 检验						
		F	Sig.	T	df	Sig.（双侧）	均值差值	标准误差值	95% 置信区间	
									下限	上限
工作投入感总分	假设方差相等	3.249	0.072	-5.955	2183	0.000	-0.1901	0.0319	-0.2528	-0.1275
	假设方差不相等			-5.864	1700.927	0.000	-0.1901	0.0324	-0.2537	-0.1265

同理可知，中学教师工作投入感的各维度在学校类型上亦存在显著差异，即重点中学教师的活力、奉献和专注水平均高于普通中学教师。结果如表3-42所示。

表3-42　教师工作投入感各维度的学校类型差异

维度	学校类型	N（个）	平均分（分）	标准差	F	P
活力	普通中学	844	3.4680	0.75900	1.254	0.000**
	重点中学	1341	3.6142	0.72132		
奉献	普通中学	844	3.3976	0.83608	4.834	0.000**
	重点中学	1341	3.6265	0.76787		
专注	普通中学	844	3.3383	0.80279	0.464	0.000**
	重点中学	1341	3.5337	0.78147		

注：*表示均值差的显著性水平为0.05，**表示均值差的显著性水平为0.01。

（四）中学教师工作投入感的性别差异

以性别作为控制变量，教师工作投入感得分为观测变量，进行独立样本T检验，假设性别差异不会对教师工作投入感产生显著影响。

根据描述性统计结果发现，男教师和女教师的工作投入感基本持平，没有显著差别。

同时，在方差齐性检验中，P值为0.161，大于0.05的显著性水平，则认为两个总体的方差无显著差异，即通过了方差齐性检验。观察在假设方差相等的情况下，两个总体的均值是否存在显著差异。由统计数据可知，P值为0.611，大于0.05的显著性水平，则接受零假设，认为性别差异不会对教师工作投入感产生影响，可见，男女中学教师工作投入感并无显著差异。

具体结果如表3-43、表3-44所示。

表3-43　不同性别教师工作投入感的描述性统计

	性别	N（个）	均值（分）	标准差	均值的标准误
工作投入感总分	男	902	3.5275	0.74920	0.02495
	女	1283	3.5113	0.72075	0.02012

表 3-44 不同性别教师工作投入感的独立样本 T 检验

		方差方程的 Levene 检验		均值方程的 T 检验						
		F	Sig.	T	df	Sig.（双侧）	均值差值	标准误差值	95% 置信区间	
									下限	上限
工作投入感总分	假设方差相等	1.961	0.161	0.509	2183	0.611	0.0162	0.0318	-0.0462	0.0786
	假设方差不相等			0.505	1891.992	0.613	0.0162	0.0320	-0.0466	0.0790

同理可知，中学教师工作投入感的活力和奉献维度在性别变量上不存在显著差异，但专注维度却有显著差异，这意味着虽然教师工作投入感在性别变量上是不存在显著差异的，但是男教师专注于工作的能力优于女教师，如表 3-45 所示。

表 3-45 教师工作投入感各维度的性别差异

维度	性别	N（个）	平均分（分）	标准差	F	P
活力	男	902	3.5479	0.75388	1.585	0.600
	女	1283	3.5647	0.72920		
奉献	男	902	3.5299	0.82571	3.931	0.692
	女	1283	3.5439	0.78605		
专注	男	902	3.5048	0.80886	0.855	0.022*
	女	1283	3.4254	0.78430		

注：*表示均值差的显著性水平为 0.05，**表示均值差的显著性水平为 0.01。

（五）中学教师工作投入感的教龄差异

以教龄作为控制变量，教师工作投入感得分为观测变量，进行单因素方差分析，假设教龄差异不会对教师工作投入感产生显著影响。

根据描述性统计结果发现，教龄为 0~5 年的教师，工作投入感最高；其次为教龄 25 年以上的教师；教龄 6~15 年和 16~25 年的教师，工作投入感基本持平，教龄为 6~15 年的教师工作投入感略高于教龄为 16~25 年的教师，即教龄为 16~25 年的教师工作投入感最低。

根据方差齐性检验结果，P 值为 0.376，大于 0.05 的显著性水平，通过方差齐性检验，即不同教龄教师的工作投入感得分方差差异不显著，满足方差分析的前提。根据单因素方差分析的结果，P 值为 0.000，达到 0.05 的显著性水平，则应该拒绝零假设，认为教龄差异会对教师工作投入感产生显著影响，即教龄分别为 0~5 年、6~15 年、16~25 年和 25 年以上的教师，其工作投入感存在显著差异。

利用 LSD 最小显著性差异法，进行多重比较发现，教龄为 0~5 年的教师，工作投入感与教龄为 6~15 年和 16~25 年的教师存在显著差异，与教龄 25 年以上的教师不存在显著差异；教龄为 6~15 年和 16~25 年的教师工作投入感不存在显著差异。

具体结果如表 3-46~表 3-49 所示。

表 3-46 不同教龄教师工作投入感的描述性统计

	N（个）	均值（分）	标准差	标准误	均值的 95% 置信区间		极小值（分）	极大值（分）
					下限（分）	上限（分）		
0~5 年	336	3.6468	0.70523	0.03847	3.5711	3.7224	1.59	5.00
6~15 年	893	3.4745	0.72165	0.02415	3.4271	3.5219	1.00	5.00
16~25 年	670	3.4663	0.73999	0.02859	3.4101	3.5224	1.11	5.00
25 年以上	286	3.6239	0.75419	0.04460	3.5361	3.7116	1.36	5.00
总数	2185	3.5180	0.73250	0.01567	3.4873	3.5488	1.00	5.00

表 3-47 不同教龄教师工作投入感的方差齐性检验

Levene 统计量	df1	df2	显著性
1.035	3	2181	0.376

表 3-48 不同教龄教师工作投入感的单因素方差分析

	平方和	df	均方	F	显著性
组间	12.257	3	4.086	7.684	0.000
组内	1159.591	2181	0.532		
总数	1171.848	2184			

表 3-49 不同教龄教师工作投入感的多重比较结果

(I) 教龄	(J) 教龄	均值差 (I-J)	标准误	显著性	95% 置信区间	
					下限	上限
0~5 年	6~15 年	0.17224*	0.04667	0.000	0.0807	0.2638
	16~25 年	0.18049*	0.04874	0.000	0.0849	0.2761
	25 年以上	0.02291	0.05866	0.696	-0.0921	0.1379
6~15 年	0~5 年	-0.17224*	0.04667	0.000	-0.2638	-0.0807
	16~25 年	0.00825	0.03727	0.825	-0.0648	0.0813
	25 年以上	-0.14934*	0.04954	0.003	-0.2465	-0.0522
16~25 年	0~5 年	-0.18049*	0.04874	0.000	-0.2761	-0.0849
	6~15 年	-0.00825	0.03727	0.825	-0.0813	0.0648
	25 年以上	-0.15759*	0.05150	0.002	-0.2586	-0.0566
25 年以上	0~5 年	-0.02291	0.05866	0.696	-0.1379	0.0921
	6~15 年	0.14934*	0.04954	0.003	0.0522	0.2465
	16~25 年	0.15759*	0.05150	0.002	0.0566	0.2586

注：*表示均值差的显著性水平为 0.05，**表示均值差的显著性水平为 0.01。

同理可知，中学教师工作投入感的各维度在教龄变量上差异亦显著，即教龄为 0~5 年和 25 年以上的教师，其活力、奉献和专注水平高于教龄为 6~15 年和 16~25 年的教师。结果如表 3-50 所示。

表 3-50 教师工作投入感各维度的教龄差异

维度	教龄	N (个)	平均分 (分)	标准差	F	P
活力	0~5 年	336	3.7098	0.69947	9.105	0.000**
	6~15 年	893	3.5084	0.71926		
	16~25 年	670	3.5042	0.76663		
	25 年以上	286	3.6585	0.75065		
奉献	0~5 年	60	3.6982	0.77729	7.761	0.000**
	6~15 年	74	3.5144	0.79620		
	16~25 年	33	3.4585	0.81153		
	25 年以上	15	3.6105	0.80250		
专注	0~5 年	60	3.5322	0.77269	5.879	0.001**
	6~15 年	74	3.4007	0.78751		
	16~25 年	33	3.4361	0.79188		
	25 年以上	15	3.6026	0.83267		

注：*表示均值差的显著性水平为 0.05，**表示均值差的显著性水平为 0.01。

(六) 中学教师工作投入感的婚姻状况差异

以婚姻状况作为控制变量,教师工作投入感得分为观测变量,进行独立样本 T 检验,假设婚姻状况差异不会对教师工作投入感产生显著影响。

根据描述性统计结果发现,未婚教师的工作投入感高于已婚教师的工作投入感水平。

同时,在方差方程的 Levene 检验中,P 值为 0.006,小于 0.05 的显著性水平,则认为两个总体的方差有显著差异,没有通过方差齐性检验。则观察在假设方差不相等的情况下,两个总体的均值是否存在显著差异。由统计数据可知,P 值为 0.027,小于 0.05 的显著性水平,则拒绝零假设,认为婚姻状况差异会对教师工作投入感产生影响,即未婚教师和已婚教师工作投入感存在显著差异。

具体结果如表 3-51、表 3-52 所示。

表 3-51 不同婚姻状况教师工作投入感的描述统计

	婚姻状况	N(个)	均值(分)	标准差	均值的标准误
工作投入感总分	未婚	234	3.6086	0.64739	0.04232
	已婚	1951	3.5072	0.74146	0.01679

表 3-52 不同婚姻状况教师工作投入感的独立样本 T 检验

		方差方程的 Levene 检验				均值方程的 T 检验				
		F	Sig.	T	df	Sig.(双侧)	均值差值	标准误差值	95% 置信区间	
									下限	上限
工作投入感总分	假设方差相等	7.665	0.006	2.004	2183	0.045	0.1015	0.0506	0.0021	0.2008
	假设方差不相等			2.229	311.161	0.027	0.1015	0.0455	0.0119	0.1910

同理可知,中学教师工作投入感的活力和专注两个维度在婚姻状况变量上存在显著差异,即未婚教师比已婚教师更具有活力、更能专注于工作;但奉献维度在婚姻状况上无显著差异,即无论未婚教师还是已婚教师,他们对工作的奉献精神都是一致的。结果如表 3-53 所示。

表 3-53　教师工作投入感各维度的婚姻状况差异

维度	婚姻状况	N	平均分	标准差	F	P
活力	未婚	234	3.6610	0.64778	8.045	0.005 **
	已婚	1951	3.5454	0.74879		
奉献	未婚	902	3.6479	0.75160	3.523	0.061
	已婚	1283	3.5250	0.80757		
专注	未婚	902	3.5171	0.69155	12.049	0.001 **
	已婚	1283	3.4511	0.80672		

注：* 表示均值差的显著性水平为 0.05，** 表示均值差的显著性水平为 0.01。

（七）中学教师工作投入感的学历差异

以学历作为控制变量，教师工作投入感得分为观测变量，进行单因素方差分析，假设学历差异不会对教师工作投入感产生显著影响。

根据描述性统计结果发现，教师工作投入感均分随教师学历的递增而递增，即拥有博士学历的教师工作投入感最高，拥有大专及以下学历的教师工作投入感最低。

根据方差齐性检验结果，P 值为 0.205，大于 0.05 的显著性水平，通过方差齐性检验，即不同学历教师的工作投入感得分方差差异不显著，满足方差分析的前提。根据单因素方差分析的结果，P 值为 0.000，达到 0.05 的显著性水平，则应该拒绝零假设，认为学历差异会对教师工作投入感产生显著影响，即学历不同的教师，其工作投入感存在显著差异。

利用 LSD 最小显著性差异法，进行多重比较发现，大专及以下学历的教师和本科学历教师、硕士学历教师、博士学历教师的工作投入感均存在显著差异；本科学历教师的工作投入感也与其他三种学历的教师存在显著差异；但学历为硕士和博士的教师，其工作投入感不存在显著差异。

具体结果如表 3-54～表 3-57 所示。

表 3-54　不同学历教师工作投入感的描述性统计

	N（个）	均值（分）	标准差	标准误	均值的 95% 置信区间		极小值（分）	极大值（分）
					下限（分）	上限（分）		
大专及以下	168	3.3515	0.74258	0.05729	3.2383	3.4646	1.00	5.00
本科	1777	3.5059	0.72783	0.01727	3.4720	3.5397	1.00	5.00

续表

	N（个）	均值（分）	标准差	标准误	均值的95%置信区间		极小值（分）	极大值（分）
					下限（分）	上限（分）		
硕士	234	3.7140	0.72421	0.04734	3.6207	3.8073	1.36	5.00
博士	6	4.1352	0.33240	0.13570	3.7864	4.4840	3.60	4.53
总　数	2185	3.5180	0.73250	0.01567	3.4873	3.5488	1.00	5.00

表3-55　不同学历教师工作投入感的方差齐性检验

Levene 统计量	df1	df2	显著性
1.531	3	2181	0.205

表3-56　不同学历教师工作投入感的单因素方差分析

	平方和	df	均方	F	显著性
组间	16.197	3	5.399	10.189	0.000
组内	1155.651	2181	0.530		
总　数	1171.848	2185			

表3-57　不同学历教师工作投入感的多重比较结果

（I）学历	（J）学历	均值差（I-J）	标准误	显著性	95%置信区间	
					下限	上限
大专及以下	本科	-0.15442*	0.05876	0.009	-0.2696	-0.0392
	硕士	-0.36255*	0.07361	0.000	-0.5069	-0.2182
	博士	-0.78373*	0.30243	0.010	-1.3768	-0.1906
本科	大专及以下	0.15442*	0.05876	0.009	0.0392	0.2696
	硕士	-0.20813*	0.05062	0.000	-0.3074	-0.1089
	博士	-0.62931*	0.29767	0.035	-1.2131	-0.0456
硕士	大专及以下	0.36255*	0.07361	0.000	0.2182	0.5069
	本科	0.20813*	0.05062	0.000	0.1089	0.3074
	博士	-0.42118	0.30096	0.162	-1.0114	0.1690
博士	大专及以下	0.78373*	0.30243	0.010	0.1906	1.3768
	本科	0.62931*	0.29767	0.035	0.0456	1.2131
	硕士	0.42118	0.30096	0.162	-0.1690	1.0114

注：*表示均值差的显著性水平为0.05，**表示均值差的显著性水平为0.01。

同理可知，中学教师工作投入感的各维度在学历变量上差异亦显著，即学历越高，活力、奉献和专注水平就越高。结果如表 3-58 所示。

表 3-58　教师工作投入感各维度的学历差异

维度	学历	N	平均分	标准差	F	P
活力	大专及以下	168	3.3740	0.75169	9.865	0.000**
	本科	1777	3.5477	0.73205		
	硕士	234	3.7550	0.75032		
	博士	6	3.9722	0.35616		
奉献	大专及以下	168	3.3381	0.83743	11.046	0.000**
	本科	1777	3.5262	0.79661		
	硕士	234	3.7538	0.77687		
	博士	6	4.2667	0.37238		
专注	大专及以下	168	3.3423	0.76371	6.803	0.000**
	本科	1777	3.4437	0.79145		
	硕士	234	3.6332	0.82257		
	博士	6	4.1667	0.45947		

注：*表示均值差的显著性水平为 0.05，**表示均值差的显著性水平为 0.01。

(八) 中学教师工作投入感的职称差异

以职称作为控制变量，教师工作投入感得分为观测变量，进行单因素方差分析，假设职称差异不会对教师工作投入感产生显著影响。

根据描述性统计结果发现，教师工作投入感均分由高到低依次为：还没有职称的教师、高级职称教师、中级职称教师、初级职称教师。

根据方差齐性检验结果，P 值为 0.414，大于 0.05 的显著性水平，通过方差齐性检验，即不同职称教师的工作投入感得分方差差异不显著，满足方差分析的前提。根据单因素方差分析的结果，P 值为 0.000，达到 0.05 的显著性水平，则应该拒绝零假设，认为职称差异会对教师工作投入感得分产生显著影响，即职称不同的教师，其工作投入感存在显著差异。

利用 LSD 最小显著性差异法，进行多重比较发现，还没有职称的教师以及高级职称教师的工作投入感与初级职称教师和中级职称教师的工作投入感存在显著差异；还没有职称的教师和高级职称的教师工作投入感差异不显著；初级职称教师和中级职称教师工作投入感的差异也不显著。即还没有职称和高级职称的教师，工作投入感显著高于初级职称和中级职称教师。

具体结果如表3-59~表3-62所示。

表3-59 不同职称教师工作投入感的描述性统计

	N（个）	均值（分）	标准差	标准误	均值的95%置信区间		极小值（分）	极大值（分）
					下限（分）	上限（分）		
还没有职称	162	3.6864	0.65617	0.05155	3.5845	3.7882	1.77	4.83
初级职称	403	3.4230	0.74633	0.03718	3.3499	3.4961	1.00	5.00
中级职称	1000	3.4583	0.73795	0.02334	3.4125	3.5041	1.22	5.00
高级职称	620	3.6321	0.71304	0.02864	3.5759	3.6883	1.11	5.00
总　数	2185	3.5180	0.73250	0.01567	3.4873	3.5488	1.00	5.00

表3-60 不同职称教师工作投入感的方差齐性检验

Levene 统计量	df1	df2	显著性
0.954	3	2181	0.414

表3-61 不同职称教师工作投入感的单因素方差分析

	平方和	df	均方	F	显著性
组间	19.861	3	6.620	12.534	0.000
组内	1151.987	2181	0.528		
总　数	1171.848	2184			

表3-62 不同职称教师工作投入感的多重比较结果

（I）职称	（J）职称	均值差（I-J）	标准误	显著性	95%置信区间	
					下限	上限
还没有职称	初级职称	0.26333*	0.06761	0.000	0.1307	0.3959
	中级职称	0.22804*	0.06155	0.000	0.1073	0.3487
	高级职称	0.05425	0.06413	0.398	-0.0715	0.1800
初级职称	还没有职称	-0.26333*	0.06761	0.000	-0.3959	-0.1307
	中级职称	-0.03529	0.04288	0.411	-0.1194	0.0488
	高级职称	-0.20907*	0.04650	0.000	-0.3003	-0.1179

续表

（I）职称	（J）职称	均值差（I－J）	标准误	显著性	95% 置信区间	
					下限	上限
中级职称	还没有职称	－0.22804*	0.06155	0.000	－0.3487	－0.1073
	初级职称	0.03529	0.04288	0.411	－0.0488	0.1194
	高级职称	－0.17379*	0.03715	0.000	－0.2466	－0.1009
高级职称	还没有职称	－0.05425	0.06413	0.398	－0.1800	0.0715
	初级职称	0.20907*	0.04650	0.000	0.1179	0.3003
	中级职称	0.17379*	0.03715	0.000	0.1009	0.2466

注：*表示均值差的显著性水平为 0.05，**表示均值差的显著性水平为 0.01。

同理可知，中学教师工作投入感的各维度在职称变量上差异显著，即活力、奉献和专注水平由高到低依次为：还没有职称的教师、高级职称教师、中级职称教师和初级职称教师。结果如表 3－63 所示。

表 3－63　教师工作投入感各维度的职称差异

维度	职称	N（个）	平均分（分）	标准差	F	P
活力	还没有职称	162	3.7315	0.67547	12.129	0.000**
	初级职称	403	3.4867	0.72581		
	中级职称	1000	3.4945	0.74611		
	高级职称	620	3.6702	0.73342		
奉献	还没有职称	162	3.7556	0.74367	10.249	0.000**
	初级职称	403	3.4208	0.84298		
	中级职称	1000	3.4966	0.79934		
	高级职称	620	3.6245	0.77725		
专注	还没有职称	162	3.5720	0.68502	12.624	0.000**
	初级职称	403	3.3515	0.80932		
	中级职称	1000	3.3938	0.79934		
	高级职称	620	3.6016	0.78419		

注：*表示均值差的显著性水平为 0.05，**表示均值差的显著性水平为 0.01。

（九）中学教师工作投入感的任教科目差异

以任教科目作为控制变量，教师工作投入感得分为观测变量，进行单因素方差分析，假设任教科目差异不会对教师工作投入感产生显著影响。

根据描述性统计结果发现，教授音乐、体育、美术及其他科目的教师，其工作投入感最高；教授物理、化学、生物的教师，其工作投入感次之；教授语文、数学、外语的教师和教授政治、历史、地理的教师，其工作投入感基本持平。

根据方差齐性检验结果，P 值为 0.643，大于 0.05 的显著性水平，通过方差齐性检验，即不同任教科目教师的工作投入感得分方差差异不显著，满足方差分析的前提。根据单因素方差分析的结果，P 值为 0.001，达到 0.05 的显著性水平，则应该拒绝零假设，认为任教科目差异会对教师工作投入感产生显著影响，即任教科目不同的教师，其工作投入感存在显著差异。

利用 LSD 最小显著性差异法，进行多重比较发现，教授"音体美及其他"科目的教师，其工作投入感与教授其他科目的教师存在显著差异；教授"语数外""政史地"以及"理化生"的教师，他们的工作投入感基本一致，不存在显著差异。

具体结果如表 3-64～表 3-67 所示。

表 3-64　不同任教科目教师工作投入感的描述性统计

	N（个）	均值（分）	标准差	标准误	均值的 95% 置信区间		极小值（分）	极大值（分）
					下限（分）	上限（分）		
语数外	1181	3.4960	0.71982	0.02095	3.4549	3.5371	1.22	5.00
政史地	316	3.4811	0.75855	0.04267	3.3972	3.5651	1.00	5.00
理化生	493	3.5157	0.74108	0.03338	3.4502	3.5813	1.36	5.00
音体美及其他	195	3.7168	0.71894	0.05148	3.6152	3.8183	1.00	5.00
总　数	2185	3.5180	0.73250	0.01567	3.4873	3.5488	1.00	5.00

表 3-65　不同任教科目教师工作投入感的方差齐性检验

Levene 统计量	df1	df2	显著性
0.557	3	2181	0.643

表 3-66　不同任教科目教师工作投入感的单因素方差分析

	平方和	df	均方	F	显著性
组间	8.705	3	2.902	5.441	0.001

续表

	平方和	df	均方	F	显著性
组内	1163.143	2181	0.533		
总数	1171.848	2184			

表 3-67　不同任教科目教师工作投入感的多重比较结果

(I) 任教科目	(J) 任教科目	均值差 (I-J)	标准误	显著性	95% 置信区间	
					下限	上限
语数外	政史地	0.01492	0.04625	0.747	-0.0758	0.1056
	理化生	-0.01969	0.03916	0.615	-0.0965	0.0571
	音体美及其他	-0.22071*	0.05645	0.000	-0.3314	-0.1100
政史地	语数外	-0.01492	0.04625	0.747	-0.1056	0.0758
	理化生	-0.03461	0.05263	0.511	-0.1378	0.0686
	音体美及其他	-0.23563*	0.06650	0.000	-0.3660	-0.1052
理化生	语数外	0.01969	0.03916	0.615	-0.0571	0.0965
	政史地	0.03461	0.05263	0.511	-0.0686	0.1378
	音体美及其他	-0.20102*	0.06178	0.001	-0.3222	-0.0799
音体美及其他	语数外	0.22071*	0.05645	0.000	0.1100	0.3314
	政史地	0.23563*	0.06650	0.000	0.1052	0.3660
	理化生	0.20102*	0.06178	0.001	0.0799	0.3222

注：* 表示均值差的显著性水平为 0.05，** 表示均值差的显著性水平为 0.01。

同理可知，中学教师工作投入感的各维度在任教科目上亦存在显著差异，即教授音乐、体育、美术和其他校本课程的教师，其活力、奉献和专注水平高于教授其他科目的教师。结果如表 3-68 所示。

表 3-68　教师工作投入感各维度的任教科目差异

维度	任教科目	N (个)	平均分 (分)	标准差	F	P
活力	语数外	1181	3.5433	0.72954	5.721	0.001**
	政史地	316	3.5148	0.75613		
	理化生	493	3.5382	0.74274		
	音体美及其他	195	3.7641	0.73582		
奉献	语数外	1181	3.5045	0.78617	6.915	0.000**
	政史地	316	3.4956	0.83044		
	理化生	493	3.5509	0.81994		
	音体美及其他	195	3.7785	0.77310		

续表

维度	任教科目	N（个）	平均分（分）	标准差	F	P
专注	语数外	1181	3.4403	0.78416	2.607	0.050*
	政史地	316	3.4330	0.83887		
	理化生	493	3.4581	0.80215		
	音体美及其他	195	3.6077	0.76194		

注：*表示均值差的显著性水平为0.05，**表示均值差的显著性水平为0.01。

（十）中学教师工作投入感的任教年级差异

以任教年级作为控制变量，教师工作投入感得分为观测变量，进行独立样本T检验，假设任教年级差异不会对教师工作投入感产生显著影响。

根据描述性统计结果发现，高中教师工作投入感得分的均值高于初中教师。

同时，在方差方程的Levene检验中，P值为0.023，小于0.05的显著性水平，则认为两个总体的方差存在显著差异，没有通过方差齐性检验。则观察在假设方差不相等的情况下，两个总体的均值是否存在显著差异。由统计数据可知，P值为0.004，小于0.05的显著性水平，则拒绝零假设，认为任教年级差异会对教师工作投入感产生影响，即高中教师和初中教师的工作投入感存在显著差异。

具体结果如表3-69、表3-70所示。

表3-69 不同任教年级教师工作投入感的描述性统计

	任教年级	N（个）	均值（分）	标准差	均值的标准误
工作投入感总分	初中	916	3.4640	0.76086	0.02514
	高中	1269	3.5570	0.70909	0.01991

表3-70 不同任教年级教师工作投入感的独立样本T检验

		方差方程的Levene检验		均值方程的t检验					95%置信区间	
		F	Sig.	t	df	Sig.（双侧）	均值差值	标准误差值	下限	上限
工作投入感总分	假设方差相等	5.184	0.023	-2.932	2183	0.003	-0.09296	0.03170	-0.15513	-0.03079
	假设方差不相等			-2.899	1886.79	0.004	-0.09296	0.03207	-0.15585	-0.03007

同理可知，中学教师工作投入感的奉献和专注维度在任教年级上差异显著，即高中教师的奉献和专注水平高于初中教师；活力维度在任教年级上差异不显著，即初中和高中教师的活力水平基本持平。结果如表 3-71 所示。

表 3-71 教师工作投入感各维度的任教年级差异

维度	任教年级	N（个）	平均分（分）	标准差	F	P
活力	初中	916	3.5249	0.75435	1.055	0.304
	高中	1269	3.5814	0.72773		
奉献	初中	916	3.4705	0.83631	7.990	0.005*
	高中	1269	3.5869	0.77385		
专注	初中	916	3.3967	0.81816	4.143	0.042**
	高中	1269	3.5026	0.77568		

注：*表示均值差的显著性水平为 0.05，**表示均值差的显著性水平为 0.01。

（十一）中学教师工作投入感的获得荣誉（最高荣誉）差异

以教师所获得的最高荣誉作为控制变量，教师工作投入感得分为观测变量，进行单因素方差分析，假设获得荣誉的差异不会对教师工作投入感产生显著影响。

根据描述性统计结果发现，最高获得地区级荣誉表彰的教师，其工作投入感最高；其次为获得省级及以上荣誉表彰的教师；尚未获得荣誉表彰和获得县级荣誉表彰的教师工作投入感相对较低，二者之间不存在显著差异。

根据方差齐性检验结果，P 值为 0.248，大于 0.05 的显著性水平，通过方差齐性检验，即获得不同荣誉表彰教师的工作投入感得分方差差异不显著，满足方差分析的前提。根据单因素方差分析的结果，P 值为 0.002，小于 0.05 的显著性水平，则应该拒绝零假设，认为获得荣誉表彰的差异会对教师工作投入感得分产生显著影响，即获得不同荣誉的教师，其工作投入感存在显著差异。

利用 LSD 最小显著性差异法进行多重比较发现，只有获得地区级荣誉表彰的教师，其工作投入感与尚未获得荣誉表彰和获得县级荣誉表彰的教师存在显著差异；获得其他荣誉表彰的教师，两两之间不存在显著差异。

具体结果如表 3-72~表 3-75 所示。

表 3-72 不同获得荣誉教师工作投入感的描述性统计

	N（个）	均值（分）	标准差	标准误	均值的95%置信区间		极小值（分）	极大值（分）
					下限（分）	上限（分）		
尚未获得荣誉	1101	3.488	0.7364	0.0221	3.444	3.532	1.00	5.00
县级荣誉	561	3.478	0.7408	0.0312	3.416	3.539	1.00	5.00
地区荣誉	364	3.638	0.7254	0.0380	3.563	3.712	1.41	5.00
省级及以上荣誉	159	3.588	0.6609	0.0524	3.484	3.691	1.88	5.00
总数	2185	3.518	0.7325	0.0156	3.487	3.548	1.00	5.00

表 3-73 不同获得荣誉教师工作投入感的方差齐性检验

Levene 统计量	df1	df2	显著性
1.377	3	2181	0.248

表 3-74 不同获得荣誉教师工作投入感的单因素方差分析

	平方和	df	均方	F	显著性
组间	7.875	3	2.625	4.919	0.002
组内	1163.973	2181	0.534		
总数	1171.848	2184			

表 3-75 不同获得荣誉教师工作投入感的多重比较结果

(I) 最高荣誉	(J) 最高荣誉	均值差 (I-J)	标准误	显著性	95% 置信区间	
					下限	上限
尚未获得荣誉	县级荣誉	0.01019	0.03790	0.788	-0.0641	0.0845
	地区荣誉	-0.14960*	0.04417	0.001	-0.2362	-0.0630
	省级及以上荣誉	-0.09966	0.06198	0.108	-0.2212	0.0219

续表

(I) 最高荣誉	(J) 最高荣誉	均值差 (I-J)	标准误	显著性	95% 置信区间 下限	95% 置信区间 上限
县级荣誉	尚未获得荣誉	-0.01019	0.03790	0.788	-0.0845	0.0641
	地区荣誉	-0.15979*	0.04917	0.001	-0.2562	-0.0634
	省级及以上荣誉	-0.10985	0.06563	0.094	-0.2386	0.0189
地区荣誉	尚未获得荣誉	0.14960*	0.04417	0.001	0.0630	0.2362
	县级荣誉	0.15979*	0.04917	0.001	0.0634	0.2562
	省级及以上荣誉	0.04994	0.06945	0.472	-0.0862	0.1861
省级及以上荣誉	尚未获得荣誉	0.09966	0.06198	0.108	-0.0219	0.2212
	县级荣誉	0.10985	0.06563	0.094	-0.0189	0.2386
	地区级荣誉	-0.04994	0.06945	0.472	-0.1861	0.0862

注：*表示均值差的显著性水平为0.05，**表示均值差的显著性水平为0.01。

同理可知，中学教师工作投入感的活力、奉献和专注维度在获得荣誉表彰的差别上存在显著差异，即活力、奉献和专注水平由高到低依次为：获得过地区级荣誉表彰的教师、获得过省级及以上荣誉表彰的教师、尚未获得荣誉表彰的教师、获得过县级荣誉表彰的教师。结果如表3-76所示。

表3-76 教师工作投入感各维度的获得荣誉差异

维度	最高荣誉	N（个）	平均分（分）	标准差	F	P
活力	尚未获得荣誉	1101	3.5395	0.74171	3.443	0.016*
	县级荣誉	561	3.5131	0.74197		
	地区级荣誉	364	3.6584	0.75022		
	省级及以上荣誉	159	3.6111	0.66816		
奉献	尚未获得荣誉	1101	3.5181	0.80558	5.017	0.002**
	县级荣誉	561	3.4734	0.81435		
	地区级荣誉	364	3.6665	0.78630		
	省级及以上荣誉	159	3.6113	0.74298		
专注	尚未获得荣誉	1101	3.4078	0.79344	5.419	0.001**
	县级荣誉	561	3.4483	0.80739		
	地区级荣誉	364	3.5893	0.79448		
	省级及以上荣誉	159	3.5419	0.73130		

注：*表示均值差的显著性水平为0.05，**表示均值差的显著性水平为0.01。

(十二) 中学教师工作投入感的年收入差异

以年收入水平作为控制变量，教师工作投入感得分为观测变量，进行单因素方差分析，假设年收入的差异不会对教师工作投入感产生显著影响。

根据描述性统计结果发现，工作投入感均值由高到低依次为：年收入10万元以上的教师、年收入6万~8万元和4万~6万元的教师、年收入8万~10万元的教师、年收入2万元以下及2万~4万元的教师。

根据方差齐性检验结果，P值为0.371，大于0.05的显著性水平，通过方差齐性检验，即不同年收入水平教师的工作投入感得分方差差异不显著，满足方差分析的前提。根据单因素方差分析的结果，P值为0.000，小于0.05的显著性水平，则应该拒绝零假设，认为年收入水平的差异会对教师工作投入感得分产生显著影响，即不同年收入的教师，其工作投入感存在显著差异。

利用LSD最小显著性差异法，进行多重比较发现，除年收入6万~8万元的教师和年收入8万~10万元的教师工作投入感存在略微差异外，年收入4万~6万元以上的教师，两两之间的工作投入感不存在显著差异；而年收入在2万~4万元和2万元以下的教师，除二者之间不存在显著差异外，其工作投入感与年收入在4万~6万元以上的教师均存在显著差异。由此，就出现了两极分化，即年收入在4万元以下的教师与年收入在4万元以上的教师，他们的工作投入感存在显著差异。

具体结果如表3-77~表3-80所示。

表3-77　不同年收入教师工作投入感的描述性统计

收入水平	N（个）	均值（分）	标准差	标准误	均值的95%置信区间		极小值（分）	极大值（分）
					下限（分）	上限（分）		
2万元及以下	267	3.4409	0.77280	0.04729	3.3478	3.5340	1.42	5.00
2万~4万元	1179	3.4219	0.72408	0.02109	3.3806	3.4633	1.00	5.00
4万~6万元	338	3.7036	0.70767	0.03849	3.6279	3.7793	1.00	5.00
6万~8万元	201	3.7551	0.67789	0.04781	3.6608	3.8493	2.00	5.00
8万~10万元	153	3.5978	0.68726	0.05556	3.4880	3.7076	1.98	5.00
10万以上	47	3.7582	0.71939	0.10493	3.5469	3.9694	1.66	5.00
总　数	2185	3.5180	0.73250	0.01567	3.4873	3.5488	1.00	5.00

表 3-78 不同年收入教师工作投入感的方差齐性检验

Levene 统计量	df1	df2	显著性
1.076	5	2179	0.371

表 3-79 不同年收入教师工作投入感的单因素方差分析

	平方和	df	均方	F	显著性
组间	39.086	5	7.817	15.037	0.000
组内	1132.762	2179	0.520		
总　数	1171.848	2184			

表 3-80 不同年收入教师工作投入感的多重比较结果

(I) 收入	(J) 收入	均值差 (I-J)	标准误	显著性	95% 置信区间	
					下限	上限
2万元及以下	2万~4万元	0.01896	0.04887	0.698	-0.0769	0.1148
	4万~6万元	-0.26268*	0.05903	0.000	-0.3784	-0.1469
	6万~8万元	-0.31415*	0.06733	0.000	-0.4462	-0.1821
	8万~10万元	-0.15691*	0.07311	0.032	-0.3003	-0.0135
	10万元以上	-0.31725*	0.11405	0.005	-0.5409	-0.0936
2万~4万元	2万元及以下	-0.01896	0.04887	0.698	-0.1148	0.0769
	4万~6万元	-0.28163*	0.04449	0.000	-0.3689	-0.1944
	6万~8万元	-0.33311*	0.05502	0.000	-0.4410	-0.2252
	8万~10万元	-0.17587*	0.06196	0.005	-0.2974	-0.0544
	10万元以上	-0.33621*	0.10725	0.002	-0.5465	-0.1259
4万~6万元	2万元及以下	0.26268*	0.05903	0.000	0.1469	0.3784
	2万~4万元	0.28163*	0.04449	0.000	0.1944	0.3689
	6万~8万元	-0.05147	0.06422	0.423	-0.1774	0.0745
	8万~10万元	0.10576	0.07026	0.132	-0.0320	0.2435
	10万元以上	-0.05457	0.11224	0.627	-0.2747	0.1655
6万~8万元	2万元及以下	0.31415*	0.06733	0.000	0.1821	0.4462
	2万~4万元	0.33311*	0.05502	0.000	0.2252	0.4410
	4万~6万元	0.05147	0.06422	0.423	-0.0745	0.1774
	8万~10万元	0.15724*	0.07736	0.042	0.0055	0.3089
	10万元以上	-0.00310	0.11682	0.979	-0.2322	0.2260

续表

(I) 收入	(J) 收入	均值差 (I-J)	标准误	显著性	95% 置信区间	
					下限	上限
8万~10万元	2万元及以下	0.15691*	0.07311	0.032	0.0135	0.3003
	2万~4万元	0.17587*	0.06196	0.005	0.0544	0.2974
	4万~6万元	-0.10576	0.07026	0.132	-0.2435	0.0320
	6万~8万元	-0.15724*	0.07736	0.042	-0.3089	-0.0055
	10万元以上	-0.16033	0.12024	0.183	-0.3961	0.0755
10万元以上	2万元及以下	0.31725*	0.11405	0.005	0.0936	0.5409
	2万~4万元	0.33621*	0.10725	0.002	0.1259	0.5465
	4万~6万元	0.05457	0.11224	0.627	-0.1655	0.2747
	6万~8万元	0.00310	0.11682	0.979	-0.2260	0.2322
	8万~10万元	0.16033	0.12024	0.183	-0.0755	0.3961

注：*表示均值差的显著性水平为 0.05，**表示均值差的显著性水平为 0.01。

同理可知，中学教师工作投入感的各维度在年收入差别上存在显著差异，即年收入在 4 万元以上的教师，其活力、奉献和专注水平显著高于年收入 4 万元以下的教师。结果如表 3-81 所示。

表 3-81 教师工作投入感各维度的年收入差异

维度	年收入	N（个）	平均分（分）	标准差	F	P
活力	2万元及以下	267	3.5081	0.80142	13.866	0.000**
	2万~4万元	1179	3.4596	0.72023		
	4万~6万元	338	3.7342	0.73553		
	6万~8万元	201	3.7778	0.68826		
	8万~10万元	153	3.6373	0.68053		
	10万元以上	47	3.8333	0.77631		
奉献	2万元及以下	267	3.4382	0.83902	14.556	0.000**
	2万~4万元	1179	3.4407	0.80142		
	4万~6万元	338	3.7473	0.76632		
	6万~8万元	201	3.8050	0.72950		
	8万~10万元	153	3.5843	0.77884		
	10万元以上	47	3.7532	0.67012		

续表

维度	年收入	N（个）	平均分（分）	标准差	F	P
专注	2万元及以下	267	3.3764	0.80705	11.778	0.000**
	2万~4万元	1179	3.3656	0.78939		
	4万~6万元	338	3.6292	0.77405		
	6万~8万元	201	3.6824	0.75766		
	8万~10万元	153	3.5719	0.76035		
	10万元以上	47	3.6879	0.84885		

注：*表示均值差的显著性水平为0.05，**表示均值差的显著性水平为0.01。

（十三）中学教师工作投入感的日工作时间差异

以日工作时间作为控制变量，教师工作投入感得分为观测变量，进行单因素方差分析，假设日工作时间的差异不会对教师工作投入感产生显著影响。

根据描述性统计结果发现，教师工作投入感在日工作时间上并无显著差异，工作8小时以下、8~12小时及12小时以上的教师，其工作投入感基本持平。

由于方差齐性检验的P值为0.000，小于0.05的显著性水平，没有通过方差齐性检验，因此采用Brown-Forsythe检验来比较均值。Brown-Forsythe检验的显著性为0.996，大于0.05的显著性水平，说明两个变量的均值不存在显著差异，即不同日工作时间的教师，其工作投入感不存在显著差异。

使用Tamhane's T2多重比较分析法，进行组间多重比较发现，工作8小时以下的教师与工作8~12小时和12小时以上的教师，他们的工作投入感两两之间不存在显著差异。

具体结果如表3-82~表3-85所示。

表3-82 不同工作时间教师工作投入感的描述性统计

	N（个）	均值（分）	标准差	标准误	均值的95%置信区间		极小值	极大值
					下限	上限		
8小时以下	474	3.5162	0.78158	0.03590	3.4457	3.5868	1.31	5.00
8~12小时	1416	3.5180	0.69939	0.01859	3.4815	3.5545	1.00	5.00
12小时以上	295	3.5211	0.80550	0.04690	3.4288	3.6134	1.22	5.00
总数	2185	3.5180	0.73250	0.01567	3.4873	3.5488	1.00	5.00

表3-83 不同工作时间教师工作投入感均值相等性的 Brown-Forsythe 检验

	统计量^a	df1	df2	显著性
Brown-Forsythe	0.004	2	931.621	0.996

注：a 表示渐近 F 分布。

表3-84 不同工作时间教师工作投入感的多重比较结果

(I) 工作时间	(J) 工作时间	均值差 (I-J)	标准误	显著性	95% 置信区间	
					下限	上限
8小时以下	8~12小时	-0.00177	0.04043	1.000	-0.0985	0.0950
	12小时以上	-0.00483	0.05906	1.000	-0.1462	0.1366
8~12小时	8小时以下	0.00177	0.04043	1.000	-0.0950	0.0985
	12小时以上	-0.00306	0.05045	1.000	-0.1240	0.1179
12小时以上	8小时以下	0.00483	0.05906	1.000	-0.1366	0.1462
	8~12小时	0.00306	0.05045	1.000	-0.1179	0.1240

同理可知，中学教师工作投入感的各维度在工作时间差别上也不存在显著差异，即工作8小时以下、8~12小时和12小时以上的教师，其活力、奉献和专注水平基本持平。

表3-85 教师工作投入感各维度的日工作时间差异

维度	工作时间	N（个）	平均分（分）	标准差	F	P
活力	8小时以下	474	3.5510	0.79495	0.047	0.954
	8~12小时	1416	3.5579	0.69922		
	12小时以上	295	3.5678	0.83124		
奉献	8小时以下	474	3.5536	0.85054	1.750	0.174
	8~12小时	1416	3.5499	0.76868		
	12小时以上	295	3.4569	0.87677		
专注	8小时以下	474	3.4441	0.82521	1.737	0.176
	8~12小时	1416	3.4462	0.76400		
	12小时以上	295	3.5384	0.88674		

由此，验证了研究假设1，除在性别和日工作时间上差异不显著外，中学教师工作投入感在其余各特征因子上均存在显著差异。

第三节　中学教师工作投入感的产生来源和作用结果

第二节重点探讨了当前我国中学教师工作投入感的现状及在各特征因子下的差异问题，本节将就教师工作投入感的产生来源及工作投入感对工作绩效产生的作用进行深入分析。教师工作投入感产生来源的研究主要通过对教师努力工作的原因、职业选择的原因、再次选择成为教师的意愿等问题的探讨而展开。

一　中学教师工作投入感的产生来源

（一）中学教师努力工作的原因

首先，在教学工作中，是什么原因促使教师积极努力地工作呢？在访谈中，收集了23个可能的来源，组成一道多项选择题，用于调查此问题。统计分析结果表明，教师努力工作的原因主要有五个（以50%以上的选择比例为标准），为第8、2、15、10、7项，依次为"教师是一份良心职业，不能误人子弟，所以要努力工作""希望将自己所学传授给学生，帮助他们成长和取得学业上的进步""做事必须认真负责，干一行爱一行，要有职业道德""工作机会来之不易，所以要珍惜现在的工作，积极投入教学中""我希望从工作中获得成就感和幸福感"，分别有76.4%、70.9%、67.7%、57.0%、55.1%的教师选择了以上选项。

其次，在哪些原因或者动机的驱使下，教师工作投入感水平较高呢？对每条原因下的教师工作投入感得分进行描述性统计发现，教师努力工作的主要原因，并不一定就是教师工作投入感高的主要原因，它们之间并不存在必然的一一对应关系。如表3-86所示，工作投入感高的教师努力工作的原因有八项（以均值3.65以上为选择标准），为第11、4、5、9、21、12、16、7项，依次是"当老师是从小的志愿和理想，所以对工作自然认真努力""热爱教学事业，有自己的教育理想，愿意积极投身于教育工作""积极工作才能实现人生的价值""热爱学生，可以从工作中得到快乐""为社会尽自己的绵薄之力""视生如子，把学生当作自己的孩子来教，愿意为他们无私付出，打心眼里希望他们学好""对自己的严格要求，希望在教学工作中不断提高自己""我希望从工作中获得成就感和幸福感",工作投入感均分分别为：3.7429、3.7347、3.6896、3.6850、3.6774、3.6737、3.6686、3.6575；分别有 25.0%、45.0%、46.7%、46.0%、40.6%、43.2%、49.3% 和 55.1% 的教师选择了以上选项（见表3-86）。

表3-86 教师不同努力工作原因的工作投入感得分

原因	工作投入感均值	比例（%）
1. 受到家庭的熏陶或师长的影响	3.6136	43.9
2. 希望将自己所学传授给学生，帮助他们成长和取得学业上的进步	3.5901	70.9
3. 为了保证教学质量和升学率	3.5493	48.3
4. 热爱教学事业，有自己的教育理想，愿意积极投身于教育工作	3.7347	45.0
5. 积极工作才能实现人生的价值	3.6896	46.7
6. 家庭经济来源及为了得到更多的报酬	3.5052	41.3
7. 我希望从工作中获得成就感和幸福感	3.6575	55.1
8. 教师是一份良心职业，不能误人子弟，所以要努力工作	3.5229	76.4
9. 热爱学生，可以从工作中得到快乐	3.6850	46.0
10. 工作机会来之不易，所以要珍惜现在的工作，积极投入教学中	3.5923	57.0
11. 当老师是从小的志愿和理想，所以对工作自然认真努力	3.7429	25.0
12. 视生如子，把学生当作自己的孩子来教，愿意为他们无私付出，打心眼里希望他们学好	3.6737	43.2
13. 希望给自己的孩子做榜样	3.6193	46.1
14. 看着学生们求知的眼光，我不得不把他们教育好	3.6142	42.6
15. 做事必须认真负责，干一行爱一行，要有职业道德	3.5646	67.7
16. 对自己的严格要求，希望在教学工作中不断提高自己	3.6686	49.3
17. 工作的竞争非常大，有竞争就有压力，要想在竞争中立足，须把自己工作做好	3.6010	40.1
18. 学校的考核制度	3.4687	28.1
19. 中高考的激烈竞争	3.5686	34.5
20. 社会和家长对教师的期望值非常高，对教师施加的压力太大，只能努力工作	3.5671	35.2
21. 为社会尽自己的绵薄之力	3.6774	40.6
22. 社会舆论监督促使我积极投入教学中	3.6548	23.0
23. 为了得到学生、家长、领导和社会的认可	3.6126	47.5

(二) 中学教师职业选择的原因

对中学教师职业选择原因的调查，同样通过访谈收集可能的原因，组成一道多项选择题，请教师根据自身情况作答。通过调查分析发现，教师选择从事教学工作的前五项原因，依次是"读了师范院校，只能当老师""人际关系较单纯""教师职业稳定""性格适合当老师"，以及"每年有两个假期"，分别有52.3%、43.6%、41.3%、35.4%和31.7%的教师选择了以上选项。进一步而言，哪些职业选择原因下的教师工作投入感相对较高呢？工作投入感相对较高的前五项职业选择原因，依次是"教师收入令人满意""喜欢教师这个职业""受自己老师影响，也想成为一名教师""教师受人尊敬"和"希望改变当前的教育现状"，这些选项下的工作投入感均分分别为3.8316、3.8182、3.7751、3.7585和3.7327；但是，选择这些选项的教师比例仅分别为9.3%、29.2%、22.5%、25.7%和19.5%（见表3-87）。

表3-87 教师不同职业选择原因的工作投入感得分

题目	工作投入感均值	比例（%）
1. 读了师范院校，只能当老师	3.4236	52.3
2. 父母希望我当老师	3.5491	28.7
3. 家庭成员中有教师，受到他们的影响	3.6670	19.3
4. 教师职业稳定	3.5870	41.3
5. 教师收入令人满意	3.8316	9.3
6. 教师受人尊敬	3.7585	25.7
7. 受自己老师影响，也想成为一名教师	3.7751	22.5
8. 每年有两个假期	3.5409	31.7
9. 有利于照顾家庭和教育孩子	3.5711	21.5
10. 人际关系较单纯	3.5753	43.6
11. 喜欢教师这个职业	3.8182	29.2
12. 性格适合当老师	3.6873	35.4
13. 希望改变当前的教育现状	3.7327	19.5

(三) 中学教师再次进行职业选择的意愿

从前面的统计数据可知，当前我国中学教师工作投入感水平整体较高，大多数教师能在工作中充满活力、积极奉献和专注融入。那假如再给教师一次选择职业的机会,会有多少人愿意再次成为中学教师呢？调查数据显示（见表3-88）：12.6%的教师"一定会选择当教师",33.9%的教师"可能会"选择当教师,14.8%的教师"说不清",21.8%的教师"可能不会"选择当教师,16.9%的教师"一定不会"选择当教师。也就是说,仅有46.5%的教师对再次选择成为教师的可能性持乐观态度。

表3-88 教师再次选择成为教师的意愿

单位:%

	频率	百分比	有效百分比	累计百分比
有效	一定会	276	12.6	12.6	12.6
	可能会	740	33.9	33.9	46.5
	说不清	323	14.8	14.8	61.3
	可能不会	476	21.8	21.8	83.1
	一定不会	370	16.9	16.9	100.0
	合计	2185	100.0	100.0	

那么,不同职业再次进行职业选择意愿的教师,他们的工作投入感水平是否有差别呢？通过多因素方差分析和事后多重比较发现（见表3-89）,选择"一定会""可能会""说不清""可能不会""一定不会"再次成为教师的教师,其工作投入感水平两两之间差异显著。选择"一定会"再次成为教师的教师,其工作投入感均分最高,为4.180分,远远超过本次调查所得3.518分的平均分；选择"一定不会"再次成为教师的教师,其工作投入感均分最低,仅为2.944分。即,教师工作投入感水平与其再次愿意成为教师的意愿是成正比的。因此,可以得出这样的结论,即对教师职业的热爱程度越高,越愿意坚守教师岗位的教师,其工作投入感水平越高。

表3-89 不同职业选择意愿的教师工作投入感得分

再次选择 成为教师	均值（分）	标准误差	95% 置信区间	
			下限（分）	上限（分）
一定会	4.180	0.038	4.106	4.255
可能会	3.723	0.023	3.677	3.768
说不清	3.462	0.035	3.392	3.531
可能不会	3.299	0.029	3.242	3.356
一定不会	2.944	0.033	2.880	3.009

由以上的分析，可以认为验证了研究假设2，即不同努力工作原因、不同职业选择原因和不同再次进行职业选择意愿的教师，其工作投入感度不同。

二 中学教师工作投入感的作用结果

对中学教师工作投入感作用结果的研究，主要是通过对教师工作绩效的调查，分析教师工作投入感是否对工作绩效产生直接的影响作用。由于教师工作绩效涉及的范围很广，是另一个研究范畴；而且，对本研究而言，最直接有效的衡量教师工作绩效的指标就是教师的教学成果。因此，为了保证研究的严谨性，本研究以教师的教学成果作为衡量教师工作绩效的主要标准，选取涉及学生成长和发展的指标，作为测量教师工作绩效的标准，以此展开对教师工作投入感和工作绩效关系问题的探讨。

（一）中学教师整体的工作绩效情况

通过前期的调查与访谈，收集了多项直观反映教师工作绩效的指标，最终形成一个由11道题目组成的量表，采用Liket 5点计分方式，答案为"完全不符合""比较不符合""基本符合""比较符合""完全符合"，依次对应1、2、3、4、5分。需要注意的是，由于研究条件的限制，此处测量教师工作绩效的工具仅为教师自评量表，因此具有一定的局限性。

由表3-90可知，当前我国中学教师工作绩效涉及的11项指标及其总分的均值，均显著高于中值3，从工作绩效总分的检出率来看，76.6%的教师均分大于3分。由此可以认为，当前被调查中学教师的工作绩效处于中等偏上水平，大部分教师具有较高的教学效能。

表3-90 教师工作绩效得分情况

题目	均值（分）	标准差
1. 对于我所任教的科目而言，我的学生的成绩普遍高于年级平均分	3.42	0.927
2. 我所教的班级一直有比较好的升学率	3.45	0.892
3. 我所教的学生经常能考上名牌大学（或重点高中）	3.30	0.998
4. 我的学生在我的教导下能养成良好的品格和行为习惯	3.58	0.870
5. 我的学生的综合素质较高	3.42	0.903
6. 我的学生在上一级院校中往往表现优秀	3.46	0.904
7. 我的学生经常在各类竞赛中获奖	3.26	0.983

续表

题目	均值（分）	标准差
8. 我的学生经常能够得到各类表彰	3.31	0.943
9. 在我的指导和鼓励下，"学困生"的成绩都能得到明显的提高	3.39	0.876
10. 我的学生的精神面貌优于其他学生	3.45	0.923
11. 我的学生都很爱戴我，毕业多年之后仍跟我保持联系	3.59	0.944
教学成果总分	3.42	0.738

（二）中学教师工作绩效与工作投入感的关系分析

1. 中学教师工作绩效在工作投入感分组上的差异

对教师工作绩效总分在工作投入感高低分组上的差异性检验发现，教师工作绩效在工作投入感分组上存在显著差异，达到了 0.05 的显著性水平。高投入组的教师的工作绩效水平显著高于低投入组的教师。即工作绩效水平越高的教师，其工作投入感水平往往越高；反过来说，工作投入感水平越高的教师，其工作绩效水平也越高（见表 3-91）。

表 3-91 教师工作绩效在工作投入感分组上的差异

	工作投入感	N（个）	平均分（分）	标准差	F	P
工作绩效总分	低投入	558	3.0197	0.63692	12.751	0.000*
	高投入	615	3.8909	0.68504		

注：*表示达到均值差的显著性水平为 0.05，**表示均值差的显著性水平为 0.01。

2. 中学教师工作绩效与工作投入感的相关分析

通过对教师工作绩效总分与工作投入感进行相关分析，发现工作绩效与工作投入感及各维度间的斯皮尔曼（Spearman）等级相关系数均在 0.3~0.6。因此，可以认为，中学教师工作绩效与工作投入感存在中等程度的正相关关系，且达到了 0.05 的显著性水平，因而验证了研究假设 3，认为教师工作投入感与工作绩效间存在显著正相关（见表 3-92）。

表 3-92 教师工作绩效与工作投入感的相关系数

	工作投入感	活力	奉献	专注
工作绩效总分	0.485**	0.459**	0.449**	0.465**

注：*表示在 0.05 水平（双侧）上显著相关，**表示在 0.01 水平（双侧）上显著相关。

3. 中学教师工作投入感对工作绩效的回归分析

为了进一步考察教师工作投入感是否对教师工作绩效的获得产生影响，分别对工作绩效在工作投入感各维度上进行多元线性逐步回归分析。并在此基础上，确定工作投入感的贡献率，以探知工作投入感对工作绩效的影响大小。

多元线性回归中，当自变量之间彼此不独立，即存在自变量之间的多重共线性问题时，回归分析就无法实现控制其他自变量不变，考察某特定自变量对因变量的影响的目的。因此，为保证各变量回归系数的可靠性，引入回归方程之前，首先要对自变量之间进行共线性检验。一般而言，当容差小于0.1或方差膨胀因子大于5时，可以认为变量间存在严重多重共线性[1]。通过对各自变量进行共线性检验发现（见表3-93），各自变量的容差均大于0.1，且方差膨胀因子均小于5。因此，可以认为自变量间不存在共线性问题，可以引入回归方程，以分析工作投入感各维度对工作绩效的影响作用。

表3-93 教师工作投入感与工作绩效的共线性检验系数[a]

模型		非标准化系数		标准系数	T	Sig.	共线性统计量	
		B	标准误差	试用版			容差	VIF
1	（常量）	1.733	0.069		25.114	0.000		
	活力维度	0.158	0.041	0.159	3.888	0.000	0.212	4.708
	奉献维度	0.129	0.034	0.141	3.775	0.000	0.255	3.923
	专注维度	0.193	0.033	0.208	5.795	0.000	0.274	3.652

注：a 表示因变量：工作绩效总分。

工作投入感各维度对工作绩效的回归分析显示，专注、活力和奉献因素进入了回归方程，这些因素对教师工作绩效有着非常显著的正向影响作用，即教师在工作中越专注、越乐于奉献、越充满活力，则工作绩效的水平越高。专注、活力和奉献的联合解释率为22.8%，其中专注的解释率最高，为20.5%。说明活力、奉献和专注因素都会对教师工作绩效产生影响，但是专注因素的影响力最大。

---

[1] 解亚宁：《心理统计学》，人民卫生出版社，2007。

数据如表 3-94 所示。

表 3-94 教师工作投入感对工作绩效的回归系数

		B	Beta	T	R	R^2	$\triangle R^2$	F
工作绩效	（常量）	1.733		25.114**				
	专注	0.193	0.208	5.795**	0.453	0.205	0.205	563.831
	活力	0.158	0.159	3.888**	0.472	0.223	0.018	313.348
	奉献	0.129	0.141	3.775**	0.478	0.228	0.005	214.919

注：*表示均值差的显著性水平为0.05，**表示均值差的显著性水平为0.01。

第四章　中学教师工作投入感的影响因素分析

根据研究设计，对中学教师工作投入感影响因素的研究可以从微观、中观和宏观三个层面展开。微观层面的影响因素为教师个人资源因素，中观层面的影响因素为教师工作要求和工作资源因素，宏观层面的影响因素为教师社会资源因素。本章将分别对这四个影响因素在各特征因子上的差异性进行分析，并深入探讨这四个影响因素对教师工作投入感的影响作用。本章对各量表进行的差异性分析，沿用工作投入感差异性分析的特征因子和方法，在此不再赘述具体的分析过程，只呈现数据结果和分析结论。

第一节　中学教师工作投入感的影响因素

一　中学教师工作投入感影响因素的总体状况

（一）中学教师个人资源的总体状况

个人资源因素测量工具为《中学教师个人资源量表》，量表分为四个维度，分别是内在动机、教学效能感、基于组织的自尊和乐观主义。采用 Likert 5 点计分的方法，答案为"完全不符合""比较不符合""部分符合""比较符合"和"完全符合"，对应分值分别为 1 分、2 分、3 分、4 分和 5 分。

1. 量表总体得分情况

运用自编的《中学教师个人资源量表》，测量当前我国中学教师具备的个人资源水平，并对各测量项目计算平均分。量表采用 Likert 5 点计分，因此涉及个人资源每个测量项目的理论平均值为 3 分。教师个人资源的描述性统计情况如表 4-1 所示。

表 4-1 个人资源量表及其各维度描述统计

	N（个）	极小值（分）	极大值（分）	均值（分）	标准差
内在动机维度	2185	1.00	5.00	3.4561	0.95884
教学效能感维度	2185	1.00	5.00	3.6892	0.71804
基于组织的自尊维度	2185	1.00	5.00	3.2998	0.85744
乐观主义维度	2185	1.00	5.00	3.7138	0.84259
个人资源量表总分	2185	1.00	5.00	3.5397	0.70565
有效的 N（列表状态）	2185				

从教师个人资源的描述性统计情况来看，被调查教师在个人资源量表及其内在动机维度、教学效能感维度、基于组织的自尊维度和乐观主义维度得分的均值都明显高于理论平均值 3，但基于组织的自尊得分相对较低。从检出率来看，个人资源均分大于等于 3 分的教师占到了 78.5%，低于 3 分的教师为 21.5%。中学教师个人资源的四个维度：内在动机维度、教学效能感维度、基于组织的自尊维度和乐观主义维度的均值大于等于 3 分的检出率分别为 77.9%、89.0%、52.4% 和 85.9%。因此，可以认为，当前我国中学教师具备的个人资源总体状况处于中等偏上水平，教师教学效能感和乐观主义水平较高，内在动机水平处于中等偏上水平，而基于组织的自尊感仅处于中等水平，只有一半左右的教师基于组织的自尊感较高。

2. 总量表与各维度的关系

教师个人资源量表由四个维度组成，分别是内在动机维度、教学效能感维度、基于组织的自尊维度和乐观主义维度。对 2185 个样本的数据分析可知，教师个人资源的四个维度与量表高度相关，相关系数如表 4-2 所示。

表 4-2 个人资源各维度和总量表的相关系数

	斯皮尔曼等级相关系数	显著性（双侧）	样本数（N：个）
个人资源量表	1		2185
内在动机维度	0.847**	0.000	2185
教学效能感维度	0.836**	0.000	2185
基于组织的自尊维度	0.823**	0.000	2185
乐观主义维度	0.829**	0.000	2185

注：*表示均值差的显著性水平为 0.05，**表示均值差的显著性水平为 0.01。

(二) 中学教师工作要求的总体状况

工作要求因素测量工具为《中学教师工作要求量表》,量表分为三个维度,分别是工作强度要求、工作技能要求、工作—家庭冲突。采用 Likert 5 点计分,答案为"完全不符合""比较不符合""部分符合""比较符合""完全符合",对应分值分别为 1 分、2 分、3 分、4 分和 5 分。

1. 量表总体得分情况

运用自编的《中学教师工作要求量表》,测量当前我国中学教师面临的工作要求水平,并对各测量项目计算平均分。量表采用 Likert 5 点计分,因此涉及工作要求每个测量项目的理论平均值为 3 分。教师工作要求的描述性统计情况如表 4-3 所示。

表 4-3 工作要求量表及其各维度描述统计

	N(个)	极小值(分)	极大值(分)	均值(分)	标准差
工作强度要求维度	2185	1.00	5.00	3.8636	0.88915
工作技能要求维度	2185	1.00	5.00	3.9346	0.81833
工作—家庭冲突维度	2185	1.00	5.00	3.2977	0.88917
工作要求量表总分	2185	1.00	5.00	3.6986	0.69238
有效的 N(列表状态)	2185				

从教师工作要求的描述性统计情况来看,被调查教师在工作要求量表及其工作强度要求维度、工作技能要求维度、工作—家庭冲突维度上的均值都明显高于理论平均值 3 分,工作强度要求和工作技能要求两个维度的均值基本接近于 4 分,说明中学教师面临着高强度、高压力的工作要求现状。从检出率来看,工作要求均分大于等于 3 分的教师占到了 86.2%,低于 3 分的教师为 13.8%。中学教师工作要求的三个维度:工作强度要求维度、工作技能要求维度和工作—家庭冲突维度的均值大于等于 3 分的检出率分别为 87.6%、93.2% 和 69.5%。因此,可以认为,当前我国中学教师工作面临着高负荷、高压力、高技能素养要求的职业环境;同时,工作对教师的家庭生活产生了较高程度的影响。

2. 总量表与各维度的关系

教师工作要求量表由三个维度组成,分别是工作强度要求维度、工作技能要求维度和工作—家庭冲突维度。对 2185 个样本的数据分析可知，教师工作投入感的三个维度与量表高度相关，相关系数如表 4-4 所示。

表 4-4 工作强度要求各维度和总量表的相关系数

	斯皮尔曼等级相关系数	显著性（双侧）	样本数（N：个）
工作强度要求量表	1		2185
工作强度要求维度	0.872**	0.000	2185
工作技能要求维度	0.706**	0.000	2185
工作-家庭冲突维度	0.813**	0.000	2185

注：*表示均值差的显著性水平为 0.05，**表示均值差的显著性水平为 0.01。

（三）中学教师工作资源的总体状况

工作资源因素测量工具为《中学教师工作资源量表》，量表分为三个分量表，分别是人际支持、组织管理和工作环境分量表。其中，人际支持分量表由领导支持、同事支持、学生支持、家长支持和家人支持五个维度组成；组织管理分量表由工作自主性、领导管理水平、绩效反馈、职业发展机会、组织公平五个维度组成，组织公平又由薪酬公平、考评公平和工作分配公平三个分维度组成。采用 Likert 5 点计分，答案为"完全不符合""比较不符合""部分符合""比较符合"和"完全符合"，对应分值分别为 1 分、2 分、3 分、4 分和 5 分。

1. 量表总体得分情况

运用自编的《中学教师工作资源量表》，测量当前我国中学教师获得的工作资源水平，并对各测量项目计算平均分。量表采用 Likert 5 点计分，因此涉及工作资源每个测量项目的理论平均值为 3 分。教师工作资源的描述性统计情况如表 4-5 所示。

表 4-5 工作资源量表及其各维度描述统计

	N（个）	极小值（分）	极大值（分）	均值（分）	标准差
人际支持分量表	2185	1.00	5.40	3.6335	0.67683
组织管理分量表	2185	1.00	5.00	3.2810	0.81277
工作环境分量表	2185	1.00	5.00	3.4186	0.88579
工作资源量表总分	2185	1.00	5.00	3.4446	0.71442
有效的 N（列表状态）	2185				

从教师工作资源的描述性统计情况来看，被调查教师在工作资源量表及其人际支持分量表、组织管理分量表和工作环境分量表得分的均值都明显高于理论平均值3分，但组织管理分量表的得分相对较低，说明我国中学教师具备的工作资源总体状况处于中等偏上水平。从检出率来看，工作资源均分大于等于3分的教师占到了74.1%。中学教师工作资源的三个分量表：人际支持、组织管理和工作环境分量表均分大于等于3分的教师分别为83.5%、63.8%和77.1%。

具体看人际支持分量表和组织管理分量表的情况，如表4-6、表4-7所示。除领导支持维度均分较低外，人际支持分量表的其他维度均分均显著大于3分。从检出率看，领导支持、同事支持、学生支持、家长支持和家人支持各维度均分大于等于3分的教师分别占59.4%、88%、89.4%、84%和92.6%。除绩效反馈维度均分超过3.5分外，组织管理分量表的其他维度均分均略高于中值3分，其中，组织公平维度的薪酬公平均分甚至低于中值3分。从检出率来看，工作自主性、领导管理水平、绩效反馈、职业发展机会各维度均分大于等于3分的检出率分别为64.7%、73.9%、85.2%、67.9%，组织公平维度及薪酬公平、考评公平和工作分配公平均分大于等于3分的检出率分别为54.4%和53.4%、67.6%、69.2%。

表4-6 人际支持分量表及其各维度描述统计

	N（个）	极小值（分）	极大值（分）	均值（分）	标准差
领导支持维度	2185	1.00	5.00	3.1035	1.01698
同事支持维度	2185	1.00	5.00	3.7389	0.78916
学生支持维度	2185	1.00	5.00	3.7800	0.79613
家长支持维度	2185	1.00	5.00	3.5486	0.83369
家人支持维度	2184	1.00	5.00	3.9962	0.80572
人际支持分量表	2184	1.00	5.00	3.6335	0.67683
有效的N（列表状态）	2184				

表4-7 组织管理分量表及其各维度描述统计

	N（个）	极小值（分）	极大值（分）	均值（分）	标准差
工作自主性维度	2185	1.00	5.00	3.2026	0.93375
领导管理水平维度	2185	1.00	5.00	3.2982	0.97683

续表

	N（个）	极小值（分）	极大值（分）	均值（分）	标准差
绩效反馈维度	2185	1.00	5.00	3.5916	0.90316
职业发展机会维度	2185	1.00	5.00	3.2756	0.91558
组织公平维度	2185	1.00	5.00	3.0369	0.96839
薪酬公平	2185	1.00	5.00	2.8639	1.06312
考评公平	2185	1.00	5.00	3.1237	1.03052
工作分配公平	2185	1.00	5.00	3.1230	1.00903
组织管理分量表	2185	1.00	5.00	3.2810	0.81277
有效的 N（列表状态）	2185				

由此可见，当前我国中学教师得到的工作资源总体上处于中等略偏上水平，但组织管理状况仍有待改善，其中，领导支持和组织公平——其中尤其是薪酬公平情况不容乐观。

2. **总量表与各维度的关系**

对2185个样本的数据分析可知，工作资源量表及各分量表、各分量表及各维度之间高度相关，相关系数如表4-8~表4-11所示。

表4-8 工作资源各维度和总量表的相关系数

	Spearman 相关系数	显著性（双侧）	样本数（N：个）
工作资源量表	1		2185
人际支持分量表	0.861**	0.000	2185
组织管理分量表	0.917**	0.000	2185
工作环境分量表	0.904**	0.000	2185

注：* 表示均值差的显著性水平为0.05，** 表示均差值的显著性水平为0.01。

表4-9 人际支持分量表及其各维度的相关系数

	Spearman 相关系数	显著性（双侧）	样本数（N：个）
人际支持分量表	1		2185
领导支持维度	0.843**	0.000	2185
同事支持维度	0.830**	0.000	2185
学生支持维度	0.829**	0.000	2185
家长支持维度	0.829**	0.000	2185
家人支持维度	0.814**	0.000	2185

注：* 表示均值差的显著性水平为0.05，** 表示均差值的显著性水平为0.01。

表 4-10 组织管理分量表及其各维度的相关系数

	Spearman 相关系数	显著性（双侧）	样本数（N：个）
组织管理分量表	1		2185
工作自主性维度	0.782**	0.000	2185
领导管理水平维度	0.907**	0.000	2185
绩效反馈维度	0.825**	0.000	2185
职业发展机会维度	0.882**	0.000	2185
组织公平维度	0.882**	0.000	2185

注：*表示均值差的显著性水平为 0.05，**表示均差值的显著性水平为 0.01。

表 4-11 组织公平维度及各分维度的相关系数

	Spearman 相关系数	显著性（双侧）	样本数（N：个）
组织公平维度	1		2185
薪酬公平	0.929**	0.000	2185
考评公平	0.937**	0.000	2185
工作分配公平	0.923**	0.000	2185

注：*表示均值差的显著性水平为 0.05，**表示均差值的显著性水平为 0.01。

（四）中学教师社会资源的总体状况

社会资源因素测量工具为《中学教师社会资源量表》，量表分为两个维度，分别是收入水平维度和社会氛围维度。采用 Likert 5 点计分，答案为"完全不符合""比较不符合""部分符合""比较符合"和"完全符合"，对应分值分别为 1 分、2 分、3 分、4 分和 5 分。

1. 量表总体得分情况

运用自编的《中学教师社会资源量表》，测量当前我国中学教师具备的社会资源水平，并对各测量项目计算平均分。量表采用 Likert 5 点计分，因此涉及社会资源每个测量项目的理论平均值为 3 分。教师社会资源的描述性统计情况如表 4-12 所示。

表 4-12 社会资源量表及其各维度描述统计

	N（个）	极小值（分）	极大值（分）	均值（分）	标准差
收入水平维度	2185	1.00	5.00	2.7751	1.14771
社会氛围维度	2185	1.00	5.00	2.9066	1.09983
社会资源量表总分	2185	1.00	5.00	2.8409	1.06746
有效的 N（列表状态）	2185				

从教师社会资源的描述性统计情况来看,被调查教师在社会资源量表及其收入水平维度和社会氛围维度的均值都低于理论平均值3分。从检出率来看,社会资源均值大于等于3分的教师仅为49.2%,低于3分的教师占到了50.8%。中学教师社会资源的两个维度:收入水平维度和社会氛围维度的均值大于等于3分的检出率分别为50.4%和56.9%。因此,可以认为当前我国中学教师获得的社会资源总体水平较低,教师对于收入水平和社会尊师重教的氛围均不满意。

2. 总量表与各维度的关系

对2185个样本的数据分析可知,教师社会资源的两个维度:收入水平维度和社会氛围维度,与社会资源量表高度相关,相关系数如表4-13所示。

表4-13 社会资源各维度和总量表的相关系数

	Spearman 相关系数	显著性(双侧)	样本数(N:个)
社会资源量表	1		2185
收入水平维度	0.949**	0.000	2185
社会氛围维度	0.945**	0.000	2185

注:*表示均值差的显著性水平为0.05,**表示均差值的显著性水平为0.01。

二 中学教师工作投入感影响因素的差异性分析

(一)中学教师工作投入感影响因素的东、中、西部差异

从表4-14可以看出,教师个人资源、工作要求、工作资源和社会资源在东部、中部和西部地区差异显著,除工作要求达到0.05的显著性水平外,其余因素均达到0.01的显著性水平。

具体表现为个人资源的内在动机维度、教学效能感维度、基于组织的自尊维度和乐观主义维度在东部、中部和西部地区差别上均达到了0.01的显著性水平;工作要求的工作技能要求维度在东部、中部和西部地区差别上达到0.01的显著性水平,工作—家庭冲突维度达到0.05的显著性水平;工作资源的人际支持分量表、组织管理分量表和工作环境分量表在东部、中部和西部地区差别上均达到了0.01的显著性水平;社会资源的收入水平维度和社会氛围维度在东部、中部和西部地区差别上均达到了0.01的显著性水平。

事后比较结果表明:

东部地区和西部地区教师具备的个人资源水平基本持平，且高于中部地区教师的个人资源水平。具体表现为：东部地区教师内在动机高于西部地区，西部地区高于中部地区；西部地区教师教学效能感高于东部和中部地区，东部略高于中部，但差别不明显；西部地区的教师基于组织的自尊略高于东部地区，但差别不明显，且均高于中部地区教师；西部地区教师的乐观主义水平高于东部地区，东部地区高于中部地区。

西部地区教师面临的工作要求高于东部地区和中部地区，东部和中部地区教师面临的工作要求无明显差别。具体表现为：工作强度要求在各地区无明显差别；西部地区教师工作技能要求高于东部地区，东部地区高于中部地区；西部地区教师工作—家庭冲突比东部和中部地区严重，东部和中部地区无明显差别。

东部地区和西部地区教师得到的工作资源水平基本持平，且高于中部地区。具体表现为：东部和西部地区教师的人际支持和工作环境分量表得分高于中部地区；在组织管理分量表上，西部地区高于东部地区，东部地区高于中部地区。同时，教师人际支持分量表及其各维度在东部、中部和西部地区均存在显著性差异。东部和西部地区教师领导支持、同事支持、学生支持和家长支持维度得分均高于中部地区教师，且东部和西部无显著差异；但在家人支持维度上，东部、中部和西部均无显著差异。教师组织管理分量表及其各维度在东部、中部和西部均存在显著性差异。东部和西部地区教师工作自主性、职业发展机会均分高于中部地区教师；西部地区领导管理水平、绩效反馈、组织公平均分高于东部地区，东部高于中部地区。其中，东部和西部的薪酬公平均分高于中部地区，西部地区考评公平、工作分配公平均分高于东部地区，东部地区高于中部地区。

西部地区教师的社会资源及其收入水平和社会氛围均分均明显高于东部地区，东部地区明显高于中部地区。

表 4-14　工作投入感影响因素在东、中、西部的差异

影响因素	区域	N（个）	均值（分）	标准差	F	P
个人资源因素	东部	603	3.5970	0.69279	10.711	0.000**
	中部	989	3.4634	0.73079		
	西部	593	3.6088	0.66315		

续表

影响因素	区域	N（个）	均值（分）	标准差	F	P
工作要求因素	东部	603	3.6556	0.69889	3.558	0.029*
	中部	989	3.6884	0.71589		
	西部	593	3.7593	0.64093		
工作资源因素	东部	603	3.5287	0.70259	34.443	0.000**
	中部	989	3.3090	0.73442		
	西部	593	3.5849	0.65055		
社会资源因素	东部	603	2.9345	0.99198	23.108	0.000**
	中部	989	2.6756	1.08555		
	西部	593	3.0214	1.07202		

注：*表示均值差的显著性水平为0.05，**表示均值差的显著性水平为0.01。

（二）中学教师工作投入感影响因素的城乡差异

从表4-15可以看出，教师个人资源、工作资源和社会资源在城乡差别上差异显著，达到0.01的显著性水平；而工作要求在城乡差别上差异不显著。

具体表现为个人资源的内在动机维度、教学效能感维度、基于组织的自尊维度和乐观主义维度在城乡差别上均达到了0.01的显著性水平；工作资源的人际支持分量表、组织管理分量表和工作环境分量表在城乡差别上均达到了0.01的显著性水平；社会资源的收入水平维度和社会氛围维度在城乡差别上均达到了0.01的显著性水平。

事后比较结果表明：

城市教师的个人资源水平及内在动机、教学效能感、基于组织的自尊和乐观主义水平均高于乡镇教师。

城市教师的工作资源水平及人际支持、组织管理、工作环境均分均高于乡镇教师。同时，城市教师人际支持分量表的领导支持、同事支持、学生支持、家长支持和家人支持维度均分均高于乡镇教师；城市教师组织管理分量表的工作自主性、领导管理水平、绩效反馈、职业发展机会、组织公平及薪酬公平、考评公平、工作分配公平均分均高于乡镇教师。

城市教师的社会资源及其收入水平和社会氛围均分均明显高于乡镇教师。

表 4-15 工作投入感影响因素的城乡差异

影响因素	城乡	N（个）	平均分（分）	标准差	F	P
个人资源因素	城市	1616	3.6172	0.68624	0.209	0.000**
	乡镇	569	3.3196	0.71413		
工作要求因素	城市	1616	3.7087	0.67598	7.312	0.273
	乡镇	569	3.6701	0.73685		
工作资源因素	城市	1616	3.5292	0.68467	1.503	0.000**
	乡镇	569	3.2036	0.74246		
社会资源因素	城市	1616	2.9860	1.01320	21.434	0.000**
	乡镇	569	2.4288	1.11020		

注：*表示均值差的显著性水平为0.05，**表示均值差的显著性水平为0.01。

（三）中学教师工作投入感影响因素的学校类型差异

从表 4-16 可以看出，教师个人资源、工作要求、工作资源和社会资源在学校类型变量上差异显著，均达到了 0.01 的显著性水平。

具体表现为个人资源的内在动机维度、教学效能感维度、基于组织的自尊维度和乐观主义维度在学校类型差别上均达到了 0.01 的显著性水平；工作要求的工作强度要求维度和工作—家庭冲突维度在学校类型差别上达到 0.01 的显著性水平；工作资源的人际支持分量表、组织管理分量表和工作环境分量表在学校类型差别上均达到了 0.01 的显著性水平；社会资源的收入水平维度和社会氛围维度在学校类型差别上均达到了 0.01 的显著性水平。

事后比较结果表明：

重点中学教师的个人资源水平及内在动机、教学效能感、基于组织的自尊和乐观主义水平均高于普通中学教师。

重点中学教师面临的工作要求高于普通中学教师。具体表现为：重点中学教师面临的工作强度要求和工作—家庭冲突也高于普通中学，但在工作技能要求上，普通中学和重点中学无明显差别。

重点中学教师工作资源及人际支持、组织管理和工作环境均分均高于普通中学教师。同时，除领导支持维度在学校类型上无显著差异外，重点中学教师人际支持的同事支持、学生支持、家长支持和家人支持维度的均分均高于普通中学；除工作自主性和领导管理水平维度在学校类型上无显著差异外,重点中学教师组织管理的绩效反馈、职业发展机会、组织公平及薪酬公平、考评公平、工作分配公平均分均高于普通中学教师。

重点中学教师的社会资源及其收入水平和社会氛围均分均明显高于普通中学教师。

表4-16 工作投入感影响因素的学校类型差异

影响因素	学校类型	N（个）	平均分（分）	标准差	F	P
个人资源因素	普通中学	844	3.4109	0.71612	0.894	0.000**
	重点中学	1341	3.6208	0.68696		
工作要求因素	普通中学	844	3.6398	0.71614	1.728	0.002**
	重点中学	1341	3.7356	0.67465		
工作资源因素	普通中学	844	3.3330	0.72361	0.017	0.000**
	重点中学	1341	3.5147	0.69979		
社会资源因素	普通中学	844	2.5377	1.10148	21.617	0.000**
	重点中学	1341	3.0317	0.99980		

注：* 表示均值差的显著性水平为0.05，** 表示均值差的显著性水平为0.01。

（四）中学教师工作投入感影响因素的性别差异

从表4-17可以看出,教师个人资源、工作要求、工作资源和社会资源在性别变量上不存在显著差异。因此可以认为,教师个人资源、工作要求、工作资源和社会资源的获得与性别无关。

表4-17 工作投入感影响因素的性别差异

影响因素	性别	N（个）	平均分（分）	标准差	F	P
个人资源因素	男	902	3.5506	0.72093	2.816	0.547
	女	1283	3.5321	0.69489		
工作要求因素	男	902	3.7195	0.69141	0.709	0.237
	女	1283	3.6839	0.69295		
工作资源因素	男	902	3.4554	0.75286	18.242	0.558
	女	1283	3.4369	0.68628		
社会资源因素	男	902	2.8416	1.12920	19.731	0.978
	女	1283	2.8403	1.02228		

（五）中学教师工作投入感影响因素的教龄差异

从表 4-18 可以看出，教师个人资源、工作要求、工作资源和社会资源在教龄变量上均存在显著差异，除工作要求达到 0.05 的显著性水平外，其余因素均达到 0.01 的显著性水平。

具体表现为个人资源的内在动机维度、教学效能感维度和基于组织的自尊维度在教龄变量上均达到 0.01 的显著性水平，乐观主义维度在教龄变量上达到 0.05 的显著性水平；工作要求的工作强度要求和工作—家庭冲突在教龄变量上均达到了 0.01 的显著性水平；工作资源的人际支持分量表和组织管理分量表在教龄变量上均达到了 0.01 的显著性水平；社会资源的社会氛围维度在教龄上达到了 0.01 的显著性水平。

事后比较结果表明：

教龄为 0~5 年和 25 年以上的教师的个人资源水平高于教龄为 6~15 年和 16~25 年的教师；教龄为 0~5 年的教师的内在动机水平明显高于教龄为 6~15 年、16~25 年和 25 年以上的教师；教龄为 25 年以上的教师的教学效能感明显高于其他三个教龄段的教师；教龄为 0~5 年和 25 年以上的教师，基于组织的自尊水平高于教龄 6~15 年和 16~25 年的教师；教龄为 0~5 年和 25 年以上的教师，乐观主义水平高于教龄 6~15 年和 16~25 年的教师。

教龄 25 年以上的教师面临的工作要求最高，教龄 0~5 年的教师最低，教龄 6~15 年和 16~25 年的教师，面临的工作要求无明显差别。具体表现为：工作强度要求随教龄的增加而递增；教龄 6~15 年、16~25 年以及 25 年以上的教师面临的工作—家庭冲突状况比教龄为 0~5 年的教师严重；所有教龄段的教师面临的工作技能要求无明显差别。

教龄为 0~5 年和 25 年以上教师获得的工作资源高于教龄为 6~15 年和 16~25 年的教师；教龄为 16~25 年的教师人际支持均分低于其他教龄段教师；教龄为 0~5 年的教师组织管理均分高于其他教龄段教师；教师工作环境均分在教龄上无显著差异。同时，教龄为 0~5 年的教师获得的领导支持、同事支持、家人支持水平最高，教龄为 16~25 年的教师最低；教龄为 25 年以上的教师获得的学生支持和家长支持水平最高，教龄为 16~25 年的教师最低。除了绩效反馈维度在教龄上无显著差异外，教龄为 0~5 年的教师的工作自主性水平最高，教龄为 6~15 年的教师最低；教龄为 0~5 年的教师领导管理水平、职业发展机会、组织公平均分最高，其次为教龄 25 年以上的教师，教龄为 6~15 年和 16~25 年的教师最低。

教龄为 0~5 年的教师，其社会资源及社会氛围均分显著高于其他教龄段的教师。但在收入水平上，各教龄段的教师之间无显著差异。

表 4-18　工作投入感影响因素的教龄差异

影响因素	教龄	N（个）	平均分（分）	标准差	F	P
个人资源因素	0~5 年	336	3.6604	0.67548	5.593	0.001**
	6~15 年	893	3.5033	0.71293		
	16~25 年	670	3.5003	0.69497		
	25 年以上	286	3.6039	0.72515		
工作要求因素	0~5 年	336	3.5933	0.67592	3.259	0.021*
	6~15 年	893	3.7158	0.69997		
	16~25 年	670	3.7087	0.67312		
	25 年以上	286	3.7450	0.72329		
工作资源因素	0~5 年	336	3.5799	0.72752	5.695	0.001**
	6~15 年	893	3.4278	0.71162		
	16~25 年	670	3.3887	0.69868		
	25 年以上	286	3.4687	0.72651		
社会资源因素	0~5 年	336	3.0526	1.01165	5.347	0.001**
	6~15 年	893	2.7975	1.07944		
	16~25 年	670	2.7948	1.07154		
	25 年以上	286	2.8409	1.06746		

注：*表示均值差的显著性水平为 0.05，**表示均值差的显著性水平为 0.01。

（六）中学教师工作投入感影响因素的婚姻状况差异

从表 4-19 可以看出，教师工作要求、工作资源和社会资源在婚姻状况上存在显著差异，达到了 0.01 的显著性水平，但个人资源在婚姻状况上无显著差异。

具体表现为个人资源在婚姻状况上无显著差异，但内在动机维度和教学效能感维度在婚姻状况上存在显著差异，分别达到 0.01 和 0.05 的显著性水平；工作要求的工作强度要求维度和工作—家庭冲突维度均达到 0.01 的显著性水平；工作资源的人际支持分量表和工作环境分量表达到了 0.05 的显著性水平，组织管理分量表达到了 0.01 的显著性水平；社会资源的社会氛围维度在婚姻状况上达到了 0.01 的显著性水平。

事后比较结果表明：

未婚教师和已婚教师，个人资源水平及基于组织的自尊和乐观主义水平均无明显差别，但未婚教师的内在动机水平高于已婚教师，而已婚教师的教学效能感水平高于未婚教师。

已婚教师面临的工作要求高于未婚教师。具体表现为：已婚教师面临的工作强度要求和工作—家庭冲突均高于未婚教师，而在工作技能要求上，已婚教师和未婚教师面临的情况无明显差别。

未婚教师的工作资源、人际支持、组织管理和工作环境均分均高于已婚教师。同时，在人际支持分量表中，除学生支持和家长支持均分无显著差异外，未婚教师的领导支持、同事支持和家人支持均分均高于已婚教师；在组织管理分量表中，除绩效反馈均分无显著差异外，未婚教师工作自主性、领导管理水平、职业发展机会和组织公平均分均高于已婚教师。

未婚教师的社会资源和社会氛围均分显著高于已婚教师。但在收入水平上，已婚和未婚教师无显著差异。

表 4-19　工作投入感影响因素的婚姻状况差异

影响因素	婚姻状况	N（个）	平均分（分）	标准差	F	P
个人资源因素	未婚	234	3.6128	0.67276	1.249	0.094
	已婚	1951	3.5309	0.70915		
工作要求因素	未婚	234	3.5252	0.64718	4.984	0.000**
	已婚	1951	3.7194	0.69486		
工作资源因素	未婚	234	3.5613	0.69222	0.062	0.008**
	已婚	1951	3.4306	0.71593		
社会资源因素	未婚	234	3.0235	1.02428	0.765	0.004**
	已婚	1951	2.8190	1.07069		

注：*表示均值差的显著性水平为 0.05，**表示均值差的显著性水平为 0.01。

（七）中学教师工作投入感影响因素的学历差异

从表 4-20 可以看出，教师个人资源、工作资源、社会资源在学历变量上存在显著差异，均达到 0.01 的显著性水平；工作要求在学历变量上差异不显著。具体表现为个人资源、工作资源和社会资源的各分量表与各维度在学历变量上均达到了 0.01 的显著性水平。

事后比较结果表明：

学历的高低与个人资源及内在动机、教学效能感、基于组织的自尊和乐观主义成正比，学历越高，个人资源水平也越高。

学历的高低与工作资源、人际支持、组织管理和工作环境均分成正比，学历越高，工作资源水平也越高。同时，人际支持各维度和组织管理各维度得分也与学历成正比。

拥有博士学历的教师社会资源及其收入水平、社会氛围均分均高于硕士学历的教师，硕士学历教师高于本科学历教师，本科学历教师高于大专及以下学历教师。即教师获得的社会资源与学历水平成正比。

表 4-20 工作投入感影响因素的学历差异

影响因素	学历	N（个）	平均分（分）	标准差	F	P
个人资源因素	大专及以下	168	3.2823	0.67024	18.366	0.000**
	本科	1777	3.5309	0.70547		
	硕士	234	3.7748	0.65808		
	博士	6	4.1976	0.41926		
工作要求因素	大专及以下	168	3.6837	0.80542	0.208	0.891
	本科	1777	3.7037	0.67711		
	硕士	234	3.6691	0.72387		
	博士	6	3.7444	0.63320		
工作资源因素	大专及以下	168	3.1682	0.66024	23.762	0.000**
	本科	1777	3.4309	0.71122		
	硕士	234	3.7272	0.67972		
	博士	6	4.1995	0.34899		
社会资源因素	大专及以下	168	2.3978	1.08073	26.985	0.000**
	本科	1777	2.8219	1.05513		
	硕士	234	3.2650	0.98151		
	博士	6	4.3333	1.06746		

注：*表示均值差的显著性水平为 0.05，**表示均值差的显著性水平为 0.01。

（八）中学教师工作投入感影响因素的职称差异

由表 4-21 可以看出，教师个人资源、工作要求、工作资源和社会资源在职称变量上存在显著差异。

具体表现为个人资源的各维度在职称变量上均达到了 0.01 的显著性水平；工作要求的工作强度要求及工作—家庭冲突维度在职称变量上均达到 0.01 的显著性水平；工作资源各分量表在职称变量上均达到了 0.01 的显著性水平；社会资源各维度在职称变量上均达到了 0.01 的显著性水平。

事后比较结果表明：

还没有职称和高级职称教师的个人资源水平、基于组织的自尊水平和乐观主义水平均高于初级职称和中级职称教师；还没有职称教师的内在动机水平高于初级职称、中级职称和高级职称的教师；高级职称教师教学效能感水平高于还没有职称、初级职称和中级职称教师。

高级职称教师面临的工作要求最高，还没有职称的教师面临的工作要求最低，初级职称和中级职称教师面临的工作要求无明显差别。具体表现为：工作强度要求高低呈现出与工作要求状况同样的规律，即高级职称教师最高，还没有职称的教师最低，初级职称和中级职称教师无明显差别；初级职称、中级职称和高级职称教师面临的工作—家庭冲突状况无明显差别，且都明显高于还没有职称的教师；工作技能要求在职称变量上无明显差别。

还没有职称的教师和高级职称教师的工作资源及各分量表得分均高于初级职称和中级职称教师。同时，人际支持分量表中，除领导支持和家人支持均分差异不显著外，还没有职称和高级职称教师的同事支持、学生支持和家长支持均分均高于初级职称和中级职称教师；组织管理分量表中，各维度均分也呈现如上的规律。

还没有职称和高级职称的教师，社会资源及其收入水平、社会氛围的均分均显著高于初级职称和中级职称的教师。

表 4-21 工作投入感影响因素的职称差异

影响因素	职称	N（个）	平均分（分）	标准差	F	P
个人资源因素	还没有职称	162	3.6911	0.60030	11.098	0.000**
	初级职称	403	3.4382	0.73928		
	中级职称	1000	3.4934	0.70729		
	高级职称	620	3.6408	0.68878		

续表

影响因素	职称	N（个）	平均分（分）	标准差	F	P
工作要求因素	还没有职称	162	3.5613	0.69124	5.221	0.001**
	初级职称	403	3.7452	0.69940		
	中级职称	1000	3.6640	0.71456		
	高级职称	620	3.7600	0.64292		
工作资源因素	还没有职称	162	3.5881	0.68785	10.673	0.000**
	初级职称	403	3.3568	0.70245		
	中级职称	1000	3.3914	0.73772		
	高级职称	620	3.5498	0.67301		
社会资源因素	还没有职称	162	3.1039	0.97555	17.185	0.000**
	初级职称	403	2.6398	1.09318		
	中级职称	1000	2.7592	1.08901		
	高级职称	620	3.0347	0.99496		

注：*表示均值差的显著性水平为0.05，**表示均值差的显著性水平为0.01。

（九）中学教师工作投入感影响因素的任教科目差异

从表4-22可以看出，教师个人资源、工作要求、工作资源和社会资源在任教科目上存在显著差异，均达到0.01的显著性水平。

具体表现为个人资源的内在动机维度、基于组织的自尊维度和乐观主义维度在任教科目上分别达到了0.01、0.01和0.05的显著性水平；工作要求的工作强度要求维度和工作—家庭冲突维度在任教科目上均达到0.01的显著性水平；工作资源的组织管理分量表和工作环境分量表在任教科目上均达到了0.01的显著性水平；社会资源的收入水平维度和社会氛围维度在任教科目上均达到了0.01的显著性水平。

事后比较结果表明：

教授"音体美及其他"科目的教师个人资源水平及其内在动机水平、教学效能感、基于组织的自尊感和乐观主义水平均高于教授"语数外""政史地""理化生"的教师。

教授"语数外""政史地""理化生"这些科目的教师，其工作要求两两之间无显著差别，但明显高于教授"音体美及其他"科目的教师。具体表现为：教授"语数外""政史地""理化生"这些科目的教师工作强度要求和工作—家庭冲突状况无明显差别，但都显著高于教授"音体美及其他"科目的教师；而对于工作技能要求而言，所有科目教师均无明显差别。

除在人际支持分量表上均分差异不显著外，教授"音体美及其他"科目的教师工作资源及组织管理、工作环境均分均高于教授其他科目的教师。同时，除绩效反馈维度均分无显著差异外，教授"音体美及其他"科目教师组织管理分量表的其他维度的均分最高，其次为教授"理化生"科目的教师，教授"语数外"的教师得分最低。

教授"音体美及其他"科目的教师，其社会资源及收入水平、社会氛围的均分显著高于教授其他科目的教师。

表 4-22　工作投入感影响因素的任教科目差异

影响因素	任教科目	N（个）	平均分（分）	标准差	F	P
个人资源因素	语数外	1181	3.5105	0.68493	5.425	0.002**
	政史地	316	3.5100	0.67107		
	理化生	493	3.5558	0.73530		
	音体美及其他	195	3.7242	0.77996		
工作要求因素	语数外	1181	3.7462	0.68567	14.938	0.000**
	政史地	316	3.6800	0.69109		
	理化生	493	3.7171	0.66891		
	音体美及其他	195	3.3937	0.71991		
工作资源因素	语数外	1181	3.4039	0.71457	6.035	0.000**
	政史地	316	3.4373	0.66388		
	理化生	493	3.4727	0.71952		
	音体美及其他	195	3.6315	0.75115		
社会资源因素	语数外	1181	2.7803	1.06361	9.250	0.000**
	政史地	316	2.7880	0.97348		
	理化生	493	2.8773	1.10712		
	音体美及其他	195	3.2017	1.06708		

注：*表示均值差的显著性水平为 0.05，**表示均值差的显著性水平为 0.01。

（十）中学教师工作投入感影响因素的任教年级差异

从表 4-23 可以看出，教师个人资源和社会资源在任教年级上存在显著差异，达到 0.01 的显著性水平；工作要求和工作资源在任教年级上不存在显著差异。

具体表现为个人资源的内在动机维度、教学效能感维度和乐观主义维度在任教年级上分别达到了 0.05、0.01 和 0.05 的显著性水平；工作要求的工作强度要求维度在任教科目上达到 0.01 的显著性水平；社会资源的收入水平维度和社会氛围维度在任教科目上均达到了 0.01 的显著性水平。

事后比较结果表明：

高中教师的个人资源及内在动机、教学效能感和乐观主义水平均高于初中教师，高中教师基于组织的自尊水平也略高于初中教师，只是差别不明显。

高中教师面临的工作强度要求高于初中教师。

教师工作资源获得状况与任教年级无关。

高中教师的社会资源及其收入水平、社会氛围的均分均显著高于初中教师。

表 4-23 工作投入感影响因素的任教年级差异

影响因素	任教年级	N（个）	平均分（分）	标准差	F	P
个人资源因素	初中	916	3.4907	0.72054	1.356	0.006**
	高中	1269	3.5751	0.69284		
工作要求因素	初中	916	3.6712	0.70453	0.067	0.115
	高中	1269	3.7184	0.68307		
工作资源因素	初中	916	3.4356	0.71445	0.047	0.617
	高中	1269	3.4511	0.71460		
社会资源因素	初中	916	2.7351	1.12143	15.950	0.000**
	高中	1269	2.9173	1.02040		

注：*表示均值差的显著性水平为 0.05，**表示均值差的显著性水平为 0.01。

（十一）中学教师工作投入感影响因素的获得荣誉（最高荣誉）差异

从表 4-24 可以看出，教师个人资源、工作要求和社会资源在获得荣誉上存在显著差异，均达到了 0.01 的显著性水平；工作资源在获得荣誉上不存在显著差异。

具体表现为个人资源各维度在获得荣誉上达到了 0.01 的显著性水平；工作要求的工作强度要求维度和工作—家庭冲突维度在获得荣誉上均达到

0.01 的显著性水平;社会资源的收入水平维度达到了 0.01 的显著性水平,社会氛围维度达到了 0.05 的显著性水平。

事后比较结果表明:

获得过荣誉表彰的教师,个人资源及其内在动机、教学效能感、基于组织的自尊和乐观主义水平均显著高于尚未获得荣誉表彰的教师。

获得过荣誉表彰的教师工作要求均高于尚未获得荣誉表彰的教师。具体表现为:获得过荣誉表彰的教师面临的工作强度要求和工作—家庭冲突高于尚未获得荣誉称号的教师;但获得省级以上荣誉称号的教师,其工作技能要求比其他教师略低。

教师工作资源获得状况与是否获得过荣誉无关。

获得地区级以上荣誉表彰的教师,其社会资源及收入水平、社会氛围的均分均高于获得县级及以下荣誉表彰的教师。

表 4-24　工作投入感影响因素的获得荣誉差异

影响因素	最高荣誉	N(个)	平均分(分)	标准差	F	P
个人资源因素	尚未获得荣誉	1101	3.4822	0.70873	9.031	0.000**
	县级荣誉	561	3.5264	0.68639		
	地区级荣誉	364	3.6771	0.71135		
	省级以上荣誉	159	3.6708	0.68488		
工作要求因素	尚未获得荣誉	1101	3.6353	0.71052	6.310	0.000**
	县级荣誉	561	3.7680	0.68589		
	地区级荣誉	364	3.7656	0.65439		
	省级以上荣誉	159	3.7389	0.63529		
工作资源因素	尚未获得荣誉	1101	3.4337	0.72010	1.704	0.164
	县级荣誉	561	3.4187	0.72326		
	地区级荣誉	364	3.5204	0.70527		
	省级以上荣誉	159	3.4372	0.65705		
社会资源因素	尚未获得荣誉	1101	2.8044	1.02804	6.722	0.000**
	县级荣誉	561	2.7478	1.12837		
	地区级荣誉	364	3.0288	0.98598		
	省级以上荣誉	159	2.9916	1.06746		

注:*表示均值差的显著性水平为 0.05,**表示均值差的显著性水平为 0.01。

（十二）中学教师工作投入感影响因素的年收入差异

从表4-25可以看出，教师个人资源、工作资源和社会资源在年收入上存在显著差异，均达到了0.01的显著性水平；工作要求在年收入上不存在显著差异。

具体表现为个人资源、工作资源和社会资源各分量表和各维度在年收入上均达到了0.01的显著性水平。

事后比较结果表明：

年收入在4万元以上的教师，个人资源及内在动机、教学效能感、基于组织的自尊感和乐观主义都显著高于年收入在4万元以下的教师。

教师工作要求水平与年收入无关。

年收入在4万元以上的教师，工作资源及其各分量表均分均高于年收入在4万元以下的教师。同时，人际支持分量表中除家人支持均分差异不显著外，年收入在4万元以上的教师，家人、同事、学生和家长支持的均分均高于年收入在4万元以下的教师；对组织管理分量表各维度的均分而言，年收入4万元以上的教师均高于年收入4万元以下的教师。

年收入在4万元以上的教师，其社会资源及收入水平、社会氛围的均分均显著高于年收入在4万元以下的教师。

表4-25 工作投入感影响因素的年收入差异

影响因素	年收入	N（个）	平均分（分）	标准差	F	P
个人资源因素	2万元及以下	267	3.3712	0.73160	20.114	0.000**
	2万~4万元	1179	3.4517	0.68834		
	4万~6万元	338	3.7421	0.64851		
	6万~8万元	201	3.7553	0.68387		
	8万~10万元	153	3.6812	0.73495		
	10万元以上	47	3.8665	0.68581		
工作要求因素	2万元及以下	267	3.6979	0.77924	1.296	0.263
	2万~4万元	1179	3.7075	0.68229		
	4万~6万元	338	3.7477	0.65535		
	6万~8万元	201	3.6442	0.69752		
	8万~10万元	153	3.6417	0.68938		
	10万元以上	47	3.5452	0.65454		

续表

影响因素	年收入	N（个）	平均分（分）	标准差	F	P
工作资源因素	2万元及以下	267	3.2883	0.73160	30.066	0.000**
	2万~4万元	1179	3.3264	0.73389		
	4万~6万元	338	3.6332	0.68897		
	6万~8万元	201	3.7936	0.69390		
	8万~10万元	153	3.6320	0.63707		
	10万元以上	47	3.8332	0.70984		
社会资源因素	2万元及以下	267	2.5524	1.12240	43.600	0.000**
	2万~4万元	1179	2.6333	1.04218		
	4万~6万元	338	3.1691	0.97508		
	6万~8万元	201	3.4726	0.87207		
	8万~10万元	153	3.2113	0.94262		
	10万元以上	47	3.4184	0.93436		

注：*表示均值差的显著性水平为0.05，**表示均值差的显著性水平为0.01。

（十三）中学教师工作投入感影响因素的日工作时间差异

从表4-26可以看出，教师工作要求、工作资源和社会资源在日工作时间上存在显著差异，均达到了0.01的显著性水平；个人资源在日工作时间上不存在显著差异。

具体表现为教师工作要求的各维度在日工作时间差异上达到了0.01的显著性水平；工作资源的组织管理分量表和工作环境分量表在日工作时间差异上均达到了0.01的显著性水平；社会资源的各维度在日工作时间差异上达到了0.01的显著性水平。

事后比较结果表明：

教师个人资源水平的高低与教师日工作时间的差别无关。

工作要求及工作强度要求、工作技能要求和工作—家庭冲突随工作时间的增长而增加，即工作8小时以下的教师工作要求最低，工作12小时以上的教师工作要求最高。

除在人际支持分量表上均分差异不显著外，工作12小时以下的教师的工作资源及其组织管理、工作环境均分均高于工作12小时以上的教师。同时，人际支持分量表中的领导支持维度均分随工作时间的延长而降低；组织管理分量表除薪酬公平均分随工作时间的延长而降低外，工作12小时以下的教师在其余维度的均分均高于工作 12 小时以上的教师。

工作时间在 12 小时以下的教师,其社会资源及收入水平、社会氛围的均分均显著高于工作时间在 12 小时以上的教师。

表 4-26　工作投入感影响因素的日工作时间差异

影响因素	工作时间	N（个）	平均分（分）	标准差	F	P
个人资源因素	8 小时以下	474	3.5423	0.74994	0.438	0.645
	8~12 小时	1416	3.5463	0.68896		
	12 小时以上	295	3.5042	0.71285		
工作要求因素	8 小时以下	474	3.5168	0.72380	44.252	0.000**
	8~12 小时	1416	3.6986	0.68197		
	12 小时以上	295	3.9906	0.58404		
工作资源因素	8 小时以下	474	3.4889	0.74341	5.050	0.006**
	8~12 小时	1416	3.4542	0.69886		
	12 小时以上	295	3.3271	0.73084		
社会资源因素	8 小时以下	474	2.9096	1.06776	7.580	0.001**
	8~12 小时	1416	2.8636	1.06083		
	12 小时以上	295	2.6215	1.07505		

注：*表示均值差的显著性水平为 0.05，**表示均值差的显著性水平为 0.01。

第二节　中学教师工作投入感影响因素与工作投入感的关系

一　中学教师个人资源与工作投入感的关系分析

（一）中学教师个人资源在工作投入感分组上的差异

对教师个人资源及其各维度在工作投入感高低分组上的差异性检验发现,个人资源及其各维度,在工作投入感分组上存在显著差异,均达到了 0.01 的显著性水平。高投入组的教师无论在个人资源总分还是在内在动机、教学效能感、基于组织的自尊和乐观主义上的得分,均显著高于低投入组的教师。即内在动机越强、教学效能感越高、基于组织的自尊感越强、越具有乐观主义精神的教师,其工作投入感往往越高（见表 4-27）。

表 4-27　个人资源在工作投入感分组上的差异

维度	工作投入感	N（个）	平均分（分）	标准差	F	P
个人资源	低投入感	558	2.9614	0.55294	3.393	0.000**
	高投入感	615	4.1384	0.56082		
内在动机	低投入感	558	2.7074	0.85879	8.428	0.000**
	高投入感	615	4.1557	0.71941		
教学效能感	低投入感	558	3.2038	0.64284	0.001	0.000**
	高投入感	615	4.2084	0.59705		
基于组织的自尊	低投入感	558	2.7599	0.72669	2.092	0.000**
	高投入感	615	3.9197	0.75663		
乐观主义	低投入感	558	3.1746	0.76728	0.128	0.000**
	高投入感	615	4.2699	0.69197		

注：*表示均值差的显著性水平为 0.05，**表示均值差的显著性水平为 0.01。

（二）中学教师个人资源与工作投入感的相关分析

通过对教师个人资源与工作投入感进行相关分析，发现个人资源及各维度与工作投入感及各维度间的斯皮尔曼（Spearman）等级相关系数均在 0.4～0.6。在统计学中，当相关系数在 0.4～0.6 时，即为中度相关，此时的相关系数既有理论意义也有实际意义。因此，可以认为，中学教师个人资源各维度与工作投入感均存在中等程度的正相关关系，且都达到了 0.01 的显著性水平，因而验证了研究假设 4，认为教师个人资源水平与工作投入感间存在显著正相关（见表 4-28）。

表 4-28　个人资源与工作投入感的相关系数表

	工作投入感	活力	奉献	专注
个人资源	0.666**	0.627**	0.671**	0.579**
内在动机	0.604**	0.556**	0.632**	0.511**
教学效能感	0.555**	0.527**	0.529**	0.511**
基于组织的自尊	0.541**	0.510**	0.540**	0.478**
乐观主义	0.528**	0.511**	0.532**	0.453**

注：*表示在 0.05 水平（双侧）上显著相关，**表示在 0.01 水平（双侧）上显著相关。

（三）中学教师个人资源对工作投入感的回归分析

为了进一步考察教师个人资源是否对工作投入感产生影响，分别对工作投入感各维度做个人资源的多元线性逐步回归分析，并在此基础上，确定个人资源的贡献率，以探知各因素对工作投入感的影响大小。

通过对各自变量进行共线性检验发现（见表4-29），各自变量的容差均大于0.1，且方差膨胀因子均小于5。因此可以认为自变量间不存在共线性问题，可以引入回归方程，以分析个人资源各维度对工作投入感的影响作用。

表4-29 个人资源与工作投入感的共线性检验系数[a]

模型		非标准化系数		标准误差试用版	T	Sig.	共线性统计量	
		B	1.122				容差	VIF
1	（常量）	0.257	0.063		17.880	0.000		
	内在动机	0.146	0.016	0.336	15.735	0.000	0.542	1.846
	教学效能感	0.165	0.024	0.144	6.116	0.000	0.450	2.224
	基于组织的自尊	0.114	0.019	0.194	8.853	0.000	0.518	1.931
	乐观主义	0.114	0.019	0.131	5.923	0.000	0.508	1.968

注：a 表示因变量：工作绩效总分。

个人资源对活力的回归分析显示，内在动机、基于组织的自尊、乐观主义和教学效能感进入了回归方程，这些因素对活力有着非常显著的正向影响作用，即内在动机越强、基于组织的自尊水平越高、越具有乐观主义精神、教学效能感越强的教师，其在工作中的活力就越强。这些影响因素的联合解释率为40.7%，其中内在动机的解释率最高，为31.5%。说明内在动机、基于组织的自尊、乐观主义和教学效能感因素都会对教师工作活力产生影响，但是内在动机的影响力最大。

个人资源对奉献的回归分析显示，内在动机、基于组织的自尊、乐观主义和教学效能感进入了回归方程，这些因素对奉献有着非常显著的正向影响作用，即内在动机越强、基于组织的自尊水平越高、越具有乐观主义精神、教学效能感越强的教师，其在工作中的奉献就越多。这些影响因素的联合解释率为47.6%，其中内在动机的解释率最高，为40.9%。说明内在动机、基于组织的自尊、乐观主义和教学效能感因素都会对教师工作奉献产生影响，但是内在动机的影响力最大。

个人资源对专注的回归分析显示，内在动机、教学效能感、基于组织的自尊和乐观主义进入了回归方程，这些因素对专注有着非常显著的正向影响作用，即内在动机越强、基于组织的自尊水平越高、越具有乐观主义精神、教学效能感越强的教师，其在工作中的专注度就越高。这些影响因素的联合解释率为34.9%，其中内在动机的解释率最高，为26.7%。说明内在动机、基于组织的自尊、乐观主义和教学效能感因素都会对教师工作专注度产生影响，但是内在动机的影响力最大。

因此，可以认为，个人资源中内在动机、教学效能感、基于组织的自尊和乐观主义都会对教师工作投入感及其各维度产生影响，但内在动机的影响力最大。

数据如表4-30所示。

表4-30 个人资源与工作投入感的回归系数

		B	Beta	T	R	R^2	$\triangle R^2$	F
活力	（常量）	1.239						
	内在动机	0.217	0.017	12.558**	0.561	0.315	0.315	1003.212
	基于组织的自尊	0.158	0.020	8.021**	0.613	0.375	0.060	655.442
	乐观主义	0.127	0.020	6.274**	0.631	0.395	0.022	479.890
	教学效能感	0.156	0.025	6.146**	0.639	0.407	0.010	375.430
奉献	（常量）	0.987						
	内在动机	0.341	0.407	19.317**	0.640	0.409	0.409	1512.237
	基于组织的自尊	0.176	0.188	8.721**	0.676	0.457	0.048	919.906
	乐观主义	0.140	0.147	6.782**	0.689	0.473	0.017	655.705
	教学效能感	0.074	0.066	2.855**	0.690	0.476	0.002	495.428
专注	（常量）	1.131						
	内在动机	0.214	0.258	10.967**	0.516	0.267	0.267	793.276
	教学效能感	0.210	0.190	7.352**	0.517	0.326	0.060	528.321
	基于组织的自尊	0.162	0.175	7.267**	0.588	0.345	0.019	383.646
	乐观主义	0.073	0.078	3.200**	0.590	0.348	0.003	291.515

注：*表示均值差的显著性水平为0.05，**表示均值差的显著性水平为0.01。

二 中学教师工作要求与工作投入感的关系分析

（一）教师工作要求在工作投入感分组上的差异

对教师工作要求及其各维度在工作投入感高低分组上的差异性检验发现，教师工作要求在工作投入感分组上不存在显著差异，但工作技能要求和工作—家庭冲突维度在工作投入感分组上差异显著，达到 0.01 的显著性水平。高投入组的教师的工作技能要求高于低投入组的教师，但工作—家庭冲突却低于低投入组教师（见表 4-31）。

表 4-31 工作要求在工作投入感分组上的差异

维度	工作投入感	N（个）	平均分（分）	标准差	F	P
工作要求	低投入感	558	3.7047	0.71274	0.405	0.109
	高投入感	615	3.7734	0.75039		
工作强度要求	低投入感	558	3.9473	0.89876	0.276	0.054
	高投入感	615	3.8400	1.00073		
工作技能要求	低投入感	558	3.6906	0.85015	5.390	0.000**
	高投入感	615	4.2314	0.78699		
工作—家庭冲突	低投入感	558	3.4763	0.79277	45.470	0.000**
	高投入感	615	3.2488	0.79277		

注：*表示均值差的显著性水平为 0.05，**表示均值差的显著性水平为 0.01。

（二）中学教师工作要求与工作投入感的相关分析

通过对教师工作要求与工作投入感进行相关分析，斯皮尔曼等级相关系数表明，工作要求与工作投入感并没有存在显著的相关性，工作强度要求与工作投入感存在低度负相关，工作技能要求与工作投入感存在低度正相关，工作—家庭冲突与工作投入感存在低度负相关。在统计学中，当相关系数低于 0.3 时，便只存在理论意义而不存在实际意义。因此，验证了研究假设 5，可以认为，中学教师工作要求与工作投入感存在低度的正相关关系。虽然二者之间存在低度正相关关系，但并不显著，在其他因素的作用下，工作要求对工作投入感的整体状况并没有显著影响，即教师工作要求水平高低并不会对工作投入感产生明显影响（见表 4-32）。

表 4-32 工作要求与工作投入感的相关系数

	工作投入感	活力	奉献	专注
工作要求	0.039	0.034	-0.007	0.084**
工作强度要求	-0.059**	-0.061**	-0.108**	0.003
工作技能要求	0.283**	0.281**	0.262**	0.256**
工作—家庭冲突	-0.110**	-0.118**	-0.149**	-0.044**

注：*表示在 0.05 水平（双侧）上显著相关，**表示在 0.01 水平（双侧）上显著相关。

(三) 中学教师工作要求对工作投入感的回归分析

为进一步确认教师工作要求对工作投入感的影响作用,分别对工作投入感各维度做工作要求的多元线性逐步回归分析,以确定工作要求的贡献率。

通过对各自变量进行共线性检验发现(见表4-33),各自变量的容差均大于0.1,且方差膨胀因子均小于5。因此,可以认为自变量间不存在共线性问题,可以引入回归方程。

表4-33 工作要求与工作投入感的共线性检验系数[a]

模型		非标准化系数		标准系数	t	Sig.	共线性统计量	
		B	标准误差	试用版			容差	VIF
1	(常量)	2.976	0.082		36.122	0.000		
	工作强度要求	-0.113	0.023	-0.137	-4.984	0.000	0.528	1.896
	工作技能要求	0.341	0.020	0.381	17.239	0.000	0.814	1.228
	工作—家庭冲突	-0.111	0.021	-0.134	-5.177	0.000	0.591	1.691

注:a 表示因变量:工作投入感量表总分。

工作要求各分维度对工作投入感的回归分析显示(见表4-34),工作强度要求、工作技能要求和工作—家庭冲突均进入了回归方程,但这些因素对工作投入感的活力、奉献和专注的联合解释率很低,各因素的解释率基本可以忽略不计。因此,进一步说明了教师工作要求因素对工作投入感确实没有显著的影响作用。

表4-34 工作要求与工作投入感的回归系数

		B	Beta	T	R	R^2	$\triangle R^2$	F
活力	(常量)	3.027		36.430**				
	工作技能要求	0.344	0.380	17.205**	0.281	0.079	0.079	187.206
	工作—家庭冲突	-0.121	-0.146	-5.628**	0.351	0.123	0.044	153.039
	工作强度要求	-0.109	-0.131	-4.773**	0.363	0.132	0.009	110.639
奉献	(常量)	3.125		34.834**				
	工作技能要求	0.374	0.382	17.367**	0.262	0.069	0.069	160.629
	工作强度要求	-0.161	-0.179	-6.549**	0.358	0.128	0.060	160.837
	工作—家庭冲突	-0.132	-0.147	-5.685**	0.376	0.141	0.013	119.536

续表

		B	Beta	t	R	R^2	$\triangle R^2$	F
专注	（常量）	2.776		30.232**				
	工作技能要求	0.306	0.315	13.868**	0.256	0.066	0.066	153.582
	工作家庭冲突	-0.078	-0.088	-3.290**	0.285	0.081	0.016	96.486
	工作—强度要求	-0.068	-0.076	-2.697**	0.290	0.084	0.003	66.934

注：*表示在0.05水平（双侧）上显著相关，**表示在0.01水平（双侧）上显著相关。

三 中学教师工作资源与工作投入感的关系

（一）中学教师工作资源在工作投入感分组上的差异

对教师工作资源及其各分量表在工作投入感高低分组上的差异性检验发现，工作资源及其各分量表，在工作投入感分组上存在显著差异，均达到了0.01的显著性水平（见表4-35）。高投入组的教师无论在工作资源总分还是在人际支持、组织管理和工作环境上的得分，均显著高于低投入组的教师。即获得的人际支持越多、学校组织管理水平越好和工作环境越优越的教师，其工作投入感越高。具体到人际支持和组织管理分量表的各维度（如附表所示），高投入组的教师在人际支持分量表的领导支持、同事支持、学生支持、家长支持和家人支持维度的得分，均显著高于低投入组的教师；高投入组的教师在组织管理分量表的工作自主性、领导管理水平、绩效反馈、职业发展机会和组织公平维度的得分，同样显著高于低投入组的教师。

即获得的领导、同事、学生、家长和家人支持越多，以及在工作中拥有的自主性越强、上级领导管理水平越高、学校绩效反馈越及时详细、职业发展机会越多，在薪酬、考评和工作分配方面越能得到公平对待，获得的办公资源越丰富、工作环境越好的教师，其工作投入感越高。

表4-35 工作资源在工作投入感分组上的差异

维度	工作投入感	N（个）	平均分（分）	标准差	F	P
工作资源	低投入感	558	2.9250	0.57308	5.054	0.000**
	高投入感	615	4.0158	0.61869		
人际支持分量表	低投入感	558	3.1503	0.57782	0.020	0.000**
	高投入感	615	4.1504	0.56846		

续表

维度	工作投入感	N（个）	平均分（分）	标准差	F	P
组织管理分量表	低投入感	558	2.7443	0.66517	4.686	0.000**
	高投入感	615	3.8982	0.71807		
工作环境分量表	低投入感	558	2.8804	0.77053	2.299	0.000**
	高投入感	615	3.9980	0.81034		

注：*表示均值差的显著性水平为 0.05，**表示均值差的显著性水平为 0.01。

（二）中学教师工作资源与工作投入感的相关分析

通过对教师工作资源与工作投入感进行相关分析，发现工作资源及各分量表与工作投入感及各维度间的斯皮尔曼等级相关系数均在 0.4～0.6，因此，可以认为，中学教师工作资源各维度与工作投入感均存在中等程度的正相关关系，且都达到了 0.01 的显著性水平，因而验证了研究假设 6，认为教师工作资源水平与工作投入感间存在显著正相关（见表 4-36）。

表 4-36　工作资源与工作投入感的相关系数

	工作投入感	活力	奉献	专注
工作资源	0.605**	0.577**	0.607**	0.522**
人际支持	0.591**	0.567**	0.587**	0.518**
组织管理	0.570**	0.545**	0.570**	0.490**
工作环境	0.501**	0.473**	0.507**	0.432**

注：*表示在 0.05 水平（双侧）上显著相关，**表示在 0.01 水平（双侧）上显著相关。

进一步分析人际支持和组织管理各维度与工作投入感的相关关系。人际支持分量表中，除家人支持与工作投入感的相关系数低于 0.4 以外，其余各维度与工作投入感各维度的相关系数均在 0.4 以上；组织管理分量表中，工作自主性、领导管理水平、绩效反馈、职业发展机会和组织公平维度与工作投入感各维度的相关系数均在 0.4 以上。数据如表 4-37、表 4-38 所示。

表 4-37　人际支持分量表与工作投入感的相关系数

	工作投入感	活力	奉献	专注
人际支持分量表	0.591**	0.567**	0.587**	0.518**
领导支持	0.463**	0.438**	0.465**	0.404**
同事支持	0.481**	0.464**	0.480**	0.421**

续表

	工作投入感	活力	奉献	专注
学生支持	0.529**	0.497**	0.520**	0.477**
家长支持	0.511**	0.493**	0.502**	0.455**
家人支持	0.384**	0.384**	0.376**	0.331**

注：*表示在0.05水平（双侧）上显著相关，**表示在0.01水平（双侧）上显著相关。

表4-38 组织管理分量表与工作投入感的相关系数

	工作投入感	活力	奉献	专注
组织管理分量表	0.570**	0.545**	0.570**	0.490**
工作自主性	0.487**	0.471**	0.481**	0.421**
领导管理水平	0.490**	0.469**	0.488**	0.424**
绩效反馈	0.462**	0.446**	0.460**	0.416**
职业发展机会	0.510**	0.488**	0.506**	0.441**
组织公平	0.507**	0.480**	0.516**	0.421**

注：*表示在0.05水平（双侧）上显著相关，**表示在0.01水平（双侧）上显著相关。

（三）中学教师工作资源对工作投入感的回归分析

为了进一步考察教师工作资源是否对工作投入感产生影响，分别对工作投入感各维度做工作资源的多元线性逐步回归分析，并在此基础上，确定工作资源的贡献率，以探知各因素对工作投入感的相对重要性。

通过对各自变量进行共线性检验发现（见表4-39），各自变量的容差均大于0.1，且方差膨胀因子均小于5；以各分量表的各维度作为自变量进行共线性检验，容差同样均大于0.1，方差膨胀因子也小于5。因此，可以认为自变量间不存在共线性问题，可以引入回归方程，以分析工作资源各维度对工作投入感的影响作用。

表4-39 工作资源与工作投入感的共线性检验系数[a]

模型		非标准化系数		标准系数	T	Sig.	共线性统计量	
		B	标准误差	试用版			容差	VIF
1	（常量）	1.122	0.067		16.867	0.000		
	人际支持	0.396	0.027	0.366	14.706	0.000	0.444	2.253
	组织管理	0.225	0.026	0.250	8.610	0.000	0.325	3.077
	工作环境	0.064	0.022	0.077	2.932	0.003	0.396	2.526

注：a表示因变量：工作投入感量表总分。

工作资源各分量表对工作投入感的回归分析显示（见表4-40），人际支持、组织管理和工作环境进入了回归方程，这些因素对工作投入感的活力、奉献和专注有着非常显著的正向影响作用，即教师获得的人际支持越多，学校组织管理越科学，工作环境越优越，教师的工作投入感就越高。这些影响因素在活力、奉献和专注维度的联合解释率分别为37.4%、39.9%和29.9%，其中人际支持的解释率最高，分别为33.2%、35.1%和27.1%。说明人际支持、组织管理和工作环境因素都会对教师工作投入感及其各维度产生影响，但是人际支持的影响力最大。

表4-40 工作资源与工作投入感的回归系数

		B	Beta	T	R	R^2	$\triangle R^2$	F
活力	（常量）	1.232		17.930**				
	人际支持	0.382	0.350	13.738**	0.576	0.332	0.332	1083.630
	组织管理	0.230	0.253	8.515**	0.610	0.372	0.040	644.981
	工作环境	0.053	0.063	2.351*	0.611	0.373	0.002	432.723
奉献	（常量）	0.934		12.782**				
	人际支持	0.413	0.348	13.972**	0.593	0.351	0.351	1181.361
	组织管理	0.246	0.249	8.560**	0.629	0.395	0.044	713.149
	工作环境	0.086	0.095	3.609**	0.632	0.399	0.004	482.397
专注	（常量）	1.199		15.343**				
	人际支持	0.392	0.334	12.400**	0.521	0.271	0.271	812.128
	组织管理	0.200	0.204	6.492**	0.546	0.298	0.027	463.080
	工作环境	0.052	0.058	2.043**	0.547	0.299	0.001	310.561

注：*表示在0.05水平（双侧）上显著相关，**表示在0.01水平（双侧）上显著相关。

接下来具体分析人际支持和组织管理两个分量表各维度对工作投入感的影响作用。

人际支持对活力的回归分析显示，学生支持、领导支持、家长支持、同事支持和家人支持进入了回归方程，这些因素对活力有着非常显著的正向影响作用，即教师获得的学生、领导、家长、同事和家人的支持越多，在工作中的活力就越强。这些影响因素的联合解释率为33.6%，其中学生支持的解释率最高，为24.8%。说明学生支持、领导支持、家长支持、同事支持和家人支持因素都会对教师工作活力产生影响，但是学生支持的影响力最大。

人际支持对奉献的回归分析显示，学生支持、领导支持、家长支持和同事支持进入了回归方程，这些因素对奉献有着非常显著的正向影响作用，即教师获得的学生、领导、家长和同事的支持越多，教师在工作中的奉献就越多。这些影响因素的联合解释率为 35.9%，其中学生支持的解释率最高，为 26.9%。说明学生支持、领导支持、家长支持和同事支持因素都会对教师工作奉献产生影响，但是学生支持的影响力最大。

人际支持对专注的回归分析显示，学生支持、领导支持、家长支持和同事支持进入了回归方程，这些因素对专注有着非常显著的正向影响作用，即教师获得的学生、领导、家长和同事的支持越多，教师在工作中的专注度就越高。这些影响因素的联合解释率为 28.1%，其中学生支持的解释率最高，为 22.4%。说明学生支持、领导支持、家长支持和同事支持因素都会对教师工作专注产生影响，但是学生支持的影响力最大。

因此，可以认为，人际支持分量表的学生支持维度对工作投入及其各维度的影响力最大。数据如表 4-41 所示。

表 4-41　人际支持对工作投入感各维度的回归系数

		B	Beta	t	R	R^2	ΔR^2	F
活力	（常量）	1.333		17.897**				
	学生支持	0.172	0.185	6.594**	0.498	0.248	0.248	720.285
	领导支持	0.143	0.196	8.812**	0.556	0.309	0.061	488.719
	家长支持	0.139	0.157	5.758**	0.569	0.324	0.015	348.585
	同事支持	0.100	0.107	4.065**	0.577	0.333	0.009	271.935
	家人支持	0.066	0.072	3.169**	0.580	0.336	0.003	220.459
奉献	（常量）	1.139		15.351**				
	学生支持	0.228	0.226	8.354**	0.519	0.269	0.269	804.716
	领导支持	0.172	0.217	9.964**	0.582	0.339	0.070	560.016
	家长支持	0.150	0.156	5.860**	0.593	0.352	0.012	394.359
	同事支持	0.127	0.124	5.092**	0.600	0.359	0.008	305.632
专注	（常量）	1.339		17.195**				
	学生支持	0.240	0.240	8.381**	0.473	0.224	0.224	630.505
	领导支持	0.135	0.173	7.487**	0.518	0.268	0.044	400.085
	家长支持	0.119	0.124	4.425**	0.526	0.276	0.008	277.541
	同事支持	0.099	0.098	3.801**	0.530	0.281	0.005	213.053

注：*表示在 0.05 水平（双侧）上显著相关，**表示在 0.01 水平（双侧）上显著相关。

组织管理对活力的回归分析显示，组织公平、工作自主性、职业发展机会和绩效反馈进入了回归方程，这些因素对活力有着非常显著的正向影响作用，即教师在组织中越能得到公平对待，工作自主性越强，职业发展机会越多，绩效反馈越及时详细，则教师在工作中的活力就越强。这些影响因素的联合解释率为31.9%，其中组织公平的解释率最高，为25.1%。说明组织公平、工作自主性、职业发展机会和绩效反馈因素都会对教师工作活力产生影响，但是组织公平的影响力最大。

组织管理对奉献的回归分析显示，组织公平、工作自主性、绩效反馈和职业发展机会进入了回归方程，这些因素对奉献有着非常显著的正向影响作用，即教师在组织中越能得到公平对待，工作自主性越强，绩效反馈越及时详细，职业发展机会越多，则教师在工作中的奉献就越多。这些影响因素的联合解释率为34.0%，其中组织公平的解释率最高，为28.2%。说明组织公平、工作自主性、绩效反馈和职业发展机会因素都会对教师工作奉献产生影响，但是组织公平的影响力最大。

组织管理对专注的回归分析显示，职业发展机会、工作自主性、组织公平和绩效反馈进入了回归方程，这些因素对专注有着非常显著的正向影响作用，即教师在组织中职业发展机会越多，工作自主性越强，越能得到公平对待，绩效反馈越及时详细，则教师在工作中的专注度就越高。这些影响因素的联合解释率为25%，其中职业发展机会的解释率最高，为19.7%。说明职业发展机会、工作自主性、组织公平和绩效反馈因素都会对教师工作专注度产生影响，但是职业发展机会的影响力最大。

因此，可以认为，组织管理分量表的组织公平维度对教师工作投入感的活力和奉献的影响力最大，职业发展机会对专注的影响力最大。

数据如表4-42所示。

表4-42 组织管理对工作投入感各维度的回归系数

		B	Beta	T	R	R^2	$\triangle R^2$	F
活力	（常量）	1.868		32.238**				
	组织公平	0.128	0.168	5.466**	0.501	0.251	0.251	732.743
	工作自主性	0.184	0.233	9.900**	0.547	0.299	0.048	465.260
	职业发展机会	0.117	0.145	4.511**	0.559	0.313	0.014	331.242
	绩效反馈	0.091	0.112	4.299**	0.565	0.319	0.006	255.042

续表

		B	Beta	T	R	R^2	$\triangle R^2$	F
奉献	（常量）	1.663		26.866**				
	组织公平	0.183	0.220	7.2984**	0.531	0.282	0.282	855.478
	工作自主性	0.181	0.211	9.114**	0.567	0.321	0.040	516.652
	绩效反馈	0.103	0.116	4.533**	0.579	0.335	0.013	365.755
	职业发展机会	0.113	0.129	4.079**	0.583	0.340	0.005	280.443
专注	（常量）	1.856		28.373**				
	职业发展机会	0.124	0.143	4.234**	0.444	0.197	0.197	535.056
	工作自主性	0.175	0.206	8.338**	0.486	0.237	0.040	338.006
	组织公平	0.118	0.144	4.467**	0.496	0.246	0.009	236.896
	绩效反馈	0.077	0.087	3.204**	0.499	0.249	0.004	180.993

注：*表示在0.05水平（双侧）上显著相关，**表示在0.01水平（双侧）上显著相关。

根据以上分析，已知组织公平维度对工作投入感的活力和奉献影响力最大，则进一步分析组织公平的三个因素对活力和奉献的影响。由表4-43可知，工作分配公平对活力和奉献的影响力最大，解释率分别为23.2%和25.2%。由此可知，在组织公平维度中，对活力和奉献产生最大影响的因素为工作分配公平因素。

表4-43 组织公平对工作投入感活力和奉献维度的回归系数

		B	Beta	T	R	R^2	$\triangle R^2$	F
活力	（常量）	2.386		52.108**				
	工作分配公平	0.178	0.243	6.629**	0.481	0.232	0.232	658.633
	薪酬公平	0.112	0.161	4.778**	0.499	0.249	0.017	360.852
	考评公平	0.095	0.132	3.423**	0.503	0.253	0.004	245.655
奉献	（常量）	2.206		45.300**				
	工作分配公平	0.179	0.225	6.257**	0.502	0.252	0.252	736.589
	薪酬公平	0.166	0.220	6.676**	0.528	0.279	0.027	422.361
	考评公平	0.096	0.123	3.254**	0.532	0.283	0.003	286.340

注：*表示在0.05水平（双侧）上显著相关，**表示在0.01水平（双侧）上显著相关。

四 中学教师社会资源与工作投入感的关系

(一) 教师社会资源在工作投入感分组上的差异

对教师社会资源及其各维度在工作投入感高低分组上的差异性检验发现,社会资源及其各维度,在工作投入感分组上存在显著差异,均达到了0.01的显著性水平。高投入组的教师无论在社会资源总分还是在收入水平维度和社会氛围维度上的得分,均显著高于低投入组的教师。即教师越对收入水平和社会尊师重教的氛围感到满意,则工作投入感水平越高(见表4-44)。

表4-44 社会资源在工作投入感分组上的差异

维度	工作投入感	N(个)	平均分(分)	标准差	F	P
社会资源	低投入感	558	2.2339	0.86917	6.927	0.000**
	高投入感	615	3.5780	1.00066		
收入水平	低投入感	558	2.1577	0.94208	11.781	0.000**
	高投入感	615	3.5220	1.09725		
社会氛围	低投入感	558	2.3100	0.92619	2.639	0.000**
	高投入感	615	3.6341	1.01510		

注:*表示均值差的显著性水平为0.05,**表示均值差的显著性水平为0.01。

(二) 中学教师社会资源与工作投入感的相关分析

通过对教师社会资源与工作投入感进行相关分析,发现社会资源及各维度与工作投入感及各维度间的斯皮尔曼等级相关系数均在0.4~0.6,为中度相关。因此,可以认为,中学教师社会资源各维度与工作投入感均存在中等程度的正相关关系,且都达到了0.01的显著性水平,因而验证了研究假设7,认为教师社会资源水平与工作投入感间存在显著正相关关系(见表4-45)。

表4-45 社会资源与工作投入感的相关系数

	工作投入感	活力	奉献	专注
社会资源	0.495**	0.463**	0.519**	0.432**
收入水平	0.469**	0.434**	0.489**	0.421**
社会氛围	0.474**	0.447**	0.500**	0.418**

注:*表示在0.05水平(双侧)上显著相关,**表示在0.01水平(双侧)上显著相关。

(三) 中学教师社会资源对工作投入感的回归分析

为了进一步考察教师社会资源是否对工作投入感产生影响，分别对工作投入感各维度做社会资源的多元线性逐步回归分析，并在此基础上，确定社会资源的贡献率，以探知各因素对工作投入感的相对重要性。

通过对各自变量进行共线性检验发现（见表 4-46），各自变量的容差均大于 0.1，且方差膨胀因子均小于 5。因此可以认为自变量间不存在共线性问题，可以引入回归方程，以分析社会资源各维度对工作投入感的影响作用。

表 4-46 社会资源与工作投入感的共线性检验系数[a]

模型		非标准化系数		标准系数	T	Sig.	共线性统计量	
		B	标准误差	试用版			容差	VIF
1	（常量）	2.533	0.039		65.234	0.000		
	收入水平	0.168	0.020	0.263	8.456	0.000	0.353	2.835
	社会氛围	0.179	0.021	0.268	8.622	0.000	0.353	2.835

注：a 表示因变量：工作投入感量表总分。

社会资源对活力的回归分析显示，社会氛围和收入水平都进入了回归方程，它们对活力有着非常显著的正向影响作用，即社会尊师重教的氛围越强，教师对收入水平越满意，教师在工作中的活力就越强。这些影响因素的联合解释率为 22.4%，其中社会氛围的解释率最高，为 20.6%。说明社会氛围和收入水平因素都会对教师工作活力产生影响，但是社会氛围的影响力最大。

社会资源对奉献的回归分析显示，社会氛围和收入水平都进入了回归方程，它们对奉献有着非常显著的正向影响作用，即社会尊师重教的氛围越强，教师对收入水平越满意，教师在工作中的奉献就越多。这些影响因素的联合解释率为 28.1%，其中社会氛围的解释率最高，为 25.9%。说明社会氛围和收入水平因素都会对教师工作奉献产生影响，但是社会氛围的影响力最大。

社会资源对专注的回归分析显示，社会氛围和收入水平都进入了回归方程，它们对专注有着非常显著的正向影响作用，即社会尊师重教的氛围越强，教师对收入水平越满意，教师在工作中的专注度就越高。这些影响因素的联合解释率为17.7%，其中收入水平的解释率最高，为16.6%。说明社会氛围和收入水平因素都会对教师工作专注产生影响，但是收入水平的影响力最大。

因此，可以认为，社会氛围和收入水平都会对教师工作投入感产生影响。

数据如表4-47所示。

表4-47 社会资源对工作投入感的回归系数

		B	Beta	t	R	R^2	$\triangle R^2$	F
活力	（常量）	2.622		65.563**				
	社会氛围	0.185	0.275	8.658**	0.454	0.206	0.206	568.021
	收入水平	0.144	0.223	7.027**	0.473	0.224	0.018	314.996
奉献	（常量）	2.400		57.459**				
	社会氛围	0.223	0.305	9.992**	0.509	0.259	0.259	762.101
	收入水平	0.177	0.253	8.273**	0.530	0.281	0.023	427.040
专注	（常量）	2.576		58.161**				
	收入水平	0.183	0.264	8.089**	0.407	0.166	0.166	434.391
	社会氛围	0.128	0.178	5.432**	0.421	0.177	0.011	234.786

注：*表示在0.05水平（双侧）上显著相关，**表示在0.01水平（双侧）上显著相关。

第五章　中学教师工作投入感的研究结果讨论

通过第三、四章的实证研究及数据分析，就中学教师工作投入感的现状、影响因素、作用结果等相关问题得出了相应的研究结论。那么，以上研究结论是否符合教育管理状况及教师实际的工作情况？导致得出这些研究结论的深层次原因是什么？当前我国中学教师工作投入感面临的困境和障碍性因素有哪些？这就需要结合后期深度访谈，将如上研究结论呈现给工作在第一线的中学校长和教师们，倾听他们的观点和看法，进一步深化和提炼本研究的研究成果，找出问题的症结所在。为此，本研究再次访谈了 10 位校长和 12 位教师，并将访谈录音转录为近 7 万字的访谈文本，对本研究的主要研究结论进行详细的解释，并对当前面临的困境进行深入剖析。

第一节　中学教师工作投入感研究的主要结论

一　中学教师工作投入感的现状

（一）中学教师工作投入感的总体状况

本研究表明，当前被调查中学教师工作投入感的总体状况处于中等偏上水平，工作投入感均分为 3.518 分，明显高于理论平均值 3 分。77.5% 的被调查教师对本职工作基本能做到热爱专注、充满热情和活力，并积极奉献于其中，具有较高的工作投入感。

（二）中学教师工作投入感在各特征因子上的差异

（1）西部地区教师工作投入感明显高于东部地区和中部地区。西部地区教师的活力、奉献和专注水平亦高于东部和中部地区教师。

（2）城市教师工作投入感高于乡镇教师，城市教师的活力、奉献和专注水平亦高于乡镇中学教师。

（3）重点中学教师工作投入感高于普通中学教师，重点中学教师的活力、奉献和专注水平亦高于普通中学教师。

（4）男教师和女教师的工作投入感基本持平，但是男教师专注于工作的能力优于女教师。

（5）教龄为 0~5 年的教师，工作投入感最高；其次为教龄 25 年以上的教师；教龄为 6~15 年的教师工作投入感略高于教龄为 16~25 年的教师，即教龄为 16~25 年的教师工作投入感最低。教龄为 0~5 年和 25 年以上的教师，其活力、奉献和专注水平亦高于教龄为 6~15 年和 16~25 年的教师。

（6）未婚教师的工作投入感高于已婚教师。另外，未婚教师比已婚教师更具有活力、更能专注于工作，但无论未婚教师还是已婚教师，他们对工作的奉献精神都是一致的。

（7）拥有硕士以上学历的教师工作投入感最高，拥有大专及以下学历的教师工作投入感最低。同时，学历越高，活力、奉献和专注水平就越高。

（8）还没有职称和有高级职称的教师，工作投入感及其各维度水平均显著高于初级职称和中级职称教师。

（9）教授"音体美及其他科目"的教师，其工作投入感最高；其次为教授"理化生"的教师；教授"语数外"和"政史地"的教师，其工作投入感基本持平。同样，教授音乐、体育、美术和其他校本课程的教师，其活力、奉献和专注水平亦高于教授其他科目的教师。

（10）高中教师工作投入感高于初中教师。同时，高中教师的奉献和专注水平高于初中教师，初中和高中教师的活力水平基本持平。

（11）最高获得地区级荣誉表彰的教师，其工作投入感最高；其次为获得省级及以上荣誉表彰的教师；尚未获得荣誉表彰和获得县级荣誉表彰的教师工作投入感相对较低，其二者之间不存在显著差异。同时，活力、奉献和专注水平由高到低依次为：获得过地区级荣誉表彰的教师、获得过省级以上荣誉表彰的教师、尚未获得荣誉表彰的教师、获得过县级荣誉表彰的教师。

（12）年收入在4万元以上的教师，工作投入感显著高于年收入4万元以下的教师。同时，年收入在4万元以上的教师，其活力、奉献和专注水平亦高于年收入4万元以下的教师。

（13）工作8小时以下、8～12小时和12小时以上的教师，其工作投入感及各维度水平基本一致。

二　中学教师工作投入感的影响因素

（一）中学教师工作投入感影响因素的总体状况

（1）当前被调查教师具备的个人资源总体状况处于中等偏上水平，78.5%的教师具备较高的个人资源水平。

89.0%的教师教学效能感较高，对自己的教学能力持肯定态度；85.9%的教师乐观主义水平较高，对未来充满积极正面的预期；77.9%的教师职业动机水平较高，能够认可和热爱本职工作；而基于组织的自尊感仅处于中等水平，只有52.4%的教师能够体验到组织的尊重和认可。

（2）当前被调查教师面临着高强度高压力的工作要求状况，86.2%的教师认为自身面临的工作要求很高。

87.6%的教师认为工作强度非常大，工作辛苦、压力大已成为共识；93.2%的教师认为工作对专业技能和素养要求很高，必须不断充实提高自己；69.5%的教师认为工作会对家庭生活产生较高程度的影响，但家庭事务对教学工作的影响不大，大部分教师将工作放在最重要的位置。

（3）当前被调查教师具备的工作资源总体状况处于中等略偏上水平，74.1%的教师获得较高的工作资源水平。其中，领导支持和组织公平，尤其是薪酬公平情况不容乐观。

仅59.4%的教师获得较高的领导支持，仍有很大一部分教师获得领导支持的状况不容乐观；80%以上的教师能够获得来自同事、学生、家长和家人的较高程度的支持；64.7%的教师可以获得较高的工作自主性，教学工作的自由开展还受到多方面因素的限制；73.9%的教师较为认可领导的管理水平；85.2%的教师认为学校基本建立了较为完善的绩效反馈制度，基本能够为教师的教学工作提供指导与帮助；67.9%的教师对职业发展机会较为满意，仍有很大一部分教师对职后培训和得到各类表彰的机会不满意；仅有54.4%的教师对组织公平度感到满意，对薪酬公平、考评公平和工作分配公平的满意度分别为53.4%、67.6%、69.2%；77.1%的教师认为学校为教师提供了充足的教学办公资源，教学资源与环境都较为优越。

（4）当前被调查教师获得的社会资源总体水平较低，仅49.2%的教师获得较高的社会资源水平。

仅50.4%和56.9%教师对于收入水平和社会尊师重教的氛围有较高的满意度，仍有相对多的教师对自己的收入水平及社会对待教师和教育的态度不满意。

（二）中学教师工作投入感影响因素在各特征因子上的差异

（1）东部地区和西部地区教师具备的个人资源水平、工作资源水平基本持平，且高于中部地区教师，但在工作资源的家人支持维度上，东、中、西部无明显差异；西部地区教师面临的工作要求高于东部地区和中部地区，但工作强度要求在各地区无明显差别；西部地区教师的社会资源水平高于东部地区，东部地区高于中部地区。

（2）城市教师的个人资源水平、工作资源水平和社会资源水平均高于乡镇教师；城市教师和乡镇教师面临的工作要求基本一致，但城市教师的工作强度要求高于乡镇教师，乡镇教师的工作—家庭冲突比城市教师略为严重。

（3）重点中学教师的个人资源水平、工作资源水平、社会资源水平高于普通中学教师。重点中学教师面临的工作要求高于普通中学教师，但在工作技能要求上，普通中学和重点中学无明显差别。

（4）男女教师具备的个人资源水平持平，但在教学效能感和基于组织的自尊感上，男教师的水平显著高于女教师；男教师和女教师面临的工作要求水平是一致的，但男教师面临的工作—家庭冲突状况比女教师严重；男女教师获得的工作资源水平基本持平，但女教师的家人支持水平高于男教师，男教师的薪酬公平水平高于女教师；男女教师获得的社会资源水平基本持平。

（5）教龄为0~5年和25年以上的教师的个人资源水平、工作资源水平高于教龄为6~15年和16~25年的教师；教龄25年以上的教师面临的工作要求最高，教龄0~5年的教师最低；教龄为0~5年的教师社会资源水平高于其他教龄段的教师，但在收入水平上差异不显著。

（6）未婚教师和已婚教师个人资源水平无明显差异，但未婚教师的职业动机高于已婚教师，而已婚教师的教学效能感高于未婚教师；已婚教师面临的工作要求高于未婚教师；未婚教师的工作资源水平、社会资源水平高于已婚教师，但在社会资源的收入水平维度上差异不显著。

（7）教师学历越高，个人资源水平、工作资源水平、社会资源水平也越高；教师面临的工作要求状况与学历无关。

（8）还没有职称和有高级职称教师的个人资源水平、工作资源水平、社会资源水平高于初级职称和中级职称教师，其中，还没有职称教师个人资源的职业动机最高，高级职称教师教学效能感最高。高级职称教师面临的工作要求最高，还没有职称的教师面临的工作要求最低。

（9）教授"音体美及其他"科目的教师个人资源水平、工作资源水平、社会资源水平高于教授"语数外""政史地""理化生"的教师，但在工作资源的人际支持水平上差异不显著；教授"语数外""政史地""理化生"这些科目的教师工作要求明显高于教授"音体美及其他"科目的教师，但对于工作技能要求而言，所有科目教师均无明显差别。

（10）高中教师的个人资源水平、社会资源水平高于初中教师。高中教师与初中教师的工作要求差别不显著，但高中教师面临的工作强度要求高于初中教师。高中教师与初中教师获得的工作资源水平基本持平。

（11）获得过荣誉表彰的教师，个人资源水平、工作要求水平均高于尚未获得表彰的教师；教师获得的工作资源水平与是否获得过荣誉无关；获得地区级以上荣誉表彰的教师，其社会资源水平高于获得县级及以下荣誉表彰的教师。

（12）年收入在4万元以上的教师，个人资源水平、工作资源水平、社会资源水平均显著高于年收入在4万元以下的教师；教师工作要求与年收入无关。

（13）日工作时间在12小时以下的教师，工作资源和社会资源水平明显高于工作时间在12小时以上的教师；工作要求随工作时间的增长而增加；教师个人资源水平的高低与教师日工作时间的差别无关。

（三）中学教师工作投入感影响因素与工作投入感的关系

1. 中学教师个人资源与工作投入感的关系

（1）教师个人资源水平与工作投入感间存在显著的中度正相关关系。职业动机越强、教学效能感越高、基于组织的自尊感越强、越具有乐观主义精神的教师，其工作投入感越高。

（2）教师个人资源的职业动机、教学效能感、基于组织的自尊感和乐观主义均会对工作投入感及其各维度产生正向影响作用，但职业动机的影响力最大。

2. 中学教师工作要求及工作投入感的关系

中学教师工作要求与工作投入感存在低度正相关关系，但对工作投入感的整体状况并没有显著影响，即教师工作要求因素并不会对工作投入感产生直接明显的影响作用。

3. 中学教师工作资源与工作投入感的关系

（1）教师工作资源水平与工作投入感间存在显著的中度正相关关系。获得的领导、同事、学生、家人和家长支持越多，在工作中拥有的自主性越强，上级领导管理水平越高，学校绩效反馈越及时详细，职业发展机会越多，在薪酬、考评和工作分配方面越能得到公平对待的教师，其工作投入感越高。

（2）教师工作资源的人际支持、组织管理和工作环境因素都会对教师工作投入感及其各维度产生影响，但是人际支持的影响力最大。在人际支持当中，学生支持对工作投入感各维度影响最大；在组织管理中，组织公平对活力和奉献的影响力最大，组织公平中的工作分配公平最为重要，而职业发展机会对专注的影响力最大。

4. 中学教师社会资源与工作投入感的关系

（1）教师社会资源水平与工作投入感间存在显著的中度正相关关系。教师越对收入水平和社会尊师重教的氛围感到满意，则工作投入感越高。

（2）教师社会资源的收入水平和社会氛围都会对工作投入感及其各维度产生影响，但社会氛围对活力和奉献的影响力最大，收入水平对专注的影响力最大。

三 中学教师工作投入感的产生来源

（一）中学教师努力工作的原因

中学教师努力工作的原因当中，工作投入感最高的八项原因，按工作投入感得分由高到低依次是：

（1）当老师是从小的志愿和理想，所以对工作自然认真努力；

（2）热爱教学事业，有自己的教育理想，愿意积极投身于教育工作；

（3）积极工作才能实现人生的价值；

（4）热爱学生，可以从工作中得到快乐；

（5）为社会尽自己的绵薄之力；

（6）视生如子，把学生当作自己的孩子来教，愿意为他们无私付出，打心眼里希望他们学好；

（7）对自己的严格要求，希望在教学工作中不断提高自己；

（8）我希望从工作中获得成就感和幸福感。

工作投入感均分分别为：3.7429、3.7347、3.6896、3.6850、3.6774、3.6737、3.6686、3.6575；分别有 25.0%、45.0%、46.7%、46.0%、40.6%、43.2%、49.3% 和 55.1% 的教师选择了以上选项。

（二）中学教师职业选择原因

中学教师选择从事教学工作的前五项原因，依次是"读了师范院校，只能当老师""人际关系较单纯""教师职业稳定""性格适合当老师"，以及"每年有两个假期"。但工作投入感相对较高的前五项职业选择原因却与上述原因不同，按工作投入感得分由高到低的职业选择原因依次是：

（1）教师收入令人满意；

（2）喜欢教师这个职业；

（3）受自己老师影响，也想成为一名教师；

（4）教师受人尊敬；

（5）希望改变当前的教育现状。

工作投入感均分分别为 3.8316、3.8182、3.7751、3.7585 和 3.7327；但是，选择这些选项的教师比例仅分别为 9.3%、29.2%、22.5%、25.7%

和 19.5%。

（三）中学教师再次进行职业选择的意愿

（1）仅有 12.6% 的教师认为一定会再次选择当教师，33.9% 的教师认为可能会再次选择当教师；也就是说，仅有 46.5% 的教师对再次选择成为教师的可能性持乐观态度。

（2）教师工作投入感水平与其再次选择成为教师的意愿成正比。即对教师职业的热爱程度越高、越愿意坚守教师岗位的教师，其工作投入感越高。

四 中学教师工作投入感的作用结果

（1）工作投入感越高的教师，其教学成果水平越高；

（2）教师工作投入感与教学成果间存在显著正相关关系；

（3）教师工作投入感的活力、奉献和专注因素都会对教师教学成果产生影响，但是专注因素的影响力最大。

第二节　中学教师工作投入感研究的结果讨论

一 中学教师工作投入感现状的原因分析

对中学教师工作投入感现状的原因分析，将结合教师工作投入感影响因素的研究结果展开。

本研究表明，当前被调查中学教师工作投入感的总体状况处于中等偏上水平。

对于这一研究结论，受访的绝大多数校长和教师持肯定态度。如一位来自广东的女教师，当被问到作为一名教师是否在工作当中感到愉快、工作投入感是否很高时，充满热情地说道："那当然，作为一名教师而言，我觉得与学生打交道是世上最幸福的事情。老人和孩子是这个世上最纯真的人，前者是因为他们的人生阅历，已经将这个人生看得很透彻；后者却是尚未涉世，内心纯净如水晶，因此我总是很愿意与他们相处、交流，将有用的知识教给他们。"拥有 22 年教龄的来自云南的 L 老师也说道："不管是新入职的教师还是老教师,从工作投入感这个角度来说,应该都是投入感较高的。一是因为现在这个中学教育,压力很大,这些压力来自方方面面的,有来自社会上的,有来自家长的,现在的家长对学生的要求也高,再一个就是教育部门的政策法规,促使教师在行为上投入工作当中。从内心感受来讲,因为教师面对的是学生,是未成年人,作为教师我们只能全情投入,因为有一份责任感与使命感,面对一双双纯真的、渴求知识的眼睛,我想任何一位有职业追求的老师,都会很乐于传道授业、钻研教学的。看到学生的成长、成才,看到他们考入好的学校,就是对我们劳动的最大奖赏,让我们更有动力投入工作当中。这个,一个是我自己的体会,另一个是我身边同事的想法、表现。但至于极个别的,投入感很低的教师,肯定是会有的,一是因为不喜欢教学,觉得很痛苦,二是在外面搞副业、搞创收,没时间培养投入感。但像我们学校,在外面经商、从事副业创收的教师基本没有,所有的教师基本上是全身心投入工作中的。"

(一) 区域原因

研究发现,西部地区教师工作投入感明显高于东部和中部地区教师。

造成东、中、西部这种差异的原因,一是社会地位,二是经济收入。即西部地区的社会资源水平优于东部和中部地区,这在研究中也得到了证实。

西部地区相对于东部和中部地区而言,属于相对落后的地区,在政治、经济、文化等多方面与东部和中部,特别是东部地区有着巨大的差距。对于西部地区而言,支柱产业主要是第一和第二产业,第三产业发展相对滞后,在这种大的经济背景下,人们择业的首选目标就主要集中在政府部门、事业单位和国营企业。这三种单位的收入相较于其他绝大部分单位和工作而言更高、更稳定。因此,教师职业作为"吃财政饭"的"铁饭碗",在西部地区的社会声誉和社会地位相较于在东部和中部地区更高,社会以及教师本人对教师的职业满意感和认同感也越强。在开放式问卷调查中发现,在填写自己的职业选择原因时,相当多来自西部地区的教师填写的是"教师受人尊敬""教师工作和收入稳定""父母希望我从事教师职业""受母校恩师的影响""尊师重教的社会氛围""社会对教师工作的认可""教师这个职业是我从小就向往的职业""热爱教师职业"等。鲜少有人填写是因为读了师范院校而不得不从事教师职业,而在东部和中部地区,持这一观点的教师不在少数。对于东部和中部地区而言,由于产业结构发展较为健全,人们的择业范围广、选择多,教师的收入和社会地位在这些地区并没有明显的优势,甚至与很多行业存在不小的差距;同时,在东部和中部地区,生活压力和消费水平相对西部地区来说更大更高,在教师收入和社会地位优势没有得到凸显的情况下,对教师职业的热爱和向往自然不会比西部地区更高,工作投入感比西部地区低,也是有其现实原因的。

还有一个重要的原因,就是教育经费的投入问题。近年来,我国东、中、西部教育经费总量虽差距较大,东部地区的教育经费投入总量显著大于中部和西部地区,但东部地区教育经费占总经费的比重小幅下降,西部地区所占的比重呈不断上升趋势,并在2009年首次超过中部地区,2011年增加到了5610.04亿元,占全国教育总经费的26.05%。"同时,从2001年开始西部地区人均教育经费高于中部地区,2001年西部人均教育经费高出中部地区6.30元,此后差额逐年增加,2009年突破100元,2011年达到232.90元。"[①] 教育经费投入的大幅提高,使得西部地区的办学条件和教师收入与前几年相比得到很大改善,很多地方教师收入比中部地区教师要高很多。本研究的调查也证实了,中部地区年收入在4万元及以下的教师比例远远高于东部和西部地区,占被调查样本的82.2%,而东部地区和西部地区的这一比例分别为46.1%和59.9%。所以,中部地区教师工作投入感最低,也是有着相应的政策和经济因素的。

(二) 学校类型及学段原因

研究发现,城市教师工作投入感明显高于乡镇教师;重点中学教师工作投入感明显高于普通中学教师;高中教师工作投入感高于初中教师。

1. 城市和乡镇差别

对于城市中学和乡镇中学而言,教师个人素质、学校工作环境和个人收入与社会地位的差距是造成工作投入感产生差异的主要原因。即城市教师个人资源、工作资源和社会资源水平高于乡镇教师。一般而言,位于城

[①] 倪海、回世勇、吕晓英:《我国教育经费投入地区差异实证研究》,《开发研究》2014年第5期。

市的中学在学校层次、社会声望和教学质量方面都优于乡镇中学。因此产生以下现象。

第一，城市中学在招收新教师的时候，比乡镇中学要求高，招收到的新教师在个人素质及专业素养上都比较出色，这些教师对自己的职业操守和职业追求往往有更高的要求；同时，城市中学较好的学习和教学氛围，也使得教师们能够得到不断的提高与成长。这些因素导致城市中学教师个人资源比乡镇中学教师要好。

第二，城市中学在学校管理制度、领导管理水平、职业发展平台等方面普遍优于乡镇中学，这是造成城市中学教师工作资源水平较高的原因。

第三，城市中学办学经费较乡镇中学充足，办学条件优越，城市尊师重教的氛围也更为浓厚，教师收入和社会地位比乡镇中学高，使得城市中学教师的社会资源水平高于乡镇中学教师。这多种原因导致了城市中学教师工作投入感高于乡镇中学教师。

对重点中学教师工作投入感高于普通中学教师的原因，亦可参照以上的解释。

2. 高中和初中差别

高中教师工作投入感高于初中教师的原因在于以下三方面。

第一，高中教师专业素养要求比初中教师高。高中阶段的教育，由于其知识的深度和广度比初中阶段更深入、难度更高，这就要求高中教师比初中教师具备更多、更深入的学科知识与更高明的教学技能，才能保证高中阶段教学的顺利开展。这就意味着，在一般状况下，高中教师在学习能力、授课能力，甚至学历等方面都优于初中教师。这就是教师资格证分为初中教师资格证和高中教师资格证的原因，持有高中教师资格证的教师可以教初中，但是仅持有初中教师资格证的教师无法教高中。因此，高中教师不论从自我感觉还是社会认可度而言，都比初中教师具有优势。

第二，高中阶段的教育受到更多的关注。高中阶段的教育是整个基础教育的重点，高考受到社会各界的高度重视。在这样的社会氛围中，高中教师虽然在工作要求上与初中教师并没有太大的差别，但是由于更被关注、更被期待而带来比初中教师更多的光环与使命感、责任感，自身所具备的个人资源和工作资源会抵消掉工作要求带来的负面影响，促使高中教师更积极地投入于工作中。就如一位校长所言："他们被推到了这个舞台上，没办法下来，只能好好干！"

第三，所面临的教育对象不同。初中教师面临的教育对象一般是 12 ~ 15 岁的孩子，这部分孩子正处于成长阶段的叛逆期，生理和心理状况都在发生着比较大的转变，各种心理问题、学习问题频发。对这一年龄段的孩子，家长和学校、教师都要付出加倍的心血去呵护、教育他们，保证青春期的顺利度过。因此，这不仅对学生和学生家长而言是一个挑战，对初中教师而言也是一个挑战。而对高中教师而言，学生基本上是 16 ~ 18 岁的少年，比初中生更为懂事，也更知道学习的重要性，在学习自觉性、自我管理能力等方面比初中生要强。高中教师除操心学生的学习成绩之外，对学生的成长问题担忧较少，这无形中减轻了不少压力，使得高中教师能够更加全身心地投入工作中。因此，同样也是个人资源、工作资源和社会资源等因素的共同作用，使得高中教师的工作投入感高于初中教师。

（三）收入和荣誉原因

研究结果表明，年收入在 4 万元以上的教师工作投入感显著高于年收入在 4 万元以下的教师，获得过荣誉表彰的教师工作投入感显著高于没有获得过荣誉表彰的教师。

1. 收入差别

在这里，年收入 4 万元成了一个分界线，即每月工资在 3300 元以上的教师，工作投入感度要高于月工资在 3300 元以下的教师，这是一个最低的标准。但并不就意味着收入越高，教师的工作投入感越高。就比如在调查中发现，年收入 8 万 ~ 10 万元的教师的工作投入感，并不比年收入在 4 万 ~ 6 万元或 6 万 ~ 8 万元的教师高。收入因素只是一个保障、一个前提，在物质要求得到保障的前提下，才能谈其他的追求。同理，工资水平接近的教师，他们的工作投入感也并不是必然相当的，这还跟教师个人的特质与追求、所处的环境、单位的文化有关。也就是说，必须保证教师的收入水平在一个可接受的范围内，使教师获得日常生活所必需的物质条件，才能使其安心投入工作中，但物质的刺激并不是提高教师工作投入感的唯一手段。就如访谈中一位校长说道："年收入的影响确实比较大。比如说我为什么要提倡绩效工资？就是说，如果现在大家的收入都和以前一样，工资大家一样，是固定的，不管穷也好、富也好，在收入维度上大家没有差别。

那大家都不用想,干多干少都一个样,那这个收入因素对教师工作投入感就不起作用,没有影响。但是现在不是这样,现在提倡的绩效工资,如果真正实施得好了,是能够提高教师的工作投入感的。但是,还存在这样一个问题,就是说每个单位,你不能说这个单位收入高,他们的教师工作投入感就高;我的收入比他的收入高,那我的工作投入感就比他的工作投入感要高。事实上不是这样子的。因为,不同的单位有不同的文化,对教师会产生不同的影响,所以你可能还不能武断地说收入越高投入感越高。我觉得它是一个长期和短期影响的问题,还有不同单位不同文化的问题,它还不能简单地看。但是呢,我觉得在同一个单位里,这个工资的级数与工作投入感肯定有相关性,是有影响。但是跨一个单位跨一个文化,就不见得有一样的结果。"

2. 获得荣誉差别

同样,获得荣誉表彰,即评优评先活动,也会对教师的工作投入感产生影响。也即,当教师的工作与付出能够得到上级领导、周围同事以及学生和家长的认可,是能够激发教师的工作积极性的。也就是说获得荣誉表彰的教师,其工作资源是优于没有获得过表彰的教师的。如一位教师说道:"所谓的激励措施,无非是从物质上和精神上给我们的工作以肯定,就是要让学生的成长、进步,学生的好,能够在教师的待遇和评优评先方面得到体现。这种肯定对我们教师而言是很重要的,就是说你有盼头,你有干劲去做事;你做了事,别人看得见你的努力和付出,这种肯定会让我们教师产生认同感和归属感的。这应该也是一种向心力。"

也就是说,当教师的物质要求得到保障、工作付出得到认可、教学地位得到确立,则获得的工作资源和社会资源就很充足,工作投入感相对就比较高。

(四) 师资特征原因

1. 教龄和职称原因

研究发现,教龄为 0~5 年和 25 年以上的教师,工作投入感高于教龄为 6~15 年和 16~25 年的教师;还没有职称和拥有高级职称的教师,工作投入感显著高于初级职称和中级职称教师。

之所以将教师的教龄与职称原因放在一起论述,主要是由于教龄因素在当前我国的职称评定政策中占据较为重要的地位。虽然各地各学校对教师职称评定的细则略有不同，但大致是依据如下的标准进行评定，即履职年限、教学业绩、科研成果和学历要求等。其实通过仔细观察不难发现，这些评价标准与教师的履职年限息息相关。除了初始学历达到学校职称评定要求的教师，其评定职称的学历要求与履职年限的关系较小之外，还有很大一部分教师是在工作之后参加职后培训、在职取得相应学历的，这部分教师必定已经履职了一定的年限；同时，也只有在工作一定年限、获得一些实践经验之后，教师才可能取得一些教学成绩，才有一些教学心得可以分享，因此，才可以谈得上拥有了一定的教学业绩和科研成果。

教龄为0~5年的教师，属于新入职的教师，大部分尚未获得任何职称。这部分教师刚刚踏出校门，掌握了最新的教学理念和理论知识，大多怀揣一定的理想与抱负，迫切需要在工作中加以实践；同时，加上求职的不易，对未来的工作充满期待和热情，内在动机较强；另外，由于是新教师，对教材还不熟悉，对学生管理也没有经验，教学技巧和风格尚未把握和形成，迫切需要在工作中努力学习、积极积累，早日形成自己的教学风格，确立自身在学校的教学地位；由于精力充沛、学习能力很强，这部分教师并不惧怕新鲜事物，对学习新的知识和技能充满了热情和动力，只要用心，一般能够很快掌握必要的教学技能技巧。因此，这部分教师具备的个人资源水平很高。同时，由于是新入职教师，也会得到上级领导的格外关注与照顾，指导与帮助他们尽快实现角色的转变，融入新的群体，他们所获得的工作资源水平也很高。因此，这部分教师一般在工作当中能够做到全心投入、尽职尽责；工作中取得的进步与成绩也能很好地激发他们的工作热情，进一步投入工作中。就如来自广东的L校长所说："对于大部分教师而言，他们在新入职的四五年内，可能压力会较大，一是对于备教材的压力，二是对于备学生的压力，三是对于备教学方法的压力。此时的新教师尚未形成自己的教学风格，对教学还难以把握。这时，我们校领导就会对他们进行必要的鼓励，让他们多多努力、多下功夫，克服瓶颈期，这个时期的教师工作投入感是很高的。一般过了这个阶段，大部分教师的工作状态就稳定下来了，此时他们的工作投入感就渐渐平稳了。"而对于教龄为25年以上的教师，基本上也是获得了高级职称的优秀老教师。他们早已在学校当中确立了教学权威的地位，对于教材内容烂熟于胸，对于教学技能炉火纯青,对于如何教育学生、提高教学成绩更是轻车熟路。因此,除了年纪较长所带来的体力和精力方面的困扰外,教学工作对这部分教师已没有太多的压力可言,正是他们可以享受工作带来的乐趣与成就感的时候,个人资源、工作资源和社会资源都达到了很高的水平。因此,对这部分教师而言,大多数人的工作投入感水平也是很高的。但是,一位来自广西的校长也说道:"当职称到了顶点之后,工作投入感有可能出现两极分化。有一些教师能够保持工作的热情,而有些可能就认为船到码头了,就有一点懈怠,就是没有动力去获得更高的职称,投入感相对就会降低的。"

教龄为 6~15 年和 16~25 年的教师,大部分属于获得了初级职称或中级职称的教师。这部分教师基本对教材已非常熟悉,已形成了自己的教学风格和理念,对于教学工作基本上已经驾轻就熟,因此,日复一日的重复劳动,使得他们中的一些教师失去了专业发展的动力和热情;有些则因为知识更新的需要,更换了使用多年的老教材,而自身已踏出校门多年,体力、精力和学习能力等已逐渐退化,使得备课的过程困难重重,使这些教师对工作产生了疲倦感;另外,由于目前的职称评定现状,达到职称评定要求的教师并不一定能够按期晋级,甚至一些多年前已达到职称评定要求的教师,由于各种原因至今也没能晋级,极大地影响了教师的工作积极性和组织认同感;甚至,一部分教师在此时由于各种不如意的境况,已经开始重新审视所从事的教职,考虑是否要一辈子从事教学工作;同时,这部分教师基本上已婚已育,家庭生活也会对教师的工作状态产生一定的影响。因此,这部分教师的个人资源、工作资源和社会资源水平较低,他们的工作投入感必然低于新入职教师和获得了高级职称的教师。正如浙江的 K 校长所言:"教师工作投入感在教龄上确实有一些差别的。抛开经济因素来说,应该是教龄越长的教师,比教龄越短的教师工作投入感的程度要越低一些。因为教龄长了之后,教师基本上是凭经验来教学了,第一个,教师的体力和精力减弱了,第二个呢,教师经验也丰富了,因此相当于一些老教师在投入方面反而不像年轻人。年轻人,一个是经验不足,他们要学东西,而且体力精力很好。所以你会发现到了一定年龄之后,教师的工作投入感就会疲沓,就是说我经历过了,体验过了,就不感到新鲜了,所以就倦怠了。"

2. 学历原因

研究发现，教师学历越高，工作投入感越高，拥有硕士以上学历的教师工作投入感最高。

之所以呈现出这样的研究结果，主要原因在于以下四方面。

第一，学历越高的教师，知识储备越丰富，胜任力越强。高学历的教师，由于在学校学习期间已经储备了大量的理论知识，其知识储备已远远超过中学教学大纲及教材涉及的内容，因此，在知识的理解和渗透方面非常具有优势。除了教学技能技巧需要在实践中摸索外，上课所涉及的知识、资料对他们而言并无太多难度，基本上能够运用自如。

第二，学历越高的教师，学习能力越强。高学历的教师，由于在学校学习期间经历了系统的学习方法的训练，特别是硕士学历以上的教师，在校学习期间还要从事科研工作、承担课题研究等，专业系统的科研训练为这部分教师的科研和学习能力打下了坚实的基础。因此，这部分教师能够更快地学习与吸纳新的教学理念、教学技能等，更易于克服在工作中遇到的挑战与困难。

第三，学历越高的教师，对自我的要求相对越高。在这里，并不是说学历不高的教师对自己的要求不高，而是说，学历高的教师，之所以愿意数十载如一日地钻研学问、攻读学位，必定有比常人更为坚毅的心智与对自身更高的要求，他们更加不甘于平庸。因此，在工作中对自己的要求也很高。而且，由于自身的高学历所带来的光环，更加激励他们积极投入工作中。

第四，学历越高的教师，别人给予的信任感越高。可想而知，学历高的教师，在工作中会得到领导及周围同事更多的信任和尊重，从而工作更具有自主性，自我效能感、组织自尊感等积极情绪体验更加丰富，更能激发其积极投入工作的热情。

因此，高学历教师的自信、自立与自强的精神，使得他们的职业胜任力更强，个人资源、工作资源和社会资源水平更高，从而工作投入感很高。当然，在这里并不是宣扬"唯学历论"，很多学历不高的教师也兢兢业业地工作在教学第一线，并取得了骄人的教学成果。只是在当今就业压力大、竞争激烈的社会大环境中，教师行业同样存在严酷的竞争，往往只有专业素质过硬、个人素质够优秀的毕业生才能从众多求职者中脱颖而出。而学历往往是评价他们个人能力最直观的指标。就如在访谈中一位来自东部发达地区的校长所说:"在招聘老师的时候,往往由学校领导班子集体进行面试,硕士以上不用参加笔试,但是现在的情况来看,我们的教师群体中硕士、博士非常多,没有硕士学位基本不可能到我们学校任教。"这位校长也强调了,有硕士以上学历的教师确实"好用"。同时,拥有更多就业选择的高学历者愿意从事教职,必定是因为教师职业对其具有一定的吸引力,这种主动选择,和被动选择职业的心态所呈现出来的工作状态也是不一样的。

3. **学科原因**

研究发现,教授音乐、体育、美术和其他校本课程的教师,其工作投入感明显高于教授其他科目的教师。

在访谈中,当研究者将这一研究结论向一位校长进行求证时,他对此并没有持肯定态度,他认为:"任教科目,影响不是很大。可能大学科(指语文、数学、英语等)的投入反而比较大。就像谈恋爱一样,有些人是谈了恋爱再结婚,而有些人是结了婚再谈恋爱。同样的道理,对于教大学科的老师而言,因为这个科目很重要,老师和学生都很关注他的工作,本来他可能不想教,但一旦把他推到那个舞台上,责任和关注度就会逼着他去做,你说他是享受还是不享受?所以有时候这种情况下,因为别人给予的关注与光环很多,行为就会自动上升为奉献。因为有那个光环,他没有办法走下来了,就上升为奉献了。小学科工作没有办法量化评价,所以随意性比较大,做的好坏没有人监督他,没人管他做到什么程度。这些教师表面上可能很享受工作,但实际上他享受是因为他没有压力,但是他工作的投入、专注度不见得比大学科教师高。然后呢,大学科教师得到的关注度比他高、光环比他更大。比如以前我们的激励机制,大学科的教师可以出去玩什么的,小学科教师就没有。所以反而会让小学科教师觉得同样是培养学生,为什么我就没有这些福利待遇?因为教育的环境是很复杂的,会面临不同的情况。如果从压力来看,小学科是没有压力,但是你说工作投入感方面的话呢,不能说他最高,因为这个东西很复杂的,根本没有办法分出左右。因为有很多例子可以证明小学科教师更投入,也有很多例子可以证明大学科教师更投入,没有办法区分的。"

但是,将这一研究结果向教师们求证时,教师们对此却十分肯定。如一位教师这样说道:"所有科目的老师压力都大,音体美的教师工作投入感更高是对的。因为没有很多条条框框来限制他们的工作，他们可以根据自己的设想来发挥。就像有人说的责任田和自留地吧，他可以有一块更大的自留地，愿意去种什么就种什么。我个人觉得由自己的个性发展，可能会让教师更喜欢自己的职业。你像音体美教师，他没有条条框框的限制，没有中高考压力，所以有时候教师讲课就可以像大学老师一样，对哪一方面有研究，就重点讲哪一方面；对哪一块感兴趣，就跟学生探讨哪一块。不是跟学生讲知识，不是讲我研究的成果，而是我研究的这个过程，重点是我的方法是怎么样的，我通过怎么样的一些途径去研究的。可能我是比较理想化的，但是可能大学式的教学方式更能激发教师的认同感和投入感。"

另外，当研究者就上文提到的校长的观点征询一位年轻音乐教师的看法时，这位老师就研究者提出的"小学科的教师因为科目不重要，可能会得不到领导和周围人的重视，那会不会影响他们的工作投入感"这一问题，阐述了以下的观点："我觉得会有影响，但不是主要的。因为教什么科目，在大学的时候基本就有一个思想准备了，有了一个意识在自己的头脑里面，当你有了这个意识之后，再面对这样的现实，就会平和很多，所以这并不是主要的问题。我认为主要的问题是那些工作后面临的很多限制性的管理措施，你进入大学的时候是没有这样的意识的，但你一旦工作，就会面临这些状况，各种指标啊、标准啊。一个是你之前有心理准备的，一个是你之前没有心理准备的。这些差别会对我们的工作投入感产生影响。"

因此，就研究结论和各位校长和教师的反馈，再结合中学教育中各学科的教学特点，不难发现产生这种分歧的原因有以下两方面。

第一，对校长们而言，由于大学科与升学率有直接的关系，所以，学校领导更加重视大学科教师的工作业绩，对大学科教师的关注与重视也比小学科教师要多，这从上述这位校长的表述中就可以看出端倪。大学科教师也更容易从教师群体中脱颖而出，担任一定的行政职务，如很多学校中层以上的领导由一些大学科教师，特别是一些教授理科科目的教师担任。如研究者走访的几所中学，校长和副校长都是教数学、物理或者化学的。因为理科科目在当前的教育背景中具有很高的学科地位，成绩好的学生一般会选择理科，而且理科经过大量的练习，比文科更容易出成绩，在高考中更具优势。这也可以解释为什么教授"理化生"科目教师的工作投入感仅次于教授"音体美"教师，因为他们的投入和付出往往更容易看到成效。

因此，从学校领导的角度来看，由于大学科教师的工作业绩有目共睹，他们的付出在领导的心目中自然也更具分量。所以从工作业绩的角度出发，他们并不会十分认同小学科的教师工作投入感比大学科教师要高。

　　第二，从教师的角度而言，他们的考量与学校领导不同。因为教学工作是非常个体的劳动，工作当中的喜怒哀乐只有教师本人最清楚。而工作投入感强调的重点并不在于外在的工作行为看起来如何投入与努力，而在于工作者内心是否真正享受工作，是否觉得工作是快乐的，并且愿意投身于工作中，是一种对工作本身的情绪体验和情感契合。因此，从这一角度出发，工作所带来的一些附加价值，如经济收入、福利待遇、职务地位等，虽然在一定程度上会影响工作者的工作状态，但并不会影响他们对工作本身的情绪体验，因此，这些因素并不能成为左右工作者投入工作中的关键要素。如一位教师这样说道："我是这样想的，本来一个人的收入、工资，它是有刚性的。当你的工资涨到一定的程度，你再涨，对一个人的工作状态是不会产生太大的影响的。当然我所处的薪资阶层还没有到刚性的那个层次，但因为我自己对这方面有了解，我会觉得社会价值更重要。3000块或者6000块，对追求物质生活的人来讲，差别可能会很大，但对于我这种对物质生活没有多大追求的人来说，3000块可能差不多，如果6000块，那多出的钱我就会存起来，也没有多大的用处啊。就算是那些对物质生活要求很高的人，当他的收入已经能够满足他的物质要求了，再给他涨收入，估计对他的刺激作用也不大了。所以，有时候钱多钱少这些想法虽然很现实，但终归是有一个临界点的，超过这个临界点之后，人总归需要追求一些其他的东西。因此，这些问题我觉得没必要成为我的负担，我还是要追求自己的价值。当然，任何岗位都会有社会价值，但是你在某一个岗位上既能实现社会价值，又能够有自己的追求，我觉得那才是最完美的。"教授"音体美"等科目的教师，其学科的特殊性使他们更能够按照自己的意愿来进行教学，自己擅长什么、喜欢什么、钻研了什么，都可以作为课程内容教授给学生，虽然有大纲，但是可以不拘于大纲要求，随心而行；另外，由于这些科目不参加中高考，学校领导也会给予这些教师充分的工作自主性，让教师能够真正做自己想做的事，真正教自己想教的书。虽然给予的重视与关注不够，福利待遇也可能不如其他大学科的教师，但是工作的自由与舒心，也是一个非常大的隐性福利。同时，由于不用担心升学问题，学生在学习这些科目的时候心情也更为愉悦，也更能够在课堂上随着自己的兴趣而学，学生学得愉快，教师教得也开心，师生关系也更为和睦。这样的工作环境更能让教师有更多的空间来感受工作所带来的乐趣，也更能让教师从内心认同工作的意义与价值，对工作本身的满意度也更高。这种特长的发挥、身心的自由、氛围的愉悦、工作的认同，使教授"音体美"等科目的教师的个人资源、工作资源和社会资源水平都显著高于教授其他科目的教师，工作投入感高于其他教师也是合情合理的。

（五）个体特征原因

个体特征原因，主要探讨教师的性别差异和婚姻状况所导致的工作投入感的差别。研究发现，男女教师的工作投入感基本持平，但男教师对工作的专注度比女教师高；未婚教师的工作投入感高于已婚教师，未婚教师比已婚教师更具有活力、更能专注于工作，但无论未婚教师还是已婚教师，他们对工作的奉献精神都是一致的。

由此可见，男女教师在面对工作的时候，内心对工作的情感体验差别是不大的，工作的职责要求、困难挑战，对男女教师的工作投入感并没有产生有差别的影响力。这一点在访谈中也得到了诸多校长和教师的证实。但男教师对工作的专注度优于女教师，则可能是由男女在生理和心理条件上的差别导致的，这不属于本文的研究范畴，在此暂不进行深入探讨。

对于婚姻状况而言，大部分校长和教师认为婚姻状况确实会对教师的工作投入感产生影响。婚姻状况所带来的影响主要通过两种形式体现，一是婚姻的质量。如来自大连的一位女校长所说："婚姻状况其实是有影响的，婚姻质量好、家庭幸福的话，教师心情也好，整个状态就好。我也鼓励老师，一定要把自己的生活、家庭生活调整好了，才能心情愉悦地在学校里面工作，你不能牺牲家人、牺牲健康，就为了学校的工作，如果是这样，你的工作也做不好。家人的理解和支持、包容对工作很重要。"二是生育的代价。在访谈中很多校长和教师反映，已婚与否也许对工作投入感的影响并不大，但是否生育，对工作投入感是有一定的影响的。如湖南的Y校长所说："婚姻问题有一定的影响，是暂时的。男教师一般婚前婚后没有差别，女教师的差别比较大。女的要生儿育女，她要通过这样一个阶段。在她精力比较分散，有小孩要照顾的时候，她的工作投入感就会降低。不是主观,是有心无力,也想做好,但是面临两难选择,要么放弃小孩,要么放弃工作,很难兼顾。不是婚姻问题,是有没有孩子的问题,这个因素影响更大。"

也就是说,未婚教师由于没有家庭的牵绊,婚姻生活质量的好坏、生儿育女的忧喜还没有成为生活的主旋律,因此,他们更能将精力与时间投入工作当中;同时,由于未婚教师大部分是新入职不久的教师,他们的工作积极性高,学习能力强,思维比较活跃,精力充沛,具有较强的创造力与活力,迫切想做出一番成绩来得到学校领导和同事的认同,同时也希望通过自己的努力,早日获得职业生涯上的进一步发展。所以他们在工作中更具活力,也更能专注于工作中,工作投入感比已婚教师要高。但是在奉献维度,已婚教师和未婚教师的水平是一致的,说明不管已婚还是未婚,只要是具有职业道德和责任心的教师,都是愿意为工作、为学生而奉献的。就如一位老教师所言:"教书是一份良心职业,学生的前途和命运掌握在我们手里,不能误人子弟。所以教师们都是兢兢业业的,在尽自己最大的努力来教学生。可能从工作投入感的角度而言,并不是所有教师在这个过程中都是享受和快乐的,但至少在职业道德和责任心的驱使下,在行为表现、日常教师教学工作中,很少有教师消极怠工,不好好对待学生。因为你肩负着家长的托付、学生的期望。工作要求你做什么,你就只能选择将它做好。"

二 中学教师工作投入感的产生来源分析

对教师职业选择原因的研究发现,工作投入感水平最高的前五项职业选择原因依次是"教师收入令人满意""喜欢教师这个职业""受自己老师影响,也想成为一名教师""教师受人尊敬""希望改变当前的教育现状"。由于对教师的收入和社会地位满意而选择教师职业的教师、由于喜欢教师职业或受到师长影响而选择教师职业的教师,以及具有教育理想、希望改变教育现状而选择教师职业的教师,他们的工作投入感是最高的。这当中,由于对教师的收入满意而从事教师职业的教师,其工作投入感最高。也就是说,当对教师职业的收入感到满意,认为该收入水平可以满足自身的物质需求,其他职业的收入跟教师的收入比起来并没有明显优势而选择从教的教师,在工作当中的投入感是最高的。其次,就是热爱教师职业、立志从教的教师，以及有教育理想与追求、有教育使命感而从教的教师，他们的工作投入感也要远远高于其他教师。也就是说，这些教师选择从教的原因，更多的是从自身的兴趣爱好、理想追求的角度出发，并没有过多地考虑自身的得失，他们将教师这一职业当作事业去追求，本身就具有奉献精神，从而投入感比其他无奈或随波逐流而选择教师职业的教师高出许多。表面上看，这里出现了一个问题，即经济因素似乎还是决定教师工作投入感的第一要素，归根到底还是对收入满意的教师工作投入感更高。但是对这一研究结果仔细思量就会发现，经济因素与个人追求之间并不是二元对立的关系。对这一问题进行调查的题目是一道多项选择题，教师的选项是会有交叉重叠的，即选择了对收入感到满意的教师，同样有可能选择由于喜欢教师职业而从教这一选项。如在选择了"教师收入令人满意"而从教的9.3%的教师中，即被调查教师中的205名教师，有50%左右（即108名）的教师选择了"喜欢教师这一职业"；有大约25%的教师选择了"希望改变当前的教育现状"。因此，可以认为，喜欢、热爱教育事业，将教育事业视为自己的人生追求的教师，如果加上经济因素，即他们对自身收入也是满意的，则这部分教师的工作投入感将远高于其他教师；反过来，如果收入能够令教师感到满意，那么即使刚开始不是由于热爱或理想而从教的教师，由于对自身地位和物质条件的认同感和满足感，也会逐渐培养出对事业的热爱，同样有可能在工作中体验到满足与愉悦，积极投入工作中。因为物质追求和精神追求总是相辅相成的，"仓廪实而知礼节，衣食足而知荣辱"，在有精神追求的前提下，保障物质供给，则会极大地促进精神追求的提高与实现。就如一位校长所言："我们讲安居才能乐业。按照马斯洛需求层次理论也是一样，生理和安全的要求，是第一层的要求，有保障的情况下才能够好好开展工作。"

在各种各样的职业选择原因之下，教师们又是出于什么动机和目的而努力工作的呢？哪些努力工作的原因是工作投入感产生的来源呢？"当老师是从小的志愿和理想，所以对工作自然认真努力""热爱教学事业，有自己的教育理想，愿意积极投身于教育工作""积极工作才能实现人生的价值""热爱学生，可以从工作中得到快乐""为社会尽自己的绵薄之力""视生如子，把学生当作自己的孩子来教，愿意为他们无私付出，打心眼里希望他们学好""对自己的严格要求，希望在教学工作中不断提高自己""我希望从工作中获得成就感和幸福感",从这八项工作投入感最高的教师努力工作的原因中可以看出,教师积极投入工作中的动力来自内在,是教师内在动机的驱使促使教师在工作中充满活力、热情专注、积极奉献。对这八项原因进行归类总结,可以发现:教师工作投入感最高的前三项原因,归纳起来就是教师对教育事业的热爱和对人生理想的追求,这是教师之所以投入工作中的最重要的原因;中间三项原因,归纳起来是对学生的热爱和对社会的责任感;最后两项,则是对自我的要求和内心的情感体验。而一些较为功利的选项,如"为了保证教学质量和升学率""家庭经济来源及为了得到更多的报酬""学校的考核制度""中高考的激烈竞争"等,并没有成为教师积极投入工作中的主要原因。这也进一步印证了上文对为何因收入满意而选择从教的教师工作投入感最高的解释。正是因为工作投入感高的教师,积极投入工作中的动力,并不是来自对物质条件的追求和向往,而是出于内心对教育事业的追求,以及真正想要在教育领域做出一番事业的抱负。物质条件只是一个保障因素,如果物质条件较好,解决了教师在经济方面的困扰,则无疑会较好地激励教师积极投入工作中;但在物质条件不尽如人意的情况下,教师的工作投入感也并不会因此而受到严重的影响。正如一位老师所说的:"现在我们已经形成习惯了,不管工资多还是工资少,有偿劳动还是无偿劳动,只要是跟教学有关的事情、跟学生有关的事情,我们老师都是尽心尽力去做的,谁也不会去计较那么多。就比如暑假给升初三的学生补习功课,补了二十几天,是没有补习费的,老师全是义务劳动,但没有一个老师不愿意好好干,都是在奉献。"

在访谈过程中也发现,大部分对自己的工作投入感持肯定态度的教师,所表现出来的状态,就能让人感受到他们是很热爱自己的本职工作的。如一位英语教师这样说道:"当初选择做教师,是因为从小在教师家庭长大,妈妈和姐姐都是教师,我从小就深深地觉得做老师很光荣、很伟大,能够让一批批的学生成才,能够得到一批批学生的尊敬。特别是当已毕业多年的学生到家里看望我的妈妈和姐姐时,我就觉得当老师真好呀,毕业了这么久的学生,心里都能够惦记着以前的老师,真是一件特别能够让人感到自豪的事情。所以我高考的时候,在家人的支持和鼓励下,就选择了师范院校。现在自己当老师了,跟学生们朝夕相处,他们的活力感染了我,让我也觉得自己永远不会老;他们的懂事好学,也让我越发坚定了当初的选择。"一位体育教师说道:"我这个人,本来就喜欢我的体育专业,在校读书时,也是体育成绩特别好,我应该是属于那种运动细胞比较发达的人吧。所以当时就选择了做体育老师。而且我觉得跟学生在一起挺开心的,上课的时候教他们踢踢球,活动活动,现在的学生压力大,我们体育老师也就尽可能地在课堂上带着他们多运动运动,要不孩子的身体吃不消啊。"还有一位年轻的数学老师这样说道:"我是一直都想当老师的,主要是受到以前老师的影响。是我初中时候的班主任,也是数学老师,当时我因为家庭原因受到影响,学习非常糟糕,厌学,其他科任老师就老批评我。但是我的班主任始终觉得我是一个有潜力的学生,从不会在课堂上当着同学的面骂我,反而在私下经常鼓励我,关心我家里的情况,还家访过几次。放假的时候还主动给我补课,都不收补课费。后来我也争气,一路考上高中、大学。所以,我心里一直非常感激他,是他改变了我的人生,在我心里,他就是我的恩师。所以,我就想自己要是也能成为一名教师,就能够帮助像我曾经一样迷茫失落的孩子。这是一件非常值得去做的事情。所以由于我学的也是数学专业,毕业后就直接考过来当老师了。每当我能帮助一个孩子,我都特别有成就感,也算是回报我恩师的一种方式吧。"在调查中,还有许多这样的教师,因为各种各样的原因,都怀揣着对教学工作的热爱而努力且投入地工作着。所以,正如一位校长所说的:"出色的教师肯定是热爱本职工作的。其实各行各业都一样,你越出色的话,就说明你越热爱这份工作,至少你是享受这份工作的。这也可以理解嘛,如果有人逼迫你去做一件事的话,其实你是很难把这件事做好的。"

同时,对教师再次进行职业选择的意愿的调查也发现,选择"一定会"再次成为教师的教师,其工作投入感均分最高,为 4.180 分,远远超过本次调查所得 3.518 分的均值;选择"一定不会"再次成为教师的教师,其工作投入感均分最低,仅为 2.944。即对教师职业的热爱程度越高,越愿意坚守教师岗位的教师,其工作投入感越高。这也进一步印证了上述的分析结果。

综上所述,将工作投入感高的教师职业选择原因与努力工作的原因进行对比,发现二者之间是有部分重合的,即,将对教学事业的热爱和拥有自己的教育理想作为职业选择原因或努力工作原因的教师,其工作投入感都很高。因此,可以认为,当前我国中学教师工作投入感的来源,更多的是来自内在动机的影响,即来自教师对教学工作的热爱、对教育理想的追求、对个人价值的实现、对社会责任的承担,以及对自我的要求和约束,受到精神层面和道德层面双重内驱力的驱动。因此,中学教师工作投入感产生的主要来源,归纳起来就是:

第一,对教育事业和学生的热爱;

第二,对教育理想和人生价值的追求;

第三,对社会的责任感和使命感;

第四,对自我的要求和获得积极的情感体验。

但也要注意的是,出于对教师这一职业的认同和热爱而从教、而积极投入于工作当中的教师在当前并不属于主流群体。由于上述几个职业选择原因而从教的教师比例均不超过30%;在工作投入感较高的几个努力工作的原因中,除"我希望从工作中获得成就感和幸福感",教师选择的比例超过50%外,其余原因,教师选择比例均未过半;对于工作投入感最高的原因,即"当老师是从小的志愿和理想,所以对工作自然认真努力",教师选择比例仅为25.0%。这也说明,在当前的社会背景和教育现状下,真正出于理想和热爱而积极投入工作中的教师并不多见,这也是在进行师范生的选拔与培养时应该注意的问题。

三 中学教师工作投入感的作用结果分析

研究表明,当前被调查教师的工作绩效处于中等偏上水平,70%以上的教师认为自己的教学业绩较好;工作投入感越高的教师,其工作绩效水平越高;教师工作投入感与工作绩效之间存在显著的正相关关系。这一研究结论也进一步印证了Bakker等人的观点。这通过工作要求—资源模型可以对这一结论进行很好的解释。

工作要求—资源模型认为,工作者的工作条件分为要求和资源两种,工作要求、个人资源和工作资源都是工作投入感的重要影响因素。工作者面临的工作要求越高,个人资源和工作资源的重要性就越能得以凸显。因为当工作者在面临高标准的工作要求时,由工作要求所带来的巨大压力,会促使工作者从个人资源和工作资源中摄取能量,以使失衡的工作条件恢复平衡。这时,如果具有很高的个人资源和工作资源,就会促进工作者进一步挖掘自身潜力、学习新的知识与技能,积极应对高标准的工作要求所带来的挑战,工作投入感大大提高，则工作要求所带来的负面影响将会被抵消，甚至能够促进工作者能力的提升和素质的增强，从而顺利完成工作目标；而如果工作者具备的个人资源和工作资源不充足，则工作要求所带来的紧张、焦虑、沮丧等，就会变成压力源，对工作者的工作状态产生消极影响。

本研究发现，当前被调查教师身处高负荷、高压力、高技能素养要求的职业环境中，工作要求程度非常高。教师们的工作强度非常大，教师工作辛苦、压力大已成为超过80%的教师的共同体会；同时，教师工作对教师的专业素养要求也很高，90%以上的教师必须不断充实提高自己的教学技能与素养；另外，教师工作对教师家庭生活的影响也较大，大部分教师会将工作放在首位，从而牺牲家庭生活。但是，研究也发现，纵使教师面临的工作要求状况如此严峻，但是在参与调查的教师看来，他们的教学效能与成果确实值得瞩目的，超过70%的教师认为自己取得了较好的教学业绩，获得了学生的成绩提高和身心成长的双赢。也就是说，严峻的工作要求并没有影响教师的工作绩效，反而可能产生了较为正向的影响作用。因此，通过对教师工作投入感影响因素的进一步研究发现，被调查教师所具备的个人资源和工作资源水平处于中等偏上水平，超过70%的教师认为自身的个人资源和工作资源水平较高。同时，个人资源和工作资源水平较高的教师，其工作投入感也较高；而工作投入感高的教师，其工作绩效水平也高。因此，可以认为，正是那70%左右具有较高水平的个人资源与工作资源的教师，克服了高标准的工作要求所带来的压力与消极情绪，使自身潜力与能力得到进一步的发掘与提升，从而克服工作的挑战与困难，取得了良好的教学业绩。也就是当高工作要求和高工作资源①结合在一起时可以产生高工作投入感，从而产生了高工作绩效。但是，正如L校长所言："投入与收获不一定成正比，但不投入肯定没法收获。教师的工作业绩，与很多因素都有关系，是一个复杂的工程。你说教好学生容易，还是教差学生容易？因为教育本身没有办法量化，但是我们也不是绝对地认为教差学生就比教好学生工作难度更大，因为好生差生要看你怎么界定。有些学生学习成绩不怎么好，但是懂事听话；有些学生很聪明，成绩也不错，但是不服管教，

---

① 这里的工作资源与前文所述的工作资源不是同一概念，此处指工作中获得的一切资源，是泛指，包括个人资源、工作资源、社会资源等，是从工作条件这一角度而言的。

你说哪种学生更让教师操心？这没法区分的。但是如果你认为教好学生和教差学生没有差别，这是不对的。它肯定是不一样，是有差距的。特别现在的这个评价体系，是以升学率、优秀率论成败的。所以有时候教师的工作业绩真不是投入多、投入高就收获多、成果多的，跟学生的素质有很大关系。但是反过来讲，如果学生受教、好学，教师在工作中心情自然会好，也就更投入工作中，更乐于在工作中奉献，也肯定更容易出成绩。这是相辅相成的事情。"

四 中学教师工作投入感的障碍因素分析

在前文，就研究结论对当前被调查中学教师的工作投入感现状、产生来源和作用结果进行了深入的剖析。但是，虽然在调查中有70%以上的教师工作投入感呈现较高水平，但由于受到调查样本的限制和研究过程中的各种不可控因素，研究数据必然会存在一定的误差，因此，中学教师工作投入感的现实状况也许并没有那么乐观，至少仍有22.5%的教师工作投入感状况不佳。如来自新疆的Z校长就激动地说道："当前我们学校教师的工作投入感状况并不乐观。学校是一个弱势群体，教师的自我认可和社会认可都很低。很多老师都想找机会离开这个群体，比如有些老师或校长，一有机会都会往政府部门走，如刚才报告中提到的那位校长，就到教育局当局长去了，而且人人都羡慕他，这就说明了问题。因为教师没地位啊，当年政策下台，称教师工资水平不低于公务员水平，这就说明了教师是不如公务员的，是比公务员低一等的，不论是社会地位还是经济收入，都是比不上公务员的。况且到现在，这个政策也没有真正落实，教师工资水平还是低于公务员。你说这让教师怎么具有投入感？更不敢提奉献了。现在奉献这个词我们是不敢提的，教师们特别反感这个词。他们会认为，你给我这点工资，还让我奉献，奉献什么？把本职工作做好就不错了！"一位来自上海的校长也说道："大部分教师都是把工作当作一种职业，很少有人把这份工作当事业来做。教师的工作投入感状况呈现出'两头少、中间多'的特点，特别好、投入感特别高和特别不好、投入感特别低的教师都是非常少的，大部分教师还是处于中间位置，把工作当作养家糊口的职业、手段，最多做到尽责，但是不谈奉献的。虽然不谈奉献，但是教师工作本来就是一份良心职业，实际上还是在奉献的。对于教师工作投入感来讲，专注和奉献能够达到一定水平,但是积极探索(活力)是最欠缺的。在年复一年的教学中,教师在熟悉了教材、熟悉了这个体制之后,是很难改变观念、改变教学方式和工作状态的,这就是教改的阻力。"

因此,虽然数据呈现出有 77.5% 的教师工作投入感处于较高水平,但对于我国,专任中学教师总人数超过 500 万(2012 年的数据为 5099398 人[①]),按这一比例进行加权推算的话,就意味着超过 100 万的中学教师工作投入感状况不容乐观。那在当前的政策和教育背景下,进一步提高教师工作投入感面临哪些现实困境呢?根据访谈反馈的信息,本研究认为,当前中学教师工作投入感面临的最主要的障碍性因素有四点,分别是教师职业吸引力的障碍、校长人事权和财政权的障碍、教师工资待遇的障碍,以及教师发展平台的障碍。

(一) 教师职业吸引力的障碍

对教师再次进行职业选择的意愿的调查发现,如果再给教师一次机会进行职业选择的话,仅有 12.6% 的教师认为自己"一定会选择当教师",另外有 33.9% 的教师认为自己"可能会选择当教师"。也就说是,有一半以上的教师并不认为教师职业具有吸引力而愿意坚守。

高英哲等人在 2010 年就中小学教师职业吸引力的调查发现,虽然人们普遍认为教师职业是最重要的职业,并且教师群体应该由最优秀的人组成,但是这一"最光辉的职业"却缺乏较强的职业吸引力。教师职业平均吸引力低于中等水平,仅有 41.4% 的教师愿意再重新选择这一职业;90% 的高二学生不把教师职业作为自己的理想职业,78.5% 在自由择业的情况下不愿意从教,59.2% 在自己分数允许的情况下不愿意就读师范院校。同时,高英哲等人的报告也指出,绝大多数优秀人才不愿意从教,在中小学鲜少看到毕业于"211 工程院校"及其他名校的教师。"211 工程院校"和名牌大学每年都要从高三毕业生中招收 40 万左右的学生,这些学生基本上就是该年龄段的精英和最优秀者,虽然其中有几所师范院校,但是这些优秀的人才大部分不可能进入中小学教师队伍,进入中小学教师队伍的基本上是 40 万人以后的学生,"这就是教师职业实际的吸引力层次,也是现在教师群体的

[①] 中华人民共和国教育部发展规划司:《中国教育统计年鉴》,人民教育出版社,2012。

'优秀度'层次"①。在本次研究中也发现,当前年青一代教师对坚守教师职业的愿望非常低,年轻教师跳槽率高已成为每个学校都存在的现象。W 校长这样说道:"年轻教师跳槽比较多,特别现在这一代年轻教师特别明显。因为他还有选择性。当他将自己的职业与其他职业进行纵向和横向对比后,比如与他大学同学进行对比,在工作强度、职业待遇等方面可能就会产生心理落差,心就定不下来,所以就开始影响他的想法,可能他就会跳槽。"

那究竟是什么原因导致教师职业吸引力如此之低,既无法吸引优秀人才从教,也很难留住优秀青年教师呢?本研究认为,以下两个原因是导致这一问题的症结所在。

1. 教师职业声望地位与财富、权力地位不一致

马克思·韦伯(Max Weber,1864—1920)认为社会地位的评价标准是财富、权力和声望。而 1999 年的调查显示,中小学教师的财富、权力、声望分数分别为 38 分、39.4 分、64.2 分②。2011 年对中小学教师职业声望的调查显示,各类群体对我国中小学教师职业声望的总体评价比较高,居于中等偏上水平;与医生、律师、公务员相比,教师的经济地位和社会地位还处于较低水平③。2013 年,国际教育机构乐基 GEMS 财团发布的"全球教师地位指数"报告书称,中国中小学教师的地位全球最高,但平均工资排在倒数第二,仅高于埃及④。华东师范大学 2014 年发布的《中国高等师范院校师范生培养状况调查与政策分析报告》亦指出,"当下中小学教师的经济收入低是拉低其综合社会地位的主要因素,成为教师职业与其他职业相比的一个主要劣势,难以吸引更多的优秀人才,也使得已就职的教师从教意愿难以稳定"⑤。

职业声望所带来的是全社会对教师工作的高度关注及高度期望,人们

---

① 高英哲、高龙刚、高洪民:《关于中小学教师职业吸引力的社会调查》,《中国成人教育》2010 年第 3 期,第 83~86 页。
② 仇立平:《职业地位:社会分层的指示器——上海社会结构与社会分层研究》,《社会学研究》2001 年第 3 期,第 18~33 页。
③ 董新良:《中小学教师职业声望调查研究》,《教师教育研究》2011 年第 23 期,第 56~61 页。
④ 《中国教师全球地位最高收入倒数?》http://www.sznews.com/rollnews/nfjysb/2013-10/11/content_205325701.html,2013。
⑤ 《调查显示中小学教师收入低拉低其综合社会地位》,http://edu.qq.com/a/20140520/007751.htm,2014。

对教师的期待是能够化腐朽为神奇式地大幅提高学生成绩、全面促进学生发展。而教师在身处肩负社会高期望值的职业角色中，一方面要保证学生升学率，另一方面要实施素质教育，同时还有职业生涯发展所带来的科研和职称压力；但是这种高压力、高强度的工作所带给教师的社会地位、财富地位却低于其他参照群体。在这种较高的职业声望与较低的社会经济地位的困局下，教师便会产生较强烈的相对剥夺感。相对剥夺感是指"人们通过与参照群体的比较而产生的一种自身利益被其他群体剥夺的内心感受"①。因此，由于全社会以及教师本人都认同教师工作至关重要，甚至超过其他职业，但是教师工作的价值并没有得到实质上的体现与重视，教师创造的社会价值反而被其他群体所挤占。在这种地位的失衡中，教师职业自然会失去它应有的吸引力，既无法获得优秀人才的青睐，也难以稳定既有群体。

2. 教师付出与收获不一致

在调查访谈中，很多教师提到，跟很多其他职业比起来，教师的付出与收获是不一致的。其他职业的付出，可以回报以较为明显的社会收益或经济收益，而教师职业附带着太多需要付出和奉献的工作，不仅工作量无法核定，就连工作时间也没有明确的时限性，更不用说这些隐性的付出能够在教师待遇上得到明确的体现。如一位教师这样说道："我是负责学校安全工作的，在我身上体现得比较明显的就是，一个中午，如果我时间没有安排好，可能我吃饭的时间都没有。第四节下课，接着要保障学校的安全，之后又要到其他地方负责学生的心理咨询工作，等这些工作做完，基本上又要开始下午的课了。这些事情基本是义务在做的，但是我所付出的辛苦没有人真正在乎，可一旦出问题，就是我的责任。可能我的这种经历更能够凸显出教师职业跟其他职业的区别吧。比如我有个同事跟我同一年进来的，结果两年之后他出去了，体验了其他的工作岗位，发现其他工作其实很轻松。虽然他是公务员，虽然限时，几点必须到岗，哪个时候才能走，但是只要他坐在那里，不管他做什么，做自己的事情也好，或者工作干得快还是慢、干得好还是坏，都没有一个硬性的要求。但是像老师的话，很

---

① 郭星华：《城市居民相对剥夺感的实证研究》，《中国人民大学学报》2001年第3期，第71~78页。

多东西都是有一个硬性的要求和标准的，比如说你当班主任，可能早上六点多就要到学校，学生一定要到位，你要查，没到位的你要打电话问家长，这些都是非常细的一些事情。所以可能教师的精力、责任和担当会比较重一点。但是老师的收获并不比其他职业更多，甚至还不如其他职业。可能也是因为这种投入和产出的比例不协调吧，或者可能也是因为工作压力比较大，导致很多老师并不是非常想从事教学工作。我在网上搜过，有过一个非官方的调查，所有的职业当中，压力最大的是警察，因为他们要破案；其次就是老师，为什么呢，因为要上课、要抓升学率、要保证学生的安全。所以我觉得这也是一方面的原因吧。"一位老校长不无痛心地说道："现在的年轻老师，收入不如民工，全国一样。而且教师工作技术要求比较高，每天都泡在那里，从早到晚，教师每个小时的工作，如果你换成钱去算的话，我看北京就是 5000 多块钱，其他地方，4000、3000、2000，大概是这个范围，折成每小时计费的话，一个小时没有几块钱。它跟公务员体系差不多一样，但公务员的工作强度和技术性、影响力，肯定不如教师。培养人这件事，我觉得更崇高、影响力更大。换位思考，那当公务员的就不服气了，那我们就不重要啦？但实际上真的就是这样，虽然公务员也是从早到晚上班，但老师是从早到晚都在工作中投入心力，这个投入的心力比公务员更大，一天 24 小时，他都必须在那里；而且他这种工作的话，严格意义上没有什么规律，刚开始完全靠自己摸索、成长。而且学生又是多样的，我们要求培养学生要个性化培养，既然是个性化培养，就要求管理也要个性化，要求每个教师一个班 50 个学生进行个性化培养，光谈话就够你谈了。所以在教师付出那么多之后，他的经济保障，他背后同样都是家里有老有小，他要结婚要买房，你让他怎么办？因此我认为在现阶段，最主要的问题是待遇问题，没有给教师行业足够令人羡慕的、有尊严的收入。"

3. 教师职业理想与现实不一致

教师工作不自由，缺乏激情与挑战性，也是很多人不愿从教的原因，对于年轻教师而言更是如此。二十多岁是对未来还有很多期待的年纪，具有鲜活的创造力与闯劲，在价值多元化、选择多元化、生活多元化的今天，当他们还有更多选择与可能性的时候，工作强度大、工作内容机械重复、工作圈子封闭单一、没有足够的自由时间和缺乏升迁机会的教师职业并不是他们的首选。当时机来临的时候,很多年轻教师会抓住机会离开教师群体,以避免这种"一眼望到头的生活与未来"。如一位年轻教师坦承:"高考的时候,家里面认为稳定的职业比较好,而自己当时也不懂,就选择了报考师范院校。其实,说实话,我现在的生活,跟整个社会相比来言,还是不错的。我还特意跟经济学的一些指标对比了一下,就是那个恩格尔系数,我的恩格尔系数非常之低,应该是属于富裕阶层的人,我的食品和其他维持生存的支出在我的支出里面占的比例非常小。但即便我现在是这种生活状态,即便现在我的生活质量再低一些,但是能够让我去做更乐意、更充满希望、更充满期待的一些事情,我都愿意去做。就是说即便生活品质会有一些下降,我都愿意去选择。我跟自己说的,就是再不拼搏,可能就温水煮青蛙了。一是因为教师职业责任感要求比较高;二是因为工作琐碎的事情也比较多,时间也掐得比较紧,各种工作都要安排时间去做,改作业啊写教案啊,虽然没有硬性要求你花多少时间去做,但你总要花时间去做啊。所以就感觉自己一直这样的话,自己一生就这样过了吗?是不是应该赌一把?就我个人而言,就有这样的想法,即便之后输得一败涂地,那至少也拼搏过。如果我不做选择的话,那我的生活就一眼望到头了,我现在还有选择的话,我可以决定以后怎么活。我很多同学选择主动改变环境,包括几个跟我一起进来的同事,包括比我晚进来的,他们全都辞职去考研究生、公务员。我不管他们最终结果能不能考上,但是我很向往、很钦佩他们的这种做法,有机会我也一定会去尝试的。"

(二) 校长人事权和财政权的障碍

在我国,校长负责制是以法律的形式加以确立的。20世纪80年代,萧宗六教授首次倡导中小学实行校长负责制,其间几经争论与变革,在1995年施行的《中华人民共和国教育法》中首次明确规定我国中小学实行校长负责制,是中小学校长负责制法定化的标志;之后,在2006年修订施行的《中华人民共和国义务教育法》中也规定:"学校实行校长负责制。校长应当符合国家规定的任职条件。校长由县级人民政府教育行政部门依法聘任。"进一步强调了义务教育阶段校长负责制的法定地位。但是校长负责制实施三十年来,由于缺乏配套的体系和制度规定,在实行过程中出现了很多问题;同时,制度的变迁导致校长所具有的部分权利上移,致使校长负责制的落实出现困境。这其中,最明显的就是校长用人权和财政权的丧失。

在《中小学校长负责制三十年回顾与现实问题分析》一文中指出,2001年以来,我国实行的是国务院领导下,地方政府负责、分级管理、以县为主的教育管理体制,在这一教育管理体制之下,县级政府在对教师的人事权、财政权等教育资源的统筹配置上拥有了更大的权限;在这一基础上,我国又实行了"一费制""两免一补"以及"取消农民教育费附加和教育集资"等政策以保证中小学教育经费到位;同时,对包括中小学在内的事业单位实行全员聘用制,在社会上进行公开招考,实行岗位设置,实施绩效工资。文章进一步指出:"按照'以县为主'的教育管理体制,县级教育行政部门对中小学校负具体管理责任。县级教育行政部门对辖区内的教师、教育经费及其他教育资源统一指挥统一调动,使得校长没有了人事权和财政权。这在很大程度上使中小学校长的事业心、责任感和工作热情遭受了打击,更重要的是校长无法根据本校实际来合理调配开发和组织教育资源,不能高效率地组织教学科研活动。2009年1月正式生效的《关于义务教育学校实施绩效工资的指导意见》,实际上控制了学校自行发放津贴的权力,一定程度上抑制了教师的积极性。"[①]

首先,校长没有人事权。一方面,想聘任的教师聘任不了;另一方面,也没法让胜任力低的教师退出教师队伍。通俗地来说,现在中学教师的招聘考试包括编制考试和校聘考试。编制考试就是由政府和教育主管部门举行的公开招考,校聘考试是各个学校对新任教师的选拔考试。在这里,往往会出现这样的问题,一是通过了编制考试的应聘者,如果在校聘的时候各方面条件未达到招聘学校的要求,就算学校不想聘用,也不得拒聘;二是通过了校聘考试的应聘者,就算各方面条件优秀,完全符合招聘学校的要求,但是在编制考试时失利,没能考取编制,那么就算学校非常想要,也没法聘用。同时,对于不胜任的教师,校长和学校管理层是没有权力让其退出教师队伍的。虽然2003年以后,国家加大了对中小学教师聘用制的改革,提出考评不合格的教师,学校可以对其进行解聘,但现实中解聘教

---

① 刘璐:《中小学校长负责制三十年回顾与现实问题分析》,《教育理论与实践》2013年第23期,第20~22页。

师的情况非常罕见。公办学校对在业绩评估中教学质量差、业务能力低的教师的处理方式往往是将其调离教师岗，轮换到教辅或后勤岗。但是，不论是何种形式的换岗，该教师仍然占据着有限的教师编制，使学校和教育主管部门难以申请新的财政编制来聘任新教师。因此，公办学校常面临一方面缺乏具有胜任力的教师，另一方面又缺乏新增编制来招聘优质教师的困境[1]。这一情况在处于义务教育阶段的初级中学更为严重。如一位初中校长这样说道："我们校长这个队伍的管理权是存在很大问题的。就比如说我们公办学校，校长对老师的进出、用人权是一点权力也没有。政府给你什么样的人，你就得要什么样的人，而且你还得想办法怎么让这批人发挥更大的作用。我们跟高中还不一样，我们初中就完全听政府的，通过政府考试的人就可以安排进来。包括他不胜任或者犯什么错误，那我们这一块就没有出口，没有办法优化教师队伍。"

其次，校长没有财政权。在实施绩效工资之前，校长是有财政权的，校长对本校各项教育经费的支配、使用和管理都具有相当大的自主权。学校有多少经费、收入了多少钱，可以通过学校教代会设立项目、设立标准，对表现突出的教师予以奖励。但实施了绩效工资之后，这一原本属于校长的职权上移至县级教育行政部门，各项经费的支配、使用和管理都需要通过县级教育行政部门的审批和把关[2]。虽然绩效工资中30%的奖励性工资是允许校长支配的，但真要动用这部分资金，还得经过财政部门的严格审批才可以兑现，校长没有私自动用的权力。为此，校长没有了财政权，最直接的影响就是校长没办法对教师进行有效激励。虽然目前施行的绩效工资制旨在突出岗位绩效的激励功能，从而提高教师工作积极性。但在实际的实施过程中，存在各种问题，并没有真正达到政策预期，这在下文将详细论述。"财政权现在校长没有了，以前我们学校收入多少钱，我们可以通过学校教代会来做福利，因为有钱。说到奖励激励，无非就是物质和精神两方面。原来我们在物质激励方面弹性是比较大的。只要有突出表现的教师、工作业绩好的教师，我们都能够给他相应的物质奖励，包括到外地旅

---

[1] 安雪慧：《完善中小学教师退出机制的政策路径》，《华中师范大学学报》2011年第50期，第144~149页。

[2] 容中逵：《教师绩效工资实施问题及其臻善——基于对浙江省的实地调研》，《中国教育学刊》2012年第1期，第38~41页。

游度假什么的。现在学校的钱都上缴了，可支配的额度太少，没办法做福利了，对我们老师肯定有影响了。那我们校长怎么办呢？我们只能是想办法不让这种矛盾转移到管理层，我们只能开职工大会，跟大家讲我们就只有这么多钱，就这种激励机制。但是虽然钱没了，但是这些工作是每个人都要干的，不能因为没钱或钱少而不干。我们只能做教师的思想工作，请大家换位思考。比如说当班主任，每人当三年，可能就没有话讲；超课时，当钱比较少的话，叫你超你就超，给不给钱你都超；然后人家生病你要去顶，人家请假你要过去顶，钱少你要过去顶。我们校长只能动员大家不要把那些额外的工作当作有钱才能做的工作，而先把它当成你必须做的工作，而不是说有钱我才干，没钱我就不干。这样大家都知道这些工作是我们的工作，那今天我做了，明天你做吧。但是当工作是大家的工作也不是大家的工作的时候呢，做起来后呢，它的激励作用就没有像那种真正的就是我个人的工作来得好。因为，当学校有良好的激励措施的时候，你做得多做得少，那是我个人的事情，我多做多得，少做少得，激励作用反而好。现在这个工作，在教师看来最多是学校的工作，但大家都可以来做，变成这样子，是你的工作，也是我的工作。现在的这个状况跟以前比起来肯定没有激励作用，就变成这是大家的工作而不是我的工作。"H校长无奈地说道。也就是说，当校长丧失了财政权之后，无法通过合理有效的手段促使教师更加积极地投入工作，特别是对于一些额外的工作量，更加没有办法动员起教师的积极性。只能用做思想工作的方式动员教师不计个人得失，无私奉献于工作。这种方式，在短期内可能有效，但是从长远来看，必定对教师的工作投入感产生影响，也会影响到教师的工作满意度。就如一位教师说的："以前校长承诺给我们的很多福利，现在都没有了。校长也很抱歉，只能在职工大会上跟大家道歉，说对不住大家了，这个福利现在也兑现不了了，我只能从哪些哪些方面来补偿大家。我们教师存在情绪和意见是一方面，另一方面也觉得校长也真是不好当。"

(三) 教师工资待遇的障碍

目前，绝大部分地区实行的绩效工资，其构成均按照国家规定，分为70%的基础性工资和30%的奖励性工资。基础性工资由县级政府人事、教育、财政部门确定并按月足额发放，奖励性工资由学校根据教师工作量和工作业绩确定并按年差额发放。但是这种三七开的绩效工资制，在实际的学校工作中，并没有真正调动起教师的工作积极性，反而造成了新一轮的"吃大锅饭"现象。究其原因，一是因为30%的奖励性工资占工资总额的份额太小，难以拉开收入差距，这部分奖励并不足以调动起教师的工作积极性，许多教师将这一部分奖励和自己在工作中需要付出的时间和精力进行对比后，宁愿放弃或少要这部分奖励以获得更多休息时间；二是因为这种工资制度的激励效果难以覆盖全部教师，特别是对于那些已经取得了高级职称且安于现状的教师而言，他们的基础性工资本来就比较高，对于是否获得另外30%的奖励性工资，并不十分在意，所以对他们的激励效果就不明显；三是由于这30%的奖励性工资在形式上属于教师总工资的一部分，许多教师误认为学校是在拿自己应得的工资奖励自己，从而会滋生不良情绪[1]。这样，现行的绩效工资制反而阻碍了教师工作投入感的产生。

H校长的看法就很好地说明了问题所在："现在的大政策是推行阳光工资，就是绩效工资。把原来各个单位各个地区的激励机制打散了，重新做一个标准出来。本来的想法比较好，是为了调动教师的工作积极性，但是推行起来达不到原来的目的，从我们老师的工作投入感来看，看得比较明显。在推行绩效工资之前，不管是哪个单位，钱多还是钱少，他们都能够比较有效地激励老师在工作中全心投入，这个激励对全部老师都是有效的。但是推行了绩效工资改革之后，不管是好的单位还是差的单位，在教师工作投入感上都比原来总体上要下降。为什么呢？我先讲好的学校，原来收入比较高，激励比较好，现在学校没钱奖励了，收入降低了，生存压力油然而生，（老师）会有点情绪。对于较差的学校呢，刚开始（老师）都高兴，因为大家的工资都能提高了，大家当然高兴了。但是随着工作的不断深入，因为教师工作是长效的，不是一时的，弊端就开始显现。为什么显现出来呢？其实对好学校差学校都是同样的道理，因为原来的激励机制里面呢，每一种激励措施对影响教师工作投入感的各种因素，它都有一个相关性。什么相关性呢？比如说从微观经济学来说，同样的钱对不同人去买

---

[1] 容中逵：《教师绩效工资实施问题及其臻善——基于对浙江省的实地调研》，《中国教育学刊》2012年第1期，第38~41页。

书，获得不一样的边际效应。我可能拿钱买书、买吃的、买衣服，同样的钱，去购买不同的东西，每个人获得的满足感是不一样的。现在是工资提高后，能够刺激工作投入感的因素反而改变了。最主要的原因，比如像班主任，原来工资比较低，教师只有 1000 多元钱，但在学校奖励的机制里面，我（校长）就可以拿出 300 元、500 元奖励这些班主任。对班主任来说，这些钱相当于工资总收入的 1/3，所以这部分钱就有很大的激励作用。但现在绩效工资之后，基础工资提高了，每个人都有 3000、3500，当我有了这些钱之后，对于班主任的补贴，如果现在也是 300 元到 500 元，那这部分钱对教师的激励作用就减小了。也就是说，当我有 1000 多元钱工资的时候，这 500 元钱对我很有激励作用，但是现在我有 3000 多元钱了，这部分钱对我的激励作用就不大了，有没有都一样。甚至我有 6000 元，再给我 1000 元，我都不做了。所以进行绩效工资后，激励作用反而不大了，我认为这是最主要的问题。更何况，现在校长连发这三五百块钱还得打报告向上级部门申请。"

（四）教师发展平台的障碍

教师发展平台的困境，指的是教师在职称晋级上面临的现实困难问题。目前我国中小学的职称职数是按照岗位结构比例进行配给的，即实行所谓的"名额配给制"。职数指的是各个职称级别的岗位总数。一所中学初级、中级和高级职称的职数是按照岗位结构比例进行精确划分，是以单位的职称人数为基础的，并呈金字塔式分布，即越往上，职数越少。在竞聘人数一定的情况下，就会出现职数配给多的职级容易聘上，职数配给少的职级就难以聘上。同时，由于职数按分配比例来说，基本是恒定的，且呈金字塔式分布，因此，必须等上一职级的教师退出或晋升，下一职级的教师才有可能晋级。要退出去的人少，想晋升的人多，常常会出现"评得上却聘不上"的状况，甚至出现评上未聘的教师和新增的达到评级要求的教师共同竞聘的局面，致使有些岗位出现几十个人同时竞争的情况，导致有些教师甚至到退休都没有评上高级职称，严重打击了教师的工作积极性。如作为 2009 年教育部首批中小学职称改革试点的山东省潍坊市，在职称改革中就遇到了这样的难题，"虽然高级职称的聘任比例达到了 1.6%，甚至最高的县还达到了 3.2%，但还是无法在短期内消化现有的未聘上该职称的存量。如果要全部消化，至少需要几年，甚至十几年"[①]。当前的中小学教师职称改革要求在中小学中设立正高级职称，职称系列依次为三级、二级、一级、高级和正高级教师，虽然新增的正高级职称，可以为中小学增设一些职数，但由于所占的比例很少，评聘条件较高，依然无法满足一线绝大部分教师晋级的需求，也无法为下一级职称的教师晋级挪出多少职数[②]。

在访谈中，很多老师对这一状况很无奈，也很焦虑。一位教师这样说道："今年是我工作的第十七个年头了，但是晋升中教一级（一级教师）还是没有希望。我所教班级的中考和统考成绩都很好，中考成绩各项指标都在全县第三名，但是今年还是没有评我，我已经是四十岁的人了，不知道要挨到什么时候才能评上。"另一位教师也不无感慨地说道："我属于比较幸运的那批人，当年我评高级职称的时候，因为我教龄算是比较长，又在职念了研究生，所以学校有三个名额，当时我的总分是最高的，最后我们学校的李副校长、我和我的一个同事评上了，那年我才37岁，真的算是非常幸运了。但是我的一个同学就没我那么幸运，我们大学毕业后同时分配到我们学校，现在都过了45岁的人了，一级教师都还没有评上。他的工作也不是做得不好，但是名额太少啊，比如我们学校今年才有四个一级教师的名额，好多人都在排队呢。虽然政策规定二级晋一级五年就可以竞聘，但是实际情况并不是这样，像我同学那样，十几年都没有聘上，想想确实令人寒心啊。所以一到评职称的时候，大家都人心惶惶的，吃不安睡不宁，心里就都担心着能不能评上呢。"

---

① 徐曼曼：《且莫让"改革半身不遂"》，《基础教育论坛》2012年第23期，第42~43页。
② 郑是勇：《中小学教师职称评聘改革的问题与出路》，《赤峰学院学报》（自然科学版）2014年第30期，第259~261页。

第六章 提升中学教师工作投入感的对策建议

通过上文的实证分析和研究结果讨论可知,中学教师工作投入感的提升是一个系统工程,需要从意识形态、价值体系、政策制度、管理举措等多方面着手进行系统改进,也需要教师主体的自我鞭策和自我超越。结合调查数据和访谈结果,本书对教师工作投入感提升措施的立足点始终在于,通过强化教师的内在职业动机,完善外在制度体系,最终实现教师乐于工作、享受工作、专注于工作、奉献于工作的理想局面。

第一节 核心价值观的确立

教师职业吸引力存在的障碍,说到底,还是意识形态和价值观的问题。尊师重教传统的缺失,爱岗敬业美德的缺位,使得教师不再是一个光荣和值得艳羡的职业,也使得教师的职业形象失去应有的光彩和崇高地位。如果一个社会真正从内心认同教师职业是光荣和伟大的,教育事业是需要举国之力支持的,那么教师职业所面临的地位问题、收入问题将不复存在,教师获得的社会资源将会非常充足,足以支撑他们在工作中积极付出、乐于奉献,体验到高度的工作投入感。

我国自古就有尊师重教的传统,我国最早且是世界上最早的教育学专著《礼记·学记》对教育的重要性和教师的地位就有详细的论述,如"君子如欲化民成俗,其必由学乎";"建国军民,教学为先";"君子知至学之难易,而知其美恶,然后能博喻,能博喻然后能为师;能为师然后能为长,能为长然后能为君。故师也者，所以学为君也。是故择师不可不慎也。《记》曰：'三王四代唯其师。'此之谓乎？"可见，在我国主流传统文化中，一直是非常重视教育问题的，教师地位也一直备受尊崇。当今，在教育界出现的各种问题，究其根源，还在于传统文化传承的断裂和传统道德精神的沦丧，一切以经济利益为标杆，过度追求物质而罔顾精神和道德追求。因此，说到底，尊师重教社会风尚的重塑，要靠整个社会核心价值观的重构来加以实现。

党的十八大提出了积极培育和践行倡导富强、民主、文明、和谐，倡导自由、平等、公正、法治，倡导爱国、敬业、诚信、友善的社会主义核心价值观。习近平在多个场合就"继承发扬中华传统文化"发表重要讲话。如2014年2月24日在中共中央政治局第十三次集体学习时，习近平讲道：

> 培育和弘扬社会主义核心价值观必须立足中华优秀传统文化。牢固的核心价值观，都有其固有的根本。抛弃传统、丢掉根本，就等于割断了自己的精神命脉。博大精深的中华优秀传统文化是我们在世界文化激荡中站稳脚跟的根基。
>
> 中华文化源远流长，积淀着中华民族最深层的精神追求，代表着中华民族独特的精神标识，为中华民族生生不息、发展壮大提供了丰厚滋养。中华传统美德是中华文化精髓，蕴含着丰富的思想道德资源。不忘本来才能开辟未来，善于继承才能更好创新。对历史文化特别是先人传承下来的价值理念和道德规范，要坚持古为今用、推陈出新，有鉴别地加以对待，有扬弃地予以继承，要努力用中华民族创造的一切精神财富来以文化人、以文育人。
>
> 要讲清楚中华优秀传统文化的历史渊源、发展脉络、基本走向，讲清楚中华文化的独特创造、价值理念、鲜明特色，增强文化自信和价值观自信。
>
> 要认真汲取中华优秀传统文化的思想精华和道德精髓，大力弘扬以爱国主义为核心的民族精神和以改革创新为核心的时代精神，深入挖掘和阐发中华优秀传统文化讲仁爱、重民本、守诚信、崇正义、尚和合、求大同的时代价值，使中华优秀传统文化成为涵养社会主义核心价值观的重要源泉。要处理好继承和创造性发展的关系，重点做好

创造性转化和创新性发展[①]。

因此,在以中华优秀传统文化为源泉的社会主义核心价值观的指导下,真正着眼于传统文化和核心价值观所倡导的道德制高点上,积极学习、汲取优秀传统文化的思想精华和道德精髓,重塑全体社会成员的价值体系、道德体系,积极践行社会主义核心价值观所倡导的道德规约,使全社会的价值取向与道德规范回归到一个文明富强的社会所应有的水平之上,在全社会范围内形成"讲仁爱、重民本、守诚信、崇正义、尚和合、求大同"的社会风气与风尚,才能为尊师重教社会氛围的营造提供肥沃的土壤。心正才能行正,只有当人们真正淡化功利心,不再浮华浮躁,不再以物质为第一追求,不再受制于西方文化的糟粕,真正成长为一个文明社会的合格公民,从内在探索人生的意义与价值之时,才是师道能够真正尊严起来的时候。同时,师道的尊严也需要教师群体的守护,只有真正在全社会倡导爱岗敬业的道德追求,才能让各行各业的从业者真正安于其位,在其位而尽心谋其政,作为社会群体组成部分的教师群体,也才会真正安心投入本职工作,从而为教育事业做出应有的贡献。

第二节 政策保障体系的完善

一 建立共同分担的教育经费筹措机制

(一) 持续加大教育经费投入力度

由本研究可知,收入因素是影响教师工作投入感的重要因素,由于对教师的收入满意而从事教师职业的教师,其工作投入感最高。但是,目前大部分教师对自己的收入是不满意的。因此,教师收入的提高,从根本上还需要国家加大教育经费的投入力度。

从表 6-1 可以看出,我国财政性教育经费支出,由 2001 年的 3057 亿元增长到 2012 年的 21984 亿元,并在 2012 年首次突破财政性教育经费支出占 GDP 的 4% 的政策目标。虽然实现了历史性的突破,但是教育经费的需求

[①] 《习近平谈优秀传统文化》,http://www.wenming.cn/ll_pd/wh/201312/t20131211_1631206.shtml。

并没有停止。有学者预测,随着我国各级各类教育的发展,到 2020 年,需财政性教育经费投入应占 GDP 的比例为 4.45%①。但是,这一比例仍远远低于联合国教科文组织所呼吁的各国财政性教育经费支出应占 GDP 比例的 6% 这一指标。同时,在世界范围内,各国的教育经费占 GDP 的比例普遍高于 4%,且有不断提高的趋势。因此,在我国财政性教育经费支出达到占 GDP 的 4% 之后,应建立相应的法律及政策保障,如制定"教育经费投入法"等,保证 4% 的财政性教育经费投入的长效性及持续性。另外,应根据我国教育经费的实际需求情况,制订教育经费合理逐年增长的比例,保证教育经费投入的不断增加②。如华中师范大学周洪宇教授所说,在实现教育经费占 GDP 的 4% 之后,"新形势下要继续增加财政教育投入,在 2020 年必须达到 GDP 4.5%,争取达到 GDP 5% 的目标;2025 年至少达到 5%,争取达到 5.5% 乃至 6% 的目标"③。

表 6-1 2001~2012 年中国财政性教育经费支出状况

年份	财政性教育经费支出(亿元)	教育经费/GDP(%)	年份	财政性教育经费支出(亿元)	教育经费/GDP(%)
2001	3057.0	2.90	2007	8280.2	3.11
2002	3491.4	2.90	2008	10449.6	3.32
2003	3850.6	2.83	2009	12231.1	3.58
2004	4465.8	2.79	2010	14670.0	3.65
2005	5161.0	2.79	2011	18586.7	3.93
2006	6348.3	2.93	2012	21984.0	4.23

资料来源:张新文、李文军:《我国地方政府教育经费支出充足性探讨》,《教育发展研究》2013 年第 23 期,第 12~17 页。

(二)建立以中央和省级财政为主的基础教育经费分担机制

目前,我国基础教育实行的是"分级管理,以县为主"的教育经费投

---

① 陈晓宇:《我国教育经费充足问题的回顾与展望》,《教育发展研究》2012 年第 1 期,第 24~29 页。
② 鲍成中:《后 4% 时代:我国教育经费的保障和使用》,《中国教育学刊》2012 年第 9 期,第 9~12 页。
③ 周洪宇:《关于建立教育投入长效保障机制、进一步加大教育投入的建议》,http://www.hongyu-online.com/showinfo.asp?id=9058。

入体制。也就是说,县一级财政负担了绝大部分的基础教育经费投入。但是,我国财政体制实行分税制以来,国家的财政收入主要集中在中央和省级政府,县级政府的财政能力最弱。长期以来,全国财政支出中用于教育经费支出的比例只有16%,中央财政支出中用于中央教育经费支出的比例不到6%,而中央教育经费支出占全国教育经费支出的比例不到20%。全国财政收入基本上一半归中央所有,一半归地方政府所有。而在拥有全国50%财政支付能力的中央财政中,用于教育经费的支出低于全国平均值10个百分点左右;另外拥有50%财政支付能力的地方财政却负担了全国80%以上的教育经费支出,特别是县级财政,基本上承担了基础教育经费支出中的大头。目前我国教育经费支出的主要部分在基础教育,占总教育经费支出的70%左右。也就是说,在我国,中央政府和省级政府才真正具有承担基础教育经费支出主要责任的财力,然而财政能力最薄弱的县级政府却承担了这一责任。同时,对我国义务教育生均经费的研究表明,省内县际的差异远大于省际的差异,如果省级政府不承担教育经费的主要责任,县际义务教育的均衡发展就很难实现[1]。

因此,"以县为主"的管理并不意味着以县级的财政支出为主。根据英国学者巴斯特布尔(C. F. Bastable)提出的中央与地方财政支出的三原则,(受益原则、行动原则和技术原则),其中的受益原则认为,凡政府提供的服务,如果是使全体国民受益的,则财政支出应属于中央政府;如果是使地方居民受益的,则财政支出应属于地方政府[2]。在义务教育全面普及、高中教育基本普及的今天,基础教育本质上属于惠及全体国民的公共服务范畴,并不是哪一个省哪一个县的事务,而是整个国家的事务。为此,应依据各级政府的财政性教育经费支出能力来划分基础教育经费的支出比例。在当前我国的税收体制下,应加大中央和省级政府对基础教育经费投入的比例,可按中央、省和县三级同比例或选取一个更为合适的比例划分经费支出,减轻财政能力最弱而负有主要支出责任的县级政府的压力。与此同时,中央政府应负责完善分税制财政体系,均衡省级

---

[1] 李秉中:《我国教育经费支出的制度性短缺与改进路径》,《教育研究》2014年第10期,第41~47页。
[2] 北京师范大学管理学院编《2011中国基本公共服务均等化发展报告》,经济管理出版社,2011,第98页。

政府的教育经费支出能力；规范基础教育转移支付制度，并逐步加大对基础教育的转移支付力度。省级政府负责统筹中央政府转移支付和本省的教育经费，建立规范的省级基础教育转移支付制度，同时保证基础教育经费拨给公平。县级政府承担规定的基础教育经费比例，统筹管理和分配中央和省级政府的教育转移支付和本县的教育经费，并建立公平、透明的学校经费拨款制度。中央、省级和县级三级政府共同保障基础教育财政经费的支出①。

二 健全民主监督下的校长负责制

在当前的教育行政体制下，政府教育行政部门对中小学办学拥有绝对的话语权与控制权，即政府对学校拥有人权、财权和事权。人权指人事管理权，财权指财务管理权，事权指课程管理权。政府对学校的管理就是通过当地教育行政部门对学校的办学与管理进行强制性的影响与支配。在访谈中，很多校长抱怨自己的校长权力上移、受到压制，很多权力无法行使：特别是用人权和财务权，一点儿自由都没有，既无法招聘想要的人，也无法拒绝教育局分配的人；想要对教师进行奖励，动用学校资金，还需要向上级部门申请立项。很多校长感觉自己除了执行上级安排、迎接上级检查以及管理学校日常事务和安全工作，基本上是"无用武之地"的。而校长拥有合理的人事权和财政权，是对教师队伍进行有效激励、提高教师工作投入感的重要前提。因此，要想让校长获得合理的人事权和财政权，就应该从落实学校办学自主权、完善校长负责制入手。

（一）简政放权，落实学校办学自主权

在当前，迫切需要转变政府职能，改变政府和教育主管部门对学校办学自主权的干涉和钳制的现状，依法下放部分权力，保证学校办学自主权的真正落实，是完善校长负责制的前提。

《中华人民共和国教育法》第二十八条规定，赋予"学校及其他教育机构行使下列权利：①按照章程自主管理；②组织实施教育教学活动；③招

---

① 熊筱燕、王鲁沛：《提高财政性教育经费占 GDP 比例的对策思考》，《江苏高教》2010 年第 6 期，第 45~47 页。

收学生或者其他受教育者;④对受教育者进行学籍管理,实施奖励或者处分;⑤对受教育者颁发相应的学业证书;⑥聘任教师及其他职工,实施奖励或者处分;⑦管理、使用本单位的设施和经费;⑧拒绝任何组织和个人对教育教学活动的非法干涉;⑨法律、法规规定的其他权利"[1]。同时,《国家中长期教育改革和发展规划纲要(2010—2020年)》进一步提出,"健全统筹有力、权责明确的教育管理体制。以转变政府职能和简政放权为重点,深化教育管理体制改革,提高公共教育服务水平。明确各级政府责任,规范学校办学行为,促进管办评分离,形成政事分开、权责明确、统筹协调、规范有序的教育管理体制"[2]。因此,根据法律和文件精神,有研究者指出,应明确政府和学校间的权力分配关系,明确各自的人权、财权和事权,以保证在实际工作中有章可循、有据可依。

政府和学校的权力合理分配之后,政府及教育主管部门,主要负责对学校的发展进行全局性部署,对学校进行宏观性、原则性的管理和指导,在负责办学经费保障、人员配给保障和教学指导的基础上,放手让学校根据自身情况独立安排经费使用、教师聘任、职称评聘、教学安排等具体办学事务。以做到简政放权,真正落实学校办学自主权(见表6-2)。

表6-2 政校之间的权力分配

权力	政府倾向于干什么	学校倾向于干什么
财务管理权	①筹措经费(大范围),并确保投入 ②编制本系统经费预决算 ③经费配置(维持公平) ④为"校舍建设""购买用品"提供必要的资金,并负责审查与监督 ⑤有权对学校上述一切财务进行监督与审计,有权处分违法违纪现象	①在"政府基本拨款"之外,筹措部分经费,用于学校特色发展 ②根据学校发展的需要,自定校舍建设计划,自行招标施工单位 ③学校有权根据本校的发展需要,自行购买学校用品 ④拥有一切经费的自主使用权

---

[1] 《中华人民共和国教育法》,http://baike.baidu.com/link?url=484W6iOmUr8mFQxxFvza6AlwM2rRsA7mTZmUTqbU_gAiEAa6ffT8-8XB1yaeXtc2twKWdMgpLUJ5y4qrGoLeZK

[2] 《国家中长期教育改革和发展规划纲要(2010—2020年)》,http://www.china.com.cn/policy/txt/2010-03/01/content_19492625_3.htm。

续表

权力	政府倾向于干什么	学校倾向于干什么
教育教学管理权	①担负教育领导权,把握基础教育意识形态(尤其是德育)的方向,规定国家核心课程的科目与教材 ②制定学校入学条件与毕业标准 ③对统考课程制定课程标准;颁布"地方课程"的质量标准 ④预测与调节各类、各级学校招生总量 ⑤对学校的部分自主招生,政府要制定政策,限制一定比例,制定收费额度,并且对贫困学校要设有扶困的助学金等 ⑥设计并组织辖区的教改与实验研究项目 ⑦施行学校的设置、撤销、变更审批权	①教学安排权:教师分工、课程、教学进度、作息时间、教学计划 ②学校设施的使用与管理权 ③对学生处理与学籍管理的自主权 ④有限制的招生自主权(在少数学校可以尝试) ⑤教改权:能一定程度地改变"统考课程"授课时数、授课方式;对校内课程的安排可自主选择与安排 ⑥非义务教育阶段的教材选择权 ⑦教研权:有权根据教学需要进行教研,而不仅仅是上级的统一安排
人事管理权	①办好师资供应与培训 ②编定教职员工编制 ③对教师资格进行认定 ④对教师使用进行指导和监督 ⑤提高教师待遇和社会地位 ⑥对学校解聘教师进行审查和仲裁 ⑦对教职员工的流动进行宏观调配和管理	①按需招聘教职员工 ②自主确定教导主任、总务主任等学校中层领导,并有组阁副校长的权力 ③有权对教职员工进行考核、奖励和处分 ④教职员工流动的自主权 ⑤自主确定教师的校内工资与奖金 ⑥自主解聘不合格的教职员工

资料来源:陈玉云:《政府与学校关系的现状与变革》,华东师范大学硕士学位论文,2005,第33页。

(二) 完善民主监督的校长负责制

《中华人民共和国义务教育法释义》对校长负责制的定义为:"校长负责制是指校长对学校工作全面负责,党组织保证监督,教职工代表大会民主管理相结合的管理体制,即以校长全面负责为核心的三位一体的管理体制。概括地说包括两个方面:一是校长要对上级党委和教育行政部门负责;二是要对学校工作负责。要依法办学,全面贯彻党的教育方针,完成上级下达的各项任务,接受民主监督。对学校工作负责包括对学校教育、教学、管理负责,对全体教职工负责,对学生和学生家长负责。"[1] 同时,《中华人民共和国义务教育法释义》也指出:"校长全面负责学校的行政管理包括人事管理、教学管理、科研管理和总务管理"[2]。因此,在办学自主权得到落

---

[1] 《中华人民共和国义务教育法释义:第二十六条》,http://www.chinalawedu.com/web/21610/wa20131217135538338634439.shtml.
[2] 转引自陈虹静《我国现行"校长负责制"的缺陷与对策分析》,《现代中小学教育》2006年第12期,第48~51页。

实的前提下,为防止校长权力过大所导致的"一言堂"和权力滥用的现象,应按民主法治的原则完善校长负责制。

首先,依法实行校长负责制。校长负责制应严格按照政策法规的规定,在校长的职权范围内,依法行使校长权力,防止发生校长越权或职责推诿的现象。

其次,建立扁平化的学校管理机制。为防止校长权力过大,就要在学校内部管理机构中,适度分散校长权力,使管理层具备共同决策权。所谓扁平化管理,就是尽量减少组织决策层和操作层之间的层级间隔,最大可能地将决策权向组织结构的下层移动,保证组织下层成员意愿的达成和权利的保障。因此,根据上文提到的校长组阁权,校长应在上级部门的监督下,按照广大教职工的选举意愿,遵从公平公正的原则,科学组阁副校长。可适度削减中层管理干部人数,副校长兼任部分科室主任,从而减少决策层,使管理决策和实际工作紧密接轨,从而增进学校民主管理的氛围[①]。

最后,充分发挥教代会的民主监督作用。在进行扁平化管理的同时,应注重向教职工分权,充分发挥教代会的作用,使教师共同体真正参与到学校的管理与决策中,充分尊重教师参与民主管理的意愿,发挥教代会反映民意、监督决策的职能,使校长负责制真正为学校负责、为教师负责。在推行校长负责制的过程中,一位有成功经验的校长如是说:"在学校管理中,最难处理的就是校长和教师之间的矛盾问题。其实管理者与被管理者之间是一种矛盾的对立面,校长再怎么做,都很难做到真正的公正、公平。校长在学校中权力越大、越说一不二,教师越不买你的账,抵触情绪越高涨,越不利于校长工作的开展。因此,我向来都主张在学校内部的管理决策中淡化校长的权力,所有涉及职工利益的事情,我都召开职工大会,由教代会投票的方式进行决策。这样一来,大家都觉得校长是公平公正的,不管你跟校长关系是近是远,是不是善于搞关系,这些都不重要,只要你把活干好了,把本职工作完成好了,大家还是会给你一个公正的评价,学校的人际关系就特别和谐。教师有了主人翁意识,工作积极性和责任心也能得到激发,特别有利于学校工作的开展。"

---

① 周化胜:《教育民主管理视阈下公办中小学校长负责制研究》,南昌大学硕士学位论文,2013,第41页。

三 构建有效激励的教师绩效工资制

如上文分析所言，年收入在 4 万元以上的教师，工作投入感明显高于收入在 4 万元以下的教师，也就是说，教师的工资收入必须达到一个基本的临界点，能够保障教师合理的物质需要和生活要求。教师对收入水平越满意，越能够激发积极投入工作的动力和决心，越有利于工作投入感的产生。但是，就目前的情况来看，对收入满意的教师少之又少。因此，在持续加大教育经费投入的前提下，加大教师绩效工资经费的投入力度，构建具有有效激励性的教师绩效工资制度，在考虑保障教师基本物质需求的基础上，充分考虑教师的工作特性，对教师进行有效物质激励，是提高教师工作投入感的重要途径。通过分析可知，当前教师绩效工资制存在多种问题，因此，对于政策保障来说，应着力做到以下几点。

（一）不断提高教师工资水平，保证教师绩效工资经费投入的稳定性和充足性

不断提高教师工资待遇和社会地位是我国长期坚持的政策方针，在《国家中长期教育改革和发展规划纲要（2010—2020 年）》中再次强调，要"不断改善教师的工作学习和生活条件，吸引优秀人才长期从教、终身从教。依法保证教师平均工资水平不低于或者高于国家公务员的平均工资水平，并逐步提高"[①]。目前，我国基础教育，尤其是义务教育阶段的绩效工资经费保障主要是遵循《关于义务教育学校实施绩效工资的指导意见》中提出的"管理以县为主，经费省级统筹，中央适当支持的原则"，同时又规定，"县级财政要优先保障义务教育学校实施绩效工资所需经费"。由此可见，教师绩效工资经费保障的压力主要施加在县级财政身上，这与目前我国的教育经费筹措制度有关，这在上文已有分析。由此，在很多地区的欠发达市县，教师正常工资的发放已让地方财政捉襟见肘，更无力拿出更多的资金支持教师绩效工资改革[②]。从而引发由于政府拖欠或克扣教师工资而

---

① 《国家中长期教育改革和发展规划纲要（2010—2020 年）》，http：//www.china.com.cn/policy/txt/2010 - 03/01/content_ 19492625_ 3. htm.
② 付卫东：《努力构建"以省为主"的义务教育学校教师绩效工资保障机制》，《教育与经济》2013 年第 3 期，第 9~14 页。

导致教师罢工停课的多起恶性事件①。

因此，在财政性教育经费投入实行中央、省级和县级政府三级分担的筹资机制下，可按照"国家办学，分类承担"的原则，建立中央与地方政府根据地区和工资构成的项目，按比例共同分担教师绩效工资经费投入的财政保障机制。具体而言，即：①基础性工资由中央和县级财政分担，奖励性工资由省级财政统筹解决；②将我国大陆31个省、自治区、直辖市，按经济发达程度划分为发达地区、欠发达地区和贫困地区三类，发达地区的基础性工资主要或完全由县级地方政府负担，欠发达地区按中央和地方各50%的比例分担，贫困地区则实行中央80%和地方20%的分担比例，对西部农村贫困地区，中央政府要给予特殊照顾或全额支持，保证教师绩效工资的按时足额发放。以政策法规的形式明确各级政府的职责，保证绩效工资经费分担制度的有效落实②。同时，在各级政府不断提高财政性经费投入的同时，同步提高教师的绩效工资收入，真正使教师获得"有尊严的工资待遇"，保障教师经济地位和社会地位的不断提高。

（二）不断加大奖励性绩效工资的比例与额度

如前所述，现行的绩效工资由70%的基础性工资和30%的奖励性工资构成。奖励性工资由于占比太少而无法拉开收入差距，致使绩效工资制没有真正达到提高教师工作积极性的目的。为此，在不断提高教师待遇的基础上，可在保障现有的占比70%的基础性工资总量不变的前提下，不断加大奖励性工资的份额，使之在绩效工资中所占的比例由30%变为40%、50%，甚至更多。也就是在保证所有教师都有一个合理的基本收入的基础上，对表现优秀的教师给予更多奖励，但同时也不会触及其他教师的利益，从而使奖励性工资能够将教师收入差距拉大，真正起到激励教师努力投入工作的作用。H校长的观点就能很好地解释这么做的原因："现在学校的钱是教育部门按人头费给你，按职称给你，按比例拨款。所有的学校基本上都是一样，所以很麻烦。因为奖励性工资是有指标的，今年我做得好应该

---

① 《黑龙江肇东8000名教师不满工资罢工，中小学停课》，http://news.sina.com.cn/c/2014-11-18/135131163433.shtml，2014。
② 付卫东：《努力构建"以省为主"的义务教育学校教师绩效工资保障机制》，《教育与经济》2013年第3期，第9~14页。

多点,你做得不好应该少点。你看有什么问题?我做得越好,那么我拿你的钱越多,因为你拿的份额都在总的份额里面,这个拿高,那个就要拿低。好啦,这里有问题了,你干得好人家会讲你,你干得好,来拿我的钱。因为对我来说,我只要对得起这份工作,尽力去做了,我已经合格了,甚至已经良好啦,我都还拿不到我原来的钱,是因为那个人更优秀、太优秀了,所以把原本属于我的钱拿走了。所以应该是运用加法,保底后,更优秀的给你更多,那才有可能激励。所以说我们目前的政策就是工资水平整体是提高了,国家给了很多钱,大家都得到提升了,但这个钱是保障性的,不是激励性的,反而对原来的激励性有冲击。现在把学校所有收入全部上缴,然后按人头给你,70%做基数,30%做激励,不会因为这个单位做得好就多给。当国家把钱收上去之后,教师就认为这个钱是国家给的,国家给的钱,按资历来、按年龄来,是不能动的,动了就有问题了。如果说为了增加激励性,把现在的30%当作基本保障、把70%当作激励来做的话,老同志要跳起来,我工作了一辈子,年轻时候你没有给我钱,老了拿我的钱来分。怎么办呢?70%动不了了,只能够在30%里面加,让蛋糕变大,以后30%就慢慢地变成40%、50%。只能够这样。基础性不动,但在30%里面不断加。"

(三) 按单位绩效对学校进行奖励

不得不承认,在现在的教育现状下,在教育资源分配不均衡的现实下,各个学校的工作是有差别的,有所谓的好学校,也有所谓的差学校。各个学校的绩效水平也是不一样的。但是现在,如上述的 H 校长所说,国家将学校的所有收入上缴之后,按人头、按职称、按比例等拨款,并不会因为哪个学校的工作做得好而给予额外的奖励。因此,从公平和效率的角度出发,既为了保障公平,又能够激励表现欠佳的学校,可按照一定的绩效标准,按各个学校总的绩效水平对其予以奖励。也就是说,在保证正常拨款的前提下,对表现突出的学校给予特别奖励,将额外的经费奖励给该学校,一是对学校工作的肯定,二是学校领导可以用这笔额外奖励,对教师进行激励或用于学校建设,进一步鼓励和促进优质学校的发展。从而打破现在"新一轮的大锅饭"倾向,在学校间培养良性的竞争关系,进一步提高整体教学质量。

四 建立公平发展的教师职称制

教师职称的晋升,作为工作资源中教师职业发展平台的主要组成部分,对教师工作投入感产生重要影响作用。公平公正的教师职称制度,将会有效地促进教师工作投入感的提高,激发教师的工作积极性。职称制度的建立,其初衷本是为了鼓励教师在专业上不断进步、在职业生涯上不断发展,是激励教师努力于本职工作的一种手段,也是加强教师队伍建设的路径选择。但是现行的教师职称晋升机制,由于难度大、要求高、年限长等问题的凸显,反而对教师的工作积极性和专业成长起到了消极的影响作用,甚至使教师对职业的选择产生了怀疑和动摇。因此,为了维护教师队伍的稳定性,提高教师的工作积极性,使教师觉得自己的职业生涯是有指望、有盼头的,从而努力投入工作当中,可从以下几个方面进行职称制度的改革和完善。

(一) 改"名额配给制"为"自然晋升制"

职称反映的是专业技术人员的技术水平和工作能力。因此,从理论上而言,不应该有名额的限制。因为在某一单位中,当年达到某级职称标准的候选人人数有可能超过配给的名额数,也可能达不到名额数。因此,在实际工作中,只要达到专业技术要求的人,都应该授予某一级别的职称,并保障相应的待遇。在教师群体中营造出只要努力工作、努力达到技术和专业要求、取得相应的教学成果,就能够获得职称晋级的职称评聘氛围。因此,就需要制定科学的职称评聘标准,防止职称晋升演变为"平均分配"的制度。同时,还要从编制制度和财政拨款两方面进行调整,为"自然晋升制"提供制度保障[1]。

(二) 减少职级,增加职数

当前中小学教师职称新增正高级,变为五级职称制。但是职级多,并不代表对教师的激励作用就大,也不代表就能增加职数,满足教师的晋级

---

[1] 凌宗伟:《教师职称制度改革应符合公平发展的制度伦理》,《人民教育》2014年第11期,第7页。

需求。职称本身并没有特别强的激励作用，其激励作用来自与职称相挂钩的工资待遇。同时，由于中学教师工作的特性，除了不同科目教师的工作略有不同外，所有教师承担的工作责任和岗位技术要求在本质上是没有太大差别的，工作内容也没办法进行过多的分类和划分，过多的职级划分并不能体现出专业技术的差别。因此，可适当合并一些职级，减少职级数。例如，美国把教师分成一般教师（占教师总数的 40% ~50%）和辅助教师；英国把教师分成一般教师、优秀教师和上级教师；法国把教师分成普通级教师和特别级教师；等等。同时，增加各职级的职数，使大部分符合条件的教师能晋升到相应的职级，使教师职称制在保有激励性的同时，也能兼顾保障性和公平性。能够惠及所有符合要求的教师，是职称制能够真正起到激励教师工作积极性作用、提高教师工作投入感的关键。此外，适度拉大各职称级别的工资待遇。在使教师相信：只要努力就能评得上、评得上就能聘得上的前提下，能够适度调高职称级别之间的待遇差距，则更能起到激励教师的作用①。

（三）保障农村教师的职称晋升机会

本研究的调查显示，乡镇教师的工作投入感以及个人资源、工作资源和社会资源水平均显著低于城市教师。同时，《中国农村教育发展报告 2012》对全国 9 省份 19 个区县 174 所学校共计 5285 名教师的调查发现，农村教师的职称晋升难度普遍大于城市。城市教师晋升"中教高级"的平均年龄为 38.97 岁，乡镇教师则为 40.86 岁，乡镇教师比城市教师多花 1.89 年；城市初中教师有"中教高级"职称的占 18.77%，乡镇仅占 10.77%，比城市初中教师低 8 个百分点②。从职称晋升难度来看，也无怪乎本研究得出农村教师工作投入感显著低于城市教师的调查结论了。因此，为进一步稳定农村教师队伍、提高农村教师的工作积极性和工作投入感，应给予农村教师职称评聘相应的政策倾斜，在职称评聘时充分考虑农村教师工作的特殊性和面临的困境，缩小农村教师和城市教师职称评聘的差距，保证农

---

① 郑是勇：《中小学教师职称评聘改革的问题与出路》，《赤峰学院学报》（自然科学版）2014 年第 30 卷第 6 期，第 259~261 页。
② 《农村教育发展报告：农村教师普遍"大器晚成"》，http://edu.people.com.cn/n/2014/0116/c1053-24142965.html，2014。

村教师拥有与城市教师同等的职称晋升机会。

第三节 学校管理效能的提高

教师工作投入感的提高，不仅需要国家政策的支持和保障，也需要从学校的组织管理效能上进行改进。校长对学校的发展和教师队伍的建设具有不可替代的作用，学校管理效能的提高，需要从校长领导力的提升入手，提高校长知人善任的能力；在卓越校长领导力的指导之下，加强学校的管理制度建设，让学校的管理制度不仅"管人"，还能"育人"，真正营造出积极向上的工作氛围，为教师工作投入感的提高创造条件。

一 校长领导力的提升

作为学校管理核心的校长，其领导力水平将会直接影响到学校发展和教师的工作状态。在本研究中，73.9%的教师较为认可领导的管理水平，但仅59.4%的教师认为获得了较高的领导支持，也就是说，当前的校长和学校领导层的领导水平和管理能力还有亟待提升的空间。这作为重要的工作资源，将直接影响教师的工作投入感。为此，需要校长在学校微环境中不断提升领导力，通过充满智慧与人性关怀的领导方式，组建高效的领导团队，引领学校的发展和教师队伍的建设，最终为学生的成长提供优质的土壤。本研究认为，校长领导力可分为"自"领导能力和"他"领导能力两部分。所谓的"自"领导能力，即校长进行自我领导与自我管理的能力，以自身所具备的内在核心素质为基础，是"他"领导能力得以彰显的基础；"他"领导能力，即校长在自我领导的基础上，以在内在核心素质的影响下所形成的独特的办学思想、管理理念为指导，对学校和教师所采取的具体的领导和管理方式，包括校园文化的建设和组织氛围的营造等。

（一）提升校长的"自"领导能力

1. 热爱教育事业，有成为教育家的抱负和追求

自《国家中长期教育改革和发展规划纲要（2010—2020年）》正式提出，"创造有利条件，鼓励教师和校长在实践中大力探索，创新教育思想教育模式和教育方法,形成办学特色和办学风格,造就一批教育家,倡导教育家办学"[1] 以来,"教育家办学"就成为教育界积极探索的命题。校长对一所学校的办学至关重要,校长在学校管理中所体现出来的教育理念、专业知识、管理技能和人格魅力将深刻地影响学校的发展,学校的学校管理、校园文化、教师专业发展水平、学生学习行为和家长满意度等都受到校长行为的影响。因此,培养和造就大批优秀的教育家型校长,让通晓教育规律的行家办学,不仅是国家意志的体现,更是按教育规律办学的内在要求,符合当代中国的教育诉求[2]。教育家型校长,不仅要具有独特的办学理念及人格魅力,更要从内心真正热爱教育事业,愿意探索教育改革与发展之路,投身于人才培养和教学创新的伟大事业之中。为此,校长内在领导力提升的关键点在于,要让"居于其位"的人,不仅"谋其政",还要"爱其政"。不是爱校长这一岗位所带来的光环和荣耀,而是爱校长所能做的事——践行自身的教育理念、按教学规律办学,切切实实致力于促进学生的全面发展、提高教师的生命质量和职业幸福感。拥有这种热爱和探索精神的校长,才有可能办好学、拥有成为教育家型校长的抱负和胸怀,也才可能真正成长为教育家型校长。因此,为了教学管理工作不计个人得失、乐于奉献、善于付出、长于探索的特质,才是校长内在领导力最为核心的素养,在此基础上,拥有成为教育家型校长的抱负和理想,将自身的职业定位和追求放在一个新的高度并不断努力,这样的校长群体才是当代中国最为需要的,也才能够成为教育改革和发展的中坚力量。就如 H 校长所说:"现在都在提成为教育家型校长,成为得了、成为不了我不敢说,但是我觉得这个提法本身是非常具有科学性的。不是非要'成名''成家',而是让真正热爱教育、懂得教育的人来办学,这就非常好,也是我们这个时代真正需要的!虽然难,但是所有成为校长的人都应该有这个觉悟和抱负,也是对自我的一种追求。否则当了一辈子校长,有了什么成长、学到了什么东西、留给了别人什么?干一行,总是应该有点成绩才对。当然,如果不热爱教育事业、不爱校长这个行当,想要成为好的校长,甚至是教育家型校长,那也是不可能的。校长这个职业面临的困难很多、压力很大,没点

---

[1] 《国家中长期教育改革和发展规划纲要(2010—2020 年)》,http://www.china.com.cn/policy/txt/2010 – 03/01/content_ 19492625_ 3.htm.

[2] 李敏:《我国高等教育人才培养问题研究》,《科教文汇》2011 年第 1 期,第 1~4 页。

儿追求与担当的人，是做不来的。"

2. 善于自我领导，不断提升内在核心素质

卓越领导者的个性与能力千差万别，但有没有一些共同的特性和特征呢？西方管理学界对此进行了多方的探讨与研究。从20世纪三四十年代开始，一些学者开始研究具备什么样的特质的人才能当领导者，或者说当了领导者之后需要具备哪些素质才能成为卓越的领导者，这些学者的研究被统称为领导特质理论（Trait theory）。德鲁克（Peter Drucker）、鲍莫尔（W. J. Bandmal）、邓·哈托（Den Hartog）、豪斯（House）等人对领导特质理论进行了研究，其中以豪斯的魅力理论（Charismatic theory, 1976）影响最大。同时，国内学者贾小明、王垒等人也对这一问题进行了专门的研究。因此，本研究在综合前人研究成果的基础上认为，作为教育家型卓越领导者的校长，应该具备五项内在核心素质——自信心、持久内驱力、自我反省能力、洞察力和执行力，这五项内在核心素质是校长领导力养成和发展的内在精神食粮，能够源源不断地为领导力的习得和形成提供动力，也能为应对领导力形成过程中遇到的困难与挑战提供充足的能量。

（1）自信心，是指校长在深刻洞察教育教学规律、洞悉学校管理内涵的基础上，自觉努力为学校工作尽心谋划、全情奉献的一种内在意愿或大无畏的气势。换句话说，如果一个人觉得自己根本没有能力胜任校长一职，或者根本不知道该如何成为一名校长，那么，即使身为校长，也不会努力去践行校长这一角色，最多就是做到兢兢业业、安守本分、不求有功但求无过的状态。在缺乏自信心的状态下工作的校长，是无法将校长工作当成事业来做的，也无法在工作中有创新、有突破，更无法为学校的发展注入活力与动力，也无法形成自身独特的教育理念与思想，更谈不上成为教育家型校长了。

（2）持久内驱力，是能够激发自身不断努力、奋勇拼搏的一种精神动力。校长在对自己的能力和见识充满信心的基础上，能够对教育事业不懈追求，不惧困难，勤奋进取。这种内驱力即是在校长确信自己有能力或可以把握学校领导工作的前提下，对自身追求和需要的向往，而自发地产生自我鞭策行为的一种努力态势，是一种内在动机或情感能力。

（3）自我反省能力。哈佛大学认知心理学家加德纳在20世纪80年代提出了著名的多元智能理论（Multiple intelligences theory），认为每个人都具

有八种主要智能,分别是语言智能、逻辑—数理智能、空间智能、运动智能、音乐智能、人际交往智能、内省智能和自然观察智能。而内省智能在优秀的政治家、科学家和教师等人员身上都有出色的体现①。因此,定位为卓越领导者的校长,应该具备出色的自我反省能力,不断反省自己的教育理念、管理思路、领导方式是否科学合理,从而不断进行自我修正和自我完善,实现综合素养的进一步提高。

(4) 洞察力,是指对人对事能够做出当下的准确判断,能够洞悉事情背后存在的真正问题与原因,并采取适当的措施加以解决或引导。校长在学校管理当中,就应该具备敏锐而深刻的洞察力,不仅洞察正确的领导方向,还要洞察学校群体成员之间的关系状态,把好脉,才好对症下药,寻求最优的管理策略与方法。正如 Y 校长所说:"校长还要有一个敏锐的洞察力。就是说在这段时间内,学校有什么动态,尤其是老师的情绪是什么样的。其实我们每天和大家在一起,一个是看学生的状况,一个是看老师的状态,家里有什么事情呀,或者这段时间老师之间有什么问题啊,这个时候你都要在矛盾还没有爆发或萌芽之中,你就要把它熄灭,把心结给解开了,你这样的话,我觉得老师这种工作状态和心情就会调整过来,就不会影响工作。"

(5) 执行力,是指一个人在不懈努力之后,身心高度和谐统一所引发的清晰高效有序的做事状态。古人言,"制心一处,无事不办",这是任何一位想成为杰出领导者的人都应具备的过人素质,是将人的精神能量长时间聚焦于目标而最终实现目标的过程。校长高效的执行力是学校发展和进步的基石,校长的洞察力所探知的发展方向和前进路径,需要强有力的举措加以贯彻和落实;校长丝毫无有懈怠的执行力,也是抓住学校发展机遇的关键,一所学校的发展正是需要校长在笃定、无畏和敢为的气质引领下才能不断向前开拓与创新②。

这五种内在核心素质不是相互独立的,而是相互影响、相互制约的。自信心只有在洞察力的扶助之下,才能谦虚谨慎,防止骄傲自满;有了执行力,也才能将自信与智慧转化为行动,真正有利于学校的发展;有了持

---

① 《多元智能理论》,http://baike.baidu.com/link? url = I6QeeqAse9WkfrP4_ zc_ qcmrKCd-BrFky_ mymp3MFcrRfGVQ_ Y_ 2 - XG_ 1qzVoiUBBlZhZi2EQfSvJyyF0A5hwBK。

② 贾小明、赵曙明:《成功企业家内在素质研究》,《企业论坛》2005 年第 6 期,第 57~60 页。

久的内驱力，才能保证不间断的自我反省、自我修正与自我鞭策；而不间断的自我反省又为一切思想和行为的科学性提供保障。它们之间相辅相成，缺一不可。

因此，校长应以成为卓越的领导者、成为教育家型校长为己任，不断提升五种内在核心精神素质水平，提高内在自我领导能力，先成为能够管理自己、领导自己、鞭策自己的卓越领导者，再成为领导和管理学校、教师、学生的杰出教育家。

(二) 提升校长的"他领导能力"

校长在学校管理中，"他领导能力"主要体现在组织文化建设和领导管理方式两个方面。因此，提升校长的"他领导能力"，应从这两个方面入手：第一，培育学校核心价值观，增强组织凝聚力，不断发掘组织中的正式文化与非正式文化，着力于营造有利于教职工和学生生存发展的组织文化氛围，不断开发组织中非正式领导者的作用，构建起除制度文化之外的情感文化，以情感为纽带，增进学校成员的组织认同感和归属感，以柔性的力量实现教师工作投入感和组织效能的最大化；第二，不断革新领导管理方式，在准确把握学校教职员工的职业诉求、心理需求和组织期望的基础上，熟谙最前沿的管理学、管理心理学及教育心理学等方面的理论与知识，以最具人性、最符合人类情感需求和最有管理效率的领导方式和手段对学校组织进行有效管理，在刚性的制度规范与柔性的组织文化之间建立强有力的联结纽带，以领导力的隐性力量，将制度与文化紧密结合起来，使学校成员能够稳定、持久地以共同利益为行动的标尺，不断提高工作投入感，努力投入本职工作当中，为学校的长足发展提供保障。

1. 构建核心价值观，增强组织的凝聚力

学校核心价值观是指由学校组织中的绝大多数成员共同认可和践行的价值取向和价值观念。学校价值观不仅影响学校的发展方向，也影响着学校的教学风气、组织氛围、教师的职业认同、学校成员之间的人际关系等。因此，在校长领导力的提升过程中，应首先增强构建学校核心价值观的能力。

在当前的教育背景下，学校核心价值观的构建应以师德建设为核心，将师德建设作为学校发展的基石，并不断扩大师德建设的辐射范围，形成学校组织发展的核心价值体系，并通过简练的语言加以表述和倡导。在这一过程中，不仅要对师德建设的必要性和重要性进行宣传和倡导，更要将师德及其所涵盖的价值体系进行可操作性的分解和细化，使核心价值观真正渗透于教师的日常工作当中，使教师不仅对核心价值观有一个概念性的认知，更对核心价值观所指代的具体行为和标准有一个直观性的认识，使教师知道如何在教学工作和学生管理工作中践行核心价值观、提高师德素养，将核心价值观内化为教师的精神约束和道德追求。使教师以秉持这样的价值观为荣，以身为学校组织中的一员为荣。一旦学校的核心价值观内化为教师的自我要求与道德规约，而且教师在学校组织当中体验到荣誉感的时候，教师就会在日常工作中不断激发工作投入感，自觉自愿地投入工作中，并积极探索，用自己的创造性和智慧，为学校的发展和学生的成才积极奉献，并在日常工作中不断深化。当学校的核心价值观被教师接受和认可后，其无形的弹性精神约束力将比刚性的制度要求更能提高组织管理效能、提高组织的凝聚力和向心力。深谙学校核心价值观和组织文化建设重要性的校领导就这样说道："群体文化的影响，你让大家以学校为荣的这种感觉发挥出来，那么老师愿意在这个群体里面，大家为这个荣誉而战，为这个群体而努力工作，这种发自内心的动力，我觉得比制度要更有效一些。当你把整个群体的文化构建起来，让全体教师都有一个共同的核心价值标准的时候，他们就会知道每天都该干什么、干到什么程度，他们知道学校对自己工作的最终要求是什么，知道这些之后，他们就会去干。他们可能在在校时间里完成，也可能在非在校时间里完成，比方说语文老师的批改量是很大的，批改作文啊、批改日记呀，他可能就要拿回家了；有的甚至要准备什么课啊，他可能还要加班加点。他们这样做是发自内心的，是自己对自己的要求和群体文化的熏陶促使他们去做的，这和硬性的逼着他去做是两种心情和概念。"

2. 发扬民主管理精神，提高教师的决策参与程度

研究结果显示，组织公平对教师的工作投入感会产生重要影响。而发扬民主管理精神的目的，就是保证管理行为的公平性和有效性。在学校管理当中，对于一些涉及教师切身利益的事情，让全体教师都参与到管理与决策中来。通过对管理行为和决策流程的全程参与，让教师真正感受到组织的公平公正性，不仅能够使教师对最终的管理决策心服口服，也使得教师不再是被动的被管理者和被支配者,而是能够积极表达个人意愿、争取个人权益的受到尊重和重视的组织成员。通过这样的方式,强化了教师的主人翁意识,使得教师在工作过程中更具责任感和使命感,能够真正将学校的事、工作的事当成自家的事、自己的事来做,不仅提高了教师的担当意识,也提高了工作效能和效率。同时,在教师参与民主管理和决策的过程中,校长和学校领导要善于营造公平公正的管理氛围,把握整个组织群体的风气,保证教师民主管理的客观性。M 校长在管理工作当中就是这样做的:"在学校管理当中,常常会涉及对老师个人利益的事情,比如说评职啊、评优啊,包括一些个人利益相关的一些东西。每次的评优评先我都是集体投票,我就一票。我基本上就是按照这种票数来决定和老师相关的一些东西。这就是通过提高教师决策的参与程度,来做到管理工作的公平和公正。在校长把这个群体的主流思想、主流风气把握好了、把握正了的基础上,要敢于相信老师、相信群体的力量,放手去做。我们学校现在就是这样,包括青年教师的一些福利、中老年教师的评优评先,我们都采取这种措施。刚开始我也会有顾虑,担心管理者认为的理想人物和老师心目中的理想人物会不会有出入?但其实不会的,很公正。因为我这个是连续的,不是偶尔一次的,而且风把正了,大家就都很客观公平地去投票。所以这种群体文化的相互影响,包括我们的评级、五级、六级、七级,那真正是和老师切身利益是有关系的,是和工资挂钩的,我们都让教师民主决策。当我们实行这种民主管理之后,教师们的情绪就非常平稳,都很认这个结果。这样呢,学校里面的矛盾少了,大家心气很顺,那干起活来少抱怨,也减少矛盾。所以我们学校在一点点做,就做得很顺利了。不管是教学成绩还是方方面面,都呈现出一种往上走的趋势。"

3. 加强团队建设,提高组织效能

学校教学成果的获得和教育质量的保证,是以一个个班级为单位的,是班级中各任课教师共同劳动的结果。以班级为单位聚在一起的任课教师,就组成了一个小团体,教师的工作业绩是在这些教学小团体中得到具体体现的。这些微型的教学团队之间相互独立,同一团队教师作用于同一个学生群体,对其他群体不会产生影响;同时,它们之间又是相互联系的,都受到学校大环境的制约和影响,都要服从学校的统一管理与安排。因此,对学校的团队建设来说,重点在于建设好以班级为单位的微型教学团队,

这些教学团队最终构成了学校的教学系统。对教学团队的建设，应从教师的团队合作意识、责任意识入手，使每位教师都具有乐于合作、善于合作的素质，能够配合团队其他成员共同上好课、教好学生，一切以学生知识的获得和身心的成长作为工作的出发点和落脚点。在团队建设过程中，光靠学校领导的硬性要求是不够的，还必须发挥教师群体的主观能动性，构建一个有效的机制，促使教师群体能够主动融入相应的教学团队中，提高教学效能和组织效能，从而使团队中的所有教师都能产生较高的工作投入感。对此，D校长分享了自己的经验："我们学校通过确立首席教师制来加强团队建设。班主任就是我们的首席教师，就是做班主任这项工作呢，我们实行自我申报，然后学校整体筛选，有教学能力的、有教学质量的，或者有责任心的，我们就任命为首席教师。这是一个。在确定班主任之后，班主任去选科任教师。选什么样的科任教师呢，就是选那些责任心比较强的、有敬业精神的、业务能力比较好的。另外我们还实行了科任反选班主任。就是这种互选的过程，就是教师群体自我评价、自我筛选的一个过程。这样让大家选来选去，最后就会选剩下一些什么样的教师呢？一是业务能力差的，大家不愿意选他；二是敬业精神差的，大家也不愿意选他；三是就是合作意识差的，大家也不要选他，就是有时候感觉个人业务能力很强的，但是合作精神不够，单打独斗，那大家也不喜欢选他。那这样的一个互选过程，也是给这三种老师一种自我教育的过程，比校长直接对他们说，你看你，你今天怎么回事啊，不敬业了？他就会说你给我指出来哪一点呢？我偶尔一次你就说我不敬业了？但是是由大家群体选的，他很认这个评价，没话说。所以我们学校这几年通过我的这种制度的选择，就让教师无形当中知道干活不是给校长看的，是真正意识到了，活是给自己干的。你要不干好的话，明年大家就不愿意和你搭档。这样学校的团队在无形当中就自动建设好了，这种机制的运作，甚至避开了很多校长意识不到的管理盲点，对学校整个风气的纠正和教学质量的提高非常有效。"

4. 提高人际领导能力，营造团结互助的组织氛围

研究结果显示，教师获得的人际支持将极大地影响到教师的工作投入感，在学校管理层面涉及的人际支持主要有领导支持、同事支持和家长支持。学校领导和同事对教师的帮助、关心、认可与支持，以及学生家长对教师工作的信任与配合，将会极大地提高教师的自我效能和职业认同感，会促使教师更加积极主动地投入教学工作中。因此，在管理工作中，校长和学校管理者应着力营造团结互助的组织氛围，使学校里的全体教师都能够感受到组织成员的关心与支持。

首先，学校领导要充分意识到自己作为领导者，对教师提供的帮助与支持，将会对教师的职业认同感、工作满意度和工作投入感等产生重要影响。因此，在日常管理工作中，要树立服务意识，想教师之所想，急教师之所急。留心观察教师群体存在的问题和教师在工作、生活中遇到的困难，主动向教师提供帮助，将各种隐性的人际危机扼杀在萌芽状态，并帮助教师及时疏导心理问题，做好教师思想工作。Q校长是这样介绍自己的做法的："我一般在发现某些教师最近情绪或者工作状态不太对的时候，就会主动找他们谈心，关心一下他们最近生活和工作中遇到的困难；或者每天早上巡视的时候，你的一个问候啊、一个调侃啊、一个玩笑啊，对教师都有很大的鼓励作用，领导的关心对教师来说很重要。你看有些老师说，哎呀，你看，校长挺关心我的，今天校长笑了，高兴了，他就觉得挺高兴的，挺开心的。那一整天的工作状态都特别好。"同时，做好后勤保障工作，为教师解决一下生活上的困难，提供一些贴心的服务，为教师解决后顾之忧，让他们可以一身轻松地投入工作当中。L校长就认为自己是后勤保障部长，他认为校长在一些学校管理的具体工作上，不一定凡事都要管，因为有分管教学、安全工作、德育工作等具体事务的副校长，校长最应该做而且只能由校长来做的事情，就是为教师解决后顾之忧，在校长能力范围内，替教师解决一些生活中的困难，这种富有人情味的管理方式，有时甚至比给教师物质奖励要有效得多。L校长在经费有限的情况下，还是尽己所能，为教师建了一个职工食堂，每位教师每天有六元钱的伙食补贴，每天早上教师们都能花费两元钱到食堂吃一份热乎乎的早餐，剩下的四元可以补贴到午饭或者晚饭当中；另外，对教师子女上学的问题，L校长也会尽力提供帮助，主动与上级主管部门或相关的小学协商，使教师子女能够就近入学或进入教学质量较好的学校。这些事情虽然看似与工作无关，却是教师生活中的大事，这些事情的妥善解决，使教师看到了校长对自己的用心与关爱，感恩之心油然而生，自然会用在工作中的付出来回报校长、回报学校。

其次，校长和学校管理者要善于在教师群体中营造同事间团结互助的组织氛围，使教师之间形成良性的竞争关系，使他们认识到只有遇到困难时互相帮助、遇到教学难点时互相切磋，不忌讳、不隐瞒、乐分享，才能更好地解决困难、促进专业的发展和教学水平的提高。同时，要让教师形成利益共同体的意识，即全体教师都是以学校的集体利益和荣誉为工作的目的，任何有私心、只顾自己利益的行为，都不符合这个集体的主流价值观，都是应该摒弃的。在这样的组织氛围的熏陶下，教师间自然而然就会形成无私互助的人际氛围，同事之间的关系就会较为和谐，从而有利于教学工作的开展。

最后，校长和学校管理者还应提高学生家长对学校事务的参与度与认知度。让学生家长清楚地知道学校在教什么、如何教，自己的孩子在学校学到了什么、学习状况如何，使学生家长成为学校管理和教师教学工作的有力支持者。如可向国外学习，建立家长委员会制度，家长委员会成员代表入驻学校，参与学校的管理和决策，并监督学校的教育教学情况，定期向家长委员会汇报学校的工作情况；同时，将家长委员会对学校工作的看法和建议，直接反馈给学校，帮助学校做出调整和改进，使学校、社区和家庭形成三位一体的教育共同体，为教育质量的提高和学生学习质量的保证提供坚实的保障。

5. 尊重教师工作，提高教师工作自主性

研究结果显示，教师的工作自主性和基于组织的自尊感对教师工作投入感有显著的影响。教师在工作中越能按照自己的想法进行教学，越能独立安排自己的工作而不受他人影响，越能感受到领导的信任和同事尊重，越能感受到自己在组织中的重要性等，他们的工作投入感就会越高。但是在实际工作中，往往有教师反映自己的工作受到学校领导和管理制度的很多限制，无法按自己的教学设计和思路开展教学。这样，不仅教学工作陷入按章办事、照本宣科的窠臼，还扼杀了教师的创造性与创新能力，同时，还间接地向教师传达了学校对其教学思路、教学方法和教学能力的不信任感，极大地妨碍了教师教学尊严感的获得和素质教育的开展。如一位青年教师就无奈地说道："其实我觉得领导要改进工作的话，那些条条框框的东西就要进行一些调整。比如像我们学校吧，名声和成绩都在那里，领导们也有压力，就怕把它搞砸了，所以这种压力就会释放给我们，给我们定一些硬性要求，学生的升学、成绩、家长的反应啊都有要求，这些条条框框很多时候让我们很难提起工作热情，只是疲于应付罢了。"

首先，校长和学校管理者必须充分尊重教师，尊重教师身负的教书育人的重大责任。将管理工作视为为教师提供帮助和服务的手段，而不是对教师进行监督和管理的工具。因此，学校领导必须转变观念，尊重教师，充分发挥每一位教师的主观能动性，使教师真正成为教育教学工作的主导，对教师的教学工作进行充分授权，使教师能自由选择教学方式和工作方式。目前，繁重的升学压力和升学指标使得教师不得不按照学校的要求和考试大纲进行教学，不仅使教师丧失了应有的教学自主权，扼杀了教师的创造性和开拓性，还使得学生的视野仅仅局限于教材而无法有所突破。长此以往，不仅会引起教师的怠惰心理，使其仅仅满足于对教材的熟悉和掌握，而不会主动地钻研和搜集与本专业相关的知识和素材，导致教学活动几十年如一日，毫无创新，使得学生成为典型的应试教育的产物，而且会严重阻碍学生的发展和后续教育的顺利进行。同时，不同的学生具有不同的特点，照本宣科、一成不变的教学方式无法适应学生多样化的教育需求，只有在充分认识到学生个性差异和能力差别的前提下，因材施教，才能最大限度地挖掘学生的潜力，为后续教育培养高素质高技能人才打下坚实的基础。因此，学校管理者应对教师的教学工作进行充分授权，在保证知识覆盖面的前提下，鼓励教师在教学方式、教学工具上进行创新，如自主开发校本课程等，充分发挥教师的创造性，激发教师的工作热情和工作活力，为培养出视域广阔、才能各异、具备创新能力的学生打下制度基础，为后续教育的有效开展提供坚实的保障。

其次，学校领导必须畅通沟通渠道，定期开展与教师的交流与互动工作，了解教师对工作的要求和建议，如对教师进行访谈或邮件沟通等。既让教师感受到学校的尊重和重视，又能为教师解决实际问题，增强教师基于组织的自尊感。切实帮助教师解决工作中遇到的各种问题，对教师的疑问与请求给予及时的回答与反馈，了解教师的思想和动态，废除不合时宜与违背教师意愿的管理制度和规定，为教师创造轻松愉悦的工作环境。尊重教师的立场与角度，在对教师进行指导或提出工作建议的时候，充分尊重教师的视角，以民主的而不是操控的方式对教师提出建议，使教师能够自由选择完成工作的方式，而不是迫于行政压力，被动地进行改变。只有这样，才能让教师真正信任组织与团队，在组织中找到归属感与信任感，将自己真正视为团队的一员，从而激发工作积极性，提高工作投入感，保证工作绩效①。

6. 注重工作环境优化，提供优质教学资源

研究结果显示，工作环境的优劣能够显著影响教师的工作投入感。教师工作环境可分为硬件环境和软件环境两部分。硬件环境是学校为教师提供的教学设施和办公条件。学校领导要重视学校硬件环境的建设，努力为教师提供优质的教学资源，在学校经费允许的范围内，及时为教师配备先进的教学设备和必要的教学仪器，不仅能够使教师感受到学校对自己工作的支持，也使教师对学校的教学资源有一种充裕感，增强教师的组织认同和工作满意度。软件环境是学校的教学风气和社会声誉对教师无形的激励作用。学校的教学风气会在无形中影响、塑造教师的师德和教学责任感，良好的教学风气也会促使教师在"比、学、赶、帮、超"中不断学习新的学科知识、钻研新的教学技能，为教学工作不断奉献才智与热情。同时，学校良好的社会声誉能有效增强教师的集体荣誉感和归属感，使教师以自己的工作为荣、以自己的学校为荣，珍惜在学校里工作的机会和与学生相处的机会，积极投入教学工作中。因此，学校领导要注重学校教学风气的塑造和养成，使学校成为一个重学乐教的教学园地，帮助师生共同成长，同时，也要着力提高学校在社会中的声誉和口碑。虽然社会目前对学校的评价还是以升学率为标准，但是如果一所学校能够做到朝气蓬勃、充满教育的热情与创造力，在学校发展过程中不断革新与进取，以不断改革来提升教育水平和质量，这样的学校必定会赢得社会的认可与欣赏，声誉和口碑也能不断提高，最终成为一个值得教师为之奋斗和奉献的优秀团体。

二 学校管理制度的健全

健全和完善学校管理制度和机制，使学校的制度体系和组织运转系统真正有利于教师的职业发展、学生的学业成就和学校教学水平的提高，让制度真正起到规范教学行为、服务于教学行为的刚性作用，为学校组织的高效运转和教师工作投入感的提高提供制度保障。

---

① 李敏：《腾冲县第一中学教师工作投入感影响因素研究——基于自我决定理论的视角》，云南大学硕士学位论文，2011，第44页。

(一) 人才选拔制度

从 2015 年开始，我国全面推行中小学教师资格考试全国统考制度，中小学教师资格考试由教育部统一命题、组织考试和划线，并打破"终身制"，首次引入定期注册制度，所有在岗教师必须接受五年一次的定期注册考核。考核内容包括业务考核、工作量考核和师德考核等，其中师德考核是重中之重，实行一票否决制，并且师范生和非师范生一样，想成为教师都必须参加教师资格考试[①]。这一改革，将极大地保证和提高中小学教师师资水平。但是，虽然教师资格考试分为笔试和面试两部分，着重考察的还是教师的理论知识和专业素养，对教师的教学情意缺乏有效的考察。

通过本书的研究结果可知，工作投入感高、真正将教师职业当成事业来追求、全身心为教学工作付出的教师，基本上具有极高的教学情意，即热爱教师职业、热爱学生、热爱教书育人的事业，并且具有很强的内在动机，愿意为教学事业无私奉献；同时，研究结果也显示，个人资源中的教师内在动机对教师工作投入感的影响最大，教师越热爱教师职业，越喜欢自己的工作，他们的工作投入感水平就会越高。由于获得了教师资格证和通过了编制考试的应聘者，在专业技能上应该基本达到了要求，因此，校长及领导班子在对新教师进行招聘的时候，即在校招的环节，应着力于考察应聘者对工作的热爱程度和对教育的理想和抱负。只有真正热爱教师职业的人才能积极进入角色，既能保证在工作中的投入与教学质量，也能保证教师队伍的稳定性；同时，从事教师这一职业也是需要天赋和抱负的，也要着力考察应聘者对教学的感知和迁移能力，考察他们对教育怀有的理想和抱负，只有对自己的职业有追求、有抱负，才能真正投入工作中，并将职业当作事业去拼搏。Z 校长的经验就值得大家借鉴："我们非常重视新入职老师的选择，我们会选择热爱教师职业并有自己的教育想法和抱负的老师。在招聘老师的时候，往往由学校领导班子集体进行面试，硕士以上不用参加笔试，但是现在的情况来看，我们的教师群体中硕士博士非常多，没有硕士学位基本不可能到我们学校任教。因此，在对这些应聘者进行面试的过程中，我们就会着意区别有教学潜质的教师，比如不一定直接问他

---

① 《教师资格考试政策改革》，http://www.eol.cn/zt/201310/jsgg/，2013。

们是否喜欢教学，而是通过一些侧面的问题加以考察，比如当学生遇到困难时，他们会如何处理等，以甄别出最有职业情怀和抱负的人。"

但也要注意的是，由于目前实行全国统一的教师编制考试，只有通过教育主管部门的编制考试，才能成为中小学教师。因此，就会出现有的应聘者非常符合招聘学校的要求，学校非常想录用他，但是由于没有通过编制考试而不能录用；或者有些人虽通过了编制考试，但没有通过校聘考试却被教育主管部门硬性分配给相应学校的情况。这也是对学校领导的一种考验，虽然无法逾越制度障碍，但是在校长可操作的范围内，应积极争取想要的人才，如可先留用想要但却没有通过编制考试的人，在以后的工作中再努力帮助其通过编制考试；同时，对于不符合学校要求却被硬性分配过来的人，可积极与教育主管部门沟通，将其调整到适合的岗位，或在入职后期对其进行有效培训，以最终实现达到学校人才招聘要求的目的。

总之，在人才选拔时，考验的是学校领导"识人"的能力，只有为组织挑选和甄别出最优秀的人才，使能者、贤者居于其位，才能为组织源源不断地注入新鲜血液，保证组织人力资源的最优配置，实现组织效能最大化。

（二）培训制度

培训一般分为入职培训和职后培训，现在大部分学校有系统的教师培训项目，如"青蓝工程""师带徒"等。这些培训项目对教师教育教学水平的提高和青年骨干教师的培养起到了不可估量的作用。在此，本研究不再累述具体的培训过程与内容，而是对培训的逻辑与目的进行一种提纲挈领式的探讨。本研究认为，不管是哪种类型的培训，都应立足于提高教师的学习能力、育人能力和教学能力，这三个能力分别对应于教师教学胜任力层级的"道""术""技"三个层次。所谓的教师教学胜任力的层级，可以这样来理解，即，如果将教师的学识比作水的话，那有一桶水的教师，才能给学生一瓶水，有一瓶水的教师也才能给学生一滴水。就是说想取得某一程度的教学成果，教师所拥有的学识与能力水平应该高于期望学生所能够达到的水平。如苏联著名教育家苏霍姆林斯基说："教师所知道的东西，就应当比他在课堂上讲的东西多10倍、多20倍……"

1. 教师的学习能力

教师的学习能力对应教学胜任力层级中的"道"这一层次。《学记》中说道,"记问之学,不足以为人师""大道不器"。真正的优秀教师,不是照本宣科地向学生传授通过记背就能掌握的书本知识,而是能够给予学生思想上的、人格上的乃至精神上的启发与指引的人。中学教师的主要职责虽是为学生传授基础知识,并向上级院校输送人才,但是学生学习能力与习惯的养成、人格品质的塑造与完善、人生理想与追求的形成与坚守,是一个终身的过程,且年纪越小越容易塑造与培养。同时,所谓"道",即是放之四海而皆准的至高的原理规律,至高的道理,不只局限于只能说明一种现象,而是任何事物与现象都能用"道"来解释。世上万事万物都是相辅相成、相互影响的,其背后都遵循一个共同的原则。因此,在教师的培训中,卓越的学校管理者应将"道"的培训放在首位,使教师有习得这些原理、原则、规律的机会与能力,才能保证教师在工作当中按照教育规律育人,按照教学规律教书。

那么,如何对教师的学习能力进行培养呢?如图 6-1 所示。

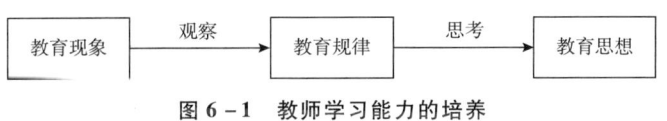

图 6-1 教师学习能力的培养

首先,在培训工作当中,引导教师留心关注教育教学工作中遇到的问题与困惑,寻找问题存在的原因、探寻问题解决的路径。这一过程,可鼓励教师在教研组或年级组中积极与其他教师进行探讨与讨论,对同一问题寻求多样化的解决方案,并验证不同解决方案的实施效果。如遇到某一个教学难点,学生难以理解和吸收时,可在教研组中对这一教学难点的教学方法进行探讨,看看其他教师在教学中是如何做的,教学方法的效果如何;或者当学生思想状况出现问题时,自己是怎么处理的,其他教师又是怎么处理的。在这个观察与探讨的过程中,掌握最佳的解决方案。

其次,深入观察,这些问题的产生与解决,这些优秀的解决方案,究竟是按什么样的逻辑进行和开展的,这背后有什么共同的规律。在这一过程中,可引导教师阅读大量的经典文献,如教育学、教育心理学专著,从理论的角度引导教师去观察、去摸索、去总结;或者鼓励教师向校内外的专家求教，看看专家是如何解释这些现象、如何归纳总结解决方案的，以及最后得出了怎样的解决类似问题的规律和原则。同时，结合自己在工作中遇到的实际问题，对这些现象进行独立的思考，总结出这些现象背后所蕴含的规律与道理，形成初步的教育思考和概念脉络。

最后，在工作当中，践行得出的经验总结，形成自己独特的教育教学观，并上升到理论的高度，积极实践与推行，从而进一步上升到人生感悟的凝练与总结。教学相长，教师在教学过程中遇到的困难与挑战，也是教师自我成长、克服自身专业素质和心智素质短板的机会。在这一过程中，必定对为人、为师之道有着更为深刻的体验和感触。这些体验和感触不但记录了教师生活历练的宝贵经历，也记录和表达了教师人格魅力、人生追求不断升华的过程。教育的追求，乃出自对智能与人格完善的无限向往，这些宝贵的教育思想与人生体验，就是教师在教学过程中不断锤炼出来的，不仅对自身的生活和工作有非凡的指导意义，对学生的成长和成才也是一笔巨大的财富。如果教师能将这种对教育和人生的真知灼见以润物无声的方式不断迁移到教学当中，对学生的成长无疑会起到巨大的推动作用，有助于学生人生观和价值观的正确养成。

教育家不仅仅出现在校长群体中，也有可能而且应该出现在教师群体当中。成为教育家型教师并不是一个空想和无法实现的梦想。如深圳中学的马小平老师，被钱理群教授赞誉为"可以称得上教育家的人"，这样的教师在广大的一线教育工作者中绝不是个案和无法复制的。这样的教育家型教师，就是有着自己的教育理想与追求，善于在工作中观察与思考，探知教育现象背后的规律，从而将教育规律上升为终身坚守的教育思想的人。因此，不管是在教师的入职培训还是职后培训当中，校长和学校领导者，都应有着力培养教育家型教师的觉悟与思考，以培训为契机，为教育家型教师的培养提供肥沃的土壤。

2. 教师的育人能力

教师的育人能力对应的是教学胜任力层级中的"术"这一层次。在"道"的指引下，教师应对要将学生培养为什么样的人，有一个清醒且明确的认知。从教育的本质而言，人格和品性的锻造应该处于教育链的顶端，为人处世的修养与智慧的养成处于中端，而知识技能的习得应该处于末端。因此，在教学胜任力中"术"的层面，应该着重强调的是教师育人能力的培养,即在教育思想与教育观的指导下,运用符合人性发展规律与教育规律的方法,将学生培养为一个人格健全、情操高尚、志趣高远、富有涵养的合格公民。如图 6-2 所示。

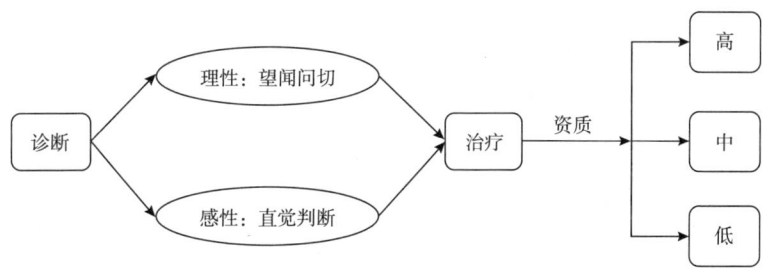

图 6-2　教师育人能力示意

优秀的教师,如同高明的医生一样,对于学生成长和学习过程中出现的问题能够有一个准确和敏锐的判断,并及时采取恰当的措施对学生进行帮助和教育,消除他们成长过程中的隐患。这一过程,主要是对学生思想和行为的呵护与引导。因此,如图 6-2 所示,一名具有高超育人能力的教师,首先如医生一般,能够对学生的心理和行为状况进行诊断。诊断方式有两种。一是理性的方式,即教师在学生思想教育工作中常常会采用的方式——谈话。当学生的学习和身心状况出现问题时,教师,特别是班主任,应该能够敏锐地觉察到,并通过观察学生的言行、倾听学生的心声、询问学生的境况等诸多方式,找到问题的症结所在,及时与学生沟通,开导学生,帮助他们走出阴霾与误区。二是感性的方式,即运用教师在教育教学过程中的经验积累来直觉判断当下存在问题的原因及行之有效的解决方案,透过现象看到本质,及时疏导学生,防患于未然。这两种方式常常需要结合起来运用,也需要教师在实际工作中多加揣摩与练习。

同时,要注意的是,在对学生进行引导的过程中,一定要注意因材施教,不同的学生拥有不同的心智结构与成长经历,不能用固定的标准、固定的方法加以引导和教育。虽然在教育中,大家提倡的是"没有教不好的学生,只有不会教的老师",但是在实际工作中,不得不承认,学生的资质和素质是千差万别的,否则就不会有生源好坏一说。因此,对于那些天资较高、学习自觉主动性较强的学生,教师应该做的就是呵护他们的天赋与热情,为他们创造一个能够自主学习、自由成长的环境,保证他们能够按照既定的轨道成长而不出偏差，成为各行各业的栋梁之材；对于学习能力、自觉性都较为一般的学生，不能一味地强调让他们提高学习成绩，而应该鼓励他们热爱学习，帮助他们改善学习方法、提高学习能力，并着重培养他们健全的心智品行，使他们虽只有"小才"，但具"大德"，同样可堪"贤人"的称谓；对于品性较为顽劣、对学习没有太多热情与能力的学生，应着重帮助他们成长为一个正直、善良、守礼的人，就算在学业上没有太多成就，也能使他们具有自力更生的能力，并成为一名对社会有用的人。当然，以上的论述较为空泛，还需要在实际的工作中多加摸索与把握，以上的论述只是一些原则性的指导，即在教师培训的过程中，应培养教师具备以上的育人意识。这种育人意识也许有些理想化，却是每一位教育工作者都应该具备和掌握的，教师对青少年成长的作用不可估量，也许一句话就能改变一个学生的一生，所以，真正具有育人能力的教师，才不辜负"老师"这一光荣称谓。

3. 教师的教学能力

教师的教学能力对应教师胜任力层级的"技"这一层次，即教师的教育教学技能，着重强调教师知识传授的能力。这是教育的末端功能，是保证学生取得学业成就的根本路径。因此，在教师培训中应做到以下两点。

第一，教师对自身学科的专业知识必须有一个逻辑化、体系化的把握与认知，这就要求教师不断地学习与充实相关的学科知识。因此，学校应定期开展针对加强学科知识学习的培训，即对教师进行专业支持和业务培训，保证教师的专业知识储备与时俱进。

第二，教师必须具备高超的教学技能，即教师知道怎么教、如何教学生是科学高效的，是能够保证教学质量的。这可以通过向老教师、优秀教师请教经验、观摩优秀公开课、阅读相关专业书籍或参加各种说课比赛、同台竞技等方式逐步习得和提高。

对教师的培训是一个长期和系统的工程，如 L 校长所说："教师在大学学习过程中获得的知识在真正的教学工作中是不够的，还要进行本专业的培训，但除了本专业的培训使业务比较精深之外，做老师的光有专业不行，还涉及管理和育人。除了给他本专业支持外，还要给予足够的经验介绍、教育心理学的培训、兄弟学校比较直接的管理经验、班主任的培养等。这也是专业之外的教育的培训。因为教书育人是合在一块儿的，只会教书不会育人成不了名师,学生不会爱他,也是不行的。"由此可见,在对教师进行培训的过程中,应秉持人人都可成为教育家的观念,积极鼓励教师在教学工作中形成自己特有的教育教学思想,在教育教学思想的指导下,着力于学生人格和品性的培养,并注重知识文化的教授,使学生真正成长为品学兼优的创新型、可塑型人才。

(三) 工作量制度

建立和规范教师工作量分配和核定制度,采取有针对性的措施减轻教师工作压力。本研究的调查显示,近90%的教师认为工作强度很大、专业要求很高,工作辛苦、压力大是教师们的共同感受。同时,对教师的日平均工作时间的调查数据显示,教师的日平均工作时间为9.38小时,每天工作8小时以上的教师比例为78.31%。《中国中小学教师专业发展状况调查与政策分析报告》也指出,初中教师平均周教学工作量为12.1节,纯粹教学活动用时平均每周27.24小时;高中教师平均周教学工作量为13.2节,纯粹教学活动用时平均每周29.70小时。这一工作量水平比世界上许多国家教师的教学工作量水平要低。但许多调查显示我国中小学教师平均每天实际工作时间超过8小时,甚至达到10小时以上,这可能意味着我国中小学教师在备课、上课和作业批改之外,还承担了过多教学之外的工作(如学生管理、撰写各种计划与总结、应对各种检查、参加各种会议等)。同时,《报告》也指出,目前我国的中小学,特别是农村中小学,缺乏规范的教师教学工作量制度,或者有这样的制度,但没有有效执行[①]。

因此,本研究认为,在现阶段,对教师教学工作量制度的建立和完善,应做到以下两点。

1. 建立健全教师工作量分配制度

本研究的调查结果显示,教师工作资源的组织公平因素中,工作量分配公平对教师工作投入感的影响力最大。同时,在访谈中,教师也证实了工作量的分配对工作投入感的影响,如一位教师这样说道:"其实你看当教师吧,绝大多数情况是跟学生打交道,政策什么的影响不会很明显。学校

---

① "全国中小学教师专业发展状况调查"项目组:《中国中小学教师专业发展状况调查与政策分析报告》,《教育研究》2011年第3期,第3~12页。

的管理制度的话，时间的分配、工作的安排是比较影响教师的工作投入感的。如果没有明显的工作边界，什么事都找我们做的话，可能投入感就不会那么高，毕竟时间和精力有限。所以，很多时候，在工作的安排和分配上，学校管理层、领导层是缺乏一些必要的沟通的。其实你看，有时候很多工作是重复安排的，有一些人能力强，虽然说是能者多劳，但能力强的人可能工作量比较大，因为有时候没有协调开来，就会给他们安排很多的工作，而另外一些人的工作可能相对来讲就要轻松一些。所以，关于工作的安排和协调，人员之间分到人头上的工作量，领导之间是缺乏协调的。这个时候就容易出现一些麻烦，两件事碰到一起就不知道怎么办了，只能硬着头皮先去做其中一件，那另一件事就等着领导批评了。"所以，在学校管理工作中，应避免工作分配和安排的随意性。如前所述，我国中学教师实际的教学工作量并不大，工作压力可能主要来自上课之外的其他工作。因此，应着重避免增加教师额外的工作压力和负担，减轻那些与教学事务关系不大的工作对教师的干扰，依据制度规范为教师合理安排工作，保证工作分配的公平性和有效性，保障教师绝大部分的工作时间和精力投入用于教师的专业活动。

2. 建立健全教师工作量核定制度

目前，教师的工作量主要按照课时数进行衡量，但是各学科专业属性不同，使得单纯按照课时数为标准进行核定的工作量制度有失公允性。毕竟，工作量核定的目的，是公平地衡量教师为工作所付出的时间、精力和体力，而由于学科的差异性，很多学科的教师用于备课、批改作业的时间显著多于其他学科教师。如一位政治老师这样说道："对于我们文科老师来说，改作业是一个很头疼的事，有时候我一个上午就只能改几份作业，头都改晕了，红笔都要用几支。你像我们当学生的时候，从来没有那么快地感受过一支笔芯用得有多快，自从我当老师之后，一个班的作业改完，至少一支笔芯就没有了。我们学校要求比较严格，要详批详改。因为我们科目的特殊性，不同的科目有不同的要求，特别是主科，学校也比较重视，压力也比较大，可能教师在批改作业方面付出的也更多。我有个同事教语文的，有几次都是批作业批到凌晨，因为每个人的作文、每个人的心理都是差别很大的，你还要打评语，所以他们看一本作业，可能我们可以看一个小组的作业。但他们的这种付出并不能够得到额外的回报。所以就是在这种工作量的确定方面，'语数外'的老师，跟我们'政史地'，还有其他科目的老师，是有区别的，而我们又跟'音体美'的老师有区别，这是三个层次。"因此，在学校管理过程中，应建立规范的教师教学工作量核定制度，充分考虑各学科的授课特性，不仅将教师显性的工作量（即在校的授课时数纳入核定和考核范围），还应将教师隐性的工作量（即课后的备课时间、批改作业的时间等）纳入工作量核定范畴。虽然备课和批改作业等活动是教师在课后进行的，无法进行有效的监督和考核，但是在对工作量进行核定的时候，应充分考虑到备课量大、作业批改量重的任课教师的实际付出，在工作量的核定上对其有所倾斜或增加相应的权重，确保教师实际的工作量付出能够得到承认并获得相应的回报。

（四）绩效考核制度

绩效考核的目的是区分优秀教师和待改进的教师，以及促进教师专业的成长和职业生涯的全面发展；同时，随着教师绩效工资制改革的深化，绩效考核结果应该成为教师薪酬管理的重要依据。但在目前学校的绩效考核制度中，往往存在考核目的不明确、考核制度不健全、考核缺乏客观公平性、考核主体单一、绩效反馈滞后等问题。因此，在学校微环境中，教师绩效考核制度的完善应注意以下几点。

1. 绩效考核主体的多元化

目前，教师绩效考核的主体较为单一，考核方式较为单调。很多学校是通过召开年终教师述职报告会，由教师对自己在本年度的教学成绩进行表述和展示；之后，学校领导小组结合教师的考勤和教师的述职报告进行打分，领导小组一般由校长、教务主任、教导主任和年级组长组成；然后，让全体教师投票评分；最后，根据全体教师的投票评分与领导小组的评分各占的比重（一般而言，各占一半）总结计算出每位教师的绩效考核得分[①]。由此可见，在这一考核过程中，考核主体基本上就是学校领导和全体教师，但学校领导和全体教师并不能对所有被考核的教师和他们所做的工作都能十分熟悉和了解，因此，在考评的时候并不能保证考核结果的客观公平性。本研究的调查结果也显示，教师教学绩效考评的公平性是体现组

[①] 朱淼：《哈尔滨市中学教师绩效考核问题研究》，东北林业大学硕士学位论文，2012，第22页。

织公平的重要依据,对教师工作投入感有显著的影响。因此,在教师绩效考核时,应着力拓展教师绩效考核的评价主体,使真正了解各教师工作情况的群体进入考评主体中来,保证教师绩效考核的公平性和客观性。对于教师绩效考核主体的构成,可参照企业界的主流绩效考核方式——360度考核的方法,应将教师本人、学生和家长、相关上级领导、相关同事都纳入考评主体当中。

教师自评,以教师本人作为评价主体进行自查式的评价,虽带有一定的主观性,没有他评的可靠性强,但也能够帮助教师发现一些隐性的问题,同时也保证教师本人的话语权。学生和家长的评价,由于学生是教师教学活动的主要参与者,对教师的教学状况有最直观准确的感受与判断,也更具真实可靠性;同时,家长作为学生的监护人和教育投资者,他们对教师的教学水平也更为关注,应该有对学校和教师的教学状况进行评价的权利。相关主管领导评价,即主管教学或管理的学校领导,以及年级组长和教研组长的评价,由于相关主管领导与被评价教师在教学活动中交流密切,也比其他领导或学校教师更为了解被评价教师的工作状况和工作业绩,对被评价教师的评价也会更为客观,因此,也应纳入评价主体当中。相关同事的评价,即与被评价教师同一教研组、年级组的同事的评价,相关同事在平时的教学工作中与被评价教师接触的时间和机会最多,对被评价教师的工作状况也较为了解,也应纳入评价主体当中[①]。

2. 绩效考核内容的全面性

目前,大部分学校的教师绩效考评方法,对教师绩效的考评主要是从考勤、工作量、教育教学过程和教育教学业绩四个方面展开,更多的是关注教师过去的教学业绩,是一种总结性的考核,对教师未来的专业发展并没有太多的指向性和指导意义。这样的考核方式,主要评价的是教师的显性工作,却忽视了教师的隐性工作,如教师对学生的思想品德教育、心理疏导、课后辅导、情感关怀等,这些工作业绩虽然难以量化评定,但对学生的成长却至为重要。

因此,教师绩效考核内容要以教育教学的目的和学校工作任务为基础,

---

① 肖瑶:《素质教育背景下的中学教师绩效考核研究》,南京航空航天大学硕士学位论文,2012,第39~40页。

全面评价教师的师德水平、专业知识、教学技能、教学管理能力、科研水平、育人能力、工作业绩等方面的水平和能力。另外，还要针对学校各岗位的不同特点，实行岗位分类考核。从工作性质划分，学校岗位可分为教师岗、管理岗和服务岗。对教师岗的绩效考核，主要着眼于教师对岗位职责的履行上，对教师完成学校规定的教育教学任务的考核，主要包括教师的"德、能、勤、绩"等方面的全面考察，并且要将学生成长进步和身心素质的提高作为考核教师教学绩效的一个重要依据；对管理岗的绩效考核，主要应侧重于目标达成、部门协调和服务质量等方面；对服务岗（即教辅人员和工勤人员等）的绩效考核，主要应侧重于完成岗位职责、服务教学和服务育人等方面①。

同时，还要关注教师绩效的发展性评价。因为教育活动的特殊性，教育的效果往往是迟效的和长期的，不能单纯在学年末用一些简单、死板的评价指标加以衡量。因此，建立科学的机制，对教师的教学过程进行实时监督，如相关领导和同事定期到被考核教师的课堂上进行旁听，在一个连续的教学过程中，对教师的教学能力和教学业绩进行客观的评价。

3. 绩效考核结果的应用

现行的教师绩效考核结果，一般要求与教师的绩效工资相挂钩，特别是中高考的成绩（即教师的工作业绩），是教师绩效考核的重要组成部分，直接关系到教师的绩效工资。另外，有一些学校是把考核的结果通报给教师个人，并将考核结果作为教师评优晋级的加分因素，还有一些学校会根据教师绩效考核结果，对考核优秀的教师发放一定数额的奖金或其他物质奖励。但是，自从绩效工作制实行以后，这样的奖励也基本没有了。对于考核结果不理想的教师，由于没有相应的惩罚措施和教师退出机制，学校一般采取的是消极处理的方式，基本就是在教学组内通报或将这部分教师轮换到非教学岗。这些对绩效考核结果的现行处理方式，往往没有达到应有的效果，以实现绩效考核的最终目的，因此，对于绩效考核结果而言，应做到以下两点。

第一，及时主动地将绩效考核结果反馈给相关教师。本研究的调查结

---

① 马佳宏：《推进义务教育学校绩效工资制度改革的9条建议》，《重庆社会科学》2012年第6期，第102~103页。

果显示，学校绩效反馈的及时有效性，能够极大地提高教师的工作投入感和工作积极性。因此，应让绩效考核结果成为教师专业发展和工作进步的助推器。学校应该根据教师的绩效考核结果，对各个教师形成一份有针对性的绩效反馈报告，并请学校的权威教师和资深专家，对绩效考核中出现的问题进行有针对性的指导，帮助教师改善教学方法，提高教学效果。当然，这样做的前提乃是学校的绩效考核做到了上文所说的考核主体多元化和考核内容全面性，能够客观公正地反映教师工作的各个方面。

第二，与教师岗位的轮换和退出挂钩。根据绩效考核结果，区分出最优秀的教师、有待提高的教师和表现较差的教师。最优秀的教师可以给予薪酬、职称或培训机会等奖励；有待提高的教师可给予其相应的专业培训或教学技能技巧的指导，帮助其下一次考评中获得进步；对于表现较差的教师，则对其进行轮岗处理，调离教学岗或者进行解聘。目前我国教师编制制度实行的是与事业单位相同的编制制度，在教师没有重大失误或失责的前提下，除非教师自愿退出，否则学校或相关的教育主管部门一般不能因为教师教学的不胜任而对其进行解聘。但是，那些缺乏教学胜任力、没有师德和责任感、不热爱教学工作、对工作应付了事的教师，不仅会对学校的教学产生负面影响，耽误学生的学业进步，更主要的是还占用学校教师编制，使得学校无法补充新的合格教师。因此，应从建立判定不合格教师的国家标准，明确不合格教师退出的权力主体，完善教师退出程序并保护教师的权益等方面入手，建立和完善科学的教师退出制度①。

对教师群体的区分，可参考本研究对教师工作投入感的调查结果。本研究的调查结果显示，教师工作投入感与教师的工作绩效，即工作成果呈显著的正相关关系，教师工作投入感越高，工作绩效水平也越高。同时，虽然本研究的调查结论为大部分教师的工作投入感较高，但这是为了方便统计，从统计学的角度出发，取了五分量表的中位数 3 作为评价工作投入感高低的分界线，即本研究默认工作投入感均分为 3 分以上的教师为工作投入感度高的教师，即相当于 100 分制而得 60 分的教师为工作投入感较高的教师。得分在 60 分左右的教师，在实际工作中，其实只能算作工作投入感刚刚达标的教师，真正的高工作投入感应属得分 80 分以上的教师，即工作投

---

① 张彩云：《我国中小学教师退出政策评析》，《教育研究》2014 年第 3 期，第 132～137 页。

入感均分在4分以上的教师。事实上，统计结果显示，工作投入感均分在4分以上的高工作投入感的教师仅占被调查教师的28.2%。同时，工作投入感均分在2.5分以下的低工作投入感的教师为7.6%。因此，参照这一比例，可运用强制分布法（见图6-3），将绩效考核结果最优的前20%~30%的教师划分为优秀教师，中间65%~70%的教师划分为有待提高的教师，后5%~10%的教师划分为表现较差的教师。需要注意的是，在65%~70%的有待提高的教师群体中，对于进步特别快、表现特别突出的那部分教师（图中横轴虚线以上部分），虽然他们的绩效考核成绩暂时还没有进入优秀教师群体，但是非常具有潜力和极大的成长空间，这部分教师也应该被纳入奖励的范畴，如设置最佳进步奖、新人奖等，鼓励其进一步的成长和提高。

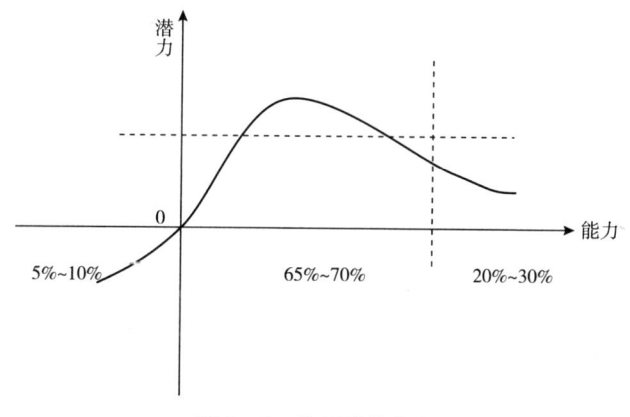

图6-3 教师群体分布

（五）激励制度

在公平公正的绩效考核制度的基础上，建立科学有效的激励机制，是学校制度建设的重点，也是维护教师队伍稳定性、激发教师工作积极性、提高工作投入感的关键。激励机制，从激励的性质，可分为物质激励和精神激励两类。物质激励即薪酬激励，精神激励即专业发展平台的激励。

由于激励应在考核之后进行，因此，为了论述的方便性，在排除了上述所说的应予以淘汰的不合格教师群体，本研究暂且将其余的教师简单分为在工作中绩效高、绩效中等和绩效低三种类型。根据研究结论，这三种类型分别对应于在工作中具有高度投入感、中度投入感和低度投入感的教师。在访谈中，不少校长谈道，在实际工作中，具有高度投入感和低度投入感的教师都是非常少的，这三种类型的教师群体呈现出"两头少、中间多"的状况，大部分教师处于具有中度投入感的状态。本研究的调查也验证了这一说法。因此，不同工作投入感类型的教师有各自的特点，在对其进行激励的时候，需要对不同的教师采取不同的措施，抓住重点，做到有的放矢，以起到良好的激励作用。

1. 不同绩效类型教师的激励特性

（1）高工作绩效的教师。

这部分教师基本对应于工作投入感高的教师，在工作中的付出常常大于收获，即这部分教师在工作中特别具有奉献精神，他们热爱工作，积极投身于工作中而不计个人得失，全情付出而不问回报；对工作充满热情和积极探索的精神，对工作积极主动；在学校工作要求的基础上，会自觉地按照自己的思路，在工作中付出大量的时间和精力，将教师职业当作事业来做。这样的教师都是有进取心和事业追求的人，都有自身的教育理想和激情，对自我的要求也很高。他们对事业不懈追求的目的，已经超出了单纯的利益获得，而是希望证明自身的价值与意义。相比较物质回报而言，他们可能更关注名誉地位的彰显和自身影响力的获得。如一些教学名师、特级教师或学科带头人等，由于自身的收入水平已达到一定高度，对树立自己在学校和教育界的专业影响力和权威地位的期望度，可能要高于对获得物质回报的希求度。

（2）中等工作绩效的教师。

这部分教师基本对应于工作投入感处于中度水平的教师，占教师群体的大部分，在工作中勤勤恳恳、按部就班，工作职责和要求是什么，就按章办事，尽职完成本职工作。他们是教师群体中安守本分的教师，是合格的教育工作者，虽然不太善于在工作中有创新和突破，也不会太忘我地奉献于工作中，但是对于工作也能做到尽职尽责，有师德，会在职责和可接受的付出范围内尽心完成教学任务，对学生进行教育。这部分教师基本属于得到多少就付出多少的教师，因此，物质回报和精神回报都会对他们产生较好的激励作用。

（3）低工作绩效的教师。

这部分教师基本对应于工作投入感低下的教师，在当今的竞争激烈的学校组织中数量不会太多,但也有一定的比例。他们可能对教育事业并不热爱,也不喜欢教师这一职业,而由于某种特殊原因而从教,但对教学工作没有丝毫热情,更不会倾注大量的时间和精力用于教学,对于本职工作应付了事。因此,在工作中有得过且过的倾向,不会关心自己的教学成果和学生的成长,有一定的利己和"混饭吃"的倾向。这部分教师可能更关心在工作中得到了什么,有什么样的经济收益和物质报酬。

2. **不同类型教师的激励措施**

根据不同绩效类型教师的激励特性,应采取不同的激励措施,如图 6-4 所示。

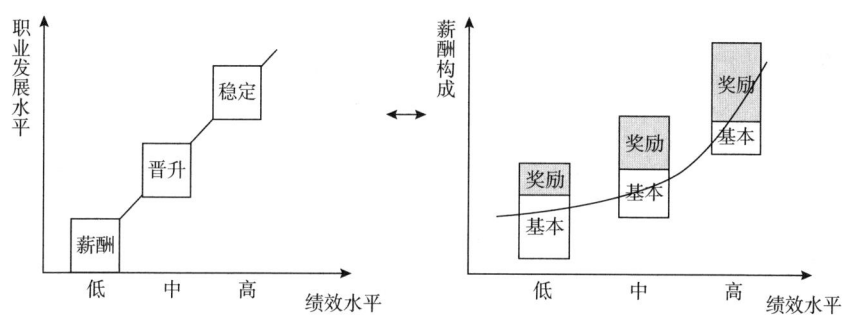

图 6-4 不同绩效水平的教师激励措施

(1) 高绩效、高工作投入感的教师。

首先,应确立其教学权威的地位,教学权威地位的确立不仅可以通过职称的晋级实现,也可以通过各种表彰和荣誉称号的授予而实现。如很多学校采取了"首席教师制",由首席教师出任班主任,并挑选科任教师,组成教学团队。确定了教学权威的地位之后,这部分教师的荣誉感和责任感就会油然而生,就会体验到自身价值被学校、同事和学生认可的自豪感和满足感,这种精神需求得到满足的体验,会进一步提高工作投入感,并乐于在工作中指导其他教师获得成长与提高;同时,由于教学权威的确立,为全校教师树立了楷模和标杆,教学权威成为全校教师学习和进步的榜样,榜样的激励作用加上教学权威对他们的专业指导,将极大地促进其他教师专业素养和工作积极性的提高。其次,可让这部分教师担任一定的领导职务,进入领导层。想要成为一名卓越的领导者,必先成为一名卓越的教师,领导者相当于一名教练,其主要的任务就是带出一支优秀的团队。而高工作投入感的教师，往往具有成为一名优秀领导者的潜质，因其自身所具有的人格魅力、自我管理能力和工作能力已经超出一般教师所拥有的素质范围。如果学校的管理层都由具有丰富教学经验和饱满的工作热情与激情、全身心投入工作而不计得失的教学权威担任，对于学校教学质量的提高和教师队伍的建设将起到不可估量的促进作用。最后，对于薪资报酬而言，在当前的绩效工资制度下，可大幅拔高这部分教师奖励性工资的份额，使奖励性工资在教师薪酬结构中的比例远远超过30%，从待遇上保障教学权威的地位，使教学权威这一称号，不仅成为专业能力的体现，也是经济地位的彰显，激发广大教师立志向教学权威学习和成为教学权威的热情，充分调动全体教师的工作积极性，提高工作投入感。因此，对这部分教师，在专业地位和职业发展上，将其抬高到一个相当的高度，并保持其稳定性，让其有自主发展和工作的空间；同时，在薪酬上给予大力奖励，使这部分教师成为学校最核心的人才，为学校的发展领跑。

（2）中等绩效、中等工作投入感的教师。

首先，在职业发展和专业发展上，应让其看到自身的发展空间。这部分教师是学校教学的中坚力量，应该着力于通过激励来促进成长，使其中有潜力、有激情的教师逐渐成长为教学权威。因此，对这部分教师中表现突出者，应给予更多的培训机会和破格提拔的机会，即给予其相应的职业发展平台，这对教师工作投入感的提高有重要影响。培训机会可以是校内培训，也可以是上级部门举办的各种培训或者国家级培训，如"国培计划"等，高规格的培训不仅能让教师学到更多的知识和技能，也是一种良好的激励方式，往往能够让教师获得强烈的职业荣誉感和对自身的认同感。破格提拔的机会包括职称破格晋级和职务的破格晋升。对于暂时没有达到职称晋级要求但表现突出的教师，可以将其破格晋升到一定的职称，通过对其专业地位的确认，使教师感受到学校和领导对他们工作能力和付出的认可；同时，可让这部分教师看到自身的政治发展前景，即进入学校领导层和管理层的可能性，让专业素质优秀且有管理才能的人进入中层管理层，通过观察后期的发展情况，再让他们进入核心领导层。总之，对这部分教师，在职业发展过程中，应给他们描画出清晰的路径，使他们看到宽广的晋升空间和较大的晋升可能性，通过职称和职务的晋升，提高其专业地位和社会地位，通过地位的不断提升，激发其不断投入工作中的热情。其次，在薪资待遇上,应相应加大奖励性工资的比例,使他们能够切切实实感受到自己的付出得到了相应的回报,用地位和物质的双重满足来提高他们的工作积极性以及为工作付出和奉献的热情。

(3) 低绩效、低工作投入感的教师。

这部分教师对职业的发展并没有太多追求和潜力,但并不是在工作中完全不投入、不付出和消极怠工的,因此,这部分教师也有一定的上升空间和可能性。对这部分教师的激励,应在保障其获得相应的薪酬的基础上,对其开展有效的教育和培训,着重从师德和个人修养方面激发其投入工作的热情,并给予相应的鼓励,树立他们的自信心和教学效能感,帮助他们从工作中获得认同感和愉悦感。同时,学校领导应留心关注他们的生活状况,观察是不是生活或个性原因,使得他们在工作中表现不佳,并为他们提供相应的帮助,增强他们的组织认同感和归属感。另外,对于薪酬而言,由于表现不佳,可降低其奖励性工资的份额,或者说只发放与出勤率或工作量等有关的基础性奖励工资,让他们深刻体会到经济收入是与工作业绩相挂钩的,多劳多得、不劳不得。用物质待遇的增减来激发他们的工作热情和工作投入感。

总之,教师的激励是一个重要却复杂的问题,需要学校管理者在实际工作中,结合本学校的具体情况加以不断的研究和探索,使学校的激励制度能够真正有利于学校的发展和教师队伍的建设,为学校整体教学水平的提高提供保障。

第四节 教师职业胜任力的自我升华

教师工作投入感的提高,除了应从上文所论述的政策和制度等方面着手改进,对于教师自身而言,又该做什么和能做什么呢?单从教师群体而言,如果一味地要求他们在工作中忘我投入、积极奉献的话,恐怕并不恰当。提高工作投入感,在教师群体中只能进行引导和提倡,除了教师自己,没人有能力将这种工作中的情感体验凭空赋予教师,所以,这种引导和提倡要有配套的制度保障。但是,在制度保障的基础上,从教师个人角度而言,在工作中只要做到也应该做到以下四点,工作投入感的提高并不是无法实现的目标。

一 培养职业热情

根据本研究的调查结果可知，只有真正热爱教师职业的人，才会在工作中全情投入、积极奉献。但是目前，由于就业形势、生存压力、物质诱惑等外在社会因素的影响，很多人之所以选择教师这一职业，并不是因为本身热爱教学工作、立志献身于教师这一伟大职业，而往往掺杂了很多现实和无奈的选择，如读师范院校可以减轻家庭负担、人际关系较单纯、工作比较稳定等。因此，本研究有以下两点建议。首先，对于有意向从事教师职业的人，应明确自己是否真的热爱教师这一职业，是否愿意在工作中无私奉献。在本研究的调查过程中，所有参与调查和访谈的校长和教师，无一例外都认为教师是一个需要无私奉献的职业，没有奉献就没有办法成为一名好教师，而无私奉献只能从极度热爱中产生。用一位年轻教师的话来表达最为合适："选择教师这个职业要特别崇高，能做好这个职业的人也是特别崇高的人，要懂得牺牲才行。"如果不是真心热爱教师职业，那就最好不要选择成为教师。其次，既然选择成为教师，就应该努力让自己"干一行爱一行"，认识到教育工作的崇高性，激发出对教学工作的强烈自豪感与认同感，将社会赋予教师的角色期待内化为自身的价值标准，从而提高内在动机，激发工作的热情与积极性，在工作中培养对学生、对教育的热爱；同时，遵守职业道德，用师德来约束自己，用乐观积极的心态投入工作当中。

二 提高专业素养

本研究调查结果显示，工作资源中的学生支持是所有人际支持因素中对教师工作投入感影响最大的因素，即学生愿意接近教师、与教师及时沟通、喜欢上教师的课，以及学生有很强的求知欲、学习认真努力等，都会显著提高教师的工作投入感，使得教师在工作中更愉悦、更专注。访谈中，很多教师提到，每当教到懂事、好学的学生，每当看到学生的成长和学习成绩的提高，都会非常高兴，由衷地感到自己的付出是值得的，自己对学生是有帮助的，这份工作是能够实现自己的价值的，从而更愿意在工作中多钻研、多付出。然而，学生支持的获得，首先来自教师过硬的专业素养，学生只会爱戴、信任真正关心学生、真正善于教学的老师。同时，研究结果也显示,教师的教学效能感作为重要的个人资源,对教师工作投入感也有显著影响。教师如果认为自己只要努力,就总是能解决教学工作中的难题和帮助学习困难的学生;自己的教案写得非常好并有一套行之有效的教学方法;自己总是能够很好地驾驭课堂或在教研活动中提出独到的见解;等等,这种对自身教学能力的自信,总是能够极大地鼓舞教师不断在工作中付出和奉献,不断钻研教学技能技巧,从而真正投入工作当中,产生高度的工作投入感。因此,教师应该不断提高自己的专业素养、不断加强自己的育人能力,不仅要成为一名"乐教者",更要成为一名"善教者"。专业素养的提高,可以通过多种渠道加以实现,如积极参加职后学历深造,进行学历上的提升,增加自己的知识储备;积极争取各种培训机会,参加校内外组织的各种培训,吸取同行专家的经验建议;积极参加各种演示课、公开课的讲练和比赛,在技能技巧的比拼中与同事互帮互学,赶超与实现自己;积极向优秀的老教师请教教学技能技巧;在工作中积极反思和总结,看到自己的长处和短处,并不断提高;等等。总之,就是通过多途径多渠道,不断提高自己的专业素养,获得学生和家长的认同;同时,又通过这种认同,通过在工作中取得的成绩,不断强化自己的教学效能感和成就感,进一步促进工作投入感的提高,真正实现享受工作、积极工作的圆满状态。

三 培养乐观心态

本研究结果显示,乐观主义是一种重要的个人资源,对教师工作投入感有显著的正向影响作用。拥有乐观主义品质的人,更容易坚持正面的思考方式并具备正面的积极心态,而避免受到负面能量的影响。乐观主义与个体的健康状况、生活满意度、幸福感和自我效能感等都有积极的联系。乐观可以使免疫系统增强,从而使心脏病、高血压和癌症的患病率更低;乐观者的生活满意度、职业成就、幸福感和婚姻满意度明显高于悲观者;乐观主义有助于产生积极情绪,提高人的心理能量,赋予人们正面思考的能量。乐观主义者与一般人比起来,胸怀更宽广,抱负和志向更远大,能够提高行动积极战胜前进途中的艰难险阻,更有可能获得事业上的成功和生活的幸福,就算遇到失意和失败,也很少会有抑郁的倾向。而乐观主义和悲观主义的产生,主要是由于人们的认知方式的不同,因此,对于教师乐观主义品质的培养,在于培养教师认知事物、解读事物的方式。在培养自己的乐观品质时,教师应该学会转变自己的认知和解读事物的风格,将悲观解释风格向乐观解释风格转变。① 因此,当教师在工作与生活中遇到挫折时,首先应该正确看待挫折与痛苦,认识到不幸与磨难是生活中不可分割的一部分,任何人都没有办法避免,痛苦与快乐永远是生活的两面,对不幸的发生要有一个正确的认知,有胸怀去接纳人生的不如意;其次,理性分析造成不幸的原因和不幸所带来的影响,哪些原因是人为的、哪些原因是环境因素导致的,哪些原因是自己可以想办法改进的、哪些原因是一己之力无法改变的,不幸所带来的影响有多大,哪些负面影响是可以后期弥补的、哪些是无法改变的,总之,就是理性分析不幸,避免陷入无谓的自责或抱怨等负面情绪中;再次,对那些能够改变的现状,以积极的态度与行动加以改进和弥补,或者寻求相应的帮助,在行动中增强自己克服困难的信念和决心;最后,对于无法改变的不幸和痛苦,就尽量用胸怀去包容和接纳,并吸取经验和教训,避免再次发生同样的事情,并且相信自己,不惧未知,用乐观的心态看待未来。这一整个过程,都是乐观主义培养的过程,就是用积极正面的方式去解读、去解决事情的过程。也就是说,无论遇到什么事情,都不要用消极对抗的方式处理,而应该保持积极乐观的心态。祸福相依,世上没有绝对的好事,也没有绝对的坏事,要学会用辩证的思维看待问题,不断培养自己乐观主义的品质。就如美国心理学家迈尔斯指出的,乐观主义是追寻生命意义和幸福的法宝。对于教授人类追寻生命意义和幸福法宝的教师而言,更应该具备这样的能力。

四 寻求帮助与支持

人际支持是教师工作投入感的重要影响因素,人际支持主要有领导支持、同事支持、学生支持、家长支持和家人支持。如果教师在工作中能够得到领导的及时帮助,感受到领导对自己的关心,体验到领导对自己的认可与欣赏,并能够跟领导自由交流;同事之间能够相互帮助与认可,并配合默契;学生认真好学,愿意亲近、信任教师;家长能够信任

---

① 段海军、霍涌泉:《西方心理学视野下的乐观主义研究》,《国外社会科学》2010 年第 5 期,第 88~94 页。

教师，并且配合教师工作；教师家庭幸福和睦，家人能够支持教师工作、给予教师鼓励等，教师的工作投入感都会显著提高。因此，对于人际支持的接受者，教师不能仅仅等待被支持，而应该在工作中主动寻求需要的支持，很多时候，首先自己要成为一名支持者、给予者，才能获得别人的支持与关怀。

  首先，在工作中，应该积极服从和配合领导的安排与部署，如果有不同的意见，应用恰当的方式与领导沟通，倾听彼此的看法，从而得到一个最优的解决方案；工作中遇到困难，应及时主动向领导反映，并分析造成困难的原因以及所需的必要帮助，将困难和要求清晰地罗列出来，方便领导准确理解教师面临的困难与需求，提供最适切的帮助。其次，应积极与同事配合，在团队中，最让人反感的人就是没有合作意识和团队精神的人，因此，教师自身应该先成为一名善于合作者，为他人的工作提供方便与支持，才能得到同事的友好对待；同时，在遇到问题时，应积极与同事沟通，寻求同事的帮助或建议，以多方面的力量共同解决困难。再次，对学生支持而言，除了不断提高自身的专业素养外，还要学会关心学生的日常生活与学习，平等看待学生、善待学生，相信每个学生身上都有独特的闪光点，不以成绩好坏为标准机械地评价学生，善于呵护学生的心智，因材施教，帮助每一位学生成长为最好的自己。然后，积极主动与家长沟通学生在校的学习情况，让家长了解学校的教学工作和自己孩子的学习进度，使家长做到心中有数；了解学生在家里的生活和学习状况，充分掌握每位学生的基本信息，根据不同学生不同的家庭特点和个性特点，有针对性地指导家长配合学校的教学工作，并向家长传授一些正确的教育理念与教育方法，使家长与学校的教育形成"一条线、一条心"，保证学生的学习质量与效果。最后，积极处理好家庭与工作的关系。在访谈中，很多教师提到由于工作的压力与责任，往往没有办法很好地照顾家人，心中充满愧疚感；本研究的调查数据也显示，69.5%的教师认为工作会对家庭生活产生较高程度的影响，但大部分教师将工作放在最重要的位置。因此，教师在工作中，一定要善于平衡，善于处理家庭与工作的关系，尽量不要因为工作而影响家庭生活，尤其要处理好与伴侣的关系和亲子关系。懂得照顾伴侣的感受，使伴侣成为工作的积极支持者，同时，也不因为自己的工作而忽视对子女的陪伴和教育。总之，就是先安顿好家人、照顾好自己，再以饱满的精力投入工作中，就如F校长所言："我觉得作为教师，你得将工作和生活平衡好。我本人呢，说工作狂，我谈不上，但是在工作的这段时间内，我是非常认真的。我也鼓励老师，一定要把自己的生活、家庭生活调整好了，才能心情愉悦地在学校里面工作，你不能牺牲家人、牺牲健康，就为了学校的工作，如果是这样，你也做不好。家人的理解和支持、包容对工作很重要。"

第七章 结语

本研究在建立了中学教师工作投入感研究框架的基础上,通过自编的《中学教师工作投入感调查问卷》,对中学教师工作投入感的来源、现状、影响因素、作用结果的总体状况和个体差异进行了系统的调查;根据数据分析结果,再次对校长和教师进行深度访谈,对统计分析结论进行求证和深度解析;根据统计分析结论和访谈结果对导致我国中学教师工作投入感现状的现实困境进行了深入剖析,并结合教师工作投入感影响因素的研究和访谈意见,提出了具有现实意义的提升我国中学教师工作投入感的对策建议。

一 本研究的主要创新点

(1) 构建了中学教师工作投入感的系统分析框架,遵循"产生—发展—结果"的分析思路,在全面调查当前我国中学教师工作投入感的总体状况和个体差异的基础上,分析教师工作投入感产生的来源和动机,进而多角度探讨教师工作投入感的影响因素,并对教师工作投入感与教师工作绩效之间的关系进行验证和分析。这一系统的研究思路,走在国内教师工作投入感研究领域的前列。

(2)《中学教师工作投入感调查问卷》的编制,虽借鉴了一部分已有成熟量表的题项,但大部分题项具有较高的原创性;同时,该问卷涵盖内容较为全面,基本上对中学教师工作投入感进行了全方位的调查。这在当前教师工作投入感调查工具的开发研究中较为领先。

(3) 用实证研究的方法,对当前我国中学教师工作投入感的总体状况和个体差异进行了细致的分析对比,并结合访谈,对调查结果进行了详细解释，深入分析了背后的深层次原因，同时，提出了提升中学教师工作投入感的系统的改进建议，为中学的教师管理工作提供了有益的参考，也为教师工作投入感的后续研究奠定了一定的基础。这一研究成果，也处于国内教师工作投入感研究的前列。

二 本研究的局限性

虽然对"中学教师工作投入感研究"这一课题的研究历时两年，但是由于受到工作量和研究者研究能力的限制，本书仍存在很多局限与不足之处。

（1）调查样本数量不足。只能在研究者力所能及的范围内尽可能多地发放调查问卷，这就导致对某一地区、某一层次的教师取样不足或没有取样，这在一定程度上影响了本研究成果的适用性。

（2）无法在一个动态的过程中观察教师工作投入感的变化。本研究采用的是横断研究法，调查到的是某一个时间节点教师的工作投入感状况。而工作投入感作为一个动态的研究因子，虽然状态具有恒定性，但在某些状况下会出现波动，而对这些波动的研究，恰恰是鉴别有效影响工作投入感的因素之关键。而这一点，是本研究所没有做到的。

（3）研究的广度和深度不够。本研究在对教师工作投入感的影响因素和作用结果的研究上，只选取了部分指标和因素。由于教师工作投入感是一个复杂的问题，本研究并不能全面反映教师工作投入感的影响因素，也无法证明本研究探讨的影响因素就是教师工作投入感的最主要的影响因素；同时，为研究之便，本研究选取了教师的教学成果作为研究因子，印证教师工作投入感与工作绩效之间的关系，但是教师工作绩效涉及的范围很广，用教师教学成果替代工作绩效有其自身的局限性。

三 未来的研究方向

（1）进一步搜集国外有关教师工作投入感研究的最新成果，将其运用到我国中学教师工作投入感的研究和实践当中。

（2）开展更大规模样本的调查研究，尝试建立我国中学教师工作投入感常模。

（3）通过实地调研等方法，进一步区别教师工作投入感的影响因素，进一步验证教师工作投入感和工作绩效之间的关系和作用机制。

（4）尝试进行个案研究，跟踪研究一定时期、一定条件下，教师工作投入感的波动状况，以纵向研究的方式，进一步把握教师工作投入感变化的规律，探索个性化的教师工作投入感提升建议。

附 录

附录一 量表初步验证的独立样本 T 检验表

附表 1-1 工作投入感量表的独立样本 T 检验

<table>
<tr><th rowspan="3">工作投入感量表题项</th><th colspan="2">方差方程的 Levene 检验</th><th colspan="6">均值方程的 T 检验</th></tr>
<tr><th rowspan="2">F 检验</th><th rowspan="2">显著性</th><th rowspan="2">T 值</th><th rowspan="2">自由度</th><th rowspan="2">显著性
（双侧）</th><th rowspan="2">均值差值</th><th rowspan="2">标准误差值</th><th colspan="2">差分的 95% 置信区间</th></tr>
<tr><th>下限</th><th>上限</th></tr>
<tr><td>No.01 假设方差相等</td><td>0.212</td><td>0.646</td><td>-8.827</td><td>76</td><td>0.000</td><td>-1.385</td><td>0.157</td><td>-1.697</td><td>-1.072</td></tr>
<tr><td>假设方差不相等</td><td></td><td></td><td>-8.827</td><td>67.338</td><td>0.000</td><td>-1.385</td><td>0.157</td><td>-1.698</td><td>-1.072</td></tr>
<tr><td>No.02 假设方差相等</td><td>2.886</td><td>0.093</td><td>-8.316</td><td>76</td><td>0.000</td><td>-1.538</td><td>0.185</td><td>-1.907</td><td>-1.170</td></tr>
<tr><td>假设方差不相等</td><td></td><td></td><td>-8.316</td><td>55.105</td><td>0.000</td><td>-1.538</td><td>0.185</td><td>-1.909</td><td>-1.168</td></tr>
</table>

续表

工作投入感量表题项		方差方程的 Levene 检验		均值方程的 T 检验					差分的 95% 置信区间	
		F 检验	显著性	T 值	自由度	显著性（双侧）	均值差值	标准误差值	下限	上限
No. 03	假设方差相等	17.338	0.000	-7.940	76	0.000	-1.538	0.194	-1.924	-1.153
	假设方差不相等			-7.940	50.237	0.000	-1.538	0.194	-1.928	-1.149
No. 04	假设方差相等	4.262	0.042	-11.964	76	0.000	-1.769	0.148	-2.064	-1.475
	假设方差不相等			-11.964	64.709	0.000	-1.769	0.148	-2.065	-1.474
No. 05	假设方差相等	0.030	0.864	-11.586	76	0.000	-1.667	0.144	-1.953	-1.380
	假设方差不相等			-11.586	63.917	0.000	-1.667	0.144	-1.954	-1.379
No. 06	假设方差相等	3.228	0.076	-6.304	76	0.000	-1.256	0.199	-1.653	-0.859
	假设方差不相等			-6.304	59.438	0.000	-1.256	0.199	-1.655	-0.858
No. 07	假设方差相等	9.975	0.002	-7.967	76	0.000	-1.692	0.212	-2.115	-1.269
	假设方差不相等			-7.967	62.502	0.000	-1.692	0.212	-2.117	-1.268
No. 08	假设方差相等	3.599	0.062	-12.386	76	0.000	-2.026	0.164	-2.351	-1.700
	假设方差不相等			-12.386	71.713	0.000	-2.026	0.164	-2.352	-1.700
No. 09	假设方差相等	5.870	0.018	-11.464	76	0.000	-1.949	0.170	-2.287	-1.610
	假设方差不相等			-11.464	62.790	0.000	-1.949	0.170	-2.288	-1.609
No. 10	假设方差相等	10.150	0.002	-4.596	76	0.000	-0.872	0.190	-1.250	-0.494
	假设方差不相等			-4.596	65.343	0.000	-0.872	0.190	-1.251	-0.493

续表

工作投入感量表题项		方差方程的 Levene 检验		均值方程的 T 检验					差分的 95% 置信区间	
		F 检验	显著性	T 值	自由度	显著性（双侧）	均值差值	标准误差值	下限	上限
No. 11	假设方差相等	0.245	0.622	-9.975	76	0.000	-2.051	0.206	-2.461	-1.642
	假设方差不相等			-9.975	75.987	0.000	-2.051	0.206	-2.461	-1.642
No. 12	假设方差相等	7.056	0.010	-11.987	76	0.000	-1.974	0.165	-2.302	-1.646
	假设方差不相等			-11.987	69.389	0.000	-1.974	0.165	-2.303	-1.646
No. 13	假设方差相等	1.731	0.192	-8.842	76	0.000	-1.769	0.200	-2.168	-1.371
	假设方差不相等			-8.842	75.067	0.000	-1.769	0.200	-2.168	-1.371
No. 14	假设方差相等	0.311	0.579	-6.122	76	0.000	-1.359	0.222	-1.801	-0.917
	假设方差不相等			-6.122	73.248	0.000	-1.359	0.222	-1.801	-0.917
No. 15	假设方差相等	12.391	0.001	-9.697	76	0.000	-1.769	0.182	-2.133	-1.406
	假设方差不相等			-9.697	64.702	0.000	-1.769	0.182	-2.134	-1.405
No. 16	假设方差相等	4.247	0.043	-6.886	76	0.000	-1.256	0.182	-1.620	-0.893
	假设方差不相等			-6.886	59.326	0.000	-1.256	0.182	-1.621	-0.891
No. 17	假设方差相等	15.667	0.000	-10.460	76	0.000	-1.949	0.186	-2.320	-1.578
	假设方差不相等			-10.460	61.211	0.000	-1.949	0.186	-2.321	-1.576

附表 1-2 个人资源量表的独立样本 T 检验

个人资源量表	个人资源量表题项	方差方程的 Levene 检验		均值方程的 T 检验					差分的 95% 置信区间	
		F 检验	显著性	T 值	自由度	显著性（双侧）	均值差值	标准误差值	下限	上限
No.01	假设方差相等	1.723	0.193	-5.801	76	0.000	-1.359	0.234	-1.826	-0.892
	假设方差不相等			-5.801	74.969	0.000	-1.359	0.234	-1.826	-0.892
No.02	假设方差相等	3.432	0.068	-6.145	76	0.000	-1.154	0.188	-1.528	-0.780
	假设方差不相等			-6.145	62.340	0.000	-1.154	0.188	-1.529	-0.779
No.03	假设方差相等	0.806	0.372	-1.851	76	0.068	-0.513	0.277	-1.065	0.039
	假设方差不相等			-1.851	74.450	0.068	-0.513	0.277	-1.065	0.039
No.04	假设方差相等	4.832	0.031	-6.304	76	0.000	-1.256	0.199	-1.653	-0.859
	假设方差不相等			-6.304	70.199	0.000	-1.256	0.199	-1.654	-0.859
No.05	假设方差相等	7.124	0.009	-7.395	76	0.000	-1.385	0.187	-1.758	-1.012
	假设方差不相等			-7.395	70.854	0.000	-1.385	0.187	-1.758	-1.011
No.06	假设方差相等	5.418	0.023	-5.642	76	0.000	-1.026	0.182	-1.388	-0.664
	假设方差不相等			-5.642	65.470	0.000	-1.026	0.182	-1.389	-0.663
No.07	假设方差相等	4.042	0.048	-6.419	76	0.000	-0.872	0.136	-1.142	-0.601
	假设方差不相等			-6.419	70.628	0.000	-0.872	0.136	-1.143	-0.601
No.08	假设方差相等	0.000	1.00	-6.685	76	0.000	-0.974	0.146	-1.265	-0.684
	假设方差不相等			-6.685	76.000	0.000	-0.974	0.146	-1.265	-0.684

续表

个人资源量表题项		方差方程的 Levene 检验		均值方程的 T 检验						差分的95%置信区间	
		F 检验	显著性	T 值	自由度	显著性（双侧）	均值差值	标准误差值		下限	上限
No.09	假设方差相等	0.891	0.348	-6.135	76	0.000	-0.949	0.155		-1.257	-0.641
	假设方差不相等			-6.135	72.359	0.000	-0.949	0.155		-1.257	-0.640
No.10	假设方差相等	0.372	0.544	-6.610	76	0.000	-0.974	0.147		-1.268	-0.681
	假设方差不相等			-6.610	74.601	0.000	-0.974	0.147		-1.268	-0.681
No.11	假设方差相等	0.685	0.410	-5.548	76	0.000	-0.821	0.148		-1.115	-0.526
	假设方差不相等			-5.548	75.321	0.000	-0.821	0.148		-1.115	-0.526
No.12	假设方差相等	0.696	0.407	-5.761	76	0.000	-1.026	0.178		-1.380	-0.671
	假设方差不相等			-5.761	75.964	0.000	-1.026	0.178		-1.380	-0.671
No.13	假设方差相等	0.044	0.834	-6.402	76	0.000	-1.282	0.200		-1.681	-0.883
	假设方差不相等			-6.402	74.631	0.000	-1.282	0.200		-1.681	-0.883
No.14	假设方差相等	0.005	0.941	-9.561	76	0.000	-1.333	0.139		-1.611	-1.056
	假设方差不相等			-9.561	73.484	0.000	-1.333	0.139		-1.611	-1.055
No.15	假设方差相等	0.722	0.398	-7.369	76	0.000	-1.333	0.181		-1.694	-0.973
	假设方差不相等			-7.369	66.199	0.000	-1.333	0.181		-1.695	-0.972
No.16	假设方差相等	1.253	0.266	-4.873	76	0.000	-1.026	0.210		-1.445	-0.606
	假设方差不相等			-4.873	71.582	0.000	-1.026	0.210		-1.445	-0.606

续表

个人资源量表题项		方差方程的 Levene 检验		均值方程的 T 检验					差分的 95% 置信区间	
		F 检验	显著性	T 值	自由度	显著性（双侧）	均值差值	标准误差值	下限	上限
No.17	假设方差相等	1.234	0.270	-6.946	76	0.000	-1.436	0.207	-1.848	-1.024
	假设方差不相等			-6.946	75.180	0.000	-1.436	0.207	-1.848	-1.024
No.18	假设方差相等	11.128	0.001	-5.523	76	0.000	-1.179	0.214	-1.605	-0.754
	假设方差不相等			-5.523	59.055	0.000	-1.179	0.214	-1.607	-0.752
No.19	假设方差相等	4.743	0.033	-6.619	76	0.000	-1.436	0.217	-1.868	-1.004
	假设方差不相等			-6.619	60.155	0.000	-1.436	0.217	-1.870	-1.002
No.20	假设方差相等	0.451	0.504	-8.271	76	0.000	-1.436	0.174	-1.782	-1.090
	假设方差不相等			-8.271	61.939	0.000	-1.436	0.174	-1.783	-1.089
No.21	假设方差相等	1.315	0.255	-8.916	76	0.000	-1.641	0.184	-2.008	-1.274
	假设方差不相等			-8.916	65.821	0.000	-1.641	0.184	-2.009	-1.274
No.22	假设方差相等	0.434	0.512	-6.795	76	0.000	-1.462	0.215	-1.890	-1.033
	假设方差不相等			-6.795	71.409	0.000	-1.462	0.215	-1.890	-1.033

附表1-3 工作要求量表的独立样本T检验

工作要求量表题项		方差方程的 Levene 检验		均值方程的 T 检验						
		F 检验	显著性	T 值	自由度	显著性（双侧）	均值差值	标准误差值	差分的 95% 置信区间	
									下限	上限
No. 01	假设方差相等	31.455	0.000	-9.233	76	0.000	-1.359	0.147	-1.652	-1.066
	假设方差不相等			-9.233	49.653	0.000	-1.359	0.147	-1.655	-1.063
No. 02	假设方差相等	53.656	0.000	-10.777	76	0.000	-1.385	0.128	-1.640	-1.129
	假设方差不相等			-10.777	47.547	0.000	-1.385	0.128	-1.643	-1.126
No. 03	假设方差相等	52.378	0.000	-8.459	76	0.000	-1.538	0.182	-1.901	-1.176
	假设方差不相等			-8.459	45.347	0.000	-1.538	0.182	-1.905	-1.172
No. 04	假设方差相等	5.554	0.021	-6.485	76	0.000	-1.154	0.178	-1.508	-0.799
	假设方差不相等			-6.485	67.671	0.000	-1.154	0.178	-1.509	-0.799
No. 05	假设方差相等	8.657	0.004	-9.212	76	0.000	-1.641	0.178	-1.996	-1.286
	假设方差不相等			-9.212	60.135	0.000	-1.641	0.178	-1.997	-1.285
No. 06	假设方差相等	0.551	0.460	-3.977	76	0.000	-0.615	0.155	-0.924	-0.307
	假设方差不相等			-3.977	75.994	0.000	-0.615	0.155	-0.924	-0.307
No. 07	假设方差相等	1.582	0.212	-4.249	76	0.000	-0.538	0.127	-0.791	-0.286
	假设方差不相等			-4.249	72.880	0.000	-0.538	0.127	-0.791	-0.286
No. 08	假设方差相等	0.009	0.926	-4.225	76	0.000	-0.590	0.140	-0.868	-0.312
	假设方差不相等			-4.225	71.868	0.000	-0.590	0.140	-0.868	-0.311

续表

工作要求量表题项		方差方程的 Levene 检验		均值方程的 T 检验						
		F 检验	显著性	T 值	自由度	显著性（双侧）	均值差值	标准误差值	差分的 95% 置信区间	
									下限	上限
No. 09	假设方差相等	4.260	0.042	-9.549	76	0.000	-2.077	0.217	-2.510	-1.644
	假设方差不相等			-9.549	68.480	0.000	-2.077	0.217	-2.511	-1.643
No. 10	假设方差相等	17.015	0.000	-14.783	76	0.000	-2.385	0.161	-2.706	-2.063
	假设方差不相等			-14.783	61.445	0.000	-2.385	0.161	-2.707	-2.062
No. 11	假设方差相等	4.258	0.042	-13.934	76	0.000	-2.103	0.151	-2.403	-1.802
	假设方差不相等			-13.934	70.818	0.000	-2.103	0.151	-2.403	-1.802
No. 12	假设方差相等	12.001	0.001	-14.480	76	0.000	-2.308	0.159	-2.625	-1.990
	假设方差不相等			-14.480	63.989	0.000	-2.308	0.159	-2.626	-1.989
No. 13	假设方差相等	31.185	0.000	-14.565	76	0.000	-2.026	0.139	-2.303	-1.749
	假设方差不相等			-14.565	43.360	0.000	-2.026	0.139	-2.306	-1.745

附表 1 - 4　工作资源量表的独立样本 T 检验

工作资源量表题项		方差方程的 Levene 检验		均值方程的 T 检验					差分的 95% 置信区间	
		F 检验	显著性	T 值	自由度	显著性（双侧）	均值差	标准误差值	下限	上限
No. 01	假设方差相等	0.433	0.513	-7.202	76	0.000	-1.615	0.224	-2.062	-1.169
	假设方差不相等			-7.202	73.131	0.000	-1.615	0.224	-2.062	-1.168
No. 02	假设方差相等	0.286	0.594	-6.954	76	0.000	-1.564	0.225	-2.012	-1.116
	假设方差不相等			-6.954	75.991	0.000	-1.564	0.225	-2.012	-1.116
No. 03	假设方差相等	0.127	0.723	-8.260	76	0.000	-1.974	0.239	-2.450	-1.498
	假设方差不相等			-8.260	75.175	0.000	-1.974	0.239	-2.450	-1.498
No. 04	假设方差相等	0.214	0.645	-10.448	76	0.000	-2.077	0.199	-2.473	-1.681
	假设方差不相等			-10.448	74.811	0.000	-2.077	0.199	-2.473	-1.681
No. 05	假设方差相等	0.107	0.744	-10.161	76	0.000	-1.974	0.194	-2.361	-1.587
	假设方差不相等			-10.161	75.452	0.000	-1.974	0.194	-2.361	-1.587
No. 06	假设方差相等	10.344	0.002	-5.515	76	0.000	-1.154	0.209	-1.571	-0.737
	假设方差不相等			-5.515	59.622	0.000	-1.154	0.209	-1.572	-0.735
No. 07	假设方差相等	4.273	0.042	-6.065	76	0.000	-1.179	0.194	-1.567	-0.792
	假设方差不相等			-6.065	63.755	0.000	-1.179	0.194	-1.568	-0.791
No. 08	假设方差相等	1.701	0.196	-5.586	76	0.000	-1.000	0.179	-1.357	-0.643
	假设方差不相等			-5.586	68.252	0.000	-1.000	0.179	-1.357	-0.643

续表

工作资源量表题项		方差方程的 Levene 检验		均值方程的 T 检验						
		F检验	显著性	T值	自由度	显著性（双侧）	均值差值	标准误差值	差分的 95% 置信区间	
									下限	上限
No.09	假设方差相等	14.065	0.000	-4.478	76	0.000	-0.846	0.189	-1.223	-0.470
	假设方差不相等			-4.478	54.224	0.000	-0.846	0.189	-1.225	-0.467
No.10	假设方差相等	7.366	0.008	-3.360	76	0.001	-0.641	0.191	-1.021	-0.261
	假设方差不相等			-3.360	60.985	0.001	-0.641	0.191	-1.023	-0.260
No.11	假设方差相等	1.168	0.283	-3.603	76	0.001	-0.615	0.171	-0.956	-0.275
	假设方差不相等			-3.603	61.748	0.001	-0.615	0.171	-0.957	-0.274
No.12	假设方差相等	0.010	0.919	-2.576	76	0.012	-0.410	0.159	-0.727	-0.093
	假设方差不相等			-2.576	66.503	0.012	-0.410	0.159	-0.728	-0.092
No.13	假设方差相等	23.923	0.000	-3.491	76	0.001	-0.667	0.191	-1.047	-0.286
	假设方差不相等			-3.491	55.060	0.001	-0.667	0.191	-1.049	-0.284
No.14	假设方差相等	0.780	0.380	-0.918	76	0.361	-0.231	0.251	-0.731	0.270
	假设方差不相等			-0.918	75.117	0.362	-0.231	0.251	-0.732	0.270
No.15	假设方差相等	4.519	0.037	-2.271	76	0.056	-0.487	0.215	-0.914	-0.060
	假设方差不相等			-2.271	69.227	0.056	-0.487	0.215	-0.915	-0.059
No.16	假设方差相等	4.002	0.049	-4.679	76	0.000	-0.897	0.192	-1.279	-0.515
	假设方差不相等			-4.679	61.006	0.000	-0.897	0.192	-1.281	-0.514

续表

工作资源量表题项		方差方程的 Levene 检验		均值方程的 T 检验					差分的95%置信区间	
		F 检验	显著性	T 值	自由度	显著性（双侧）	均值差值	标准误差值	下限	上限
No. 17	假设方差相等	9.440	0.003	-3.438	76	0.001	-0.615	0.179	-0.972	-0.259
	假设方差不相等			-3.438	60.221	0.001	-0.615	0.179	-0.973	-0.257
No. 18	假设方差相等	20.248	0.000	-4.120	76	0.000	-0.872	0.212	-1.293	-0.450
	假设方差不相等			-4.120	53.998	0.000	-0.872	0.212	-1.296	-0.448
No. 19	假设方差相等	0.259	0.612	-0.438	76	0.663	-0.103	0.234	-0.569	0.364
	假设方差不相等			-0.438	75.996	0.663	-0.103	0.234	-0.569	0.364
No. 20	假设方差相等	3.725	0.057	-2.426	76	0.018	-0.538	0.222	-0.981	-0.096
	假设方差不相等			-2.426	70.545	0.018	-0.538	0.222	-0.981	-0.096
No. 21	假设方差相等	10.048	0.002	-3.875	76	0.000	-0.795	0.205	-1.203	-0.386
	假设方差不相等			-3.875	57.814	0.000	-0.795	0.205	-1.206	-0.384
No. 22	假设方差相等	16.258	0.000	-4.120	76	0.000	-0.872	0.212	-1.293	-0.450
	假设方差不相等			-4.120	53.544	0.000	-0.872	0.212	-1.296	-0.447
No. 23	假设方差相等	6.613	0.012	-2.008	76	0.048	-0.333	0.166	-0.664	-0.003
	假设方差不相等			-2.008	68.673	0.049	-0.333	0.166	-0.664	-0.002
No. 24	假设方差相等	9.740	0.003	-3.190	76	0.002	-0.590	0.185	-0.958	-0.221
	假设方差不相等			-3.190	65.297	0.002	-0.590	0.185	-0.959	-0.221

续表

工作资量表题项		方差方程的 Levene 检验			均值方程的 T 检验					差分的 95% 置信区间	
		F 检验	显著性	T 值	自由度	显著性（双侧）	均值差值	标准误差值		下限	上限
No. 25	假设方差相等	3.169	0.079	-5.030	76	0.000	-1.128	0.224		-1.575	-0.681
	假设方差不相等			-5.030	68.531	0.000	-1.128	0.224		-1.576	-0.681
No. 26	假设方差相等	1.349	0.249	-3.486	76	0.001	-0.846	0.243		-1.330	-0.363
	假设方差不相等			-3.486	69.541	0.001	-0.846	0.243		-1.330	-0.362
No. 27	假设方差相等	5.036	0.028	-5.461	76	0.000	-1.154	0.211		-1.575	-0.733
	假设方差不相等			-5.461	69.455	0.000	-1.154	0.211		-1.575	-0.732
No. 28	假设方差相等	0.842	0.362	-12.195	76	0.000	-2.179	0.179		-2.535	-1.824
	假设方差不相等			-12.195	74.544	0.000	-2.179	0.179		-2.536	-1.823
No. 29	假设方差相等	6.390	0.014	-9.732	76	0.000	-1.846	0.190		-2.224	-1.468
	假设方差不相等			-9.732	72.688	0.000	-1.846	0.190		-2.224	-1.468
No. 30	假设方差相等	4.150	0.045	-9.611	76	0.000	-1.923	0.200		-2.322	-1.525
	假设方差不相等			-9.611	72.939	0.000	-1.923	0.200		-2.322	-1.524
No. 31	假设方差相等	3.275	0.074	-9.397	76	0.000	-1.615	0.172		-1.958	-1.273
	假设方差不相等			-9.397	61.877	0.000	-1.615	0.172		-1.959	-1.272
No. 32	假设方差相等	2.319	0.132	-4.829	76	0.000	-0.897	0.186		-1.268	-0.527
	假设方差不相等			-4.829	68.995	0.000	-0.897	0.186		-1.268	-0.527

续表

工作资源量表题项		F检验	方差方程的Levene检验				均值方程的T检验			
			显著性	T值	自由度	显著性（双侧）	均值差值	标准误差值	差分的95%置信区间	
									下限	上限
No. 33	假设方差相等	4.803	0.031	-6.199	76	0.000	-1.231	0.199	-1.626	-0.835
	假设方差不相等			-6.199	62.179	0.000	-1.231	0.199	-1.628	-0.834
No. 34	假设方差相等	7.364	0.008	-9.273	76	0.000	-1.769	0.191	-2.149	-1.389
	假设方差不相等			-9.273	68.965	0.000	-1.769	0.191	-2.150	-1.389
No. 35	假设方差相等	1.546	0.218	-12.500	76	0.000	-1.974	0.158	-2.289	-1.660
	假设方差不相等			-12.500	74.649	0.000	-1.974	0.158	-2.289	-1.660
No. 36	假设方差相等	1.113	0.295	-15.929	76	0.000	-2.179	0.137	-2.452	-1.907
	假设方差不相等			-15.929	75.994	0.000	-2.179	0.137	-2.452	-1.907
No. 37	假设方差相等	6.786	0.011	-5.852	76	0.000	-1.179	0.202	-1.581	-0.778
	假设方差不相等			-5.852	63.535	0.000	-1.179	0.202	-1.582	-0.777
No. 38	假设方差相等	0.131	0.718	-8.858	76	0.000	-1.718	0.194	-2.104	-1.332
	假设方差不相等			-8.858	75.187	0.000	-1.718	0.194	-2.104	-1.332
No. 39	假设方差相等	0.792	0.376	-8.434	76	0.000	-1.641	0.195	-2.029	-1.254
	假设方差不相等			-8.434	69.871	0.000	-1.641	0.195	-2.029	-1.253
No. 40	假设方差相等	10.347	0.002	-10.889	76	0.000	-1.872	0.172	-2.214	-1.529
	假设方差不相等			-10.889	61.877	0.000	-1.872	0.172	-2.215	-1.528

续表

工作资量量表题项		方差方程的 Levene 检验		均值方程的 T 检验						
		F 检验	显著性	T 值	自由度	显著性(双侧)	均值差值	标准误差值	差分的 95% 置信区间	
									下限	上限
No. 41	假设方差相等	3.933	0.051	-8.426	76	0.000	-1.872	0.222	-2.314	-1.429
	假设方差不相等			-8.426	73.407	0.000	-1.872	0.222	-2.314	-1.429
No. 42	假设方差相等	5.904	0.017	-10.754	76	0.000	-1.974	0.184	-2.340	-1.609
	假设方差不相等			-10.754	64.370	0.000	-1.974	0.184	-2.341	-1.608
No. 43	假设方差相等	6.341	0.014	-12.565	76	0.000	-2.128	0.169	-2.466	-1.791
	假设方差不相等			-12.565	70.957	0.000	-2.128	0.169	-2.466	-1.790
No. 44	假设方差相等	7.486	0.008	-13.643	76	0.000	-2.205	0.162	-2.527	-1.883
	假设方差不相等			-13.643	72.292	0.000	-2.205	0.162	-2.527	-1.883
No. 45	假设方差相等	3.185	0.078	-9.319	76	0.000	-1.795	0.193	-2.178	-1.411
	假设方差不相等			-9.319	74.093	0.000	-1.795	0.193	-2.179	-1.411
No. 46	假设方差相等	6.224	0.015	-11.389	76	0.000	-1.923	0.169	-2.259	-1.587
	假设方差不相等			-11.389	68.925	0.000	-1.923	0.169	-2.260	-1.586
No. 47	假设方差相等	9.015	0.004	-10.637	76	0.000	-1.949	0.183	-2.314	-1.584
	假设方差不相等			-10.637	65.237	0.000	-1.949	0.183	-2.315	-1.583
No. 48	假设方差相等	3.717	0.058	-8.697	76	0.000	-1.769	0.203	-2.174	-1.364
	假设方差不相等			-8.697	71.501	0.000	-1.769	0.203	-2.175	-1.364

续表

工作资源量表题项		方差方程的 Levene 检验		均值方程的 T 检验					差分的 95% 置信区间	
		F 检验	显著性	T 值	自由度	显著性（双侧）	均值差值	标准误差值	下限	上限
No.49	假设方差相等	0.636	0.427	-9.402	76	0.000	-1.923	0.205	-2.330	-1.516
	假设方差不相等			-9.402	74.802	0.000	-1.923	0.205	-2.331	-1.516
No.50	假设方差相等	3.832	0.054	-10.088	76	0.000	-1.872	0.186	-2.241	-1.502
	假设方差不相等			-10.088	70.460	0.000	-1.872	0.186	-2.242	-1.502
No.51	假设方差相等	11.735	0.001	-6.444	76	0.000	-1.436	0.223	-1.880	-0.992
	假设方差不相等			-6.444	51.727	0.000	-1.436	0.223	-1.883	-0.989

附表 1 - 5　社会资源量表的独立样本 T 检验

社会资源量表题项		方差方程的 Levene 检验		均值方程的 T 检验					差分的 95% 置信区间	
		F 检验	显著性	T 值	自由度	显著性（双侧）	均值差值	标准误差值	下限	上限
No.01	假设方差相等	23.671	0.000	-13.460	76	0.000	-2.000	0.149	-2.296	-1.704
	假设方差不相等			-13.460	49.412	0.000	-2.000	0.149	-2.299	-1.701
No.02	假设方差相等	14.340	0.000	-15.380	76	0.000	-2.256	0.147	-2.549	-1.964
	假设方差不相等			-15.380	61.812	0.000	-2.256	0.147	-2.550	-1.963
No.03	假设方差相等	10.417	0.002	-16.758	76	0.000	-2.308	0.138	-2.582	-2.033
	假设方差不相等			-16.758	71.091	0.000	-2.308	0.138	-2.582	-2.033

续表

社会资源量表题项		方差方程的 Levene 检验		均值方程的 T 检验					差分的 95% 置信区间	
		F 检验	显著性	T 值	自由度	显著性（双侧）	均值差值	标准误差值	下限	上限
No.04	假设方差相等	38.951	0.000	-18.679	76	0.000	-2.513	0.135	-2.781	-2.245
	假设方差不相等			-18.679	49.470	0.000	-2.513	0.135	-2.783	-2.243
No.05	假设方差相等	7.554	0.007	-14.166	76	0.000	-2.333	0.165	-2.661	-2.005
	假设方差不相等			-14.166	71.002	0.000	-2.333	0.165	-2.662	-2.005
No.06	假设方差相等	1.010	0.318	-16.438	76	0.000	-2.462	0.150	-2.760	-2.163
	假设方差不相等			-16.438	74.562	0.000	-2.462	0.150	-2.760	-2.163

附录二 量表初步验证的皮尔逊积差相关系数表

附表 2-1 工作投入感量表的皮尔逊积差相关系数

工作投入感量表	皮尔逊积差相关系数	显著性（双侧）	样本数
工作投入 01	0.731**	0.000	428
工作投入 02	0.755**	0.000	428
工作投入 03	0.668**	0.000	428
工作投入 04	0.799**	0.000	428
工作投入 05	0.793**	0.000	428
工作投入 06	0.588**	0.000	428
工作投入 07	0.606**	0.000	428
工作投入 08	0.793**	0.000	428
工作投入 09	0.759**	0.000	428
工作投入 10	0.327**	0.000	428
工作投入 11	0.730**	0.000	428
工作投入 12	0.793**	0.000	428
工作投入 13	0.677**	0.000	428
工作投入 14	0.596**	0.000	428
工作投入 15	0.748**	0.000	428
工作投入 16	0.642**	0.000	428
工作投入 17	0.753**	0.000	428

注：*表示在 0.05 水平（双侧）上显著相关，**表示在 0.01 水平（双侧）上显著相关。

附表 2-2 个人资源量表的皮尔逊积差相关系数

个人资源量表	皮尔逊积差相关系数	显著性（双侧）	样本数
个人资源 01	0.532**	0.000	428
个人资源 02	0.548**	0.000	428
个人资源 03	0.141	0.090	428
个人资源 04	0.575**	0.000	428
个人资源 05	0.614**	0.000	428
个人资源 06	0.508**	0.000	428
个人资源 07	0.439**	0.000	428

续表

个人资源量表	皮尔逊积差相关系数	显著性（双侧）	样本数
个人资源08	0.543**	0.000	428
个人资源09	0.538**	0.000	428
个人资源10	0.507**	0.000	428
个人资源11	0.549**	0.000	428
个人资源12	0.578**	0.000	428
个人资源13	0.547**	0.000	428
个人资源14	0.652**	0.000	428
个人资源15	0.626**	0.000	428
个人资源16	0.380**	0.000	428
个人资源17	0.593**	0.000	428
个人资源18	0.534**	0.000	428
个人资源19	0.645**	0.000	428
个人资源20	0.681**	0.000	428
个人资源21	0.712**	0.000	428
个人资源22	0.571**	0.000	428

注：*表示在0.05水平（双侧）上显著相关，**表示在0.01水平（双侧）上显著相关。

附表2-3 工作要求量表的皮尔逊积差相关系数

工作要求量表	皮尔逊积差相关系数	显著性（双侧）	样本数
工作要求01	0.646**	0.000	428
工作要求02	0.688**	0.000	428
工作要求03	0.725**	0.000	428
工作要求04	0.593**	0.000	428
工作要求05	0.684**	0.000	428
工作要求06	0.286**	0.000	428
工作要求07	0.213*	0.010	428
工作要求08	0.244**	0.003	428
工作要求09	0.664**	0.000	428
工作要求10	0.811**	0.000	428
工作要求11	0.813**	0.000	428
工作要求12	0.816**	0.000	428
工作要求13	0.776**	0.000	428

注：*表示在0.05水平（双侧）上显著相关，**表示在0.01水平（双侧）上显著相关。

附表 2-4 工作资源量表的皮尔逊积差相关系数

工作资源量表	皮尔逊积差相关系数	显著性（双侧）	样本数
工作资源 01	0.611**	0.000	428
工作资源 02	0.555**	0.000	428
工作资源 03	0.644**	0.000	428
工作资源 04	0.732**	0.000	428
工作资源 05	0.699**	0.000	428
工作资源 06	0.486**	0.000	428
工作资源 07	0.522**	0.010	428
工作资源 08	0.461**	0.003	428
工作资源 09	0.425**	0.000	428
工作资源 10	0.374**	0.000	428
工作资源 11	0.305**	0.000	428
工作资源 12	0.244**	0.000	428
工作资源 13	0.335**	0.000	428
工作资源 14	0.137	0.099	428
工作资源 15	0.203	0.054	428
工作资源 16	0.384**	0.000	428
工作资源 17	0.374**	0.000	428
工作资源 18	0.346**	0.000	428
工作资源 19	-0.020	0.814	428
工作资源 20	0.218**	0.008	428
工作资源 21	0.423**	0.000	428
工作资源 22	0.427**	0.000	428
工作资源 23	0.206*	0.013	428
工作资源 24	0.285**	0.000	428
工作资源 25	0.455**	0.000	428
工作资源 26	0.358**	0.000	428
工作资源 27	0.500**	0.000	428
工作资源 28	0.804**	0.000	428
工作资源 29	0.759**	0.000	428
工作资源 30	0.753**	0.000	428
工作资源 31	0.642**	0.000	428
工作资源 32	0.495**	0.000	428

续表

工作资源量表	皮尔逊积差相关系数	显著性（双侧）	样本数
工作资源 33	0.522**	0.000	428
工作资源 34	0.666**	0.000	428
工作资源 35	0.685**	0.000	428
工作资源 36	0.735**	0.000	428
工作资源 37	0.481**	0.000	428
工作资源 38	0.598**	0.000	428
工作资源 39	0.597**	0.000	428
工作资源 40	0.681**	0.000	428
工作资源 41	0.611**	0.000	428
工作资源 42	0.695**	0.000	428
工作资源 43	0.742**	0.000	428
工作资源 44	0.728**	0.000	428
工作资源 45	0.663**	0.000	428
工作资源 46	0.708**	0.000	428
工作资源 47	0.703**	0.000	428
工作资源 48	0.636**	0.000	428
工作资源 49	0.616**	0.000	428
工作资源 50	0.672**	0.000	428
工作资源 51	0.594**	0.000	428

注：*表示在 0.05 水平（双侧）上显著相关，**表示在 0.01 水平（双侧）上显著相关。

附表 2-5　社会资源量表的皮尔逊积差相关系数

社会资源量表	皮尔逊积差相关系数	显著性（双侧）	样本数
社会资源 01	0.743**	0.000	428
社会资源 02	0.820**	0.000	428
社会资源 03	0.822**	0.000	428
社会资源 04	0.861**	0.000	428
社会资源 05	0.717**	0.000	428
社会资源 06	0.837**	0.000	428

注：*表示在 0.05 水平（双侧）上显著相关，**表示在 0.01 水平（双侧）上显著相关。

附录三 量表再次验证的独立样本 T 检验表

附表 3-1 工作投入感量表的独立样本 T 检验

工作投入感量表题项		方差方程的 Levene 检验		均值方程的 T 检验					差分的 95% 置信区间	
		F 检验	显著性	T 值	自由度	显著性（双侧）	均值差值	标准误差值	下限	上限
No.01	假设方差相等	6.340	0.014	-10.723	92	0.000	-1.447	0.135	-1.715	-1.179
	假设方差不相等			-10.723	88.313	0.000	-1.447	0.135	-1.715	-1.179
No.02	假设方差相等	6.147	0.015	-10.285	92	0.000	-1.745	0.170	-2.082	-1.408
	假设方差不相等			-10.285	64.041	0.000	-1.745	0.170	-2.084	-1.406
No.03	假设方差相等	21.785	0.000	-9.274	92	0.000	-1.511	0.163	-1.834	-1.187
	假设方差不相等			-9.274	65.474	0.000	-1.511	0.163	-1.836	-1.185
No.04	假设方差相等	0.048	0.826	-14.056	92	0.000	-1.766	0.126	-2.015	-1.516
	假设方差不相等			-14.056	88.563	0.000	-1.766	0.126	-2.016	-1.516
No.05	假设方差相等	10.338	0.002	-13.470	92	0.000	-2.000	0.148	-2.295	-1.705
	假设方差不相等			-13.470	68.394	0.000	-2.000	0.148	-2.296	-1.704
No.06	假设方差相等	6.568	0.012	-12.098	92	0.000	-1.957	0.162	-2.279	-1.636
	假设方差不相等			-12.098	80.287	0.000	-1.957	0.162	-2.279	-1.635
No.07	假设方差相等	1.288	0.259	-10.627	92	0.000	-2.043	0.192	-2.424	-1.661
	假设方差不相等			-10.627	90.409	0.000	-2.043	0.192	-2.424	-1.661

续表

工作投入感量表题项		方差方程的 Levene 检验		均值方程的 T 检验					差分的 95%置信区间	
		F 检验	显著性	T 值	自由度	显著性（双侧）	均值差值	标准误差值	下限	上限
No. 08	假设方差相等	4.452	0.038	-13.806	92	0.000	-1.617	0.117	-1.850	-1.384
	假设方差不相等			-13.806	91.471	0.000	-1.617	0.117	-1.850	-1.384
No. 09	假设方差相等	4.979	0.028	-15.639	92	0.000	-1.723	0.110	-1.942	-1.505
	假设方差不相等			-15.639	91.872	0.000	-1.723	0.110	-1.942	-1.505
No. 10	假设方差相等	0.556	0.458	-6.977	92	0.000	-1.511	0.217	-1.941	-1.081
	假设方差不相等			-6.977	90.620	0.000	-1.511	0.217	-1.941	-1.081
No. 11	假设方差相等	0.074	0.786	-12.689	92	0.000	-1.809	0.143	-2.092	-1.525
	假设方差不相等			-12.689	90.852	0.000	-1.809	0.143	-2.092	-1.525
No. 12	假设方差相等	0.047	0.828	-13.340	92	0.000	-1.787	0.134	-2.053	-1.521
	假设方差不相等			-13.340	82.581	0.000	-1.787	0.134	-2.054	-1.521
No. 13	假设方差相等	0.129	0.720	-9.030	92	0.000	-1.660	0.184	-2.025	-1.295
	假设方差不相等			-9.030	91.207	0.000	-1.660	0.184	-2.025	-1.295
No. 14	假设方差相等	1.927	0.168	-11.520	92	0.000	-1.574	0.137	-1.846	-1.303
	假设方差不相等			-11.520	91.812	0.000	-1.574	0.137	-1.846	-1.303
No. 15	假设方差相等	0.357	0.552	-11.871	92	0.000	-1.915	0.161	-2.235	-1.595
	假设方差不相等			-11.871	91.939	0.000	-1.915	0.161	-2.235	-1.595

续表

工作投入感量表题项		方差方程的Levene检验		均值方程的T检验					差分的95%置信区间	
		F检验	显著性	T值	自由度	显著性（双侧）	均值差	标准误差值	下限	上限
No.16	假设方差相等	1.418	0.237	-12.570	92	0.000	-1.723	0.137	-1.996	-1.451
	假设方差不相等			-12.570	91.915	0.000	-1.723	0.137	-1.996	-1.451
No.17	假设方差相等	2.240	0.138	-10.928	92	0.000	-1.745	0.160	-2.062	-1.428
	假设方差不相等			-10.928	87.635	0.000	-1.745	0.160	-2.062	-1.427

附表3-2 个人资源量表的独立样本T检验

个人资源量表题项		方差方程的Levene检验		均值方程的T检验					差分的95%置信区间	
		F检验	显著性	T值	自由度	显著性（双侧）	均值差	标准误差值	下限	上限
No.01	假设方差相等	1.349	0.248	-16.105	102	0.000	-1.954	0.121	-2.195	-1.713
	假设方差不相等			-15.945	91.871	0.000	-1.954	0.123	-2.197	-1.711
No.02	假设方差相等	1.271	0.262	-19.793	102	0.000	-1.878	0.095	-2.066	-1.690
	假设方差不相等			-19.599	92.041	0.000	-1.878	0.096	-2.068	-1.687
No.03	假设方差相等	3.115	0.081	-18.153	102	0.000	-1.867	0.103	-2.071	-1.663
	假设方差不相等			-18.126	100.62	0.000	-1.867	0.103	-2.071	-1.662
No.04	假设方差相等	0.556	0.457	-18.429	102	0.000	-1.942	0.105	-2.151	-1.733
	假设方差不相等			-18.407	100.81	0.000	-1.942	0.106	-2.152	-1.733

续表

个人资源量表题项		方差方程的 Levene 检验		均值方程的 T 检验					差分的 95% 置信区间	
		F 检验	显著性	T 值	自由度	显著性（双侧）	均值差值	标准误差值	下限	上限
No. 05	假设方差相等	92.321	0.000	-17.088	102	0.000	-1.537	0.090	-1.715	-1.359
	假设方差不相等			-17.492	79.084	0.000	-1.537	0.088	-1.712	-1.362
No. 06	假设方差相等	21.593	0.000	-11.936	102	0.000	-1.399	0.117	-1.632	-1.167
	假设方差不相等			-12.131	91.082	0.000	-1.399	0.115	-1.628	-1.170
No. 07	假设方差相等	208.982	0.000	-13.452	102	0.000	-1.500	0.081	-1.661	-1.339
	假设方差不相等			-13.001	68.498	0.000	-1.500	0.079	-1.658	-1.342
No. 08	假设方差相等	30.992	0.000	-14.032	102	0.000	-1.479	0.105	-1.688	-1.270
	假设方差不相等			-14.190	97.493	0.000	-1.479	0.104	-1.685	-1.272
No. 09	假设方差相等	9.871	0.002	-11.314	102	0.000	-1.401	0.124	-1.646	-1.155
	假设方差不相等			-11.419	99.381	0.000	-1.401	0.123	-1.644	-1.157
No. 10	假设方差相等	65.310	0.000	-14.831	102	0.000	-1.347	0.091	-1.528	-1.167
	假设方差不相等			-15.140	83.908	0.000	-1.347	0.089	-1.524	-1.170
No. 11	假设方差相等	56.744	0.000	-12.236	102	0.000	-1.338	0.109	-1.555	-1.121
	假设方差不相等			-12.561	74.049	0.000	-1.338	0.107	-1.550	-1.126
No. 12	假设方差相等	53.380	0.000	-14.328	102	0.000	-1.433	0.100	-1.632	-1.235
	假设方差不相等			-14.687	76.622	0.000	-1.433	0.098	-1.628	-1.239

续表

个人资源量表题项		方差方程的 Levene 检验		均值方程的 T 检验					差分的 95% 置信区间	
		F 检验	显著性	T 值	自由度	显著性（双侧）	均值差值	标准误差值	下限	上限
No. 13	假设方差相等	101.377	0.000	−16.152	102	0.000	−1.467	0.091	−1.648	−1.287
	假设方差不相等			−16.612	70.642	0.000	−1.467	0.088	−1.644	−1.291
No. 14	假设方差相等	100.773	0.000	−15.601	102	0.000	−1.486	0.095	−1.675	−1.297
	假设方差不相等			−16.061	68.947	0.000	−1.486	0.093	−1.670	−1.301
No. 15	假设方差相等	20.981	0.000	−10.901	102	0.000	−1.362	0.125	−1.610	−1.114
	假设方差不相等			−11.108	86.880	0.000	−1.362	0.123	−1.606	−1.118
No. 16	假设方差相等	0.738	0.392	−10.491	102	0.000	−1.336	0.127	−1.588	−1.083
	假设方差不相等			−10.579	100.11	0.000	−1.336	0.126	−1.586	−1.085
No. 17	假设方差相等	1.492	0.225	−16.470	102	0.000	−1.804	0.110	−2.021	−1.586
	假设方差不相等			−16.341	94.637	0.000	−1.804	0.110	−2.023	−1.585
No. 18	假设方差相等	2.147	0.146	−19.161	102	0.000	−1.882	0.098	−2.077	−1.687
	假设方差不相等			−19.135	100.72	0.000	−1.882	0.098	−2.077	−1.687
No. 19	假设方差相等	0.899	0.345	−18.763	102	0.000	−1.904	0.101	−2.105	−1.702
	假设方差不相等			−18.715	99.932	0.000	−1.904	0.102	−2.106	−1.702
No. 20	假设方差相等	6.270	0.014	−18.107	102	0.000	−1.782	0.098	−1.977	−1.587
	假设方差不相等			−18.080	100.63	0.000	−1.782	0.099	−1.978	−1.587
No. 21	假设方差相等	0.029	0.864	−14.932	102	0.000	−1.828	0.122	−2.071	−1.585
	假设方差不相等			−14.750	88.636	0.000	−1.828	0.124	−2.074	−1.582

附表 3-3 个人要求量表的独立样本 T 检验

个人要求量表题项		方差方程的 Levene 检验		均值方程的 T 检验					差分的 95% 置信区间	
		F 检验	显著性	T值	自由度	显著性（双侧）	均值差值	标准误差值	下限	上限
No. 01	假设方差相等	0.100	0.752	-10.681	93	0.000	-1.508	0.141	-1.788	-1.228
	假设方差不相等			-10.753	91.043	0.000	-1.508	0.140	-1.787	-1.229
No. 02	假设方差相等	0.286	0.594	-12.822	93	0.000	-1.731	0.135	-1.999	-1.463
	假设方差不相等			-12.832	92.861	0.000	-1.731	0.135	-1.999	-1.463
No. 03	假设方差相等	3.679	0.058	-14.300	93	0.000	-1.864	0.130	-2.123	-1.605
	假设方差不相等			-14.507	80.557	0.000	-1.864	0.129	-2.120	-1.609
No. 04	假设方差相等	3.607	0.061	-15.079	93	0.000	-2.024	0.134	-2.290	-1.757
	假设方差不相等			-15.175	91.334	0.000	-2.024	0.133	-2.288	-1.759
No. 05	假设方差相等	13.190	0.000	-16.175	93	0.000	-2.108	0.130	-2.367	-1.849
	假设方差不相等			-16.451	75.856	0.000	-2.108	0.128	-2.363	-1.853
No. 06	假设方差相等	0.252	0.617	-13.151	93	0.000	-1.633	0.124	-1.880	-1.386
	假设方差不相等			-13.311	84.407	0.000	-1.633	0.123	-1.877	-1.389
No. 07	假设方差相等	0.915	0.341	-12.258	93	0.000	-1.637	0.134	-1.902	-1.372
	假设方差不相等			-12.424	82.166	0.000	-1.637	0.132	-1.899	-1.375
No. 08	假设方差相等	0.705	0.403	-11.649	93	0.000	-1.571	0.135	-1.838	-1.303
	假设方差不相等			-11.705	92.320	0.000	-1.571	0.134	-1.837	-1.304

续表

个人要求量表题项		方差方程的 Levene 检验		均值方程的 T 检验					差分的 95% 置信区间	
		F 检验	显著性	T 值	自由度	显著性（双侧）	均值差值	标准误差值	下限	上限
No. 09	假设方差相等	1.156	0.285	-12.343	93	0.000	-2.094	0.170	-2.431	-1.758
	假设方差不相等			-12.385	92.838	0.000	-2.094	0.169	-2.430	-1.759
No. 10	假设方差相等	1.306	0.256	-13.828	93	0.000	-2.175	0.157	-2.487	-1.862
	假设方差不相等			-13.876	92.817	0.000	-2.175	0.157	-2.486	-1.864
No. 11	假设方差相等	25.091	0.000	-2.537	93	0.013	-0.628	0.247	-1.119	-0.136
	假设方差不相等			-2.495	69.782	0.015	-0.628	0.252	-1.130	-0.126
No. 12	假设方差相等	15.614	0.000	-6.781	93	0.000	-1.623	0.239	-2.099	-1.148
	假设方差不相等			-6.671	70.474	0.000	-1.623	0.243	-2.109	-1.138
No. 13	假设方差相等	0.324	0.571	-10.898	93	0.000	-1.919	0.176	-2.269	-1.570
	假设方差不相等			-10.864	90.668	0.000	-1.919	0.177	-2.270	-1.568
No. 14	假设方差相等	18.382	0.000	-1.011	93	0.315	-0.273	0.270	-0.809	0.263
	假设方差不相等			-0.999	78.819	0.321	-0.273	0.273	-0.816	0.271

附表 3-4 工作资源量表的独立样本 T 检验

工作资源量表题项		方差方程的 Levene 检验		均值方程的 T 检验					差分的 95% 置信区间	
		F 检验	显著性	T 值	自由度	显著性（双侧）	均值差值	标准误差值	下限	上限
No. 01	假设方差相等	10.086	0.002	-7.310	92	0.000	-1.426	0.195	-1.813	-1.038
	假设方差不相等			-7.310	67.808	0.000	-1.426	0.195	-1.815	-1.036
No. 02	假设方差相等	16.330	0.000	-7.616	92	0.000	-1.426	0.187	-1.797	-1.054
	假设方差不相等			-7.616	68.788	0.000	-1.426	0.187	-1.799	-1.052
No. 03	假设方差相等	29.142	0.000	-5.550	92	0.000	-1.447	0.151	-1.748	-1.146
	假设方差不相等			-5.550	67.831	0.000	-1.447	0.151	-1.749	-1.144
No. 04	假设方差相等	32.344	0.000	-12.626	92	0.000	-1.574	0.125	-1.822	-1.327
	假设方差不相等			-12.626	71.877	0.000	-1.574	0.125	-1.823	-1.326
No. 05	假设方差相等	13.351	0.000	-15.551	92	0.000	-1.723	0.111	-1.944	-1.503
	假设方差不相等			-15.551	84.194	0.000	-1.723	0.111	-1.944	-1.503
No. 06	假设方差相等	15.912	0.000	-11.959	92	0.000	-1.553	0.130	-1.811	-1.295
	假设方差不相等			-11.959	84.944	0.000	-1.553	0.130	-1.811	-1.295
No. 07	假设方差相等	8.765	0.004	-10.983	92	0.000	-1.553	0.141	-1.834	-1.272
	假设方差不相等			-10.983	86.015	0.000	-1.553	0.141	-1.834	-1.272
No. 08	假设方差相等	73.954	0.000	-13.648	92	0.000	-1.489	0.109	-1.706	-1.273
	假设方差不相等			-13.648	62.370	0.000	-1.489	0.109	-1.707	-1.271

续表

工作资源量表题项		方差方程的 Levene 检验		均值方程的 T 检验					差分的95%置信区间	
		F 检验	显著性	T 值	自由度	显著性（双侧）	均值差值	标准误差值	下限	上限
No. 09	假设方差相等	6.578	0.012	-14.610	92	0.000	-1.468	0.100	-1.668	-1.269
	假设方差不相等			-14.610	89.973	0.000	-1.468	0.100	-1.668	-1.268
No. 10	假设方差相等	0.004	0.952	-13.996	92	0.000	-1.574	0.112	-1.798	-1.351
	假设方差不相等			-13.996	83.810	0.000	-1.574	0.112	-1.798	-1.351
No. 11	假设方差相等	0.739	0.392	-9.645	92	0.000	-1.298	0.135	-1.565	-1.031
	假设方差不相等			-9.645	91.275	0.000	-1.298	0.135	-1.565	-1.031
No. 12	假设方差相等	4.253	0.042	-11.252	92	0.000	-1.340	0.119	-1.577	-1.104
	假设方差不相等			-11.252	81.485	0.000	-1.340	0.119	-1.577	-1.103
No. 13	假设方差相等	2.312	0.132	-10.460	92	0.000	-1.319	0.126	-1.570	-1.069
	假设方差不相等			-10.460	91.353	0.000	-1.319	0.126	-1.570	-1.069
No. 14	假设方差相等	16.156	0.000	-10.818	92	0.000	-1.340	0.124	-1.587	-1.094
	假设方差不相等			-10.818	87.828	0.000	-1.340	0.124	-1.587	-1.094
No. 15	假设方差相等	17.279	0.000	-9.638	92	0.000	-1.170	0.121	-1.411	-0.929
	假设方差不相等			-9.638	82.309	0.000	-1.170	0.121	-1.412	-0.929
No. 16	假设方差相等	5.816	0.018	-8.449	92	0.000	-1.277	0.151	-1.577	-0.976
	假设方差不相等			-8.449	87.071	0.000	-1.277	0.151	-1.577	-0.976

续表

工作资源量表题项		方差方程的 Levene 检验		均值方程的 T 检验						
		F 检验	显著性	T 值	自由度	显著性（双侧）	均值差值	标准误差值	差分的 95% 置信区间	
									下限	上限
No. 17	假设方差相等	0.978	0.325	-8.763	92	0.000	-1.170	0.134	-1.435	-0.905
	假设方差不相等			-8.763	90.566	0.000	-1.170	0.134	-1.435	-0.905
No. 18	假设方差相等	0.735	0.393	-11.604	92	0.000	-1.404	0.121	-1.645	-1.164
	假设方差不相等			-11.604	90.554	0.000	-1.404	0.121	-1.645	-1.164
No. 19	假设方差相等	12.075	0.001	-11.162	92	0.000	-1.383	0.124	-1.629	-1.137
	假设方差不相等			-11.162	79.029	0.000	-1.383	0.124	-1.630	-1.136
No. 20	假设方差相等	3.412	0.068	-10.649	92	0.000	-1.340	0.126	-1.590	-1.090
	假设方差不相等			-10.649	90.518	0.000	-1.340	0.126	-1.590	-1.090
No. 21	假设方差相等	2.263	0.136	-3.528	92	0.001	-2.234	0.633	-3.492	-0.976
	假设方差不相等			-3.528	47.342	0.001	-2.234	0.633	-3.508	-0.960
No. 22	假设方差相等	8.831	0.004	-6.045	92	0.000	-1.021	0.169	-1.357	-0.686
	假设方差不相等			-6.045	80.575	0.000	-1.021	0.169	-1.357	-0.685
No. 23	假设方差相等	26.435	0.000	-5.106	92	0.000	-0.894	0.175	-1.241	-0.546
	假设方差不相等			-5.106	67.172	0.000	-0.894	0.175	-1.243	-0.544
No. 24	假设方差相等	5.738	0.019	-5.853	92	0.000	-1.085	0.185	-1.453	-0.717
	假设方差不相等			-5.853	82.629	0.000	-1.085	0.185	-1.454	-0.716

续表

工作资源量表题项		方差方程的 Levene 检验		均值方程的 T 检验					差分的 95% 置信区间	
		F 检验	显著性	T 值	自由度	显著性（双侧）	均值差值	标准误差值	下限	上限
No.25	假设方差相等	34.940	0.000	-12.476	92	0.000	-1.532	0.123	-1.776	-1.288
	假设方差不相等			-12.476	62.063	0.000	-1.532	0.123	-1.777	-1.286
No.26	假设方差相等	23.210	0.000	-20.042	92	0.000	-1.745	0.087	-1.918	-1.572
	假设方差不相等			-20.042	79.735	0.000	-1.745	0.087	-1.918	-1.571
No.27	假设方差相等	5.718	0.019	-20.494	92	0.000	-1.830	0.089	-2.007	-1.652
	假设方差不相等			-20.494	91.955	0.000	-1.830	0.089	-2.007	-1.652
No.28	假设方差相等	7.522	0.007	-24.672	92	0.000	-1.809	0.073	-1.954	-1.663
	假设方差不相等			-24.672	90.160	0.000	-1.809	0.073	-1.954	-1.663
No.29	假设方差相等	8.605	0.004	-18.441	92	0.000	-1.638	0.089	-1.815	-1.462
	假设方差不相等			-18.441	91.048	0.000	-1.638	0.089	-1.815	-1.462
No.30	假设方差相等	32.519	0.000	-24.022	92	0.000	-1.745	0.073	-1.889	-1.600
	假设方差不相等			-24.022	74.912	0.000	-1.745	0.073	-1.889	-1.600
No.31	假设方差相等	0.016	0.898	-20.457	92	0.000	-1.681	0.082	-1.844	-1.518
	假设方差不相等			-20.457	91.255	0.000	-1.681	0.082	-1.844	-1.518
No.32	假设方差相等	3.983	0.049	-15.706	92	0.000	-1.872	0.119	-2.109	-1.636
	假设方差不相等			-15.706	86.274	0.000	-1.872	0.119	-2.109	-1.635

续表

工作资源量表题项		方差方程的 Levene 检验		均值方程的 T 检验						
		F 检验	显著性	T 值	自由度	显著性（双侧）	均值差值	标准误差值	差分的 95% 置信区间	
									下限	上限
No. 33	假设方差相等	3.432	0.067	-14.440	92	0.000	-1.809	0.125	-2.057	-1.560
	假设方差不相等			-14.440	89.994	0.000	-1.809	0.125	-2.057	-1.560
No. 34	假设方差相等	13.238	0.000	-14.279	92	0.000	-1.681	0.118	-1.915	-1.447
	假设方差不相等			-14.279	84.351	0.000	-1.681	0.118	-1.915	-1.447
No. 35	假设方差相等	2.333	0.130	-11.978	92	0.000	-1.745	0.146	-2.034	-1.455
	假设方差不相等			-11.978	91.018	0.000	-1.745	0.146	-2.034	-1.455
No. 36	假设方差相等	2.769	0.100	-7.252	92	0.000	-1.468	0.202	-1.870	-1.066
	假设方差不相等			-7.252	82.895	0.000	-1.468	0.202	-1.871	-1.065
No. 37	假设方差相等	5.284	0.024	-10.623	92	0.000	-1.660	0.156	-1.970	-1.349
	假设方差不相等			-10.623	87.717	0.000	-1.660	0.156	-1.970	-1.349
No. 38	假设方差相等	7.873	0.006	-5.777	92	0.000	-1.340	0.232	-1.801	-0.880
	假设方差不相等			-5.777	78.199	0.000	-1.340	0.232	-1.802	-0.879
No. 39	假设方差相等	9.284	0.003	-12.364	92	0.000	-1.617	0.131	-1.877	-1.357
	假设方差不相等			-12.364	89.234	0.000	-1.617	0.131	-1.877	-1.357
No. 40	假设方差相等	16.843	0.000	-12.162	92	0.000	-1.660	0.136	-1.931	-1.389
	假设方差不相等			-12.162	76.125	0.000	-1.660	0.136	-1.931	-1.388

续表

工作资源量表题项		F 检验	方差方程的 Levene 检验 显著性	T 值	自由度	均值方程的 T 检验 显著性（双侧）	均值差值	标准误差值	差分的 95% 置信区间 下限	上限
No. 41	假设方差相等	5.440	0.022	-12.461	92	0.000	-1.702	0.137	-1.973	-1.431
	假设方差不相等			-12.461	89.263	0.000	-1.702	0.137	-1.974	-1.431
No. 42	假设方差相等	12.523	0.001	-9.310	92	0.000	-1.447	0.155	-1.755	-1.138
	假设方差不相等			-9.310	78.493	0.000	-1.447	0.155	-1.756	-1.137
No. 43	假设方差相等	12.786	0.001	-11.891	92	0.000	-1.596	0.134	-1.862	-1.329
	假设方差不相等			-11.891	87.845	0.000	-1.596	0.134	-1.862	-1.329
No. 44	假设方差相等	21.017	0.000	-11.304	92	0.000	-1.489	0.132	-1.751	-1.228
	假设方差不相等			-11.304	86.237	0.000	-1.489	0.132	-1.751	-1.227
No. 45	假设方差相等	6.844	0.010	-13.558	92	0.000	-1.766	0.130	-2.025	-1.507
	假设方差不相等			-13.558	88.936	0.000	-1.766	0.130	-2.025	-1.507
No. 46	假设方差相等	6.900	0.010	-7.070	92	0.000	-1.298	0.184	-1.662	-0.933
	假设方差不相等			-7.070	80.905	0.000	-1.298	0.184	-1.663	-0.933
No. 47	假设方差相等	2.597	0.110	-20.227	92	0.000	-1.745	0.086	-1.916	-1.573
	假设方差不相等			-20.227	91.173	0.000	-1.745	0.086	-1.916	-1.573
No. 48	假设方差相等	1.552	0.216	-25.178	92	0.000	-1.787	0.071	-1.928	-1.646
	假设方差不相等			-25.178	83.058	0.000	-1.787	0.071	-1.928	-1.646

附表 3-5 社会资源量表的独立样本 T 检验

社会资源量表题项		方差方程的 Levene 检验		均值方程的 T 检验					差分的 95% 置信区间	
		F 检验	显著性	T 值	自由度	显著性（双侧）	均值差值	标准误差值	下限	上限
No.01	假设方差相等	0.107	0.744	-20.84	102	0.000	-2.561	0.123	-2.805	-2.317
	假设方差不相等			-20.87	101.77	0.000	-2.561	0.123	-2.805	-2.318
No.02	假设方差相等	2.12	0.148	-16.92	102	0.000	-2.290	0.135	-2.559	-2.022
	假设方差不相等			-16.89	100.29	0.000	-2.290	0.136	-2.559	-2.021
No.03	假设方差相等	1.21	0.274	-14.72	102	0.000	-2.194	0.149	-2.489	-1.898
	假设方差不相等			-14.67	97.544	0.000	-2.194	0.150	-2.491	-1.897
No.04	假设方差相等	2.12	0.148	-16.16	102	0.000	-2.250	0.139	-2.527	-1.974
	假设方差不相等			-16.08	93.402	0.000	-2.250	0.140	-2.528	-1.973
No.05	假设方差相等	1.96	0.164	-12.35	102	0.000	-1.898	0.154	-2.203	-1.594
	假设方差不相等			-12.31	97.717	0.000	-1.898	0.154	-2.204	-1.592
No.06	假设方差相等	0.997	0.321	-14.96	102	0.000	-2.156	0.144	-2.442	-1.870
	假设方差不相等			-14.95	101.38	0.000	-2.156	0.144	-2.442	-1.870

附录四 量表再次验证的皮尔逊积差相关系数表

附表 4-1 工作投入感量表的皮尔逊积差相关系数

工作投入感量表	皮尔逊积差相关系数	显著性（双侧）	样本数（个）
工作投入 01	0.689**	0.000	697
工作投入 02	0.710**	0.000	697
工作投入 03	0.610**	0.000	697
工作投入 04	0.774**	0.000	697
工作投入 05	0.820**	0.000	697
工作投入 06	0.757**	0.000	697
工作投入 07	0.695**	0.000	697
工作投入 08	0.790**	0.000	697
工作投入 09	0.782**	0.000	697
工作投入 10	0.517**	0.000	697
工作投入 11	0.734**	0.000	697
工作投入 12	0.748**	0.000	697
工作投入 13	0.668**	0.000	697
工作投入 14	0.679**	0.000	697
工作投入 15	0.780**	0.000	697
工作投入 16	0.800**	0.000	697
工作投入 17	0.675**	0.000	697

注：* 表示在 0.05 水平（双侧）上显著相关；** 表示在 0.01 水平（双侧）上显著相关。

附表 4-2 个人资源量表的皮尔逊积差相关系数

个人资源量表	皮尔逊积差相关系数	显著性（双侧）	样本数
个人资源 01	0.851**	0.000	697
个人资源 02	0.877**	0.000	697
个人资源 03	0.866	0.090	697
个人资源 04	0.879**	0.000	697
个人资源 05	0.784**	0.000	697
个人资源 06	0.741**	0.000	697
个人资源 07	0.770**	0.000	697

续表

个人资源量表	皮尔逊积差相关系数	显著性（双侧）	样本数（个）
个人资源08	0.737**	0.000	697
个人资源09	0.675**	0.000	697
个人资源10	0.778**	0.000	697
个人资源11	0.724**	0.000	697
个人资源12	0.793**	0.000	697
个人资源13	0.824**	0.000	697
个人资源14	0.832**	0.000	697
个人资源15	0.764**	0.000	697
个人资源16	0.732**	0.000	697
个人资源17	0.853**	0.000	697
个人资源18	0.868**	0.000	697
个人资源19	0.882**	0.000	697
个人资源20	0.856**	0.000	697
个人资源21	0.771**	0.000	697

注：*表示在0.05水平（双侧）上显著相关，**表示在0.01水平（双侧）上显著相关。

附表4-3 工作要求量表的皮尔逊积差相关系数

工作要求量表	皮尔逊积差相关系数	显著性（双侧）	样本数（个）
工作要求01	0.672**	0.000	697
工作要求02	0.722**	0.000	697
工作要求03	0.714**	0.000	697
工作要求04	0.788**	0.000	697
工作要求05	0.753**	0.000	697
工作要求06	0.740**	0.000	697
工作要求07	0.737*	0.010	697
工作要求08	0.725**	0.003	697
工作要求09	0.748**	0.000	697
工作要求10	0.779**	0.000	697
工作要求11	0.377**	0.000	697
工作要求12	0.565**	0.000	697
工作要求13	0.748**	0.000	697
工作要求14	0.160*	0.037	697

注：*表示在0.05水平（双侧）上显著相关，**表示在0.01水平（双侧）上显著相关。

附表4-4 工作资源量表的皮尔逊积差相关系数

工作资源量表	皮尔逊积差相关系数	显著性（双侧）	样本数（个）
工作资源01	0.574**	0.000	697
工作资源02	0.588**	0.000	697
工作资源03	0.638**	0.000	697
工作资源04	0.696**	0.000	697
工作资源05	0.747**	0.000	697
工作资源06	0.679**	0.000	697
工作资源07	0.676**	0.010	697
工作资源08	0.734**	0.003	697
工作资源09	0.715**	0.000	697
工作资源10	0.729**	0.000	697
工作资源11	0.634**	0.000	697
工作资源12	0.660**	0.000	697
工作资源13	0.653**	0.000	697
工作资源14	0.631**	0.099	697
工作资源15	0.647**	0.054	697
工作资源16	0.610**	0.000	697
工作资源17	0.614**	0.000	697
工作资源18	0.623**	0.000	697
工作资源19	0.664**	0.814	697
工作资源20	0.647**	0.008	697
工作资源21	0.315**	0.000	697
工作资源22	0.457**	0.000	697
工作资源23	0.434**	0.013	697
工作资源24	0.464**	0.000	697
工作资源25	0.706**	0.000	697
工作资源26	0.807**	0.000	697
工作资源27	0.809**	0.000	697
工作资源28	0.814**	0.000	697
工作资源29	0.778**	0.000	697
工作资源30	0.809**	0.000	697
工作资源31	0.744**	0.000	697
工作资源32	0.743**	0.000	697

续表

工作资源量表	皮尔逊积差相关系数	显著性（双侧）	样本数
工作资源 33	0.254**	0.000	697
工作资源 34	0.745**	0.000	697
工作资源 35	0.707**	0.000	697
工作资源 36	0.568**	0.000	697
工作资源 37	0.719**	0.000	697
工作资源 38	0.490**	0.000	697
工作资源 39	0.721**	0.000	697
工作资源 40	0.724**	0.000	697
工作资源 41	0.732**	0.000	697
工作资源 42	0.664**	0.000	697
工作资源 43	0.751**	0.000	697
工作资源 44	0.723**	0.000	697
工作资源 45	0.789**	0.000	697
工作资源 46	0.620**	0.000	697
工作资源 47	0.814**	0.000	697
工作资源 48	0.815**	0.000	697

注：*表示在0.05水平（双侧）上显著相关，**表示在0.01水平（双侧）上显著相关。

附表 4-5 社会资源量表的皮尔逊积差相关系数

社会资源量表	皮尔逊积差相关系数	显著性（双侧）	样本数
社会资源 01	0.908**	0.000	697
社会资源 02	0.894**	0.000	697
社会资源 03	0.887**	0.000	697
社会资源 04	0.896**	0.000	697
社会资源 05	0.841**	0.000	697
社会资源 06	0.871**	0.000	697

注：*表示在0.05水平（双侧）上显著相关，**表示在0.01水平（双侧）上显著相关。

附录五 量表再次验证的因子分析表

附表 5-1 工作投入感量表因子载荷矩阵

	因子		
	1	2	3
工作投入 11	0.865		
工作投入 09	0.852		
工作投入 02	0.809		
工作投入 17	0.796		
工作投入 16	0.734		
工作投入 04		0.801	
工作投入 05		0.677	
工作投入 13		0.611	
工作投入 08		0.609	
工作投入 01		0.597	
工作投入 14		0.590	
工作投入 07			0.590
工作投入 12			0.799
工作投入 15			0.697
工作投入 03			0.651
工作投入 06			0.627
工作投入 10			0.593
特征值	8.925	1.889	1.842
累计方差贡献率（%）	78.571		

附表 5-2 个人资源量表因子载荷矩阵

	因子			
	1	2	3	4
个人资源 07	0.772			
个人资源 11	0.711			
个人资源 10	0.667			
个人资源 08	0.652			

续表

	因子			
	1	2	3	4
个人资源 06	0.609			
个人资源 09	0.564			
个人资源 05	0.552			
个人资源 16		0.779		
个人资源 15		0.775		
个人资源 12		0.761		
个人资源 14		0.718		
个人资源 13		0.716		
个人资源 20			0.793	
个人资源 19			0.773	
个人资源 18			0.773	
个人资源 17			0.759	
个人资源 21			0.598	
个人资源 03				0.804
个人资源 04				0.771
个人资源 01				0.757
个人资源 02				0.733
特征值	12.655	2.565	1.728	1.170
累计方差贡献率（%）	81.512			

附表 5-3 工作要求量表因子载荷矩阵

	因子		
	1	2	3
工作要求 02	0.868		
工作要求 03	0.842		
工作要求 01	0.812		
工作要求 04	0.765		
工作要求 05	0.672		
工作要求 07		0.906	
工作要求 08		0.905	

续表

	因子		
	1	2	3
工作要求 06		0.863	
工作要求 12			0.835
工作要求 11			0.762
工作要求 13			0.676
工作要求 09			0.595
工作要求 10			0.578
特征值	6.607	1.767	1.372
累计方差贡献率（%）	74.973		

附表 5-4-1　工作资源量表人际支持分量表因子载荷矩阵

	因子				
	1	2	3	4	5
工作资源 20	0.815				
工作资源 19	0.804				
工作资源 18	0.751				
工作资源 17	0.746				
工作资源 02		0.869			
工作资源 03		0.839			
工作资源 01		0.740			
工作资源 04		0.657			
工作资源 05		0.572			
工作资源 06			0.830		
工作资源 07			0.746		
工作资源 10			0.678		
工作资源 08			0.677		
工作资源 09			0.537		
工作资源 16				0.749	
工作资源 14				0.731	
工作资源 15				0.674	
工作资源 13					0.660

续表

	因子				
	1	2	3	4	5
工作资源 12				0.620	
工作资源 11				0.530	
特征值	6.928	3.342	2.278	1.272	1.069
累计方差贡献率（%）	79.629				

附表 5-4-2　工作资源量表组织管理分量表因子载荷矩阵

	因子				
	1	2	3	4	5
工作资源 38	0.816				
工作资源 43	0.782				
工作资源 42	0.782				
工作资源 44	0.773				
工作资源 36	0.751				
工作资源 40	0.744				
工作资源 37	0.737				
工作资源 41	0.732				
工作资源 39	0.730				
工作资源 28		0.869			
工作资源 29		0.865			
工作资源 30		0.834			
工作资源 23			0.882		
工作资源 24			0.833		
工作资源 22			0.831		
工作资源 21			0.802		
工作资源 31				0.801	
工作资源 35				0.624	
工作资源 34				0.592	
工作资源 32				0.548	
工作资源 27					0.822
工作资源 26					0.810
工作资源 25					0.739
特征值	11.748	2.688	1.947	1.512	1.326
累计方差贡献率（%）	80.920				

附表 5 – 4 – 3　工作资源量表工作环境分量表因子载荷矩阵

	因子
	1
工作资源 50	0.875
工作资源 49	0.854
工作资源 48	0.838
工作资源 51	0.718
特征值	2.713
累计方差贡献率（%）	67.818

附表 5 – 5　社会资源量表因子载荷矩阵

	因子	
	1	2
社会资源 01	0.897	
社会资源 02	0.831	
社会资源 03	0.831	
社会资源 04		0.884
社会资源 05		0.851
社会资源 06		0.663
特征值	3.680	1.565
累计方差贡献率（%）	87.427	

附录六 工作资源量表各分量表在工作投入感分组上的差异

附表 6-1 人际支持分量表在工作投入感分组上的差异

	工作投入感分组	N（个）	均值（分）	标准差	均值的标准误
人际支持分量表	低投入感	558	3.1503	0.57782	0.02446
	高投入感	615	4.1504	0.56846	0.02292
领导支持维度	低投入感	558	2.5634	0.87146	0.03689
	高投入感	615	3.7408	0.97754	0.03942
同事支持维度	低投入感	558	3.2839	0.75539	0.03198
	高投入感	615	4.2159	0.68264	0.02753
学生支持维度	低投入感	558	3.2676	0.74312	0.03146
	高投入感	615	4.3111	0.65021	0.02622
家长支持维度	低投入感	558	3.0317	0.76893	0.03255
	高投入感	615	4.0927	0.72934	0.02941
家人支持维度	低投入感	558	3.6048	0.83394	0.03530
	高投入感	615	4.3915	0.65285	0.02633

附表 6-2 组织管理分量表在工作投入感分组上的差异

	工作投入感分组	N（个）	均值（分）	标准差	均值的标准误
组织管理分量表	低投入感	558	2.7443	0.66517	0.02816
	高投入感	615	3.8982	0.71807	0.02896
工作自主性维度	低投入感	558	2.6689	0.82830	0.03506
	高投入感	615	3.8085	0.82610	0.03331
领导管理水平维度	低投入感	558	2.7443	0.88651	0.03753
	高投入感	615	3.9203	0.88946	0.03587
绩效反馈维度	低投入感	558	3.1027	0.82415	0.03489
	高投入感	615	4.1425	0.80021	0.03227
职业发展机会维度	低投入感	558	2.7316	0.76898	0.03255
	高投入感	615	3.9016	0.81845	0.03300
薪酬公平	低投入感	558	2.3214	0.91590	0.03877
	高投入感	615	3.5762	1.00015	0.04033

续表

	工作投入感分组	N（个）	均值（分）	标准差	均值的标准误
考评公平	低投入感	558	2.5329	0.89372	0.03783
	高投入感	615	3.7816	0.95434	0.03848
工作分配公平	低投入感	558	2.5669	0.91173	0.03860
	高投入感	615	3.7967	0.93416	0.03767
组织公平维度	低投入感	558	2.4737	0.83020	0.03515
	高投入感	615	3.7182	0.89463	0.03607

附录七 中学教师工作投入感后期访谈录音文字稿（节选）

后期访谈将对 10 位校长、12 位教师进行的访谈录音转录为近 7 万字的文本，本附录节选自对部分校长和教师的精彩问答。

校长 1 访谈：

Q：当前贵校教师的工作投入感状况如何呢？

A：当前我校中学教师的工作投入感状况并不乐观，学校是一个弱势群体，教师的自我认可和社会认可都很低。很多老师想找机会离开这个群体，比如有些老师或校长，一有机会都会往政府部门走，如刚才报告中提到的那位校长，就到教育局当局长去了，而且人人羡慕他，这就说明了问题。因为教师没地位啊，当年政策出台，称教师工资水平不低于公务员水平，这就说明了教师是不如公务员的，是比公务员低一等的，不论是社会地位还是经济收入，都是比不上公务员的，况且到现在，这个政策也没有真正落实，教师工资水平还是低于公务员。你说这让教师怎么投入？更不敢提奉献了。现在奉献这个词我们是不敢提的，教师们特别反感这个词。他们会认为，你给我这点工资，还让我奉献，奉献什么？把本职工作做好就不错了！

大部分教师都是把工作当作一种职业，很少有人把这份工作当事业来做。教师的工作投入感状况是呈现"两头少、中间多"的状况，特别好、特别投入和特别不好、特别不投入的教师都是非常少的，大部分教师还是处于中间位置，把工作当作养家糊口的职业、手段，最多做到尽责，但是不谈奉献，虽然不谈奉献，但是教师工作本来就是一份良心职业，实际上还是在奉献的。对于教师工作投入感来讲，专注和奉献能够达到一定水平，但是积极探索（活力）是最欠缺的。在年复一年的教学中，教师在熟悉了教材、熟悉了这个体制之后，是很难改变观念、改变教学方式和工作状态的，这就是教改的阻力，因此需要教师改变固有观念，才能取得教改的成功。

Q：需要教师改变什么样的固有观念？

A：就是校长需要有充分的办学自主权、减少行政干涉。但是，这个自主权各个地区真是差别很大！据我了解，上海这边的学校跟我们那边（西部某省)就完全不同,(上海)好得太多了!这也反映出现在教育资源的不平衡问题。

Q:贵校如何提高教师工作投入感?

A:就是学校的内部环境、生态环境要和谐,要让教师的付出得到认可、得到回报,感受到成就感。要做好激励工作,构建好激励制度。如何做?就是要让学生的成长、进步、学生的好,能够在教师的待遇方面得到体现。这个待遇分为精神和物质两方面。精神就是给政治地位,提拔到一些关键的位置,担任中层干部等;物质就是进行物质奖励,但是就连这一点,校长都没有决定权,必须向上级部门申请才能实施。

校长2访谈:

Q:当前贵校教师的工作投入感总体状况如何呢?

A:我可以发散来谈,你现在来提这个问题非常的好,因为现在刚好有个大政策是推行阳光工资,就是绩效工资。把原来各个单位各个地区的激励机制打散了,重新做一个标准出来。本来的想法比较好,但是推行起来达不到原来的目的,从我们老师的工作投入感来看,看得比较明显。在推行绩效工资之前,不管是哪个单位,钱多还是钱少,它们都比较有效地激励老师的工作投入感,不管是哪个老师。但是推行了绩效工资改革之后,不管是好的单位还是差的单位,在教师工作投入感上都比原来总体上要下降。为什么呢?我先讲好的学校,原来收入比较高,激励比较好。现在降低了,生存压力油然而生,(老师)会有点情绪。为什么下降呢?刚开始(老师)都高兴,因为大家都能提高,大家当然高兴了。但是随着工作的不断深入,因为教师工作是长效的不是一时的,弊端就开始显现。为什么显现出来呢?因为原来的激励机制里面呢,对老师工作投入感的各种因素的影响它有一个相关性。什么相关性呢?比如说从微观经济学来说,同样的钱由不同人去买书,获得不一样的边际效应。我可能拿钱买书、买吃的、买衣服,同样的钱,去购买不同的东西,每个人获得的满足感是不一样的。现在是工资提高后,能够刺激工作投入感的因素反而改变了,最主要的原因,比如像班主任和上课,比如原来工资比较低,教师只有1000多元钱,但在学校奖励的机制里面,我(校长)就可以拿出300元、500元奖励这些班主任。对班主任来说,这些钱相当于工资总收入的1/3,所以这部分钱就有很大的激励作用。但现在绩效工资之后,工资提高了,每个人都有3000元、3500元,当我有了这些钱之后，对于班主任的补贴，现在是300~400元，那这部分钱对教师的激励作用就减小了。也就是说，当我有1000多元钱工资的时候，这500元钱对我很有激励作用，但是现在我有3000多元钱了，这部分钱对我的激励作用就不大了，有没有都一样。甚至我有6000元，再给我500元，我也不做了。所以进行绩效工资后，激励作用反而不大了，我认为这是最主要的问题。

Q：就目前本研究的调查结果，您觉得和您学校的实际情况相吻合吗？

A：性别差别，在我的观察来看，没有差别。教龄会有一些差别，但是排除了待遇的问题，待遇好还是待遇坏，不管是情况好还是不好，其实教龄的特征应该是这样的：抛开经济因素应该是教龄长的比教龄短的要受影响。为什么呢？因为教龄长之后，教师基本上是凭经验，第一个，教师的体力和精力减弱了，第二个呢，教师经验也丰富了，因此相当于老教师在投入感方面不像年轻人。年轻人第一个有体力和精力，第二个他还没有学到东西，在投入感方面还是比较多。老教师投入感较低，抛开经济因素，凭经验，体力精力因素，不像年轻人，所以你会发现到了一定年龄后工作投入感就会疲沓，就是说我经历过了，体验过了，就不感到新鲜了，所以就倦怠了。

职称的情况和教龄有点相似。当职称到了顶点之后，工作投入感出现两极分化。有一些保持工作的热情，有些就认为船到码头了，就有一点懈怠。就是没有动力去获得更高的职称，投入感就是会减少的。

学历我倒是觉得看不出来。不是说高学历工作投入感就高，没有必然联系，乡村里的代课老师学历不高，但并不代表他们的工作投入感就比城市里学历高的老师低。

婚姻问题有一定的影响，是暂时的。男的一般婚前婚后没有差别，女的差别比较大。女的要生儿育女，她要通过这样一个阶段。在她精力比较分散，有小孩要照顾的时候，她的工作投入感就少。不是主观，是有心无力，也想做好，但是面临两难选择，要么放弃小孩，要么放弃工作，很难兼顾。不是婚姻问题，是有没有孩子的问题，这个因素影响更大。

任教科目，影响不是很大。可能大学科的投入感反而比较大。就像谈恋爱一样，有些人是谈了恋爱再结婚，而有些人是结婚了再谈恋爱。同样的道理，在大学科里面，因为它很重要，老师和学生都很关注他的工作，本来他可能不想教，但一旦把他推到那个舞台上，责任和关注度就会逼着他去做，你说他是享受还是不享受？所以有时候这种情况下，因为别人给予的关怀与光环越多，就会自动上升为奉献，因为光环，因为有那个光环，他没有办法走下来了，就上升为奉献了。小学科工作没有办法量化评价，所以随意性比较大，做得好坏没有人监督他，做到什么地方去，他表面上享受，但实际上他享受是因为他没有压力，但是他工作的投入感、专注度不见得比大学科教师高。然后呢，大学科教师得到的关注度比他高，光环比他更大。比如以前我们的激励机制，大学科的教师可以出去玩什么的，小学科教师就没有。所以反而会让小学科教师觉得同样是培养学生，为什么我就没有这些福利待遇？因为教育的环境是很复杂的，不同的情况，如果从压力来看，小学科是没有压力，但是你说工作投入感方面的话呢，不能说他最高，因为这个东西很复杂的，根本没有办法分出上下。因为有很多例子可以证明小学科更投入，也有很多例子可以证明大学科更投入，没有办法区分的。

平均工作的时间就是跟刚才那个教龄问题一样。

年收入，有影响，比较大。年收入的影响，比如说，为什么我提倡绩效工资，就是说如果，比如说像原来一样我收入是动不了，大家都不用想，那可能这个因素不起作用，没有影响。比如像以前，工资大家都一样，不管穷也好富也好，这个维度就没有差别，大家收入都一样。同样的道理，比如说我每个单位，你就不能说是收入高他就投入高，比如我的学校是收入高，他的学校收入低，他投入感和工作业绩比我收入高的要低。因为，不同的单位不同的文化有不同的影响，可能你还不能武断地说收入越高投入感越高。我觉得它是一个长期和短期影响的问题，还有不同单位不同的文化问题，它还不能简单地看。但是呢，我觉得在同一个单位里，这个我的工资级数（与工作投入）肯定有相关性，是有影响，但是跨一个单位跨一个文化，就不见得有一样的结果。

校长3访谈：

Q：在实践当中，教师工作投入受到哪些因素的影响？

A：我认为有几个影响。第一个受到本单位提供专业发展平台的影响。就是我在你单位里面我能不能获得成长，这个成长是怎么样。可能不是钱，而是我在你这个地方学到本事了，以后我就可以跳槽。所以对每个人来说，钱肯定会关注，但更多关注的是我在你这个单位能不能获得提升，专业上的平台,成长空间是不是大。

Q:专业平台是什么样子的?是职称还是其他?

A:是这个样子的,成长包含专业、职称和个人管理能力上的,包括各方面。但这里主要是指专业的平台是不是够大。比如学计算机的,你到金融系统去,你也许就是后勤人员而不是专业人员,但如果你到了研发部门去,你是专业人员。在钱大差不差的情况下,他更愿意去让他的专业能够成长的地方,他会这样选择的。包括我们也怕入错行,我去做的工作是不是我的本专业,能不能体现我的价值,这是我们很关注的。所以说是提供专业成长的平台。这是第一个。我认为是单位给的,不是个人的。个人的是职业追求,这个实际上是一样的。

第二个是单位的制度体系、文化(氛围、环境、制度)。这个单位里面,师德教育的约束,首先老师是奉献的职业,你去当老师,你首先就要对得起自己的这份工作,你要有师德,你表现出来的东西。比如你的投入,不管你喜欢也好不喜欢也好、有热情也好没热情也好,一旦你走入课堂,你就必须给学生灿烂的笑容。谁来约束他呢?是整个环境、社会环境,制度的要求、师德的要求来约束他,这是很关键的。

第三个是待遇。经济刺激。专业发展放第一位。排除前两个因素,我认为目前面临两个问题,虽然我前面列了两个,但我认为在现阶段最主要的问题是待遇。第一是待遇,不是说钱不重要,而是钱这个东西大家都能提供的情况下,目前,比如说,你进老师,待遇每个单位有差异,但是差异不大。是教育和非教育差别比较大,在同一个单位里面差别可能不大。所以虽然从道理上讲,这几个东西(发展平台和待遇)有点矛盾,但我觉得待遇确实是比较重要,因为现实就是这样。因为专业发展平台没办法量化,但是待遇是可以量化的。所以这个一个是待遇,面临的困境,没有给教师行业足够令人羡慕的、有尊严的收入。

第四个是专业追求。因为这个专业追求,你界定是教师,而教师分年龄段。比如说年轻教师跳槽比较多,因为他还有选择性。我投入感不高,可能是我横向纵向比较,心定不下来,所以我就开始被影响着,可能我要跳槽。特别现在这一代年轻教师特别明显。所以为什么会这样呢?这就是一个专业的要求,我还没有把当老师作为我这辈子的追求的话,我投入性肯定就没有这么高,就会有其他想法。但教师到了中青年或者老年,他基本上固定了以后，比如说，他也跳槽不了，而且他也比较喜欢教师这个职业，这个时候他的投入感就很稳定了。不管他认为是真追求还是假追求，反正他已经认为我的专业就是当老师，我做不了其他的，我就把这个干好。所以他没有更多的想法，所以我认为是这个专业的追求，专业的不同追求，我觉得教师有没有这个专业的强烈的追求，或者定位和定向，这是很关键的。

Q：您在学校管理当中通过哪些举措提高教师的工作投入感？

A：国家政策有刚性要求，作为老师，你当老师必须怎么样，实际上它跟学校的制度配套，这是宏观层面，学校的制度是中观层面。从这个制度体系来看，当老师入行，行有行规，入道入行，你必须按照行规来做，所谓的举措就是刚性的东西必须有，不能够触碰的。至于人才选拔培养，实际上跟前面是一样的。我们制度很健全，入职时候就教育了，他们很清楚，所以我觉得国家政策制度这一块倒不是关键，不是不重要，而是对我们学校而言不是关键。倒是人才的选拔、福利和激励很关键。你怎么样让我的老师短时间内提高他成才的可行性，缩短成才的周期，让他有归属感，让他能够迅速地在同龄的同行里崭露头角，这种培训和选拔，这套机制必须有效并获得大家的认可，要公平。制度公平的话，教师在这个单位里面就觉得环境又宽松，又有干事业的平台，心里比较顺，他就喜欢这个单位，就待得住。所以在这个环境里，又有导师去培养他，培训和培养非常多，他就有归属感，就能够对工作保持很高的投入感。另外一个，福利和激励的作用，我们讲安居才能乐业。按照马斯洛理论也是一样，生理和安全的要求，是第一层的要求，有保障的情况下才能够开展工作。但是这方面呢，目前比较麻烦，绩效工资之后，年轻老师收入还比不上农民工的收入，全国一样。而且教师工作技术要求比较高，每天都泡在那里，从早到晚，如果你换成钱去算的话，我看北京就是5000多元钱一个月，其他地方，4000元、3000元、2000元，大概是这个范围，折成每小时计费的话，一个小时没有几块钱。它跟公务员体系差不多一样，但公务员的工作强度和技术性、影响力，肯定不如教师。培养人这件事，我觉得更崇高、影响力更大。换位思考，那当公务员的就不服气了，那我们就不重要啦？但实际上真的就是这样，虽然公务员也是从早到晚，但老师从早到晚都在投入心力，这个投入的心力比公务员更大，一天24小时，他都必须在那里；而且他这种工作的话，严格意义上没有什么规律，刚开始没有什么规律可言，完全靠自己摸索、成长。而且学生又是多样的，我们要求培养学生要个性化培养，既然是个性化培养，就要求管理也要个性化，要求每个教师一个班50个学生进行个性化培养，光谈话就够你谈了。所以在教师付出那么多之后，他的经济保障，他背后同样家里有老有小，他要结婚要买房，你怎么办？所以我们只能讲，第一个，教育作为一种崇高的理想，我们只能提倡，但作为年轻人，我们必须给最低保障，你不能拿教育本来该提倡的东西去要求他们，你可能做不到。提倡的东西你把它转化为要求、必须做的东西，肯定不行。所以我觉得福利和激励的确是比较重要的。

Q：贵校如何进行选拔和培训？

A：我估计各个学校都有一个青蓝工程，师带徒，要结对。就是年轻人里面，他进来，我们首先要结对，结对完之后呢，师带徒，三年要成才、要能站稳脚跟。那么在这三年里，有大量演示课、公开课等，在技能技巧的比拼中互帮互学，赶超、实现自己。通过老同志的引领，同龄人同台竞技，看到别人的长处。那么选拔出来的青年你肯定就要奖励他，鼓励啊、精神激励呀等，通过这些东西去培养，让他在学校里面成长，这是校内。当然在校外，通过校内的各种培养，你就要想办法让他脱颖而出，给他更多的机会。先冒出来的人就先给他更多的机会出去参加培训，在校外给更多培训的机会，去培训、比赛、休息休闲，这是一个方面。另一方面，还有在职称上面破格提拔、破格给职称。实际上很多人出去培训也是破格让他出去的，这套激励机制，你可以细化一下，但是很多学校差不多一样。

现在校长没有财政权了，以前我们学校收入多少钱，学校教代会通过就可以设项目、设标准，弹性就很大，只要你有钱，在福利方面你就可以做。说到奖励激励，无非就是物质和精神两方面。原来我们在物质激励方面弹性是比较大的。现在没有的话，那现在基本上类似，因为它已经把中小学当成是大家一样，都有基本保障。但是现在大政策觉得人人都是搞教育，不管你教好学生还是差学生，你应该都差不多一样，不希望人与人之间、校级之间差距太大。你说教好学生容易，还是教差学生容易？因为教育本身没有办法量化，但是我们也不是认为教差学生就比教好学生工作难度小，但是如果你认为教好学生和教差学生没有差别，这是不对的。它肯定是不一样，是有差距的。你可以让他有选择，是选择培养好学生还是选择培养差生,然后大家认为在这种情况下,我们的激励应该偏向哪个?这有一个偏向,我利用大家的这个偏向来做导向,这本身就是一个很好的激励机制。但现在你把他们(教好学生和教差学生)之间的界线抹平了之后,现在都一样啦,都不用给啦,相当于就没有激励作用了,不管是培养好学生还是培养差生,我都没有激励性了,它肯定不是一个好的制度。所以我估计啊,这个绩效工资,我觉得它没有起到应有的激励作用,反而变相地造成了新的大锅饭的倾向。所以我估计以后还会重新打破,不打破不行。

Q:那现在学校可支配的钱太少了,您是怎么样来做这个激励的?

A:可支配太少。我们现在只能够怎么做呢,一个,我们老师肯定有影响了,但是为了不让这种矛盾转移到管理层,我们很简单嘛,就有那么多钱,就这种激励机制,我们大家开会讨论清楚,然后呢,我们有一个问题,这些工作是每个人都要干的,不能因为第一个有没有钱而干不干,另一个在钱少的状况下,大家换位思考,大家当班主任,每人当三年,可能就没有话讲。第二个,超课时,当钱比较少的话,叫你超你就超,给不给钱你都超。然后人家生病你要去顶,人家请假你要过去顶,钱少你要过去顶。因为相当于说大家都不要把那个东西当作有钱才能做的工作,先把它当成你必须做的工作,而不是说有钱我才干,没钱我就不干。这些工作都是我们的工作,不能没钱就不干。这样大家都知道这些工作是我们的工作,那今天我做了,明天你做吧。但是当工作是大家的工作也不是大家的工作的时候呢,做起来后呢,它的激励作用就没有像这种真正的就是我个人的工作来得好。教师会认为这是你学校的工作,但大家都可以来做,变成这样子,是你的工作,也是我的工作。现在的这个状况跟以前比起来肯定没有激励作用,就变成这是大家的工作而不是我的工作。所以我们就考虑说,现在我们国家,是不是像国外一样,国家只提供保障性教育,给每个学生提供的教育是一样的,给每个老师岗位的钱是一样的。我只有保障性,我不要你特色。你要特色要个性化,你去民办学校。因为我们现在在过渡,又走不到那一步,所以现在实际上大家都在观望。但是有些弊端已经显现出来,就是我说的教师工作投入感反而有些下降。

教师1访谈:

Q:您觉得学校的哪些管理举措有助于提高教师工作投入感?

A:其实我觉得领导要改进工作的话,那些条条框框的东西就要进行一些调整。比如我们学校吧，名声和成绩都在那里，领导们也有压力，就怕把它搞砸了，所以这种压力就会释放给我们，给我们定一些硬性要求，学生的升学、成绩、家长的反应啊都有要求。

学校有时候活动比较多，比如我现在，基本上相当于一个人当三个人在用，这里校庆要彩排，那里研讨会要接待，我自己班的学生我要带，准备我自己的课。所以在工作上，可能跟学校的人员设置有关系，我们作为青年教师，不叫我们叫谁呢。时间的分配、工作的安排是比较影响教师的工作投入感的。教师的意见只能说是一种牢骚抱怨，年轻人多做事有益，可以积累经验，但是如果什么事都找我们做的话，可能投入感就不会那么高，毕竟时间和精力有限。

其实你看当教师吧，绝大多数情况是跟学生打交道，政策什么的影响不会很明显。学校的管理制度的话，就像我刚刚说的，工作的安排，就是学校管理层、领导层缺乏一些必要的沟通，其实你看有时候很多工作是重复安排的，有一些人能力强，虽然说是能者多劳，但能力强的人可能工作量比较大，而可能有时候因为没有协调开来，使得另外一些人的工作可能相对来讲就要轻松一些，所以关于工作的安排和协调，人员之间分到人头上的工作量，领导之间是缺乏协调的。这个时候就容易出现一些麻烦，两件事碰到一起就不知道怎么办了，只能硬着头皮先去做其中一件，那另一件事就等着领导批评了。学生工作、学生的社团、学生干部的培训、学校的安全工作都需要人去负责。我是负责学校安全工作的，在我身上体现得比较明显的就是，一个中午，如果我时间没有安排好，可能我吃饭的时间都没有。第四节下完课，接着要保障学校的安全，之后又要到其他地方搞咨询一类的工作，搞学生的辅导，如心理辅导。学校安全，防止学生矛盾冲突、学校周边都要负责，如被抢劫什么的。

可能这种经历更加能凸显出教师职业跟其他职业的区别。比如我有个同事跟我同一年进来的，结果两年之后他出去了，体验了其他的工作岗位，发现其他工作其实很轻松。虽然他是公务员，虽然限时，几点必须到岗，哪个时候才能走，但是只要他坐在那里，不管他做什么，做自己的事情也好，或者工作干得快还是慢、干得好还是坏，都没有一个硬性的要求。但是你像老师的话，很多东西都是有一个硬性的要求和标准的，比如说你当班主任，可能早上六点多就要到学校，学生一定要到位，你要查，没到位的你要打电话问家长,这些都是非常细的一些事情。所以可能教师的精力、责任和担当会比较重一点。可能也是因为这种投入和产出的比例不协调吧,或者可能也是因为工作压力比较大,导致很多老师并不是非常想从事教学工作。我在网上搜过,有过一个非官方的调查,所有的职业当中,压力最大的是警察,因为他们要破案;其次就是老师,为什么呢,因为要上课、要抓升学率、要保证学生的安全。所以我觉得这也是一方面的原因吧。

Q:如果将工资由 3000 块提高到 6000 块,你还愿意走吗?

A: 我是这样想的,本来一个人的钱吧,工资,它是有刚性的。工资涨到一定的程度,你再涨,对一个人的择业是不会产生多大的影响的。当然我所处的薪资阶层还没有到刚性的那个层次,但因为我自己对这方面有了解,我会觉得社会价值更重要,3000 块或者 6000 块,对追求生活品质的人来讲,差别可能会很大,但对于我这种对物质生活没有多大追求的人来说,3000 块可能差不多,6000 块呢,多出的钱我就会存起来,也没有多大的用处啊。

Q:你以后要成家立业,你要买房啊。

A: 可能我比较接近"90 后"吧,有时候这些想法虽然很现实,但没必要成为我的负担吧,我还是要追求自己的价值吧。当然任何岗位都会有社会价值,但是你在某一个岗位上既能实现社会价值,又能够有自己的追求,我觉得那才是最完美的。我昨天在网上搜了一个群体组织,虽然我谁都不认识,但我就喜欢跟不认识的人交流,我就跟那个组织的成员去爬山,大晚上的,可能女生会比较注意一下,但我觉得我一个男生怕什么,就跟他们一起去,爬了山一起做做游戏什么的,下山之后回家睡觉,我觉得很充实,比在家里玩电脑充实多了。

教师 2 访谈:

Q:哪些因素会影响您的工作投入感?

A: 改作业是一个很头疼的事,有时候我一个上午就只能改几份作业,头都改晕了,红笔芯都要用几支。文化科目都是要有作业的,你像我们当学生,从来没有那么快地感受过一支笔芯用得有多快,自从我当老师之后,一个班的作业改完,一支笔芯就没有了。我们学校要求比较严格,要详批详改。因为我们科目的特殊性,不同的科目有不同的要求,特别是主科,学校也比较重视,压力也比较大,可能教师在批改作业方面付出的也更多。我有个同事教语文的,有几次都是看作业看到凌晨,因为每个人的作文、每个人的心理都是差别很大的,你还要打评语,所以他们看一本作业的时间,可能我们可以看一个小组的作业。但他们的这种付出并不能够得到额外的回报。所以就是在这种工作量的确定方面,"语数外"的老师,跟我们"政史地"还有其他科目的老师,是有区别的,而我们又跟"音体美"的老师有区别,这是三个层次。

Q:是否"音体美"教师的工作投入感更高一些?

A:所有科目的老师压力都大,音体美的教师工作投入感更高是对的,因为他没有很多条条框框在那里,他们可以根据自己的设想来发挥,就像有人说的责任田和自留地吧,他可以有一块更大的自留地,愿意种什么就种什么。我个人觉得由着自己的个性发展,可能会让教师更喜欢自己的职业。你像"音体美",他没有条条框框,没有中高考压力,所以有时候教师讲课就可以像大学老师一样,对哪一块有研究,就重点讲哪一方面,不是跟学生讲知识,不是讲我研究的成果,而是我研究的这个过程,重点是我的方法是怎么样的,我通过怎么样的一些途径去研究的,可能我是比较理想化的,可能大学式的教学方式更能激发教师的认同感。

Q:小学科的教师因为科目不重要,可能会得不到领导的重视,那会不会影响他们的工作投入感?

A:我觉得会有影响,但不是主要的,因为教什么科目,在大学的时候基本就有一个思想准备了,有了一个意识在自己的头脑里面,当你有了这个意识之后,再面对这样的现实,就会平和很多,所以这并不是主要的问题。我认为主要的问题是那些条条框框,你进入大学的时候是没有这样的意识的,但你一旦工作,就会面临这些状况,指标、标准啊。一个是你之前有心理准备的,一个是你之前没有心理准备的。

附录八 中学教师工作投入感调查问卷

中学教师工作投入感调查问卷

尊敬的老师：

您好！非常感谢您参与本次调查！本问卷旨在调查中学教师工作投入的现状、来源和影响因素。教师工作投入指"教师群体对其本职工作的积极主动的态度和热爱专注程度"。它不仅影响教师自身的生活质量和专业发展，还会影响学生的学业成就及身心成长。因此，答题时，请您根据您的感受选择最适切的答案，您的答案将会对本研究产生重大影响。您的信息及答案仅供课题研究之用，绝不会泄露与外传。本问卷题量较大，请您务必完整作答，不要遗漏题项。衷心感谢您的帮助！

中学教师工作投入感研究课题组
2014 年 3 月

第一部分：基本情况调查

（一）背景信息：

1. 您的学校名称：_____

2. 您的性别：（1）男 （2）女

3. 您的教龄：（1）0~5 年 （2）6~15 年 （3）16~25 年 （4）25 年以上

4. 您的婚姻状况：（1）未婚 （2）已婚

5. 您的学历：（1）大专（及以下）（2）本科 （3）硕士 （4）博士

6. 您所在的学校位于：（1）城市 （2）乡镇

7. 您所在的学校地处：（1）东部 （2）南部 （3）西部 （4）北部 （5）中部

8. 您所在的学校属于（根据社会声誉而定）：（1）普通中学 （2）重点中学

9. 您现在任教的年级：（1）初中 （2）高中

10. 您所任教的科目：

（1）语文（2）数学（3）英语（4）政治（5）物理（6）化学（7）生物（8）地理（9）历史（10）体育（11）音乐（12）美术（13）信息技术（14）其他_____

11. 您现在的职称：（1）还没有职称 （2）初级职称 （3）中级职称

（4）高级职称

12. 您曾经获得过的最高荣誉称号：

（1）还没有获得过荣誉称号

（2）县级荣誉称号（含县级名师、县级学科带头人、县级教学能手、县级教坛新秀等）

（3）地区级荣誉称号（含地区级名师、地区级特级教师、地区级学科带头人等）

（4）省级及以上荣誉称号（含特级教师、省级名师、省级学科带头人、省级专家、全国名师等）

13. 您现在的年收入大致为（注：年收入是指您作为教师可以获得的全部税后收入）：

（1）2万元及以下 （2）2万~4万元（含4万元）（3）4万~6万元（含6万元）

（4）6万~8万元（含8万元）(5）8万~10万元（含10万元）（6）10万元以上

14. 您每天用于教师工作（含备课）的时间约为____小时，其中在学校的工作时间约为____小时。

（二）个人体验：

1. 当您工作的时候，您很享受您的工作并且投入感很高吗？

（1）非常同意 （2）比较同意 （3）说不清 （4）不太同意

（5）很不同意

2. 您认为您在工作中充满热情与活力，勇于克服困难吗？

（1）非常同意 （2）比较同意 （3）说不清 （4）不太同意

（5）很不同意

3. 您认为您在工作中积极奉献，并能从中体验到自己存在的意义吗？

（1）非常同意 （2）比较同意 （3）说不清 （4）不太同意

（5）很不同意

4. 您工作的时候全神贯注并感到心情愉悦吗？

（1）非常同意 （2）比较同意 （3）说不清 （4）不太同意

（5）很不同意

5. 如果再给您一次机会选择职业，您还会选择做教师吗？

（1）一定会 （2）可能会 （3）说不清 （4）可能不会 （5）一定不会

第二部分：中学教师工作投入感现状和影响因素调查

（一）工作投入感量表（共17题） 请您根据自己的实际情况，在右侧对应的数字上打"√"	几乎没有	很少	有时	经常	总是
01. 工作时，我觉得干劲十足	1	2	3	4	5
02. 我觉得我所从事的工作目的明确，很有意义	1	2	3	4	5
03. 当我工作时，时间总是过得飞快	1	2	3	4	5
04. 工作时，我觉得自己精力旺盛	1	2	3	4	5
05. 我对工作充满了热情	1	2	3	4	5
06. 当我工作时，我忘记了周围的一切事情	1	2	3	4	5
07. 早上一起床，我就想要去工作	1	2	3	4	5
08. 我的教学灵感能够在工作中得到激发	1	2	3	4	5
09. 当我全身心投入工作时，我感到快乐	1	2	3	4	5
10. 我可以连续紧张工作好几个星期	1	2	3	4	5
11. 我为自己所从事的工作感到自豪	1	2	3	4	5
12. 当我沉浸于工作中时，会忘记了时间的流逝	1	2	3	4	5
13. 工作时，即使感到精神疲劳，我也能很快恢复过来	1	2	3	4	5
14. 对我而言，工作具有挑战性	1	2	3	4	5
15. 我在工作时会达到忘我的境界	1	2	3	4	5
16. 在工作中，即使事情进展不顺利，我也能够锲而不舍	1	2	3	4	5
17. 我感觉到自己离不开工作	1	2	3	4	5

（二）工作要求量表（共13题） 请您根据自己的实际情况，在右侧对应的数字上打"√"	完全不符合	比较不符合	基本符合	比较符合	完全符合
01. 教学任务繁重，我经常有大量工作要做	1	2	3	4	5
02. 为了完成教学任务和安排，我不得不经常减少休息时间	1	2	3	4	5
03. 工作让我的身体经常处于亚健康状态	1	2	3	4	5
04. 教学工作压力大，我需要非常努力才能把教学工作做好	1	2	3	4	5
05. 除了教学以外，还要应付很多非教学的琐事，让我没有太多精力全面顾及每项工作	1	2	3	4	5
06. 在课余时间，我需要不断学习专业知识	1	2	3	4	5

续表

（二）工作要求量表（共 13 题） 请您根据自己的实际情况，在右侧对应的数字上打"√"	完全不符合	比较不符合	基本符合	比较符合	完全符合
07. 我需要不断钻研教学方法，提高教学技能	1	2	3	4	5
08. 我需要不断研究学生心理及行为，以便更好地教育他们	1	2	3	4	5
09. 工作紧张，使我回家后没心思做我感兴趣的事情了	1	2	3	4	5
10. 学校或学生的事情多，使我没时间尽家庭义务、分担家庭责任	1	2	3	4	5
11. 家庭事务繁杂，使我没有足够的时间来考虑教学上的事	1	2	3	4	5
12. 学校里遇到烦心事，回到家里情绪不佳，易对家人发脾气，使家人也不开心	1	2	3	4	5
13. 为了工作，我不得不常常更改我的家庭活动计划	1	2	3	4	5

（三）工作资源量表（共 48 题） 请您根据自己的实际情况，在右侧对应的数字上打"√"	完全不符合	比较不符合	基本符合	比较符合	完全符合
01. 当我需要解决某项困难时，我的领导会主动向我提供帮助	1	2	3	4	5
02. 当我在工作或生活中遇到困难时，我可以向领导寻求帮助	1	2	3	4	5
03. 学校领导鼓励教师与其进行各种交流	1	2	3	4	5
04. 我能感受到领导对教职工的关心	1	2	3	4	5
05. 我的领导能够肯定我在工作上的进步，并会向我表达他对我的欣赏	1	2	3	4	5
06. 当我在生活或工作中遇到困难时，我的同事会主动向我提供帮助	1	2	3	4	5
07. 当我遇到困难时，我可以向我的同事寻求帮助	1	2	3	4	5
08. 我能感觉到同事对我的认可和欣赏	1	2	3	4	5
09. 我的大部分同事工作都很认真努力，会对我产生积极影响	1	2	3	4	5
10. 在工作中，我和我的同事配合得很默契	1	2	3	4	5
11. 学生愿意接近我，并及时地与我沟通	1	2	3	4	5
12. 学生们喜欢上我的课	1	2	3	4	5

续表

(三) 工作资源量表（共48题）请您根据自己的实际情况，在右侧对应的数字上打"√"	完全不符合	比较不符合	基本符合	比较符合	完全符合
13. 我的大部分学生都有很强的求知欲，学习很认真努力	1	2	3	4	5
14. 学生家长能够配合教师对学生的教育	1	2	3	4	5
15. 家长觉得孩子在我的班里能够学得更好	1	2	3	4	5
16. 家长愿意就学生的教育问题与我交流	1	2	3	4	5
17. 当工作不顺心时，家人能够劝慰开导我	1	2	3	4	5
18. 家人鼓励我努力工作	1	2	3	4	5
19. 我的家庭和睦幸福	1	2	3	4	5
20. 我的伴侣（家人）在工作上也很认真努力，会对我产生积极影响	1	2	3	4	5
21. 我有按照自己的想法进行教学的充分自由	1	2	3	4	5
22. 我可以参与决定对我的工作有影响的事情	1	2	3	4	5
23. 我可以不受他人左右而独立工作	1	2	3	4	5
24. 对于工作中的事情，我有很大的决定权	1	2	3	4	5
25. 学校领导知道如何进行有效管理和协调各方面的关系，使教职工能够齐心协力工作	1	2	3	4	5
26. 学校领导知道怎样去解决教师之间出现的矛盾	1	2	3	4	5
27. 学校领导能够认真听取教职工的意见，并知道如何落实到实际的教学管理中	1	2	3	4	5
28. 学校能够将每学期的教学任务与目标明确地告知教师，并制订了严密的教学计划	1	2	3	4	5
29. 学校能够对教师的教学过程进行实时监督，根据教学效果，帮助教师改善教学方法	1	2	3	4	5
30. 学校能够在学期结束时对教师的教学质量进行评估，并形成详细反馈，从而帮助教师改进下一学期的教学	1	2	3	4	5
31. 学校能够提供很多锻炼和学习的机会（如上公开课、观摩有经验教师上课、"师带徒"、外出考察等），以帮助教师提高教学技能	1	2	3	4	5
32. 我在工作中能获得足够的在职培训或提升学历的机会	1	2	3	4	5

续表

（三）工作资源量表（共48题） 请您根据自己的实际情况，在右侧对应的数字上打"√"	完全不符合	比较不符合	基本符合	比较符合	完全符合
33. 我的学校有良好的晋升渠道，只要努力就会不断发展	1	2	3	4	5
34. 工作中，我的才能和特长得到了充分的发挥	1	2	3	4	5
35. 学校经常帮助我们获得校级以上的荣誉称号	1	2	3	4	5
36. 就我的付出而言，我所得的报酬是不错的	1	2	3	4	5
37. 学校在工资福利的分配上是公平的	1	2	3	4	5
38. 我对自己涨工资的机会感到满意	1	2	3	4	5
39. 我们学校的奖惩制度客观公正	1	2	3	4	5
40. 学校目前对教师的考评方法比较合理	1	2	3	4	5
41. 学校的职位晋升是以工作表现为根据的	1	2	3	4	5
42. 学校在工作量的分配上是公平的	1	2	3	4	5
43. 学校在工作时间的安排上是公平的	1	2	3	4	5
44. 学校对工作责任的分配是公平的	1	2	3	4	5
45. 学校教学设施齐全，教学资源充足	1	2	3	4	5
46. 学校教师的办公环境很好	1	2	3	4	5
47. 学校的教学氛围很好，对教师产生潜移默化的积极影响	1	2	3	4	5
48. 学校社会声誉良好，能成为其中的一员，我感到很自豪	1	2	3	4	5

（四）个人资源及社会资源量表（共27题） 请您根据自己的实际情况，在右侧对应的数字上打"√"	完全不符合	比较不符合	基本符合	比较符合	完全符合
01. 我非常喜欢教师这个职业	1	2	3	4	5
02. 我觉得给学生上课很有意思	1	2	3	4	5
03. 我觉得做老师很有意义，可以实现我的人生价值	1	2	3	4	5
04. 我觉得教书是一件令人快乐的事	1	2	3	4	5
05. 如果我尽力去做的话，我总是能够解决教学工作中出现的难题	1	2	3	4	5
06. 我的教案总是能够写得很好	1	2	3	4	5
07. 我能解决学生在学习中出现的问题	1	2	3	4	5

续表

（四）个人资源及社会资源量表（共27题）请您根据自己的实际情况，在右侧对应的数字上打"√"	完全不符合	比较不符合	基本符合	比较符合	完全符合
08. 我能很好地驾驭课堂	1	2	3	4	5
09. 只要我努力，我能转变绝大多数学习困难的学生	1	2	3	4	5
10. 我有一套自己的教学方法（风格），并且很有成效	1	2	3	4	5
11. 每次参加教学研讨我总能提出自己独到的见解	1	2	3	4	5
12. 我很受领导的信任	1	2	3	4	5
13. 在工作中，别人会尊重我的想法	1	2	3	4	5
14. 我对学校的付出和贡献能够得到认可	1	2	3	4	5
15. 领导很重视我的意见	1	2	3	4	5
16. 我感到自己在学校很重要	1	2	3	4	5
17. 我的本性较乐观	1	2	3	4	5
18. 我对我的未来总是很乐观	1	2	3	4	5
19. 我总看到事情好的一面	1	2	3	4	5
20. 我相信，每件不如意的事情都会有积极的一面	1	2	3	4	5
21. 我相信自己的未来会越来越好	1	2	3	4	5
22. 与其他行业相比，教师的收入令我满意	1	2	3	4	5
23. 总体来说，我的收入能够满足我的生活需要	1	2	3	4	5
24. 和其他学校教师的收入相比，我对自己的收入比较满意	1	2	3	4	5
25. 我觉得社会重视中学教师工作	1	2	3	4	5
26. 作为一名教师，我时常觉得受人尊重	1	2	3	4	5
27. 社会有很浓厚的尊师重教的氛围	1	2	3	4	5

第三部分：工作投入原因、职业选择原因和工作成果调查

（一）您愿意努力工作，积极投入教学工作中的最重要的原因是（可多选）：（请直接在题后括号里打钩）

1. 受到家庭的熏陶或师长的影响。（   ）

2. 希望将自己的所学传授给学生，帮助他们成长和取得学业上的进步。（   ）

3. 为了保证教学质量和升学率。（   ）

4. 热爱教学事业，有自己的教育理想，愿意积极投身于教育工作。（   ）

5. 积极工作才能实现人生的价值。（   ）

6. 家庭经济来源及为了得到更多的报酬。（   ）

7. 我希望从工作中获得成就感和幸福感。（   ）

8. 教师是一份良心职业，不能误人子弟，所以要努力工作。（   ）

9. 热爱学生，可以从工作中得到快乐。（   ）

10. 工作机会来之不易，所以要珍惜现在的工作，积极投入教学中。（   ）

11. 当老师是从小的志愿和理想，所以对工作自然认真努力。（   ）

12. 视生如子，把学生当作自己的孩子来教，愿意为他们无私付出，打心眼里希望他们学好。（   ）

13. 希望给自己的孩子做榜样。（   ）

14. 看着学生们求知的眼光，我不得不把他们教育好。（   ）

15. 做事必须认真负责，干一行爱一行，要有职业道德。（   ）

16. 对自己的严格要求，希望在教学工作中不断提高自己。（   ）

17. 工作的竞争非常大，有竞争就有压力，要想在竞争中立足，须把自己工作做好。（   ）

18. 学校的考核制度。（   ）

19. 中高考的激烈竞争。（   ）

20. 社会和家长对教师的期望值非常高，对教师施加的压力太大，只能努力工作。（   ）

21. 为社会尽自己的绵薄之力。（   ）

22. 社会舆论监督促使我积极投入教学中。（   ）

23. 为了得到学生、家长、领导和社会的认可。（   ）

（二）您当初选择教师作为职业的原因是（可多选）：（请直接在题号上打钩）

（1）读了师范院校，只能当老师	（8）每年有两个假期
（2）父母希望我当老师	（9）有利于照顾家庭和教育孩子
（3）家庭成员中有教师，受到他们的影响	（10）人际关系较单纯
（4）教师职业稳定	（11）喜欢教师这个职业
（5）教师收入令人满意	（12）性格适合当老师
（6）教师受人尊敬	（13）希望改变当前的教育现状
（7）受自己老师影响，也想成为一名教师	

（三）请根据您所获得的教学成果，在右侧相应的选项上打"√"：

教学成果	完全不符合	比较不符合	基本符合	比较符合	完全符合
01. 对于我所任教的科目而言，我的学生的成绩普遍高于年级平均分	1	2	3	4	5
02. 我所教的班级一直有比较好的升学率	1	2	3	4	5
03. 我所教的学生经常能考上名牌大学（或重点高中）	1	2	3	4	5
04. 我的学生在我的教导下能养成良好的品格和行为习惯	1	2	3	4	5
05. 我的学生的综合素质较高	1	2	3	4	5
06. 我的学生在上一级院校中往往表现优秀	1	2	3	4	5
07. 我的学生经常在各类竞赛中获奖	1	2	3	4	5
08. 我的学生经常能够得到各类表彰	1	2	3	4	5
09. 在我的指导和鼓励下，"学困生"的成绩都能得到明显的提高	1	2	3	4	5
10. 我的学生的精神面貌优于其他学生	1	2	3	4	5
11. 我的学生都很爱戴我，毕业多年之后仍跟我保持联系	1	2	3	4	5

参考文献

安晓镜:《中小学教师工作特征、工作倦怠与工作绩效之间的关系》,天津师范大学硕士学位论文,2007。

安雪慧:《完善中小学教师退出机制的政策路径》,《华中师范大学学报》(人文社会科学版)2011年第50卷6期。

白永刚:《中学教师绩效考核研究》,内蒙古师范大学硕士学位论文,2013。

鲍成中:《后4%时代:我国教育经费的保障和使用》,《中国教育学刊》2012年第9期。

北京师范大学管理学院:《2011中国基本公共服务均等化发展报告》,经济管理出版社,2011。

边江焕:《小学教师角色知觉、工作满意度及工作投入感的关系研究》,哈尔滨师范大学硕士学位论文,2011。

陈春勇:《教师积极心理健康教育探析》,《中国特殊教育》2010年第11期。

陈桂生:《新论教师职业的特点》,《教育学术月刊》2009年第1期。

陈敬朴:《基础教育经费投入的性质与特点》,《教育理论与实践》2001年第11期。

陈立民、黄涛:《从资源保存理论看高职院校辅导员职业倦怠》,《科技信息》2009年第24期。

陈丽萍:《中学教师生存状态及改进对策研究》,东北师范大学博士学位论文,2009。

陈列:《中学教师知识管理研究》,西南大学博士学位论文,2008。

陈玲、傅纳、王瑞：《工作资源对特殊教育教师工作投入的预测作用》，《中国特殊教育》2010年第1期。

陈瑞、陈红：《乐观主义研究简介》，《社会心理科学》2006年第4期。

陈卫旗：《中学教师工作满意感的结构及其与离职倾向、工作积极性的关系》，《心理发展与教育》1998年第1期。

陈晓宇：《我国教育经费充足问题的回顾与展望》，《教育发展研究》2012年第1期。

陈玉琨：《卓越校长的特殊使命》，华东师范大学出版社，2012。

陈玉云：《政府与学校关系的现状与变革》，华东师范大学硕士学位论文，2005。

谌学英：《谈中学教师激励机制的建构——从中学教师工作满意度视角》，湖南师范大学硕士学位论文，2006。

邓睿：《我国中学教师职业成就感问题研究》，华东师范大学博士学位论文，2011。

窦胜功、张兰霞、卢纪华：《组织行为学教程》，清华大学出版社，2006。

段海军：《追寻生命的意义：积极心理学视野下的乐观主义价值》，《心理学探新》2011年第1期。

段海军、霍涌泉：《西方心理学视野下的乐观主义研究》，《国外社会科学》2010年第5期。

段陆生：《工作资源、个人资源与工作投入感的关系研究》，河南大学硕士学位论文，2008。

段文海：《北京市郊区普通中学教师绩效工资研究》，首都师范大学硕士学位论文，2014。

方建锋：《我国教育经费使用现状及对策思考》，《教育理论与实践》2013年第31期。

〔美〕菲尔德著《工作评价—组织诊断与研究实用量表》，阳志平等译，中国轻工业出版社，2004。

付卫东：《努力构建"以省为主"的义务教育学校教师绩效工资保障机制》，《教育与经济》2013年第3期。

高可清：《浙江省普通高校体育教师职业认同与工作投入感的关系研

究》，杭州师范大学硕士学位论文，2011。

高申春：《自我效能理论评述》，《心理发展与教育》2000年第1期。

高树存：《普通高中教师绩效考核问题研究》，重庆师范大学硕士学位论文，2012。

高正亮、童辉杰：《积极情绪的作用：拓展—建构理论》，《中国健康心理学杂志》2010年第2期。

耿文侠、冯春明：《教师职业的专业特性分析》，《教育研究》2007年第2期。

顾明远：《教师的职业特点与教师专业化》，《教师教育研究》2004年第6期。

顾明远：《野花集·教育：未来社会的希望》，福建出版社，2008。

顾昕、周适：《中国公共教育经费投入与支出的现实审视》，《河北学刊》2010年第3期。

郭雯：《教师信念对教师工作投入感的影响研究》，河北师范大学硕士学位论文，2011。

胡百良：《校长的特殊使命》，教育科学出版社，2006。

贾小明、赵曙明：《成功企业家内在素质研究》，《企业论坛》2005年第6期。

姜树民、刘纯龙、吕文静：《关于吉林省高等学校青年教师工作状况的调查分析》，《现代教育科学》2004年第2期。

焦海涛、宋广文、潘孝富：《中学组织气氛与教师工作投入关系研究》，《中国健康心理学杂志》2008年第3期。

解亚宁：《心理统计学》，人民卫生出版社，2007。

鞠鑫、邵来成：《职业倦怠的工作要求—资源模型》，《应用心理学》2004年第3期。

柯炳生：《知行合一 落实好党委领导下的校长负责制》，《中国高等教育》2013年第18期。

赖昌贵：《A·班杜拉的社会学习理论述评》，《福建师范大学学报》（哲学社会科学版）1993年第4期。

李秉中：《我国教育经费支出的制度性短缺与改进路径》，《教育研究》2014年第10期。

李红:《教育心理学》,武汉大学出版社,2007。

李金波、许百华、陈建明:《影响员工工作投入感的组织相关因素研究》,《应用心理学》2006年第12期。

李娟、唐不不:《积极组织行为学背景下的工作投入》,《商场现代化》2010年第20期。

李敏:《腾冲县第一中学教师工作投入感影响因素研究——基于自我决定理论的视角》,云南大学硕士学位论文,2011。

李锐、凌文辁:《工作投入感现状》,《心理科学进展》2007年第15期。

李睿:《民族中学教师信念研究》,中央民族大学博士学位论文,2012。

李霞、傅红梅、谢晋宇:《London的职业动机理论及其对人力资源管理与开发的启示》,《科学学与科学技术管理》2008年第9期。

李晓:《学校领导行为、教师工作满意度及教师工作投入的关系研究》,哈尔滨师范大学硕士学位论文,2012。

李新乡:《国民中小学教师教学工作投入感及其相关变项之研究》,心理出版社,1996。

李彦花:《中学教师专业认同研究》,西南大学博士学位论文,2009。

李有彬:《关于我国基础教育经费投入体制的研究》,《教育探索》2006年第4期。

梁燕玲:《我国教师职业特征及发展刍议》,《理论导刊》2002年第12期。

林桦:《自我决定理论研究》,湖南师范大学硕士学位论文,2008。

凌宗伟:《教师职称制度改革应符合公平发展的制度伦理》,《人民教育》2014年第11期。

刘国华:《校长领导力:引领特色学校发展》,上海教育出版社,2009。

刘建民、刘建发、吴金光:《强化普通高中教育经费政府投入责任的路径探讨》,《教育研究》2012年第9期。

刘杰、石伟:《工作狂的研究述评》,《心理科学进展》2008年第16期。

刘璐:《中小学校长负责制三十年回顾与现实问题分析》,《教育理论与实践》2013年第23期。

刘晴：《中小学教师职业倦怠影响因素及模型研究》，华中科技大学博士学位论文，2007。

刘小平：《论学校领导在尊师重教氛围营造中的作用》，《陕西师范大学学报》（哲学社会科学版）2008年第2期。

刘玉瑛：《领导是门大学问》，新华出版社，2008。

卢纹岱：《SPSS for Windows 统计分析》，电子工业出版社，2002。

马佳宏：《推进义务教育学校绩效工资制度改革的9条建议》，《重庆社会科学》2012年第6期。

毛晋平、谢颖：《中小学教师心理资本及其与工作投入关系的实证研究》，《教师教育研究》2013年第5期。

彭虹斌：《教育管理学的文化路向》，教育科学出版社，2009。

"全国中小学教师专业发展状况调查"项目组：《中国中小学教师专业发展状况调查与政策分析报告》，《教育研究》2011年第3期。

容中逵：《教师绩效工资实施问题及其臻善——基于对浙江省的实地调研》，《中国教育学刊》2012年第1期。

沈百福：《我国高中阶段教育经费投入分析》，《教育理论与实践》2011年第31期。

盛建森：《小学教师工作投入感与教学效能感关系的研究》，浙江师范大学硕士学位论文，2003。

施祖毅：《英国基础教育经费投入改革计划述评》，《世界教育信息》2013年第7期。

孙远路：《西南民族地区中学教师工作胜任力主要构成因素研究》，西南大学博士学位论文，2011。

唐卫海、杨孟萍：《简评班杜拉的社会学习理论》，《天津师范大学学报》（社会科学版）1996年第5期。

田喜洲、谢晋宇：《积极心理学运动对组织行为学及人力资源管理的影响》，《管理评论》2011年第7期。

童学敏：《名校行政管理细节力》，西南师范大学出版社，2006。

汪晗：《中学教师工作投入感及其相关因素的关系》，河南大学硕士学位论文，2004。

汪晗、解晓莉：《国外关于"工作投入感"研究之进展》，《湖南科技学院学报》2007年第28期。

王红、田健:《教育投入与保障:"十一五"回顾与"十二五"趋势展望》,《教育发展研究》2011年第1期。

王华云、蒋洪莹、晋婧婧:《中学教师工作投入与相关影响因素的研究》,《考试周刊》2012年第1期。

王金良:《中小学教师心理授权研究》,西南大学博士学位论文,2009。

王力娟:《中小学教师状态焦虑研究》,西南大学博士学位论文,2008。

王铁军:《校长领导力修炼》,华东师范大学出版社,2010。

王孝玲:《教育统计学》,华东师范大学出版社,2008。

王延松:《心理学视野中乐观主义研究的新进展》,《西北师范大学学报》(社会科学版)2010年第4期。

王彦峰:《工作投入感与工作卷入和工作狂的区分》,《中外企业家》2007年第9期。

魏淑华:《教师职业认同研究》,西南大学博士学位论文,2008。

翁琴雅:《我国中学校长职业幸福感研究》,华东师范大学博士学位论文,2012。

吴洪艳:《近十四年来普通中学教师SCL-90测查结果分析》,《中国临床心理学杂志》2014年第4期。

吴旭君:《基于教师专业标准的中学教师专业能力发展对策》,《中国教育学刊》2013年第8期。

武向荣:《义务教育经费均衡现状调查与对策分析》,《教育研究》2013年第7期。

肖瑶:《素质教育背景下的中学教师绩效考核研究》,南京航空航天大学硕士学位论文,2012。

谢函融:《工作投入感对工作价值观与离职倾向间关系之研究》,台湾"中央"大学硕士学位论文,2005。

谢天德:《国小教师工作投入感、团体凝聚力与社会闲散关系之研究》,"国立"屏东师范学院硕士学位论文,1988。

熊筱燕、王鲁沛:《提高财政性教育经费占GDP比例的对策思考》,《江苏高教》2010年第6期。

徐曼曼:《且莫让"改革半身不遂"》,《基础教育论坛》2012年第

23 期。

徐鑫、郭家瑜：《360 度考核法在中学教师绩效考核中应用的设想》，《湖北经济学院学报》（人文社会科学版）2008 年第 3 期。

严华银：《今天如何做校长》，华东师范大学出版社，2010。

杨红明、廖建桥：《知识员工管理的新视角：工作要求—资源模型》，《科学学与科学技术管理》2009 年第 10 期。

杨娟、周青：《增加公共教育经费有助于改善教育的代际流动性吗？》，《北京师范大学学报》（社会科学版）2013 年第 2 期。

杨新国：《中小学教师工作敬业的实证研究》，西南大学博士学位论文，2008。

衣新发、赵倩、胡卫平、李骏：《中国教师心理健康状况的横断历史研究：1994～2011》，《北京师范大学学报》（社会科学版）2014 年第 3 期。

于本湖：《当前中学校园文化建设问题探索》，鲁东大学硕士学位论文，2013。

余欣欣、李山：《积极心理品质：教师职业幸福感的基石》，《广西师范大学学报》（哲学社会科学版）2012 年第 2 期。

俞国良、罗晓路：《教师教学效能感及其相关因素研究》，《北京师范大学学报》（社会科学版）2000 年第 1 期。

袁立新、林娜、江晓娜：《乐观主义—悲观主义量表的编制及信效度研究》，《广东教育学院学报》2007 年第 27 期。

袁振国：《当代教育学》，教育科学出版社，2004。

张彩云：《我国中小学教师退出政策评析》，《教育研究》2014 年第 3 期。

张澄：《"十一五"我国基础教育投入的地区差异分析》，《赤峰学院学报》（自然科学版）2014 年第 10 期。

张厚粲：《心理与教育统计学》，北京师范大学出版社，1993。

张俊：《中学教师职业幸福感形成与发展规律的研究》，辽宁师范大学博士学位论文，2012。

张奎明：《教师职业特性研究》，《教师教育研究》2008 年第 9 期。

张丽芳：《山西省中学教师工作满意度、激励偏好与工作投入感的关系研究》，河北师范大学硕士学位论文，2009。

张琳琳:《国有企业组织成员工作倦怠与工作投入感研究》,吉林大学博士学位论文,2008。

张丕芳、廖其发:《西南地区基础教育经费投入的调查报告》,《教育与经济》2010年第3期。

张姝玥、许燕、王芳:《工作要求、工作资源对警察的工作倦怠和工作投入感的预测作用》,《中国健康心理学杂志》2007年第15期。

张天雪:《校长权力论:政府、公民社会和学校层面的研究》,教育科学出版社,2008。

张晓伟:《积极情绪"拓展—建构"理论对心理健康教育的启示》,《赤峰学院学报》(自然科学版)2013年第14期。

张新文、李文军:《我国地方政府教育经费支出充足性探讨》,《教育发展研究》2013年第23期。

张轶文、甘怡群:《中文版Utrecht工作投入感量表(UWES)的信效度检验》,《中国临床心理学杂志》2005年第13期。

赵国忠:《校长最关键的管理智慧》,江苏人民出版社,2009。

赵国忠:《优秀校长最重要的标准》,南京大学出版社,2009。

郑是勇:《中小学教师职称评聘改革的问题与出路》,《赤峰学院学报》(自然科学版)2014年第30期。

钟佩蓁:《云嘉地区国小教师工作价值观与工作投入感之相关研究》,"国立"嘉义大学硕士学位论文,2004。

钟燕:《中学教师目标设置与工作绩效的关系研究》,华中师范大学硕士学位论文,2007。

周英:《教师工作价值观、成就动机与工作投入感的关系研究》,江西师范大学硕士学位论文,2009。

周春燕:《基于教师职业特点的高校教师绩效评价研究》,《未来与发展》2008年第12期。

周帆、刘大伟:《工作要求—资源模型新视角——基于心理社会安全氛围的分析》,《心理科学进展》2013年第3期。

周洪涌:《中学教师工作压力、自我效能和职业倦怠的相关研究》,苏州大学硕士学位论文,2008。

周化胜:《教育民主管理视阈下公办中小学校长负责制研究》,南昌大学硕士学位论文,2013。

周惠民:《原住民地区国小教师自我效能感与工作投入感之研究》,"国立"新竹师范学院硕士学位论文,1999。

周丽丽:《小学组织气氛与教师工作投入及其关系研究》,《教育学术月刊》2009年第2期。

周瑞玲:《教师传统价值观、工作价值观和工作投入感的关系研究》,哈尔滨师范大学硕士学位论文,2012。

周瑛、李晓萍:《教育学》,辽宁大学出版社,2008。

朱淼:《哈尔滨市中学教师绩效考核问题研究》,东北林业大学硕士学位论文,2012。

Baard, P. P., Deci, E. L., Ryan, R. M., "Intrinsic Need Satisfaction: A Motivational Basis of Performance and Well-being in Two Work Settings," *Journal of Applied Social Psychology*, 2004.

Bakker, A. B. & Demerouti, E., "Towards a Model of Work Engagement," *Career Development International*, 2008, 13.

Bakker, A. B., Albrecht, S. L. & Leiter, M. P., "Work Engagement: Further Reflections on the State of Play," *European journal of work and organizational psychology*, 2011, 20 (1).

Bakker, A. B., Demerouti, E. & Verbeke, W., "Using the Job Demands—Resources Model to Predict Burnout and Performance," *Human Resource Management*, 2004 (43).

Bakker, A. B., Demerouti, E., Taris, T., Schaufeli, W. B. & Schreurs, P., "A Multi-group Analysis of the Job Demands-Resources Model in Four Home—Care Organizations," *International Journal of Stress Management*, 2003 (10).

Bakker, A. B., et al., "Job Demands and Job Resources as Predictors of Absence Duration and Frequency," *Journal of Vocational Behavior*, 2003, 63.

Bakker, A. B., Schaufeli, W. B., Leiterc, M. P. & Taris, T. W., "Work Engagement: An Emerging Concept in Occupational Health Psychology," *Work & Stress*, 2008, 22.

Bandura, A., *Self-Efficacy: The Exercise of Control*, New York: Freeman, 1997.

Bandura, A., "Self - efficacy—Toward a Unifying Theory of Behavioral Change," *Psychological Review*, 1997, 84 (2).

Bandura, A., "Social Cognitive Theory: An Agentic Perspective," *Annual Review of Psychology*, 2001, 52.

Bandura, A., "Social Foundations of Thought and Action: a Social Cognitive Theory," *Englewood Cliffs*, N. J.: Prentice - Hall, 1986.

Britt, T. W., Bartone, P. T., Adler, A. B., "Deriving Denefits from Stressful Events: The Role of Engagement in Meaningful Work and Hardiness," *Journal of Occupational Health Psychology*, 2001, 6 (1).

Christian, M. S., Garza, A. S., Slaughter, J. E., "Work Engagement: A Quantitive Review and Test of its Relations with Task and Contextual Performance," *Personnel psychology*, 2001, 64.

Dalal, R. S., Brummel, B. J., Wee, S., Thomas, L. L., "Defining Employee Engagement for Productive Research and Practice," *Industrial and Organizational Psychology*, 2008 (1).

Demerouti, E. & Bakker, A. B., "The Oldenburg Burnout Inventory: A Good Alternative to Measure Burnout and Engagement," In J. R. B. Halbesleben (ed.), *Handbook of Stress and Burnout in Health Care*, Hauppauge, N. Y.: Nova Science.

Demerouti, E., Bakker, A. B., de Jonge, J., Janssen, P. P., Schaufeli, W. B., "Burnout and Engagement at Work as a Function of Demands and Control," *Scandinavian Journal of Work and Environmental Health*, 2001 (4).

Federici, R. A., Skaalvik, E. M., "Principal Self - efficacy and Work Engagement: Assessing a Norwegian Principal Self - efficacy Scale," *Soc Psychol Educ*, 2011, 14.

Fredrickson, B. L., "The Role of Positive Emotions in Positive Psychology: The Broaden - and - Build Theory of Positive Emotions," *The American Psychologist*, 2001, 56.

Grandey, A., *The Effects of Emotional Labor: Employee Attitudes, Stress and Performance*, Doctorial Dissertation: Colorado State University, 1999.

Hackman, J. R. & Oldham, G. R. , *Work Redesign. Reading*, M. A. : Addison – Wesley, 1980.

Hakanen, J. J. , Bakker, A. B. & Schaufeli, W. B. , "Burnout and Work Engagement Among Teachers," *Journal of School Psychology*, 2006 (43) .

Hatfield, E. , Cacioppo, J. T. , Rapson, R. L. , *Emotional contagion*, New York: Cambridge University Press, 1994.

Kahn, W. A. , "Psychological Conditions of Personal Engagement and Disengagement at Work," *Academy of Management Journal*, 1990, 33 (4) .

Kahn, W. A. , "To be Fully There: Psychological Presence at Work," *Human Relations*, 1992, 45.

Karasek, R. A. , *Job Content Instrument: Questionnaire and User's Guide* (Rev. 1. 1) . Los Angeles: University of Southern California, 1985.

Karasek, R. A. , "Job Demands, Job Decision Latitude, and Mental Strain: Implications for Job Redesign," *Administrative Sciene Qrarterly*, 1979, 24.

Langelaan, S. , Bakker, A. B. , van, L. J. P. , et al. , "Burnout and Work Engagement: Do Individual Differences Make a Difference?" *Personality and Individual Differences*, 2006, 40 (3) .

Llorens, S. , Schaufeli, W. B. , Bakker, A. B. & Salanova, M. , "Does a Positive Gain Spiral of Resources, Efficacy Beliefs and Engagement Exist?" *Computers in Human Behavior*, 2007, 23.

Locke, E. A. , "The Nature and Causes of Job Satisfaction," In M. Dunette (ed.), *Handbook of Industrial and Organizational Psychology*, Chicago: Rand – McNally, 1976.

Lodahl, T. M. & Kejner, M. , "The Definition and Measurement of Job Involvement," *Journal of Applied Psychology*, 1965, 49.

Macey, W. H. & Schneider, B. , "The Meaning of Employee Engagement," *Industrial and Organizational Psychology*, 2008 (1) .

Marchese C. M. , Ryan J. , "Capitalizing on the Benefits of Utilizing Part – time Employees through Job Autonomy," *Journal of Business and Psychology*, 2001, 15 (4) .

Maslach, C., "Engagement Research: Some Thoughts from a Burnout Perspective," *European Journal of Work and Organizational Psychology*, 2011, 20 (1).

Maslach, C. & Leiter, M. P., *The Truth about Burnout*, San Francisco, C. A.: Jossey-Bass, 1997.

Maslach, C., Jackson, S. E. & Leiter, M., *Maslach Burnout Inventory manual*, 3rd ed. Palo Alto, C. A.: Consulting Psychologists Press, 1996.

Maslach, C, Schaufeli, W. B., Leiter, M. P., "Job Burnout," *Annual Review of Psychology*, 2001, 52.

May, D. R., Gilson, R. L., Harter, L. M., "The Psychological Conditions of Meaningfulness, Safety and Availability and the Engagement of the Human Spirit at Work," *Journal of Occupational & Organizational Psychology*, 2004, 77 (1).

Mowday, R. T., Steers, R. M. & Porter, L. W., "The Measurement of Organizational Commitment," *Journal of Vocational Behavior*, 1979, 14.

Myers, D. G., "The Funds, Friends and Faith of Happy People," *American Psychologist*, 2000, 55.

Parker, S. K. & Griffin, M. A., "Understanding Active Psychological States: Embedding Engagement in a Wider Nomological Net and Closer Attention to Performance," *European Journal of Work and Organizational Psychology*, 2011, 20 (1).

Pierce, J. L., Gardner, D. G., Cummings, L. L. & Dunham, R. B., "Organizational-based self-esteem: Construct Definition, Measurement, and Validation," *Academy of Management Journal*, 1989, 32.

Rich, B. L., Lepine, J. A. & Crawford, E. R., "Job Engagement: Antecedents and Effects on Job Performance," *Academy of Management Journal*, 2010, 53.

Rothbard, N. P., "Enriching or Depleting? The Dynamics of Engagement in Work and Family Roles," *Administrative Science Quarterly*, 2001, 46.

Russell, J. A., "Core Affect and the Psychological Construction of Emotion," *Psychological Review*, 2003, 110.

Salanova, M., Bakker, A. B. & Llorens, S., "Flow at Work: Evidence for a Gain Spiral of Personal and Organizational Resources," *Journal of Happiness Studies*, 2006, 7.

Salanova, M., Llorens. S., et al., "Perceived Collective Efficacy, Subjective Well-being and Task Performance Among Electronic Work Groups an Experimental Study," *Small Group Research*, 2003, 34 (1).

Salanova, M., Peiro, J. M. & Schaufeli, W. B., "Self-efficacy Specificity and Burnout among Information Technology Workers: An Extension of the Job Demands-Control Model," 2002.

Salanova, M., Schaufeli, W. B., Xanthopoulou, D. & Bakker, A. B., "The Gain Spiral of Resources and Work Engagement," In A. Bakker & M. Leiter (eds.), *Work Engagement: Recent Developments in Theory and Research*, New York: Psychology Press, 2010.

Saleh, S. D., Hosek, J., "Job involvement: Concept and measurement," *Academy of Management Journal*, 1976, 19 (2).

Schaufeli, W. B. & Salanova, M., "Work Engagement: On How to Better Catch a Slippery Concept," *European Journal of Work and Organizational Psychology*, 2011, 20 (1).

Schaufeli, W. B., Bakker, A. B., "Chapter 2: Defining and Measuring Work Engagement: Bringing Clarity to the Concept, Work Engagement: A Handbook of Essential Theory and Research," *Taylor & Francis*, 2010: 10-24.

Schaufeli, W. B., Bakker, A. B., "Job Demands, Job Resources, and Their Relationship with Burnout and Engagement: A Multi-sample Study," *Journal of Organizational Behavior*, 2004, 25 (3).

Schaufeli, W. B., M. Salanova, V. Gonzalez-Roma and A. B. Bakker, "The Measurement of Engagement and Burnout: A Two Sample Confirmatory Factor Analytic Approach," *Journal of Happiness Stadies*, 2002 (3).

Schaufeli, W. B., Salanova, M., González-Romá, V. & Bakker, A. B., "The Measurement of Engagement and Burnout: A Two Sample Confirmatory Factor Analytic Approach," *Journal of Happiness Studies*, 2002 (3).

Schaufeli, W. B., Salanova, M., González-Romá V., et al., "The

Measurement of Engagement and Burnout: A Confirmative Analytic Approach," *Journal of Happiness Studies*, 2002 (3).

Schaufeli, W. B., Taris, T. W., Le Blanc, P., Peeters, M., Bakker, A. B. & De Jonge, J., "Does Work Make Happy? In Search of the Engaged Worker," *De Psycholoog*, 2001, 36.

Scheier, M. E., Carver, C. S., "Optimsim, Coping and Health: Assessment and Implications of Generalized Outcome Expectancy on Health," *Health Psychology*, 1985 (4).

Scheier, M. F., Carver, C. S. & Bridges, M. W., "Distinguishing Optimism from Neuroticism (and Trait Anxiety, Self-mastery, and Self-esteem): A Reevaluation of the Life Orientation Test," *Journal of Personality and Social Psychology*, 1994, 67.

Schwarzer, R. & Jerusalem, M., "Generalized Self-efficacy scale," In J. Weinman, S. Wright & M. Johnston (eds.), *Measures in Health Psychology: A User's Portfolio, Causal and Control Beliefs*, Windsor, UK: Nfer-Nelson, 2011.

Seligman, M. E. P. & Csikszentmihalyi, M., Positive psychology: An introduction, *American Psychologist*, 2000, 55.

Shirom, A., "Feeling Vigorous at Work? The Construct of Vigor and the Study of Positive Affect in Orgnizations," In Ganster, D., Perrewé, P. L. (eds), *Research in Organizational Stress and well-being*, Greenwich, C. N.: JAI Press, 2003 (3).

Simbula, S., Guglielmi, D. & Schaufeli, W. B., "A Three-wave Study of Job Resources, Self-efficacy, and Work Engagement Among Italian Schoolteachers," *European Journal of Work and Organizational Psychology*, 2011, 20 (3).

Simbula, S., Guglielmi, D., Schaufeli, W. B. & Depolo, M., "An Italian Validation of the Utrecht Work Engagement Scale: Characterization of Profiles in a Sample of School Teachers, Manuscript Submitted for Publication," 2008.

Spector, P. E., Jex, S. M., "Development of Four Self-report Measures of Job Stressors and Strain: Interpersonal Conflict at Work Scale, Organizational

Constraints Scale, Quantitative Workload Inventory, and Physical Symptoms inventory," *Journal of Occupational Health Psychology*, 1998 (3).

Tiger, L., "Optimism: The Biology of Hope," In Peterson, C., (eds.) *The Future of Optimism*, *American Psychologist*, 2000, 55.

Turner, N., Barling, J. & Zacharatos, A., "Positive Psychology at Work," In C. Snyder & S. Lopez (eds.), *The Handbook of Positive Psychology* (pp. 715 – 730). Oxford: Oxford University Press, 2002.

Van Veldhoven, M. & Meijman, T., *Measurement of Psyehosocial Job Demands with a Questionnaire: The Questionnaire Experience and Evaluation of Work (VBBA)*, Amsterdarn: NIA, 1994.

Xanthopoulou, D., Bakker, A. B., Demerouti, E. & Schaufeli, W. B., "Reciprocal Relationships Between Job Resources, Personal Resources, and Work Engagement," *Journal of Vocational Behavior*, 2009, 74.

Xanthopoulou, D., Bakker, A. B., Demerouti, E. & Schaufeli, W. B., "Work Engagement and Financial Returns: A Diary Study on the Role of Job and Personal Resources," *Journal of Occupational and Organizational Psychology*, 2009, 82.

后 记

本书在我的博士论文基础上修改而成。我在华东师范大学攻读博士学位期间,借助教育部中学校长培训中心这一难得的平台,深入接触了大量的优秀中学校长和一线教师,这使我对基层中学教师的工作有了更多的了解和思考,深知中学教师工作的不易与艰辛,也更加关注中学教师的职业生存状态以及对工作的情绪体验,从而最终促成本书的选题、撰写与成稿,以期抛砖引玉,让更多的人关注中学教师的工作质量与幸福感。

在华东师范大学攻读博士学位期间,我得到了导师代蕊华教授的悉心指导和真诚帮助。代蕊华教授不仅为我提供了独立的学习空间,让我有一个清静的学习环境;还悉心指导我如何撰写论文,从选题到写作思路、遣词造句,事无巨细,使我逐渐具备了独立从事科研工作的能力;同时,尊重我的想法,鼓励我做自己感兴趣的研究。这种来自于导师给予的充分尊重和自主权,使我有充足的时间与自由做自己真正想做的事情,也是我能顺利完成学业的巨大力量源泉。代蕊华教授渊博的知识学养、严谨认真的工作作风和谦逊和善的人格风范将是我终身学习的目标与榜样!在这里,谨向代蕊华教授致以我最衷心的感谢与敬意!

在华东师范大学求学期间,公共管理学院和校长培训中心的诸位老师给予我巨大的帮助。我在治学严谨的冯大鸣教授的课堂上总是能够得到很多启发,冯老师的课也是我攻读博士学位期间受益最多的课程之一;同时,冯老师在我开题时提出的宝贵意见,使我在论文撰写过程中少走许多弯路。与郅庭瑾教授的每一次交谈,都让我感受到如邻家大姐姐一般的关心与鼓励,郅老师对我的博士论文提出的指导建议也使我受益匪浅。魏志春教授和沈玉顺教授在我预答辩时提出的宝贵建议,是我论文最终能够顺利通过的重要原因。另外，得益于李明华老师的大力推荐和远在美国的曾满超教授的无私帮助，我才有机会进入哥伦比亚大学教师学院进行交流学习，这段宝贵的留学经历，是我求学生涯当中最为丰富和绚丽的时光。武娟老师、陈立红老师、喻周燕老师、王俭老师、杨全印老师、王静老师、刘莉莉老师、张俊华老师，张人红老师等对我的学习和生活提供了无私帮助，使我在四年的博士求学生涯中倍感温暖！在此一并向各位老师表示衷心感谢！

　　我还要感谢参与调研的各位校长和老师！你们的热心帮助和鼎力支持是我论文得以顺利完成的基础和保障！在今后的学术生涯中，我将以加倍的努力和热情，积极探寻有效的学校管理之道，为校长和教师职业生存环境的改善贡献自己的微薄之力，以不负你们的期望与帮助。最后，要感谢我的家人、朋友在我求学期间给予的支持、鼓励与关心！

　　本书写作过程中参考了大量的文献资料，在此也向这些文献作者表示衷心的感谢！

图书在版编目(CIP)数据

中学教师工作投入感研究/李敏著.--北京：社会科学文献出版社,2019.7
 ISBN 978-7-5201-4756-9

Ⅰ.①中… Ⅱ.①李… Ⅲ.①中学教师-工作-研究 Ⅳ.①G635.12

中国版本图书馆 CIP 数据核字（2019）第 075593 号

中学教师工作投入感研究

著　　者 /	李　敏
出 版 人 /	谢寿光
责任编辑 /	王玉敏
出　　版 /	社会科学文献出版社·联合出版中心（010）59367153 地址：北京市北三环中路甲 29 号院华龙大厦　邮编：100029 网址：www.ssap.com.cn
发　　行 /	市场营销中心（010）59367081　59367083
印　　装 /	三河市尚艺印装有限公司
规　　格 /	开　本：787mm×1092mm　1/16 印　张：22.5　字　数：368 千字
版　　次 /	2019 年 7 月第 1 版　2019 年 7 月第 1 次印刷
书　　号 /	ISBN 978-7-5201-4756-9
定　　价 /	139.00 元

本书如有印装质量问题，请与读者服务中心（010-59367028）联系

▲ 版权所有 翻印必究